Dietz Berlin

Ralf Ruckus

Der kommunistische Weg in den Kapitalismus

Wie soziale Unruhen und deren Eindämmung die Entwicklung Chinas seit 1949 vorantreiben

Dietz Berlin

Bibliografische Informationen der Deutschen Nationalbibliothek.
Die Deutsche Nationalbibliothek verzeichnet diese Publikation in der Deutschen Nationalbibliografie; detaillierte bibliografische Daten sind im Internet über http://dnb.dnb.de abrufbar.

Die englischsprachige Originalausgabe ist erschienen unter dem Titel »The Communist Road to Capitalism. How Social Unrest and Containment Have Pushed China's (R)evolution since 1949«, © PM Press 2021.

1. Auflage 2024

Franz-Mehring-Platz 1, 10243 Berlin

Gestaltung: Andreas Homann
Satz: Kerstin Davies
Druck und Bindung: Friedrich Pustet, Regensburg
Printed in Germany
ISBN 978-3-320-02416-1

RALF RUCKUS ist meist unterwegs zwischen Mitteleuropa und Ostasien, untersucht seit 20 Jahren die sozialen Beziehungen und Kämpfe in China. Zuletzt erschien das Buch »Die Linke in China. Eine Einführung« (Wien/Berlin 2023).

Inhalt

Kapitel 3

Kapitel 4

Hinweis zur deutschen Ausgabe

Dies ist die deutsche Fassung meines im Sommer 2021 im Verlag PM Press veröffentlichten Buches »The Communist Road to Capitalism. How Social Unrest and Containment Have Pushed China's (R)evolution since 1949«. Für das vorliegende Buch habe ich den Originaltext übersetzt, einige Stellen leicht überarbeitet und Schilderungen wichtiger Ereignisse in der Volksrepublik China von 2021 bis 2023 ergänzt.

Informationen zu diesem Buch sowie zu den Ausgaben auf Englisch, Französisch und Chinesisch sind auf der Website gongchao.org zu finden.

Besonders danken möchte ich Martin Beck vom Karl Dietz Verlag Berlin, der die Übersetzung und Herausgabe der deutschen Ausgabe dieses Buches ermöglicht hat.

RALF RUCKUS, JANUAR 2024

Dieses Buch ist Ruda gewidmet.

Vorwort

»Es war einmal ein junger Mann, der das *letztgültige Buch über China schreiben wollte. Er bereitete sich vor, indem er alles las, was über diesen Gegenstand geschrieben worden war. Er erlernte die Sprache. [...] Sein Kopf war voll von Ideen. [...] [M]it Ausnahme der Übertragung aus seiner geistigen Kurzschrift war das Buch [schließlich] fertig. Nur noch einige unbedeutende Statistiken über einige unwichtige Fragen fehlten. Beim Durchlesen seines Entwurfes sagte sich der junge Mann: ›Nun ja, eine Verzögerung von einem Tag wird sich nicht mehr auswirken; ich kann mir diese Zahlen ebenso gut morgen beschaffen [...].‹ Das spielte sich vor sechsundvierzig Jahren ab; als man das letzte Mal von dem jungen Mann – der jetzt schon sehr alt ist – hörte, suchte er immer noch diese wenigen Einzelheiten und Zahlen.«*

PETER F. DRUCKER[1]

1 Peter F. Drucker: Das Großunternehmen. Sinn, Arbeitsweise und Zielsetzung in unserer Zeit, Düsseldorf 1966, S. 15.

Ramsey Kanaan vom Verlag PM Press in Oakland, Kalifornien, schlug mir im Jahr 2013 vor, ein Buch über »Chinas politische Ökonomie« zu veröffentlichen. Zu diesem Zeitpunkt hatte ich bereits etwa ein Jahrzehnt damit verbracht, die Entwicklung der Volksrepublik (VR) China genauer zu verfolgen. Ich war beteiligt an Interventionen vor Ort und an politischem Austausch, schrieb und übersetzte Texte. Im Mittelpunkt standen dabei die aktuelle Klassenauseinandersetzung, Migration, Geschlechterbeziehungen und Konflikte in den Betrieben. Ich lernte vor allem aus den Erfahrungsberichten unzufriedener Arbeiter:innen, rebellischer Frauen*[2] und linker Aktivist:innen.[3]

Eine umfassende historische Darstellung der politischen Ökonomie der VR China seit 1949 aus einer Perspektive »von unten« zu schreiben, klang herausfordernd und interessant – und nach einer Menge Arbeit. In den folgenden Monaten und Jahren sammelte ich Material zu verschiedenen Geschichtsabschnitten der VR China, verfasste eine Reihe von Buchbesprechungen zu Themen, die ich in dem Buch behandeln wollte, formulierte Konzepte und schrieb erste Entwürfe. Ich musste meine Arbeit jedoch immer wieder unterbrechen. Andere Veröffentlichungen mit Bezug zur VR China standen an, und ich wurde abgelenkt, weil ich in der Zeit auch an politischen Debatten und sozialen Kämpfen in der VR China, in Polen und Deutschland beteiligt war. Manchmal fühlte ich mich wie der »junge Mann«, der älter wird und immer noch nach »ein paar Details« sucht als auch nach Zeit und Gelegenheit, das Buch fertigzustellen. Nun ist sie end-

2 Das Gendersternchen (*) weist hier auf den konstruierten Charakter von Geschlecht hin. Über binäre und heterosexuelle Geschlechterkonzepte hinaus bezieht sich Frauen* auf alle, die als Frauen bezeichnet werden, und auf alle (Trans*-, Inter*- oder Queer*-)Personen, die sich bewusst für einen weiblichen Geschlechtsausdruck entscheiden. Männer* wird aus ähnlichem Grund mit einem Sternchen (*) versehen, wobei zu bedenken ist, dass Cis-Männer in kapitalistischen (und sozialistischen) Ländern nicht in gleichem Maße patriarchaler Gewalt und Unterdrückung ausgesetzt sind wie Frauen*.

3 Ein Großteil dieses Engagements ist auf der Website gongchao.org dokumentiert.

lich fertig – meine kritische Historiografie der Klassenauseinandersetzungen in der VR China in den Jahren seit 1949.

Ich habe das Buch als Person geschrieben, die unabhängig und politisch links aktiv ist und Forschung betreibt. Ich arbeite weder für eine akademische Einrichtung noch für ein privates Unternehmen. Das erlaubt mir, auch Meinungen zu äußern, die für staatliche oder private Arbeitgeber:innen inakzeptabel sein könnten. Auch bin ich nicht eingeschränkt durch die Moden, den Wettbewerb oder die Punktezählung im akademischen Betrieb, in deren Folge immer wieder verdrehte, repetitive und politisch zweifelhafte wissenschaftliche Ergebnisse produziert werden. Ohne diese Einschränkungen konnte ich Analysemethoden und -werkzeuge anwenden, die ich mir in den letzten Jahrzehnten in sozialen Kämpfen und politischen Debatten in West- und Osteuropa, Nordamerika und Ostasien aneignen konnte. Für die historische Forschung habe ich in erster Linie englischsprachige Literatur verwendet, ergänzt durch solche in Deutsch, Chinesisch und anderen Sprachen. Interviews und der Austausch mit Arbeiter:innen, Student:innen, kritischen Akademiker:innen und linken Aktivist:innen, darunter viele aus der VR China, halfen mir, aktuelle Abläufe zu erfassen. Auch wenn ihre Einsichten und Analysen in viele der hier dargelegten Argumente einflossen – das Buch ist und bleibt meine Außenansicht auf die Geschichte der VR China, denn ich bin weder dort aufgewachsen noch habe ich mich dort niedergelassen.

Der Recherche- und Schreibprozess war intensiv, interessant und augenöffnend – und er brachte Überraschungen und neue Erkenntnisse mit sich. Ich durchlief mehrere Runden aus Lesen, Destillieren, Skizzieren, Kürzen, Einholen von Reaktionen und Überarbeiten. Teile des Buches oder das gesamte Manuskript habe ich mit zwei Dutzend Freund:innen und Genoss:innen diskutiert, von denen einige schon länger in Debatten über die Politik der VR China eingebunden waren und andere nicht. Aufgrund der politischen Sensibilität des Themas in der VR China wäre es zu riskant, die meisten von ihnen hier namentlich zu erwähnen. Ohne ihre hilfreiche Kritik und Unterstützung hätte ich das Buch nicht schreiben können. Dennoch trage ich die volle Verantwortung für den Inhalt und die Unzulänglichkeiten des Buches.

Hinter dem Buch und einem großen Teil dessen, was ich sonst tue, steht der Wunsch und die Entschlossenheit, die kapitalistische Ausbeutung und alle Formen der Unterdrückung zu überwinden. Um das zu schaffen, müssen wir aus früheren Versuchen, dieses Ziel zu erreichen, lernen – auch wenn diese Versuche gescheitert sind. Bestimmte linke Sichtweisen und vereinfachende Beschreibungen der Geschichte und Gegenwart der VR China halte ich deshalb für irrig und falsch, zum Beispiel wenn diese die Klassengesellschaft der sozialistischen Periode aus rein ideologischen Gründen verteidigen oder die Sozialdemokratie als Alternative für die VR China in der gegenwärtigen kapitalistischen Periode propagieren.

In diesem Buch erörtere ich zunächst kritisch die zum Teil mystifizierenden und verdrehten linken Interpretationen zur Geschichte der VR China. Dann spüre ich die sozialen und politischen Ursprünge des Wandels in den verschiedenen historischen Phasen auf und rekonstruiere die Geschichte der Kämpfe von Arbeiter:innen, der Rebellionen der Frauen*, der Aufstände von Bäuerinnen und Bauern, der Bewegungen von Migrant:innen sowie der linken Strömungen von unten. Auf der Grundlage eines materialistischen Geschichtsverständnisses konzentriere ich mich auf die sozialen Beziehungen, die Gesellschaften (immer wieder neu) erschaffen, und nicht auf ideelle oder diskursive Konzepte. Ich präsentiere die Geschichte von der Gründung der VR China bis zur Gegenwart in einer kontinuierlichen Erzählung und arbeite die wichtigsten Kontinuitäten und Umbrüche heraus. Das Ergebnis ist eine Matrix, die die verschiedenen Perioden der Geschichte der VR China abbildet, Perioden, die sich aus der Dynamik von sozialen Unruhen und Gegenmaßnahmen des Regimes ergeben.

Ich habe das Buch weniger für diejenigen geschrieben, die bereits mit den Details der Geschichte der VR China vertraut sind, als vielmehr für alle, die mehr darüber erfahren möchten. Leser:innen können mit der Einleitung beginnen, in der ich die wichtigsten Konzepte und Hypothesen erläutere und darlege, warum ich eine spezifische Perspektive auf die sozialen Beziehungen und Kämpfe in der VR China seit 1949 einnehme. Das Buch ist jedoch so konzipiert, dass Leser:innen die Einleitung auch überspringen und mit der Lektüre der historischen Kapitel beginnen können, bevor sie zu den konzeptionellen Teilen in der Einleitung zurückkehren mögen.

Es war herausfordernd, der Komplexität des historischen Verlaufs gerecht zu werden, ohne zu sehr ins Detail zu gehen. Die Länge des Buches sollte angemessen und die Erzählung und Analyse verdaulich bleiben. Die notwendige Kürze hat dazu geführt, dass einige Abschnitte grob und kantig geblieben sind. Ich hoffe, dass dies Raum für Diskussionen schafft und Leser:innen ermutigt, ihre eigenen Einsichten und Kritikpunkte einzubringen. Die politische Botschaft des Buches ist indes klar und provokant, denn der genaue Blick auf die 70-jährige Geschichte der VR China offenbart eine eindeutige historische Tendenz: Während die Führung der Kommunistischen Partei Chinas (KPCh) ihren Sozialismus als Zwischenetappe auf dem Weg zum Kommunismus bezeichnete, erwies er sich in Wirklichkeit als Zwischenetappe auf dem Weg zum Kapitalismus. Mit anderen Worten: Was als Revolution zur Abschaffung aller Formen von Unterdrückung und Ausbeutung gedacht war, brachte einen Sozialismus mit neuen Klassen- und Geschlechterhierarchien und entsprechenden sozialen Konflikten hervor. Dieser Sozialismus schuf die wirtschaftliche, soziale und politische Grundlage, auf der später der Kapitalismus aufgebaut wurde – und all das geschah unter der Führung der KPCh.

Für aktuelle und künftige revolutionäre Versuche bedeutet dies zweierlei: Wir sollten die Strategien überdenken, die von maoistischen Aktivist:innen oder Parteikadern während und nach dem Sozialismus in der VR China angewandt wurden (wie auch ähnliche Strategien in anderen sozialistischen Ländern); und wir müssen neue Formen der sozialen und politischen Basisorganisierung, der Unterstützung oder des Kampfes entwickeln und mit ähnlichen Versuchen in der VR China und anderswo verbinden. Nur so können wir vermeiden, jetzt und in Zukunft die gleichen oder ähnliche Fehler zu begehen.

RALF RUCKUS, FEBRUAR 2021

Einleitung

Eine Partei, zwei Systeme

In diesem Buch erzähle ich die Geschichte der Volksrepublik (VR) China anhand der sozialen Kämpfe und der Gegenmaßnahmen des Regimes der Kommunistischen Partei Chinas (KPCh). Das Buch umfasst die Zeit nach der Gründung der VR China im Jahr 1949, die sozialistische Periode ab Mitte der 1950er-Jahre, die Übergangsperiode ab Mitte der 1970er-Jahre und die postsozialistische oder kapitalistische Periode ab Mitte der 1990er-Jahre. Diese Untersuchung ist nicht als bloße intellektuelle Übung oder historische Beschreibung gedacht. Geschrieben aus einer linken Perspektive »von unten« will ich mit diesem Buch aktuelle Debatten über Mittel und Wege anregen, wie Klassenherrschaft, kapitalistische Ausbeutung, Patriarchat und andere Formen der Unterdrückung abgeschafft werden können.

Im ersten Abschnitt dieser Einleitung beschreibe ich die Ausgangspunkte der Untersuchung und erörtere verschiedene linke Positionen zur Entwicklung der VR China. Im zweiten Abschnitt führe ich die Fragen und Hypothesen ein, die diesem Buch zugrunde liegen, und umreiße die zeitlichen und räumlichen Grenzen der Untersuchung. Im dritten Abschnitt weise ich auf historische Muster hin, die in diesem Zusammenhang besondere Aufmerksamkeit verdienen. Ich stelle die spezifische historische Periodisierung oder erzählerische Matrix vor, die ich zur Darstellung der Dynamik von Kämpfen und Gegenmaßnahmen verwende, und ich gebe einen Überblick über die folgenden Kapitel.

Umbrüche, Kontinuitäten und die Linke

In ihrer Geschichte seit 1949 erlebte die VR China diverse Umbrüche. Wirtschaftliche und politische Strukturen durchliefen schwere Krisen und historische Umwälzungen. Daneben gibt es jedoch auch Formen von Kontinuität. So ist die Kommunistische Partei Chinas bis

Jahr	Bevölkerung *(Millionen)*	Bevölkerung Land/Stadt *(in Prozent)*	BIP *(in Milliarden aktuelle US-Dollar)*
1949	542	89 / 11	31 (1952)
1956	620	87 / 13 (1953)	40
1967	755	82 / 18	73
1978	956	82 / 18	150
1989	1119	74 / 26	348
2001	1272	63 / 37	1339
2012	1351	48 / 52	8532
2019	1398	40 / 60	14 343
2022	1410	35 / 65 (2021)	17 960

TABELLE 1 Daten zur Entwicklung von Bevölkerung, Bruttoinlandsprodukt (BIP) und Handel in der VR China von 1949 bis 2022

Quellen: Weltbank (https://data.worldbank.org/country/china); Nationales Statistikamt der VR China (www.stats.gov.cn). Für die deutsche Ausgabe wurden die Zahlen für 2022 ergänzt.

heute an der Macht geblieben. In linken Debatten herrscht Uneinigkeit darüber, was genau Umbrüche und grundlegende Veränderungen verursachte und wie die Regime der KPCh all diese Veränderungen überleben konnten.

Erste Beobachtungen

In den Jahrzehnten vor der Gründung der VR China im Jahr 1949 blieb das Land zerrissen. Koloniale Besetzungen, regionale Segregation, der Einmarsch der japanischen Armee und der Bürgerkrieg prägten die Entwicklung. Zum Zeitpunkt ihrer Gründung hatte die VR China die größte Bevölkerung der Welt, deren überwiegende Mehrheit arm war und auf dem Lande lebte. Der Anteil des neu geschaffenen Staates an der weltweiten Industrieproduktion und am Welthandel war minimal. Sein politisches und militärisches Überleben hing stark von der Unterstützung seines wichtigsten sozialistischen Verbündeten ab, der Sowjetunion. 70 Jahre später, im Jahr 2019, hatte die VR China immer

Jahr	BIP pro Kopf *(in Milliarden aktuelle US-Dollar)*	Anteil am globalen BIP *(in Prozent)*	Anteil am globalen Handel *(in Prozent, Import/Export)*
1949	54 (1952)	0,7 (1950)	0,6 / 0,9 (1948)
1956	64	0,6 (1955)	1,6 / 1,2 (1953)
1967	97	3,2	1,0 / 1,2
1978	156	1,7	0,9 / 0,8
1989	311	1,7	1,9 / 1,7
2001	1053	4,0	3,8 / 4,3
2012	6317	11,4	9,7 / 11,0
2019	10 262	16,4	10,8 / 13,1
2022	12 720	18,5	11,9 / 15,1 (2021)

noch die größte Bevölkerung der Welt.[1] Die Mehrheit lebte jedoch in Städten und arbeitete im Dienstleistungssektor und in der städtischen Industrie. Das Land verfügte über die zweitgrößte Wirtschaft weltweit (gemessen am Bruttoinlandsprodukt, BIP), beherbergte einen großen Teil der weltweiten Industriekapazitäten und besaß einen großen Anteil am Welthandel. Die VR China wurde damit zu einer wachsenden politischen und militärischen Macht, die für ihre eigenen Interessen einsteht (siehe *Tabelle 1*).

In den über 70 Jahren ihres Bestehens durchlief die VR China mehrere soziale, wirtschaftliche und politische Krisen. Dabei vollzog sie einen schrittweisen und dennoch monumentalen Übergang vom real existierenden Sozialismus zu einem politischen und wirtschaftlichen System, das die Führung der KPCh als »sozialistische Marktwirtschaft mit chinesischen Merkmalen« bezeichnet.[2] Die historische Kontinuität der Herrschaft dieser einen Partei seit 1949 ist mehr als erstaunlich. Die KPCh selbst erlebte verschiedene Wandlungen: Sie begann als Organisation städtischer Intellektueller und Arbeiter:innen in den 1920er-Jahren, wurde in den 1930er- und 1940er-Jahren von einer revolutionären Bauernarmee getragen, verwandelte sich in den

1 Erst 2023 sollte Indien mit über 1,4 Mrd. Menschen die VR China ein- und überholen.

2 Ich verwende den Begriff Sozialismus für die spezifische historische Form des Sozialismus in der VR China oder in anderen Ländern. Ich setze den Begriff in erster Linie im beschreibenden Sinne ein und nicht als Bezeichnung für ein politisches oder theoretisches systemisches Ideal.

1950er-Jahren in eine bürokratische sozialistische Institution und wurde schließlich in den 1980er-Jahren und danach zur Kernorganisation der neuen, postsozialistischen herrschenden Klasse. Durch alle Metamorphosen der KPCh hindurch erwiesen sich die Parteiführungen als anpassungsfähige Organe der Klassenmacht, orchestrierten den Fortschritt und die Entwicklung des Landes[3] und vermochten soziale wie politische Unruhen von unten einzukreisen und zu unterdrücken.[4]

Als die Führung der KPCh im Oktober 2019 den 70. Jahrestag der Gründung der VR China feierte, pries sie die Entwicklung des Landes seit 1949 als kohärente Geschichte wirtschaftlichen und politischen Erfolgs. Die verschiedenen Phasen wirtschaftlicher Krisen, politischer Unruhen und sozialer Konflikte – darunter Ereignisse wie die Kulturrevolution 1966 bis 1969 und die Tian'anmen-Platz-Bewegung 1989 – wurden schlicht ausgeblendet. Die Ende der 1970er-Jahre offiziell begonnene Politik der »Reform und Öffnung« beschrieb die Führung als Fortsetzung ihres Kurses sozialistischer nationaler Entwicklung.[5] »Dem Gründungsauftrag der Partei treu bleiben« ist auch heute noch der Slogan einer Kampagne der KPCh. Der derzeitige Parteichef Xi Jinping fordert derweil eine »nationale Erneuerung« und bezieht sich auf das sozialistische Erbe.[6]

3 Begriffe wie Fortschritt, Entwicklung oder Modernisierung eines Landes sind problematisch, da sie produktivistischen und im Wesentlichen kapitalistischen Konzepten folgen. Sie beschreiben die Motivation hinter Strategien und Maßnahmen des *Regimes*. Andere Begriffe wie Befreiung, Minderheiten, Demokratie oder Intellektuelle sind ebenfalls problematisch oder teilweise irreführend. Der Lesbarkeit halber werden hier bei all diesen Begriffen trotzdem die Anführungszeichen weggelassen.

4 Klasse verwende ich hier nicht im engeren Sinne, also weder als rein soziologische oder ökonomische Kategorie noch als Beschreibung einer vermeintlich homogenen Kraft oder Repräsentantin bestimmter Gruppen von Arbeiter*innen oder Kapitalist*innen. In den folgenden Kapiteln ergänze ich zur Beschreibung von Maßnahmen oder Kämpfen einer Klasse oder verschiedener gesellschaftlicher Akteure oft die Begriffe »von oben« und »von unten«. Je nach Sachlage umfasst Klassenkampf »von oben« sowohl private als auch staatliche Akteure, während Klassenkampf »von unten« mitunter Arbeiter:innen, Bäuerinnen und Bauern, Frauen* sowie Migrant:innen einschließt.

5 Xi Jinping: Speech at the Reception in Celebration of the 70th Anniversary of the Founding of the People's Republic of China, in: China Daily, 30.9.2019, unter: https://tinyurl.com/yemxt7y8; Wu Jinglian: Soul Searching on China's 70-Year Economic Evolution, in: Caixin, 14.10.2019, unter: https://tinyurl.com/y6hx8ou3.

6 Cao Desheng: Xi Urges CPC Members to Maintain Long March Spirit, Rejuvenate Nation, in: China Daily, 19.8.2019, unter: https://tinyurl.com/6kp2bszd; Christian Shepherd: No Regrets: Xi Says Marxism Still »Totally Correct« for China, in: Reuters, 4.5.2018, unter: https://tinyurl.com/y4d5v5rj.

Positionen in der Linken

Linke unterschiedlicher Couleur kritisieren die Führung der KPCh und ihre Interpretation und Darstellung der Geschichte der VR China.[7] Im Laufe der letzten Jahrzehnte haben Linke auf der ganzen Welt heftige Debatten über die politische, wirtschaftliche und soziale Entwicklung der VR China geführt. Diese Debatten waren von historischen Umbrüchen und Veränderungen bestimmt: der Entstalinisierung in der Sowjetunion und anderen sozialistischen Ländern in den 1950er-Jahren, der Kulturrevolution und ihrer weltweiten Wirkung in den späten 1960er-Jahren, den Marktreformen ab den späten 1970er-Jahren und den Folgen der militärischen Niederschlagung der Tian'anmen-Platz-Bewegung in den späten 1980er-Jahren.

In letzter Zeit haben verschiedene Teile der Linken innerhalb und außerhalb der VR China widersprüchliche Ansichten über die Entwicklung des Landes seit 1949 vertreten. Sie sind insbesondere in der Frage gespalten, wie das wirtschaftliche und politische System vor und nach der von der KPCh ab Ende der 1970er-Jahre durchgeführten »Reform und Öffnung« einzuschätzen ist. Vier linke Positionen lassen sich unterscheiden (siehe *Tabelle 2*).

Die erste Position kann mit »ein System = Sozialismus« zusammengefasst werden. Ihre Vertreter:innen bezeichnen das in den 1950er-Jahren eingeführte politische und wirtschaftliche System als Sozialismus, Staatssozialismus oder real existierenden Sozialismus. Bezeichnenderweise stellen für sie die Reformen ab den späten 1970er-Jahren eine Fortsetzung des Sozialismus dar. Ihnen zufolge war und ist die VR China vor und nach den Reformen sozialistisch, weil eine »kommunistische« Partei an der Macht ist, die staatliche Verwaltung Zugriff auf große Teile der Wirtschaft behielt, bestimmte wohlfahrtsstaatliche Maßnahmen durchgeführt worden sind und die Staatsführung eine antiimperialistische Haltung gegenüber der Hegemonialmacht USA eingenommen hat. Aus dieser Perspektive gelten alle Veränderungen der letzten Jahrzehnte als pragmatische oder kosmetische Anpassungen. Die Kommunistische Partei Chinas befinde sich immer noch auf dem Weg zum Kommunismus und bleibe ein

7 In diesem Buch verwende ich eine weit gefasste Definition von »links« und »der Linken«. Politische Perspektiven, die kapitalistische Ausbeutung, soziale Ungleichheit und Unterdrückung in einer bestimmten Gesellschaft (angeblich) kritisieren, fasse ich hier in der Regel als links, unabhängig davon, ob ich mit ihnen übereinstimme oder nicht. Eine detailliertere Analyse der verschiedenen linken Strömungen in der VR China seit 1949 findet sich in Ralf Ruckus: Die Linke in China. Eine Einführung, Wien/Berlin 2023.

<table>
<tr><th>Positionen</th><th colspan="2">1949–1978</th><th colspan="2">1978–heute</th></tr>
<tr><td>1. – 1 System</td><td colspan="4">Sozialismus</td></tr>
<tr><td>2. – 1 System</td><td colspan="4">Kapitalismus</td></tr>
<tr><td>3. – 2 Systeme</td><td colspan="2">Sozialismus</td><td colspan="2">Kapitalismus</td></tr>
<tr><td>4. – 2 Systeme</td><td>Übergang</td><td>Sozialismus</td><td>Übergang</td><td>Kapitalismus</td></tr>
</table>

TABELLE 2 **Positionen in der Linken zum politischen und wirtschaftlichen System der VR China von 1949 bis heute**

wichtiger Gegenspieler des US-Imperialismus. Vertreten wird diese Position von Maoist:innen, die die Führung der KPCh unterstützen, sowie von einigen anderen Marxist:innen-Leninist:innen und Antiimperialist:innen – und übrigens auch von etlichen Liberalen und Rechten, die dem Sozialismus feindlich gegenüberstehen.

Die zweite Position kann als »ein System = Kapitalismus« beschrieben werden. Sie interpretiert das Wesen des politischen und wirtschaftlichen Systems in der VR China nach 1949 als eine andere Art von Kapitalismus oder als Staatskapitalismus. Zum einen schaffte die KP-Führung nach 1949 weder die Lohnarbeit und Abpressung von Mehrarbeit noch Geld und Kredit, betriebliche Hierarchien oder das Fabriksystem ab. Zum anderen versuchte sie, das sozialistische Entwicklungsregime in nur einem Land zu errichten – und verriet damit das Konzept einer weltweiten Revolution. Aus dieser Perspektive veränderten die Reformen ab Mitte der 1970er-Jahre zwar wirtschaftliche und politische Institutionen wie auch die sozialen Beziehungen, der Kapitalismus bestand jedoch fort. Vertreten wird diese Position unter anderem von bestimmten Trotzkist:innen, Anarchist:innen sowie von Linkskommunist:innen.[8]

Die dritte Position lautet »zwei Systeme = erst Sozialismus, dann Kapitalismus«. Sie stimmt mit der ersten Position insofern überein, als sie die VR China von den 1950er-Jahren bis Mitte der 1970er-Jahre als Sozialismus, Staatssozialismus, real existierenden Sozialis-

8 Siehe zum Beispiel Charlie Hore: The Road to Tiananmen Square, London 1991.

mus oder eine »degenerierte« Form des Sozialismus charakterisiert. Vertreter:innen dieser Position sehen jedoch die in der Mitte der 1970er-Jahre beginnenden Reformen als historischen Umbruch an. Damit kommt diese Position der zweiten insofern nahe, als sie diesen Umbruch als Beginn eines Übergangs vom (degenerierten) Sozialismus zum Kapitalismus ausmacht. Den Grund oder Auslöser dieses Übergangs sehen einige im Verrat am Sozialismus in der VR China durch sogenannte Prokapitalist:innen (*zouzipai*, wörtlich: die den kapitalistischen Weg gehen) in der Führung der KPCh. Diese hätten die »Diktatur des Proletariats« untergraben und in den späten 1970er-Jahren bewusst jene Reformen eingeleitet, die zum Kapitalismus führen sollten. Diese Position wird heute von vielen oppositionellen Maoist:innen in der VR China geteilt.[9] Andere verweisen auf die Klassenwidersprüche in der VR China und führen den Übergang auf den sozialen Druck von unten zurück, der die Parteiführung zu Veränderungen gezwungen habe. Dieser Analyse zufolge wurde mit den Reformen versucht, die Herrschaft der Partei zu sichern und den Sozialismus zu erhalten, indem er angepasst wurde. In der Folge setzten die Reformen kapitalistische Kräfte frei, die das Land unbeabsichtigt in Richtung Kapitalismus trieben.[10]

Ausgangshypothese meiner Untersuchung ist eine vierte Position. Ich stimme der dritten Position zu, insofern sie die Periode vor Mitte der 1970er-Jahre als sozialistisch und die Periode danach als kapitalistisch charakterisiert. Ich erkenne jedoch zwei Übergangsperioden. Der erste Übergang fand in den frühen 1950er-Jahren statt, als sozialistische Institutionen und Strukturen geschaffen wurden und ein sozialistisches System konsolidiert wurde. Der zweite Übergang erfolgte zwischen den späten 1970er- und den späten 1990er-Jahren. In dieser Zeit wurden die alten sozialistischen Institutionen nach und nach umgestaltet und schließlich kapitalistische Beziehungen etabliert. Die besondere Hervorhebung dieser beiden Übergangsperioden ermöglicht eine differenziertere Analyse der sozialen und politischen Auseinandersetzungen zwischen dem Regime der KPCh und jenen

9 Siehe zum Beispiel Li Xing: The Chinese Cultural Revolution Revisited, in: The China Review 1/2001, S. 137–165, unter: https://tinyurl.com/bdapdrss; Li Minqi: China and the 21st Century Crisis, London 2016; für eine Kritik an Letzterem siehe Ralf Ruckus: Chinese Capitalism in Crisis, Part 2: Li Minqi on the Forthcoming Collapse of China's Economy and the Capitalist World System, in: Sozial.Geschichte Online 19, 2016, S. 115–149, unter: https://tinyurl.com/y5yjz35l.

10 Für diese Position steht unter anderem Wu Yiching: Die andere Kulturrevolution 1966–1969. Der Anfang vom Ende des chinesischen Sozialismus, übersetzt und herausgegeben von Ralf Ruckus, Wien/Berlin 2019.

Akteur:innen, die diese Übergangsperiode und ihre Resultate prägten: Arbeiter:innen, Bauern, Frauen*, Jugendliche und Migrant:innen.

Im abschließenden Kapitel dieses Buches werde ich diese vier linken Positionen und ihre gegensätzlichen Ansichten rekapitulieren und bewerten.

Schwerpunkte der Analyse

In diesem Buch befasse ich mich mit der Entwicklung der VR China seit 1949, mit anderen Worten: mit der Zeit vor, während und nach den Reformen. Ein Schwerpunkt liegt auf den gesellschaftlichen Produktions- und Reproduktionsverhältnissen sowie den Formen der Ausbeutung, Unterdrückung und Ausgrenzung unter dem Regime der KPCh. Ein zweiter Schwerpunkt sind Formen des Widerstands, der Organisierung und des Kampfes verschiedener Klassensubjekte von unten, also der Bäuerinnen, Bauern und Arbeiter:innen. Der dritte Schwerpunkt liegt auf den sozialen Widersprüchen und Konflikten entlang von Geschlechter- und Herkunftslinien. In diesem Abschnitt stelle ich Fragen und Hypothesen vor, die hinter der Untersuchung stehen. Zudem erörtere ich Umfang, Grenzen und Schwerpunkte der Analyse.

Fragen und Hypothesen

Im Mittelpunkt meiner Analyse stehen die Zeitabschnitte vor, während und nach den Reformen, die 1978 offiziell von der Führung der KPCh eingeleitet wurden. Besonderes Augenmerk lege ich auf die Kontinuitäten und Umbrüche, die diese Zeiträume miteinander verbinden oder voneinander trennen. Zu den Schlüsselfragen gehören: Welche wirtschaftlichen und politischen Strukturen haben sich in den jeweiligen Zeitabschnitten herausgebildet oder gefestigt? Welche sozialen Akteure oder Klassen spielten eine wichtige Rolle und welche Formen des sozialen Protests setzten sie ein? Wie reagierte das Regime auf soziale Unruhen oder andere Herausforderungen? Welche Streitigkeiten gab es innerhalb der Führung? Welche Anpassungsmaßnahmen wurden gegen soziale und politische Konflikte ergriffen? Warum führte das Wechselspiel von sozialen Unruhen und Gegenmaßnahmen des Regimes zu historischen Umbrüchen, während die KPCh an der Macht blieb?

Die speziellen Fragen zur *Übergangsperiode* in der ersten Hälfte der 1950er-Jahre und zur anschließenden *sozialistischen Periode* von Mitte der 1950er- bis Mitte der 1970er-Jahre sind: Welche Art von

Sozialismus wurde etabliert? Bot dieser tatsächlich eine Alternative zu kapitalistischen Strukturen und patriarchalen Verhältnissen – und wenn ja, auf welche Weise? Warum entstanden in dieser Zeit tiefgehende gesellschaftliche Konflikte? Und wie reagierte die Parteiführung auf diese Konflikte?

Meine Hypothese ist, dass sich der real existierende Sozialismus sowohl vom vorangegangenen als auch vom nachfolgenden wirtschaftlichen, politischen und sozialen System stark unterschied. Im Übrigen entsprach er kaum jenem Sozialismus, der von Proletarier:innen, Bäuerinnen, Bauern und Frauen* angestrebt worden war, die sich seit den 1920er-Jahren an der revolutionären Organisierung beteiligt hatten. Der real existierende Sozialismus verfestigte soziale Spaltungen, oft auch in neuer Form. Am offensichtlichsten waren die Spaltungen zwischen Arbeiter:innen in der Stadt und auf dem Land, zwischen sozialistischen Managern und Arbeiter:innen (wie auch zwischen geistiger und körperlicher Arbeit insgesamt) und zwischen Männern* und Frauen*. Die neuen Spaltungen zwischen den Klassen und zwischen den Geschlechtern sowie die Herausbildung einer sozialistischen herrschenden Klasse um die Führung der KPCh lösten neue Wellen sozialer und schließlich politischer Kämpfe aus. Das Parteiregime reagierte auf die Proteste mit Eindämmungsmaßnahmen und Reformen, um seine Herrschaft zu stabilisieren – ein Muster, das auch in den folgenden Perioden zu beobachten ist.

In Bezug auf die *Übergangsperiode (oder erste Reformphase)* von Mitte der 1970er- bis Mitte der 1990er-Jahre geht es vor allem um folgende Fragen: Warum wurden Mitte bis Ende der 1970er-Jahre größere Reformen eingeleitet? Welches allgemeine Ziel verfolgten diese Reformen? Welche Eigenschaften des Sozialismus begünstigten den Übergang zum Kapitalismus unter der Herrschaft der KPCh? Und welche Kräfte bewirkten schließlich den vollständigen und endgültigen Übergang?

Meine Hypothese ist, dass die ersten Reformen im Wesentlichen als Reaktionen auf die sozialen Konflikte und politischen Krisen der beiden vorangegangenen Jahrzehnte verstanden werden müssen. Sie sollten Konflikte und Krisen abmildern und so die Herrschaft der Parteiführung sichern. Während der real existierende Sozialismus bis zu diesem Zeitpunkt hauptsächlich als Planwirtschaft betrieben wurde, in welcher der Staat bestimmte wirtschaftliche Entscheidungen fällte und Prozesse kontrollierte, wurde mit den Reformen schrittweise ein

Privatsektor eingeführt und ausgeweitet sowie Marktkräften mehr Spielraum gegeben. Der von den 1970er- bis in die 1990er-Jahre andauernde Übergang verlief relativ reibungslos, da der real existierende Sozialismus bestimmte zentrale Eigenschaften mit dem Kapitalismus gemein hatte, darunter Überschussproduktion und -akkumulation, Ausbeutung, taylorisierte Industrien, fragmentierte Belegschaften, geschlechtsspezifische Arbeitsteilung und hierarchische Arbeitsverhältnisse. Im Grunde schuf der Sozialismus die Voraussetzungen und ebnete den Weg für die spätere Entwicklung eines kapitalistischen Systems. Die Reformen waren ein Versuch, die Herrschaft der KPCh zu sichern. Sie setzten jedoch auch eine Entwicklungsdynamik und Klassenneuzusammensetzung in Gang, die den endgültigen Übergang zum Kapitalismus zur Folge hatten.

Im Hinblick auf die aktuelle *kapitalistische Periode (oder zweite Reformphase)*, die Mitte der 1990er-Jahre begann, stellen sich vor allem folgende Fragen: Was genau machte das Ende der vorherigen Übergangsperiode und den Beginn dieser kapitalistischen Periode aus? Welche Merkmale qualifizieren die aktuelle Periode als kapitalistische? Welche Faktoren ermöglichten den Übergang vom real existierenden Sozialismus zum jetzigen System? Und wie veränderten sich die sozialen Beziehungen in dieser Periode?

Meine Hypothese ist, dass die Übergangsperiode mit der Umstrukturierung und Teilprivatisierung der staatlichen Sektoren Mitte der 1990er-Jahre endete. Die kapitalistische Periode wiederum begann mit den Protesten der alten sozialistischen Arbeiterklasse gegen diese Umstrukturierung und mit den Kämpfen der Bäuerinnen und Bauern gegen die Auswirkungen der kapitalistischen Transformation der Landwirtschaft. Es ist schwer, hier eine exakte zeitliche Linie zu ziehen, da sich die Umstrukturierungsbemühungen von oben und die Abwehrkämpfe gegen die Auswirkungen der Umstrukturierung von unten überschnitten. Einige der Transformationsprozesse, zum Beispiel die in der Landwirtschaft, waren Mitte der 1990er-Jahre sicherlich noch nicht abgeschlossen. Meiner Einschätzung nach war der Gesamtcharakter des Systems jedoch ab der zweiten Hälfte der 1990er-Jahre kapitalistisch. Die ökonomische Hauptantriebskraft bestand nun in der Erzielung von Profit und der Akkumulation von Kapital. Die Führung der KPCh und andere Teile der »Elite« bildeten eine neu zusammengesetzte Kapitalistenklasse, die sich den Großteil des durch Ausbeutung geschaffenen Reichtums aneignete. Mit der Umstrukturierung des Staatssektors, das heißt der Umwandlung staatlicher Unternehmen in gewinnorientierte Kapitalgesellschaften, und mit der Einführung neuer staatlicher Planungsinstitutionen Mitte und Ende der 1990er-Jahre änderten sich die Formen der Überschussproduktion und des Managements, nicht aber die allgemeinen Ziele: wirtschaftliche Effizienz, Rentabilität, stabile Arbeitsbeziehungen und die Aufrechterhaltung der Klassenherrschaft. Die Reformen führten zum wirtschaftlichen Aufstieg der VR China. Sie konnten auf den Grundlagen aufbauen, die der Sozialismus geschaffen hatte. Zudem nutzte das Regime der KPCh die historische Chance, die die sogenannte Globalisierung mit sich brachte. Nachdem bereits industrielle Produktionscluster und Lieferketten in Lateinamerika, Asien und Osteuropa entstanden waren, bot sich nun auch der VR China die Möglichkeit, ausländisches Kapital anzuziehen und die Wirtschaft des Landes zu entwickeln. Mit den Reformen änderten sich die sozialen Beziehungen. Diverse proletarische Gruppen bildeten eine neue Arbeiterklasse, die jedoch weiterhin entlang von Unterschieden in Geschlecht, Herkunft sowie Bildung und Qualifikation gespalten war.

Umfang und Schwerpunkte der Untersuchung

Mein Hauptaugenmerk liegt in diesem Buch auf den sozialen Konfrontationen sowie auf den Umbrüchen und Kontinuitäten, die diese Konfrontationen in der VR China seit 1949 hervorgebracht haben. Die wirtschaftlichen, politischen und sozialen Entwicklungen waren komplex und regional unterschiedlich, weswegen ich den zeitlichen und räumlichen Umfang der Untersuchung begrenzen und mich auf bestimmte Aspekte des historischen Verlaufs konzentrieren muss.

Dieses Buch deckt hauptsächlich den Zeitraum von 1949 bis heute ab. Frühere Entwicklungen werden lediglich am Anfang des ersten (historischen) Kapitels erwähnt. Das heißt, die teilweise Kolonisierung Chinas unter kaiserlicher Herrschaft, die republikanische Ära nach 1911, die ersten Jahre nach der Gründung der KPCh 1921, die Zeit der Besetzung durch die japanische Armee in den 1930er-Jahren sowie der anschließende Bürgerkrieg sind nicht Teil der Untersuchung. Was die aktuelle Situation angeht, so wurde diese deutschsprachige Ausgabe im Herbst 2023 fertiggestellt, sodass die Krisen und Turbulenzen Anfang der 2020er-Jahre in die Analyse eingehen konnten.

Räumlich beziehe ich mich meist auf die VR China als Ganzes. Regionale Entwicklungen innerhalb der VR China sind wichtig, wenn man die sozialen, wirtschaftlichen und politischen Variationen und Unterschiede im ganzen Land bedenkt – beispielsweise zwischen den Industriezentren des Perlflussdeltas in der Provinz Guangdong, dem »Rostgürtel« im Nordosten oder den westlichen Provinzen wie Xinjiang. Ich kann in diesem Buch jedoch aus Platzgründen und aufgrund seines Übersichtscharakters nicht näher auf regionale Faktoren und Aspekte eingehen. Den globalen Kontext und die Entwicklungen im Weltsystem, wie in den sozialistischen Staaten oder in der globalen Ökonomie, berücksichtige ich, soweit sie sich auf die Entwicklung der VR China auswirkten.[11]

Inhaltlich folge ich einer materialistischen Geschichtsschreibung. Mein Hauptaugenmerk liegt auf den sozialen Beziehungen und insbesondere auf dem Wechselspiel von sozialen Kämpfen einerseits und Gegenmaßnahmen oder Reformen des Regimes andererseits. Soziale Widersprüche beschreibe ich im Zusammenhang mit wirtschaftlichen Entwicklungen wie Wachstums- und Krisenzyklen und den Veränderungen der Produktions- und Reproduktionssysteme sowie im Kontext politischer Mechanismen und Strukturen. Zu Letzteren gehören auch staatliche Institutionen, rechtliche Rahmenbedingungen und die Entwicklungen in der Hierarchie der KPCh. Ich vermeide jedoch eine Fokussierung auf zentrale politische Figuren, etwa auf den angeblichen »großen Steuermann« Mao Zedong, den »Reformer« Deng Xiaoping oder den »zentralen Führer« Xi Jinping. Ebenso gehe ich in dieser Analyse kaum auf die ideologischen Standpunkte der regierenden KPCh, ihrer Leiter oder oppositioneller Kräfte ein. Es ist wichtig festzuhalten, was Akteur:innen wie KPCh-Vertreter und linke Dissident:innen zu bestimmten Themen geschrieben oder gesagt haben – aber nur in Bezug auf tatsächliche Ereignisse und Entwicklungen.[12]

11 Auf ein weiteres wichtiges Thema, bei dem Zeit und Raum eine entscheidende Rolle spielen, kann ich in diesem Buch nicht näher eingehen: die Umweltkrise. Sie wurde sowohl vom sozialistischen System als auch vom kapitalistischen verursacht und verschärft.

12 Dies ist auch als Kritik an anderen linken Beschreibungen des real existierenden Sozialismus in der VR China gemeint, die Zitate von KPCh-Führern, politische Programme oder ideologische Aussagen verwenden, um das maoistische Erbe entweder positiv oder negativ zu mystifizieren, und so die historische Erzählung verdrehen. Für eine Diskussion linker Geschichtsmystifizierungen siehe Gottfried Oy/Christoph Schneider: Destruktion und Intervention – von den Möglichkeiten der Geschichtspolitik, in: Sozial.Geschichte Online 14, 2014, S. 97–119, unter: https://tinyurl.com/y249lhb8. Siehe auch Maurice Meisners Kommentar zur Geschichtsschreibung: »Geschichte [...] muss in erster Linie auf der Grundlage dessen geschrieben werden, was Menschen tun, und nicht auf der Grundlage dessen, was sie sagen. [...] Ziele und Absichten sind jedoch historisch nicht unbedeutend und sicherlich nicht moralisch irrelevant.« (Maurice Meisner: Mao's China and After. A History of the People's Republic, 3., überarbeitete Aufl., New York 1999, S. 294)

Die sozialen Beziehungen in der VR China seit 1949 betrachte ich aus drei Blickwinkeln. Erstens verwende ich in diesem Buch die Begriffe »Klasse« und »Klassenzusammensetzung«, um den Entstehungsprozess sozialer Gruppen zu beschreiben. Diese Gruppen nehmen in wirtschaftlichen und sozialen Verhältnissen bestimmte Positionen ein. Auf der Grundlage dieser Positionen entwickeln sie spezifische Formen des Handelns und der Organisierung.

Die Zusammensetzung und die Neuzusammensetzung der herrschenden Klasse in der VR China ist besonders interessant, da ihre Wurzeln in den sozialen, politischen und militärischen Mobilisierungen der 1930er- und 1940er-Jahre liegen. Ab den 1950er-Jahren konsolidierte sie sich als sozialistische herrschende Klasse, in den 1970er-Jahren formierte sie sich während des begonnenen Übergangs neu und in den 1990er-Jahren wurde sie Teil einer neu zusammengesetzten kapitalistischen Klasse. Die herrschende Klasse war in dieser Phase in bestimmten Fragen gespalten, zum Beispiel bezüglich Richtung und Ausmaß der Reformen. Sie war sich jedoch weitgehend einig im Bemühen, ihre Herrschaft und ihre Privilegien zu erhalten.

Die Arbeiterklassen erkannten im Kampf ihre kollektiven Interessen und ihre Macht gegenüber der sozialistischen und später der kapitalistischen herrschenden Klasse. Sie waren in sich nie homogen, sondern setzten sich aus verschiedenen Gruppen von städtischen Arbeiter:innen, Landarbeiter:innen oder Wanderarbeiter:innen zusammen und hatten sowohl gemeinsame als auch gegensätzliche Interessen. Ihre Vorgehensweisen waren oft komplex und widersprüchlich. Einerseits übten sie Druck auf die sozialistische oder die kapitalistische herrschende Klasse aus und forderten materielle Verbesserungen oder grundlegende Veränderungen. Andererseits verteidigten einige ihre Partikularinteressen gegen andere unterdrückte soziale Gruppen, indem sie zum Beispiel auf Formen rassistischer oder sexistischer »Grenzziehungen« setzten.[13]

Zweitens untersuche ich in diesem Buch, wie die Führung der KPCh Unterschiede in der räumlichen Herkunft zur Spaltung nutzte, insbesondere die Unterscheidung zwischen Stadtbewohner:innen und Landbewohner:innen. Die berüchtigten *hukou*-Regelungen (zur Haushaltsregistrierung) initiierte die Parteiführung bereits in

13 Zu Formen der »Grenzziehung« durch Akteur:innen aus der Arbeiterklasse siehe Beverly J. Silver: Forces of Labor. Arbeiterbewegungen und Globalisierung seit 1870, Berlin 2005, S. 39–44.

den späten 1950er-Jahren. Sie klassifizieren jede Einwohnerin und jeden Einwohner der VR China als »vom Land« oder als »nicht vom Land«. Zudem weisen sie jede Person einem bestimmten Ort (einer Stadt, einem Dorf) zu, der je nach Provinz oder Landkreis über einen bestimmten Entwicklungsstand und Lebensstandard verfügt. Die *hukou*-Regelungen dienten ursprünglich dazu, Abwanderung und soziale Mobilität einzudämmen. So sollte die Mehrheit der Bevölkerung unter schlechteren Lebensbedingungen auf dem Land gehalten werden, während nur eine Minderheit unter besseren Bedingungen und mit höheren Sozialleistungen in der Stadt leben durfte. Seit Anfang der 1980er-Jahre dient das *hukou*-System der systematischen Diskriminierung ländlicher Binnenmigrant:innen, die ländliche Regionen verlassen, um in den Städten zu arbeiten. Auf die Kluft zwischen Stadt und Land, verschiedene Kategorien der Staatsbürgerschaft, soziale Praktiken der Ein- und Ausgrenzung und die spezifische Ausbeutung von Landbewohner:innen und ländlichen Binnenmigrant:innen komme ich im Folgenden immer wieder zurück.[14]

Drittens befasse ich mich mit den spezifischen Formen der patriarchalen Unterdrückung und den Kämpfen von Frauen* in der VR China. Die Arbeit (oder Hausarbeit) von Frauen* zur Reproduktion von Arbeitskraft war von entscheidender Bedeutung für die Funktionsweise der ausbeuterischen Ökonomien sowohl in der sozialistischen als auch in der kapitalistischen Periode. Im Sozialismus bedeutete die versprochene Befreiung der Frauen* vor allem, dass diese in großer Zahl in das Lohnarbeitssystem integriert wurden. So konnte ihre Arbeitskraft sowohl im Rahmen entlohnter als auch nicht entlohnter (reproduktiver) Arbeit ausgebeutet werden. Die Kämpfe von Frauen* veränderten die Ausformung der Geschlechterverhältnisse sowohl während des sozialistischen (oder maoistischen) Patriarchats als auch

14 Verschiedene Kategorien der Staatsbürgerschaft bedeutet hier die Einteilung in Bevölkerungsgruppen mit unterschiedlichen Rechten und Ansprüchen gegenüber dem Staat abhängig von Herkunft oder Wohnort. Auf ein weiteres Thema kann ich hier kaum eingehen, nämlich die Schaffung von »Minderheiten« und den Umgang der Führung der KPCh mit »ethnischer« Zugehörigkeit. Seit den 1950er-Jahren zielte die »Minderheiten«-Politik der Partei vor allem auf die Sicherung des »nationalen« Zusammenhalts und der Stabilität des Landes. Die Definition von »Minderheiten« mit einem bestimmten Rechtsstatus bildete derweil die Grundlage für eine brutale Politik der Assimilierung, Kontrolle, Überwachung und Unterdrückung. Dies geschah in der sozialistischen Periode und danach zum Beispiel in den Provinzen Innere Mongolei, Tibet, Xinjiang und Yunnan. Selbst die Definition und Benennung von »Minderheiten« durch die KPCh war umstritten. Zur Einführung und Handhabung der »Minderheiten«-Politik in der VR China siehe unter anderem Dru C. Gladney: Representing Nationality in China: Refiguring Majority/Minority Identities, in: Journal of Asian Studies 1/1994, S. 92–123, unter: https://tinyurl.com/bdnepwy5.

während der Übergangsperiode und der kapitalistischen Periode. Die Erfolge dieser Kämpfe blieben jedoch begrenzt. Für (einige) Frauen* eröffneten sich neue Möglichkeiten, während gleichzeitig angepasste oder neue Formen patriarchaler Herrschaft geschaffen wurden.[15]

Klassenkonflikte, Geschlechterspaltungen und rassistische Unterdrückung sind eng miteinander verknüpft. Frauen* oder Menschen mit einem ortsfremden *hukou* spielten eine besondere und wichtige Rolle in den Bewegungen von Arbeiter:innen, Bäuerinnen und Bauern sowie Binnenmigrant:innen in der VR China. Im Folgenden erzähle ich die historischen Ereignisse in chronologischer Reihenfolge. Jedes Kapitel enthält eigene Abschnitte zu geschlechtsspezifischen Formen der Unterdrückung und Kämpfen von Frauen* sowie zu den Protesten von Wanderarbeiter:innen in der jeweiligen Periode.

Die Geschichte der Volksrepublik China erfassen

Im vorangegangenen Abschnitt habe ich die für das Buch relevanten Fragen, Hypothesen und Schwerpunkte vorgestellt. In diesem Abschnitt erläutere ich, welche analytischen Instrumente ich für die Darstellung der Geschichte der VR China einsetze. Insbesondere gehe ich auf das Konzept des »historischen Musters« (von Klassenkämpfen) ein und erläutere die auf einem solchen Muster basierende »erzählerische Matrix«. Die Matrix systematisiert und visualisiert den Werdegang der VR China und bildet auch die Abfolge der Buchkapitel ab, die ich am Ende dieses Abschnitts kurz zusammenfasse.

Historische Muster

> Historie [hɪsˈtoːʁiə]: Geschichte und Zeitabschnitt der Vergangenheit; Studium, Sammlung oder Erzählung vergangener Ereignisse, die zusammen betrachtet werden, insbesondere Ereignisse in einer bestimmten Zeit, in einem bestimmten Land oder mit Bezug auf ein bestimmtes Thema; chronologische Aufzeichnung bedeutender Ereignisse, oft einschließlich einer Erklärung ihrer Ursachen; sinnverwandte Wörter: Vergangenheit, Vorzeit, Chronik, Überlieferung, Annalen, Kunde

15 Die besondere Situation und die Kämpfe von LGBTIQ+-Personen und ihren eigenen Bewegungen werden in diesem Buch nicht genauer analysiert. Siehe zu diesen unter anderem Loretta Ho Wing-Wah: Gay and Lesbian Subculture in Urban China, London 2010; Bao Hongwei: Queer Comrades. Gay Identity and Tongzhi Activism in Postsocialist China, Kopenhagen 2018.

> Muster [ˈmʊstɐ]: wiederholte regelmäßige Art und Weise, wie etwas geschieht oder getan wird; natürliche oder zufällige Konfiguration; bestimmtes Zusammenkommen von Eigenschaften, Handlungen, Tendenzen oder anderen beobachtbaren Merkmalen einer Person, Gruppe oder Institution; ein erkennbares kohärentes System, das auf der funktionalen Wechselbeziehung von Bestandteilen beruht; ein häufiges oder weitverbreitetes Vorkommen; sinnverwandte Wörter: Ordnung, System, Methode, Anordnung, Reihenfolge[16]

In diesem Buch erzähle ich die Geschichte der VR China aus der Perspektive des Klassenkampfes. Ich will Aspekte herausarbeiten, die heutigen sozialen Akteur:innen und linken Bewegungen helfen können, ihre Analysen zu schärfen, ihre Ziele neu auszurichten, sich auf Herausforderungen vorzubereiten und politische Fehler zu vermeiden. Ich schaue mir in jeder historischen Phase die Dynamik der sozialen Kämpfe von unten an und versuche, die Reaktionen des Regimes von oben zu erkennen und zu verstehen. Ich befasse mich mit der historischen Abfolge dieser Konflikte »auf der Suche nach wiederkehrenden Entwicklungsmustern«, um herauszufinden, »was – wenn überhaupt – wirklich neu ist an der Situation«.[17]

Historische Entwicklungen hängen von vielen Faktoren ab, etwa von strukturellen Bedingungen, politischem Handeln und Zufälligkeiten. Sie sind zu komplex, um sie vollständig verstehen und vorherzusagen zu können. Veränderungen sozialer, wirtschaftlicher und politischer Systeme können in jeder Phase Muster erkennen lassen. Diese Muster dienen der Ermittlung künftiger Wahrscheinlichkeiten, Möglichkeiten und Optionen. Sie helfen uns also, politische Situationen zu beurteilen und Entscheidungen zu treffen.

Ein zentrales Ergebnis der Arbeiten an diesem Buch ist, dass Unzufriedenheit, Proteste und Kämpfe von Ausgebeuteten, Unterdrückten und Diskriminierten in allen Phasen der Herrschaft der KPCh aufgetreten sind. Entscheidende Umbrüche in der Zeit seit 1949 gehen auf die wiederholten proletarischen oder bäuerlichen Proteste sowie die anschließenden Eindämmungsmaßnahmen und Strukturreformen

16 Ausgewählte Bedeutungen aus englischen (http://dictionary.cambridge.org, www.merriam-webster.com, www.collinsdictionary.com) und deutschen (www.duden.de, https://de.wiktionary.org, www.dwds.de) Wörterbüchern.

17 Silver: Forces of Labor, S. 45.

des Regimes zurück. Diese Umbrüche führten schließlich zu tiefgreifenden Veränderungen in den jeweiligen Formen der Ausbeutung, Unterdrückung und Diskriminierung. Das Ende der Parteiherrschaft brachten sie jedoch nicht.

Proteste und Unruhen als Folge unterschiedlicher Interessen und wiederholter Konflikte zwischen Herrschenden und Unterdrückten trieben die historische Entwicklung der VR China also voran. Die herrschende Klasse, seit Ende der 1940er-Jahre vertreten durch die Führung der KPCh, wollte die Effizienz des wirtschaftlichen und politischen Systems erhöhen. Der Parteiführung ging es auch darum, ihre Herrschaft im Inland zu sichern und zu festigen sowie den Status und das Ansehen des Landes in der Welt zu verbessern. Ausbeutung und Unterdrückung prägten das politische und wirtschaftliche System und führten zusammen mit den Bemühungen um Entwicklung und Effizienzsteigerung in jedem Jahrzehnt seit 1949 zu Massenunruhen, Streiks, Demonstrationen und anderen Formen sozialer Proteste.

Hinter diesen Protesten standen verschiedene Klassenakteure, darunter Bauern und Bäuerinnen, Arbeiter:innen, Frauen*, Binnenmigrant:innen oder Student:innen. Deren soziale Kämpfe nahmen unterschiedliche Formen an, von relativ kurzen Bewegungen oder Ereignissen wie der Tian'anmen-Platz-Bewegung 1989 bis hin zu ganzen Zyklen von Kämpfen wie den Demokratiebewegungen in der zweiten Hälfte der 1970er-Jahre oder den Streikwellen der Wanderarbeiter:innen in der zweiten Hälfte der 2000er-Jahre. Das KPCh-Regime ergriff sofort oder zeitlich versetzt Eindämmungsmaßnahmen, um die Proteste zu beenden, seine eigene Legitimität zu stärken und seine Herrschaft zu stabilisieren. Zu diesen Maßnahmen gehörten Repression, Zugeständnisse und Kooptierung. Diese wurden mit unterschiedlicher Intensität und in verschiedenen Kombinationen eingesetzt, manchmal offiziell und sichtbar, andere Male verdeckt. Auf repressive Maßnahmen griff das Regime häufig zurück, auf Zugeständnisse und Kooptierung eher sporadisch, selten oder nur in eingeschränkter Form.

Proteste und Eindämmung führten zu Umbrüchen, das heißt zu historischen Wendepunkten, die den Beginn neuer Phasen markierten. In diesen neuen Phasen leitete die herrschende Klasse wiederum Reformen ein. Zu diesen Reformen gehörten beispielsweise intensivere Kollektivierungsbemühungen und die verstärkte Mobilisierung von Arbeitskräften, die Umstrukturierung von industriellen Sektoren und die Anpassung wirtschaftlicher Institutionen, um Produktionskapazitäten zu entwickeln und die Effizienz zu steigern, oder die Umgestaltung der staatlichen Strukturen. Die meisten Reformen erwiesen sich als bloße »Notlösungen« (*fixes*), da sie »nur zu einem zeitlichen und räumlichen Herauszögern der Krisen« führten und keine »länger bestehenden oder stabileren Lösungen« boten.[18]

In der Geschichte der VR China brachten einige Reformen tatsächlich grundlegende politische und wirtschaftliche Veränderungen, beispielsweise der »Große Sprung nach vorn« (1958–1961) oder die »Reform und Öffnung« nach 1978. Früher oder später führten sie jedoch zu neuen Wirtschaftskrisen und schließlich zu neuen sozialen Protesten durch dieselben oder andere gesellschaftliche Akteure.

Der Verlauf der innenpolitischen Ereignisse sowie Zeitpunkt, Ausmaß und Form sozialer Proteste gegen Eindämmung und Reformen waren auch von Konflikten oder Fraktionskämpfen in der politischen Führung geprägt. Diese Konflikte und Fraktionskämpfe verliefen in der Form ideologischer Meinungsverschiedenheiten und beruhten oft auf unterschiedlichen Interessen unter den Parteikadern. Sie spielten vor oder nach jedem Umbruch oder Übergang eine wichtige Rolle, also Mitte der 1950er- bis Anfang der 1960er-Jahre (am Anfang der sozialistischen Periode), Mitte bis Ende der 1970er-Jahre (am Anfang der Übergangsperiode) und Ende der 1980er- bis Mitte der 1990er-Jahre (am Ende der Übergangsperiode).

Ebenso prägten globale Faktoren die Entwicklung in der VR China. Darunter waren Veränderungen in der sozialistischen Welt: die Entstalinisierung Mitte der 1950er-Jahre, die sozialen Ausstände in Polen und Ungarn 1956 und in Polen 1980 sowie die Kriege in Korea Anfang der 1950er- und Vietnam in den 1960er- und 1970er-Jahren. Die sozialistische Aufbauphase in der VR China fiel mit der Entkolonialisierung und der Errichtung sozialistischer Regime in anderen Ländern des Globalen Südens zusammen, wo Massenkämpfe und Guerillabewegungen die kolonialen Besatzer vertrieben. Die Kulturrevolution fand zur selben Zeit statt wie die Jugend- und Arbeiterbewegungen in vielen Ländern in den späten 1960er-Jahren.[19] Die »Reform und Öff-

18 Ebd., S. 60. Beverly Silver verwendet den Begriff »fix« (oder Notlösung) zur Beschreibung von Versuchen des Kapitals, Krisen der Rentabilität und Kontrolle durch die Verlagerung von Sektoren (*spatial fix*), den Einsatz neuer Technologien (*technological/organizational fix*) oder Investitionen in neue Produkte (*product fix*) oder im Finanzsektor (*financial fix*) zu lösen.

19 Arif Dirlik zufolge hatte die weltweite Welle der sozialen Bewegungen und Aufstände von Arbeiter:innen und Student:innen um das, was üblicherweise als »1968« bezeichnet wird, für die VR China keine große Bedeutung. Umgekehrt hatten die Entwicklungen in

nung« am Anfang der Übergangsphase in der VR China in den 1980er-Jahren wiederum war Vorläufer von Glasnost und Perestroika in der Sowjetunion, und die Tian'anmen-Platz-Bewegung 1989 fand kurz vor ähnlichen Aufständen im sozialistischen Block in Osteuropa statt.

Das Muster von sozialen Protesten, Eindämmungsmaßnahmen des Regimes und Reformen hat sich in der VR China im Laufe der letzten 70 Jahre mehrmals wiederholt. Es lassen sich historische Zyklen erkennen, die schließlich zu systemischen Umbrüchen führten. Im Folgenden veranschauliche ich die Muster, Zyklen und Umbrüche mithilfe einer erzählerischen Matrix.

Erzählerische Matrix

> Erzählung [ɛɐ̯ˈt͡sɛːlʊŋ]: anschauliche schriftliche oder mündliche Darstellung oder Wiedergabe eines Vorkommnisses oder Geschehens; eine besondere Art, eine Situation oder eine Reihe von Ereignissen darzustellen oder zu verstehen, die einen bestimmten Standpunkt oder eine bestimmte Wertvorstellung widerspiegelt und untermauert; kurzer Prosatext, in dem ein Geschehen dargestellt wird; sinnverwandte Wörter: Narrativ, Bericht, Schilderung, Darstellung, Vortrag
> Matrix [ˈmaːtʁɪks]: Anordnung von Zahlen, Symbolen oder Buchstaben in Zeilen und Spalten, die bei der Lösung mathematischer Probleme verwendet wird; etwas, das einer mathematischen Matrix ähnelt, insbesondere in der rechteckigen Anordnung von Elementen in Zeilen und Spalten; der Kontext oder die Bedingungen, in denen sich etwas wie eine Gesellschaft oder ein System entwickelt und wächst; sinnverwandte Wörter: Tabelle, Schema, Struktur, Gefüge, Raster[20]

Die folgende Matrix zur Darstellung der Geschichte der VR China entstand im Zuge der Arbeit an diesem Buch. Sie visualisiert die his-

der VR China, insbesondere die Kulturrevolution, großen Einfluss auf »1968«. Maoistische Gruppen, Parteien und Bewegungen mit ihrer mystifizierten Sicht auf die Verhältnisse in der VR China, die Rolle der KPCh und insbesondere die Kulturrevolution entstanden in vielen Teilen der Welt; Arif Dirlik: The Third World, in: Carole Fink/Philipp Gassert/Detlef Junker (Hrsg.): 1968: The World Transformed, Cambridge 1998, S. 295–317. Viele dieser maoistischen Parteien und Bewegungen erreichten in den 1970er-Jahren den Höhepunkt ihrer Entwicklung, in einigen Ländern spielten sie jedoch weiterhin eine politische Rolle, beispielsweise in Indien, Nepal, Peru und auf den Philippinen.

20 Ausgewählte Bedeutungen aus englischen (http://dictionary.cambridge.org, www.merriam-webster.com, www.collinsdictionary.com) und deutschen (www.duden.de, https://de.wiktionary.org, www.dwds.de) Wörterbüchern.

torischen Zyklen aus sozialen Protesten und Gegenmaßnahmen des KPCh-Regimes. Zunächst zeigt die Matrix jedoch auch die Kontinuität (oder lediglich graduelle oder allmähliche Veränderung) einiger zentraler sozialer, wirtschaftlicher und politischer Strukturen und Prozesse: die Herrschaft der KPCh, der autoritäre Staat, die Abpressung von Mehrarbeit, die Hierarchie in den Betrieben, das Stadt-Land-Gefälle, das Migrationsregime und die patriarchale Ordnung (siehe *Tabelle 3*, erste Spalte).

Im Mittelpunkt der Matrix steht die Abfolge historischer Umbrüche (oder Diskontinuitäten), auf deren Grundlage ich die Periodisierung der Geschichte der VR China vorgenommen habe. Ich unterscheide vier Perioden, die im Folgenden als Übergang zum Sozialismus, Sozialismus, Übergang zum Kapitalismus und Kapitalismus bezeichnet werden (*Tabelle 3*, zweite Spalte). Die letzten drei Perioden – Sozialismus, Übergang zum Kapitalismus und Kapitalismus – umfassen jeweils zwei Zyklen des oben beschriebenen Musters: eine Phase sozialer Proteste, die die Herrschaft der KPCh gefährden konnten, gefolgt von Gegenmaßnahmen oder Versuchen des Regimes, mit der Herausforderung umzugehen (*Tabelle 3*, dritte und vierte Spalte).

Die in der Matrix dargestellte Periodisierung vereinfacht notwendigerweise die komplexeren historischen Verläufe. In einigen Fällen lässt sich eine klare zeitliche Trennung zwischen Perioden oder Teilperioden einzelner Zyklen nicht vornehmen, da sich wichtige soziale Kämpfe und Gegenmaßnahmen oder Reformen des Regimes überschnitten. Dies gilt insbesondere für die zweite Übergangsperiode und die kapitalistische Periode. Zudem zeigt die Matrix zwar, dass sich das Muster aus Kämpfen und Gegenmaßnahmen (und auch Abweichungen von diesem Muster) wiederholte. Sie lässt jedoch nicht erkennen, dass die VR China sich wirtschaftlich weiterentwickelte und sich in anderer Form und in größerem Maße in die Weltökonomie integrierte. Nach 1949 noch vorwiegend agrarisch geprägt, ist das Land heute in hohem Maße industrialisiert und die Mehrheit der Bevölkerung lebt in Städten. Die VR China spielt auch im globalen Staatssystem und in der Weltwirtschaft eine zunehmend wichtigere Rolle.

Auch wenn die in der Matrix abgebildete Periodisierung hilft, die Entwicklungsdynamik und ihre Wendepunkte zu erkennen, sollte die Abfolge der Ereignisse im Rückblick nicht für notwendig oder unvermeidlich gehalten werden. Strukturen, Handlungsweisen und Zufälligkeiten hätten auch zu anderen Ereignissen und Abfolgen führen

<table>
<tr><th>Kontinuitäten und allmähliche Veränderungen</th><th>Umbrüche → Perioden</th><th>Muster/Zyklen = Unruhe → Eindämmung/ Reform</th><th>Beschreibung</th></tr>
<tr><td rowspan="13">Herrschaft der KPCh
+
autoritärer Staat
+
Abpressung von Mehrarbeit
+
Hierarchie in den Betrieben
+
Stadt-Land-Gefälle
+
Migrationsregime
+
patriarchale Ordnung</td><td>Übergang</td><td>1949–1956: Aufbau</td><td>neue Klassenspaltungen, maoistisches Patriarchat und Garnisonsstaat</td></tr>
<tr><td rowspan="4">Sozialismus</td><td>1956–1957: Bruch</td><td>Streiks und offene Kritik</td></tr>
<tr><td>1958–1965: Beschleunigung</td><td>»Großer Sprung nach vorn« und Säuberungen</td></tr>
<tr><td>1966–1967: Rebellion</td><td>Kulturrevolution und radikale Kritik</td></tr>
<tr><td>1968–1976: Restauration</td><td>Militärherrschaft und Fraktionskonflikte</td></tr>
<tr><td rowspan="4">Übergang</td><td>1974–1980: Unmut</td><td>soziale Kämpfe und Demokratiebewegung</td></tr>
<tr><td>1976–1989: Reform</td><td>Umbau und Krise</td></tr>
<tr><td>1986–1989: Aufstand</td><td>Tian'anmen-Platz-Bewegung</td></tr>
<tr><td>1989–1999: Fortführung</td><td>Niederschlagung 1989, Umstrukturierung und wirtschaftlicher Aufstieg</td></tr>
<tr><td rowspan="4">Kapitalismus</td><td>1993–2005: Widerstand</td><td>Bauernrevolten und Aktionen der Arbeiter:innen staatlicher Betriebe</td></tr>
<tr><td>2000–2010: Konsolidierung</td><td>harmonische Gesellschaft, Boom und Krise</td></tr>
<tr><td>2003–2012: Streiks</td><td>migrantische Kämpfe und das Ende der »billigen« Lohnarbeit</td></tr>
<tr><td>2012–2020: Expansion</td><td>das »neue Normal« und der »Sprung nach außen«</td></tr>
</table>

TABELLE 3 Erzählerische Matrix zur Geschichte der VR China in den letzten 70 Jahren

können. Im Zuge der sozialen und politischen Unruhen während der Kulturrevolution sah sich das Regime der KPCh beispielsweise schon an den Rand des Abgrunds gedrängt. Wenn das Regime die Volksbefreiungsarmee nicht mobilisiert und erfolgreich gegen die sozialen Aufstände eingesetzt hätte, wäre auch ein anderer Ausgang möglich gewesen.

Buchkapitel

Den Kern dieses Buches bilden vier historische Kapitel, die die Anordnung in der erzählerischen Matrix widerspiegeln: die erste Übergangsperiode (mit dem Aufbau des Sozialismus), die sozialistische Periode, der Übergang zum Kapitalismus und die kapitalistische Periode. Das Einleitungskapitel und die Schlussfolgerungen bilden die innere Klammer um diesen Kern. In der Einleitung schildere ich Hypothesen, Schwerpunkte und Instrumente der Untersuchung, in den Schlussfolgerungen erörtere ich die politischen Implikationen der Darstellung und der Analyseergebnisse. Vorwort und Nachwort bilden die äußere Klammer. Im Vorwort gehe ich vor allem auf die Entstehungsgeschichte des Buches ein, im Nachwort auf seine Bedeutung für die weltweite Debatte über neue revolutionäre Versuche.

Im Folgenden fasse ich die in den zentralen Buchkapiteln erörterten geschichtlichen Abläufe sowie den Inhalt der Schlussfolgerungen und des Epilogs kurz zusammen. In Kapitel 1 beschreibe ich die erste Übergangsperiode zwischen der Gründung der VR China 1949 und 1956. Der Schwerpunkt liegt hier auf drei Aspekten: Klasse, Geschlechtertrennung und Staat. In diesem Zeitraum wurde die sozialistische Ökonomie schrittweise auf der Basis zentraler Wirtschaftsplanung aufgebaut. In den Städten entstanden staatliche und genossenschaftliche Wirtschaftssektoren, in ländlichen Gebieten wurde eine Landreform durchgeführt. Während sich autoritäre sozialistische Institutionen etablierten, bildete sich eine neue Klassenhierarchie aus Bäuerinnen und Bauern, Arbeiter:innen sowie Parteikadern. Die Geschlechterordnung wurde umgestaltet. Tatsächlich verbesserte sich die rechtliche Situation der Frauen*, die patriarchale Familienordnung blieb jedoch erhalten.

In Kapitel 2 befasse ich mich mit der sozialistischen Periode von Mitte der 1950er- bis Mitte der 1970er-Jahre. Wie auch in den folgenden Kapiteln spüre ich dem oben beschriebenen Muster von Protest, Eindämmung und Reform nach. Am Beginn der sozialistischen Periode wuchs die soziale Unzufriedenheit aufgrund der Auswirkungen von Verstaatlichung und Kollektivierung, und es kam gar zu einer Streikwelle. Das Regime der KPCh lancierte daraufhin die sogenannte Hundert-Blumen-Bewegung, die es den Menschen ermöglichte, ihre Kritik zu äußern. Irritiert durch das unerwartete Ausmaß und die Schärfe der Kritik beendete das Regime die Bewegung bald und schlug mit der repressiven Anti-Rechts-Kampagne zurück. Bald darauf begann es den »Großen Sprung nach vorn«, der helfen sollte, die Situation durch eine Wiederbelebung der sozialistischen Wirtschaft wieder in den Griff zu bekommen. Der »Große Sprung« endete allerdings in einer katastrophalen Hungersnot, der Degradierung des Parteiführers Mao Zedong und einer teilweisen politischen Wende. Mit der Kulturrevolution folgten die turbulentesten Jahre der sozialistischen Periode. Mao wollte wieder an die Macht kommen und die Massen für das sozialistische Projekt mobilisieren. Die Kulturrevolution löste jedoch einen großen sozialen Aufstand aus, der der Kontrolle der Partei entglitt. Schließlich setzte die Führung der KPCh die Armee ein, um den Massenaufstand niederzuschlagen. Der Sozialismus in seiner maoistischen Form schien danach weitgehend erschöpft zu sein und die unterschiedlichen Fraktionen innerhalb der Führung der KPCh stritten um eine geeignete Überlebensstrategie zu seiner Rettung.

In Kapitel 3 befasse ich mich mit der Übergangsperiode von Mitte der 1970er- bis Ende der 1990er-Jahre und untersuche erneut das Muster von Protest, Eindämmung und Reform. Nach dem Tod von Mao Zedong 1976 setzte sich eine Gruppe sogenannter Reformer im Fraktionskampf um die Parteiführung durch. In mehreren Massenmobilisierungen wurde eine Demokratisierung verlangt. Die Demonstrationen, die Untergrundliteratur und die öffentliche Kritik von unten untergruben die Legitimität des Regimes. Die neue Parteiführung der »Reformer« unter der Leitung von Deng Xiaoping unterdrückte den Widerstand schließlich. Gleichzeitig machte sie sich jedoch einige der Forderungen nach Demokratie zu eigen, um wirtschaftliche Veränderungen durchzusetzen. Die Reformen in den Dörfern und Städten veränderten nach und nach die wirtschaftlichen Strukturen, die Klassen- und Geschlechterverhältnisse sowie die politischen Institutionen. Gleichzeitig führten sie zu Korruption in den Führungsetagen, zu Wirtschaftskrisen und sozialer Unsicherheit. Damit stieg wiederum die Unzufriedenheit über die sozialen Probleme und die politisch Verantwortlichen. Der Unmut kulminierte schließlich 1989 in der Tian'anmen-Platz-Bewegung. Die Führung der KPCh setzte jedoch erneut das Militär ein, um auch diese Bewegung niederzuschlagen.

Nachdem die KPCh-Führung umgebildet und die Parteiherrschaft wieder gefestigt worden war, wurden ab 1992 die Reformen offiziell wiederaufgenommen. Das Regime vermochte sich mit Teilen des globalen Kapitals zu verbünden. Ausländische Unternehmen investierten in Fabriken der neuen Sonderwirtschaftszonen, wo für den Weltmarkt produziert wurde. Das Regime wiederum garantierte die Zufuhr »billiger« Arbeitskräfte, stellte die im Sozialismus geschaffene ökonomische Infrastruktur zur Verfügung und sorgte mit seinen autoritären staatlichen Institutionen für soziale Stabilität. Dieser »Deal« machte die VR China im Lauf der 1990er-Jahre zur »Fabrik der Welt«, das heißt zum Zentrum der globalen Konsumgüterproduktion. Zwischenzeitlich wurde die »eiserne Reisschüssel« zerschlagen – Löhne, Sozialleistungen und Garantien, die den Kernbeschäftigten der staatlichen Unternehmen zuvor gewährt worden waren. Viele staatliche Unternehmen wurden Mitte bis Ende der 1990er-Jahre umstrukturiert, verkleinert, privatisiert oder geschlossen. Zusammen mit der Reform der staatlichen Planungsinstitutionen markierte dies das Ende der sozialistischen Planwirtschaft.

In Kapitel 4 befasse ich mich mit dem Muster von Protest, Eindämmung und Reform während der kapitalistischen Periode, die in den späten 1990er-Jahren begann. Die Beschäftigten der staatlichen Betriebe kämpften massenhaft gegen die Umstrukturierung und ihre Auswirkungen an. Trotz einiger Zugeständnisse konnten sie diese jedoch nicht verhindern. Bäuerinnen und Bauern organisierten derweil mehrere Kampfwellen gegen die grassierende Korruption der Kader, gegen hohe Steuern und Landraub. Die patriarchale Geschlechterordnung wurde im Zuge der Reformen umgestaltet, während Frauen* weiter versuchten, sich mehr Raum und Autonomie zu verschaffen. Die Führung der KPCh reagierte auf die wachsenden sozialen Verwerfungen und die Unzufriedenheit in den 2000er-Jahren mit einer Reihe von Sozialreformen und materiellen Zugeständnissen, die unter dem Begriff »harmonische sozialistische Gesellschaft« zusammengefasst wurden. Die Reformen blieben weitgehend kosmetisch und waren verbunden mit einer Drohung gegenüber allen, die den sozialen Frieden stören sollten.

Der Beitritt zur Welthandelsorganisation (WTO) im Jahr 2001 integrierte die VR China noch stärker in die Weltwirtschaftsordnung, und das Land erlebte einen weiteren Produktions- und Exportzuwachs. Während der globalen (Finanz-)Krise ab 2007 wurde deutlich, dass der wirtschaftliche Aufstieg die VR China zum »Motor der Weltwirtschaft« gemacht hatte. Den Boom möglich gemacht hatten die ländlichen Wanderarbeiter:innen in Fabriken, auf Baustellen und in Dienstleistungsjobs. Seit 2003 organisierten sie zunehmend Streiks und forderten bessere Löhne und Bedingungen. Ihre Kämpfe kulminierten im Jahr 2010 in einer Streikwelle. Um weitere Krisen und Arbeiterproteste zu vermeiden, wollte das Regime die Wirtschaft ins Gleichgewicht bringen und aufwerten. Nach 2012 versuchte die Führung der KPCh unter ihrem neuen Vorsitzenden Xi Jinping zudem, die Parteiherrschaft zu konsolidieren. Sie startete eine Antikorruptionskampagne, um Parteikader und Beamte auf Linie zu bringen und die Staatsführung effizienter zu gestalten. Ab 2013 drängte sie mit der Belt-and-Road-Initiative (BRI), im Deutschen zuweilen auch Neue-Seidenstraße-Initiative genannt, auf eine weitere wirtschaftliche Expansion über die Grenzen des Landes hinaus. Diese Expansionsbestrebungen führten zu Konflikten zwischen der herrschenden Klasse in der VR China und ihren Hauptkonkurrenten in den USA. 2018 begann die US-Regierung sogar einen sogenannten Handelskrieg gegen die VR China. Dort entstanden unterdessen neue innenpolitische Herausforderungen. Dazu gehörten die Verlangsamung des Wirtschaftswachstums ab Mitte der 2010er-Jahre, die damit zusammenhängende soziale Unzufriedenheit und der Massenaufstand gegen die Einflussnahme des Regimes der KPCh in der Sonderverwaltungszone Hongkong 2019. Die Covid-19-Pandemie ab Anfang 2020 konnte das Regime mit ihrer »Null-Covid-Strategie« vorübergehend eindämmen, ihre sozialen und wirtschaftlichen Auswirkungen bekamen jedoch viele schmerzlich zu spüren. Das war auch eine Ursache für den Ausbruch von Arbeiterprotesten und die kurzlebige sogenannte Weißes-Papier-Bewegung im Herbst 2022. Der geopolitische Konflikt zwischen den Eliten der alten Hegemonialmacht USA und ihren Herausforderern in der VR China hat sich in den letzten Jahren weiter zugespitzt, nicht zuletzt vor dem Hintergrund des Angriffs der russischen Armee auf die Ukraine und der politischen Unterstützung der russischen Regierung durch die KPCh.

In den Schlussfolgerungen rekapituliere ich schließlich die Anwendung der Analyseinstrumente, insbesondere der »erzählerischen Matrix« wie der »historischen Muster«. Ich bewerte die verschiedenen linken Positionen zur Geschichte der VR China, die in der Einleitung beschrieben wurden. Schließlich befasse ich mich mit der aktuellen Situation und insbesondere mit den Krisen in der VR China und der zunehmenden globalen Instabilität. Aufgrund dieser Instabilität hat sich ein historisches Fenster geöffnet, das soziale Mobilisierungen und linke Bewegungen nutzen könnten, um grundlegende Veränderungen durchzusetzen. Im letzten Abschnitt erörtere ich Implikationen und Lehren für die Linke in der VR China und anderswo. Ich beschreibe das Scheitern der linken großen Erzählungen des Marxismus-Leninismus (und Maoismus) sowie der Sozialdemokratie. Ich skizziere Kernpunkte einer Alternative und führe Elemente einer Strategie auf, die zur Abschaffung von Ausbeutung und Unterdrückung beitragen kann.

Im Epilog beziehe ich mich noch einmal auf die diesem Buch zugrunde liegenden Intentionen. Aus dem Ablauf der sozialistischen Periode und dem Übergang zum Kapitalismus in der VR China lassen sich wichtige Lehren für die Linke in der VR China und weltweit sowie für künftige revolutionäre Versuche ziehen. Mit den folgenden Ausführungen will ich Bedingungen und Möglichkeiten solcher Versuche ausloten und die Leser:innen motivieren, sich an sozialen Kämpfen zu beteiligen, Solidaritätsaktionen zu organisieren und eigene Untersuchungen anzustellen. Alle Leser:innen sind eingeladen, an der Debatte teilzunehmen und Kommentare und Kritik zu äußern.

Kapitel 1

Der Aufbau des Sozialismus bis Mitte der 1950er-Jahre

Die Führung der Kommunistischen Partei Chinas entwickelte ihre politischen Fähigkeiten und Strategien im Zuge der sozialen Kämpfe, revolutionären Mobilisierungen und militärischen Konflikte in den 1920er-, 1930er- und 1940er-Jahren. Teile der alten wirtschaftlichen und politischen Strukturen zerstörte das Regime der KPCh in den 1940er-Jahren zunächst in jenen Gebieten, die es während des Bürgerkriegs kontrollierte, und später, nach der »Befreiung« 1949, auch im ganzen Land. Andere Teile dieser Strukturen nutzte das Regime weiter. Nach Jahrzehnten des Krieges und der Zerstörung stand es vor großen Herausforderungen und versuchte, eine funktionierende Verwaltung unter seiner Kontrolle aufzubauen, die Wirtschaft wiederzubeleben und die Lebensbedingungen der Arbeiter:innen, Bäuerinnen und Bauern zu verbessern. Dabei orientierte sich die KPCh-Führung am Vorbild ihres wichtigsten internationalen Unterstützers, der Kommunistischen Partei der Sowjetunion. In der Volksrepublik China dauerte der Aufbau einer sozialistischen Planwirtschaft unter der Kontrolle der Parteiführung bis Mitte der 1950er-Jahre. Dieser Aufbau sollte eine egalitäre Gesellschaft in den Händen der Arbeiter:innen, Bäuerinnen und Bauern schaffen, führte jedoch bald zu neuen Hierarchien und neuen Formen der Ausgrenzung, Ausbeutung, Geschlechterdiskriminierung und autoritären Herrschaft.

Vor und nach der Befreiung

In den rund drei Jahrzehnten zwischen ihrer Gründung im Jahr 1921 und ihrem endgültigen Aufstieg zur politischen Führung in der neuen VR China 1949 durchlief die KPCh mehrmals Wandlungsprozesse, hinter denen innere Konflikte, die Erfahrung von Unterdrückung sowie Niederlagen und Siege der Partei standen. Nachdem die Parteiführung schließlich die Macht übernommen und die VR China gegründet hatte, dauerte es bis 1956, bis sie ihre Herrschaft stabilisieren und ihr sozialistisches Wirtschaftsprogramm vollständig umsetzen konnte.

Revolutionäre Mobilisierung und Krieg

Hinter etlichen sozialen Bewegungen in der ersten Hälfte des 20. Jahrhunderts standen in China die Wünsche und Hoffnungen der Arbeiter:innen, Bäuerinnen und Bauern nach einer besseren Zukunft. Die von der sowjetisch geführten Komintern[1] unterstützte KPCh spielte in den Mobilisierungen der 1920er-Jahre eine bedeutende Rolle – zunächst vor allem unter städtischen Arbeiter:innen, die sie als »revolutionäre Avantgarde« in einem weitgehend bäuerlich geprägten Land betrachtete. Von nationalistischen Kräften unter Führung der Guomindang attackiert, musste die KPCh 1927 die Städte verlassen. In befreiten ländlichen Gebieten formierte sie sich neu. Sie gab ihre ausschließliche ideologische Ausrichtung auf städtische Arbeiter:innen auf und fand nun eine Massenbasis unter den Bäuerinnen und Bauern. Die Rote Armee unter Führung der KPCh sah sich weiter den Angriffen von Warlords und später der Guomindang ausgesetzt und baute ihre militärischen Kapazitäten aus. Während des »nationalen« Befreiungskampfes gegen die militärische Aggression der japanischen kaiserlichen Armee im Zweiten Weltkrieg musste sich die Parteiführung zwar unter dem Druck der Komintern vorübergehend mit der Guomindang verbünden. Nach der Kapitulation Japans im Jahr 1945 führte die Rote Armee jedoch erneut einen Bürgerkrieg gegen die Guomindang-Kräfte, den sie 1949 gewann. Dieser Sieg wäre nicht möglich gewesen ohne den revolutionären Willen großer Teile der überwiegend ländlichen Bevölkerung und ohne ihre Entschlossenheit, sich von der Ausbeutung und Unterdrückung sowohl durch ausländische imperiale und koloniale Mächte als auch durch inländische feudale und kapitalistische autoritäre Herrscher zu befreien.

Bis zur Gründung der VR China als chinesischer Nationalstaat im Oktober 1949 wurde das Regime der KPCh von Kräften der Guomindang militärisch bedroht. Allerdings flohen die meisten Guomindang-Führer nach dem militärischen Zusammenbruch zusammen mit Teilen ihrer Armee sowie Armeeangehörigen und Anhänger:innen Ende 1949 nach Taiwan. Danach waren sie nicht mehr in der Lage, ihr Exil zu verlassen und aufs Festland zurückzukehren. Das Regime der KPCh setzte derweil die territoriale Vereinigung des Landes fort, indem es verbliebene regionale Widerstandskräfte beseitigte und seine Herr-

1 Die Komintern (Kommunistische Internationale), auch Dritte Internationale genannt, bestand von 1919 bis 1943. Sie wurde von der Kommunistischen Partei der Sowjetunion kontrolliert.

schaft über periphere Gebiete wie Xinjiang in den frühen 1950er-Jahren sowie Tibet in den späten 1950er-Jahren sicherte.

Der Kriegszustand hielt zunächst jedoch an, und der Bestand der VR China als neuer Nationalstaat in der globalen Ordnung nach dem Zweiten Weltkrieg blieb gefährdet. Zunächst sah es so aus, als sei es nur eine Frage der Zeit, bis die Volksbefreiungsarmee der VR China Taiwan angreifen würde. Als der Koreakrieg (1950–1953) begann, verstärkte die US-Regierung jedoch ihre Unterstützung für das Guomindang-Regime in Taiwan als Teil ihrer Eindämmungspolitik gegen den Kommunismus. Im Koreakrieg kämpfte die Volksbefreiungsarmee auf der Seite der nordkoreanischen Truppen und mit Unterstützung der Sowjetunion gegen die von den USA geführten Streitkräfte unter dem Banner der Vereinten Nationen. Der Krieg endete ohne Lösung und ohne Friedensvertrag. Die Grenzen der beiden Koreas waren mehr oder weniger dieselben wie vor Beginn der kriegerischen Auseinandersetzungen. Das Engagement der VR China im Koreakrieg hatte Ressourcen absorbiert, die das Land für seinen eigenen Wiederaufbau benötigte. Im Kontext der neuen Blockkonfrontation stellten sich die westlichen Mächte weiterhin gegen das KPCh-Regime. Der Kalte Krieg zwischen dem kapitalistischen Westen und dem sozialistischen Osten sollte die regionale und die geopolitische Entwicklung bis Ende der 1980er-Jahre prägen.

Herausforderungen nach Jahrzehnten der Zerstörung

Mit der Machtübernahme 1949 musste sich die Führung der KPCh verändern. Hatte sie zuvor eine Bauernarmee befehligt, die den Bürgerkrieg gewonnen hatte, musste sie nun einen Staatsapparat leiten und den gerade gegründeten Staat mitgestalten. Diese Veränderung war mit enormen Herausforderungen verbunden. Große Teile des früheren Führungspersonals aus der staatlichen Verwaltung und der Wirtschaft hatten das Land verlassen oder wurden bald darauf wegen ihrer Rolle im alten Regime degradiert, bestraft oder getötet. Die wirtschaftliche Infrastruktur war zu großen Teilen in den jahrelangen kriegerischen Auseinandersetzungen gegen die Kolonialmacht Japan oder im Bürgerkrieg ruiniert worden. Und Millionen von Bäuerinnen und Bauern hatten ihre zerstörten Dörfer verlassen, um nach Arbeit und Lebensunterhalt zu suchen.

Die Parteiführung schaffte es jedoch, ihre Macht zu sichern, eine einigermaßen funktionierende Verwaltung aufzubauen, die Wirtschaft zu reorganisieren und den Massen von Bäuerinnen, Bauern und Arbeiter:innen eine gewisse Lebensgrundlage zu verschaffen. Gemessen am Bruttoinlandsprodukt (BIP) wuchs die sozialistische Wirtschaft ab den 1950er-Jahren über weite Strecken erheblich. Für viele Arbeiter:innen, Bäuerinnen und Bauern führte die wirtschaftliche Entwicklung zu einer Verbesserung der sozialen Bedingungen – zumindest im Vergleich zu ihrer Situation unter dem vorherigen Regime. Dazu gehörten die deutliche Steigerung der Lebenserwartung, der Rückgang der Kindersterblichkeit, die Verbesserung der Gesundheitsversorgung, geringere Einkommensunterschiede und ein höherer Alphabetisierungsgrad.[2]

Dem sowjetischen Modell folgend

All dies trug zur Stabilisierung der Herrschaft der KPCh bei. Ihr ursprüngliches Versprechen, eine sozialistische Wirtschaft in den Händen der Bäuerinnen, Bauern und Arbeiter:innen zu schaffen, hielt die Partei jedoch nicht ein. Neue ökonomische und politische Strukturen wurden geschaffen, um die wirtschaftliche Entwicklung zu fördern. Das KPCh-Regime orientierte sich dabei am sowjetischen Modell und dem marxistisch-leninistischen Konzept des Sozialismus als Übergangsstadium auf dem Weg zum Kommunismus – nur sollte das Land dort nie ankommen.

Dem marxistisch-leninistischen »historischen Materialismus« zufolge gelangt eine Gesellschaft vom Feudalismus über eine kapitalistische Entwicklungsstufe zum Sozialismus und schließlich zum Kommunismus. Länder wie Russland und China, die noch weitgehend agrarisch geprägt waren, mussten nach den Revolutionen von 1917 und 1949 also ihre feudalen Strukturen und ihre wirtschaftliche Unterentwicklung überwinden. Im Zuge des schrittweisen Aufbaus eines sozialistischen Wirtschaftssystems sollten die Produktivkräfte entwickelt und das Land industrialisiert werden. Ziel war ein Aufholprozess, der die kapitalistische Entwicklung von Ländern wie Großbritannien oder Deutschland nachahmt.

Der in den Arbeitseinheiten und landwirtschaftlichen Kommunen abgeschöpfte Überschuss wurde von sozialistischen Managern und staatlichen Planungsinstitutionen akkumuliert und reinvestiert. Die sozialistische Form der Modernisierung in der VR China imitierte

2 Barry Naughton: The Chinese Economy. Adaptation and Growth, 2. Aufl., Cambridge 2018, Kapitel 10.

in der Tat die von Karl Marx beschriebene Kapitalakkumulation und wies lediglich spezifische sozialistische Merkmale auf. Die Akkumulation sollte nicht wie in kapitalistischen Volkswirtschaften durch das Streben nach privatem Profit vorangetrieben werden, sondern durch zu erreichende Entwicklungsziele, die von staatlichen Stellen und ihren führenden Kadern geplant, kontrolliert und gegebenenfalls belohnt wurden. Allerdings waren sozialistische Manager und staatliche Planungsinstitutionen nicht in der Lage, Akkumulation, Produktion, Verteilung und Konsum vollständig zu kontrollieren. Laut Tobias ten Brink zeichneten »[f]ragmentiert-anarchische Koordinationsversuche, nicht die umfassende, vorausschauend-planende Lenkung« die sozialistische Periode in der VR China aus.[3] Der Plan ersetzte die Märkte nicht vollständig, sondern ahmte sie in einigen Bereichen nach, etwa bei der Zuweisung von Arbeitskräften, während er sie in anderen Bereichen nutzte, zum Beispiel bei der Verteilung bestimmter Konsumgüter.

Sozialistische Parteiregime in der VR China und anderen sozialistischen Ländern setzten nach dem Zweiten Weltkrieg also auf ähnliche Strategien des wirtschaftlichen Wiederaufbaus, der Industrialisierung und der Modernisierung wie kapitalistische Länder davor und danach. Ab den 1950er-Jahren wurden diese Strategien auch in entkolonialisierten Ländern des Globalen Südens angewandt.[4] Überwiegend sozialistische Volkswirtschaften unterscheiden sich von überwiegend kapitalistischen in der Form und der Mischung von staatlichen Eingriffen und privaten Initiativen, von zentraler Planung und dem Verlass auf Märkte bei der Organisation der Akkumulation. Beide haben jedoch wichtige Strukturen und Prozesse gemeinsam: mehr oder weniger autoritäre staatliche Herrschaft, Formen der Überschussgewinnung und -akkumulation, Technologien zur Kontrolle der Arbeiter:innen und Steigerung der Effizienz, Geldsysteme und Lohnarbeit, eine Klassenhierarchie, die Kluft zwischen Stadt und Land, ein diskriminierendes Migrationsregime und die Ausbeutung von Wanderarbeiter:innen sowie eine patriarchale Ordnung mit geschlechtsspezifischer Arbeits-

3 Tobias ten Brink: Chinas Kapitalismus. Entstehung, Verlauf, Paradoxien, Frankfurt a. M. 2013, S. 111.

4 Es ist auch kein Zufall, dass sich die Elemente der sozialistischen Aufholstrategie kaum von denen kapitalistischer Nachzüglerstaaten unterschieden, in denen autoritäre Regime den Akkumulationsprozess mithilfe staatlicher Investitionen und unter staatlicher Kontrolle organisierten. Zu diesen Ländern gehören beispielsweise Deutschland (im späten 19. Jahrhundert) sowie Brasilien, Singapur und Südkorea (in der zweiten Hälfte des 20. Jahrhunderts).

teilung.[5] In den folgenden Kapiteln werden wir sehen, dass in den Reformjahren der 1980er- und 1990er-Jahre und während der Integration der reformierten VR China in die globale kapitalistische Wirtschaft genau diese gemeinsamen Merkmale und Ähnlichkeiten den Übergang der VR China vom Sozialismus zum Kapitalismus erleichterten.

Neue Klassenspaltungen

Das neue Regime folgte dem marxistisch-leninistischen Entwicklungsmodell und schaffte einige auf feudale und kapitalistische Verhältnisse zurückgehende Klassenunterschiede ab. Anstatt eine egalitäre Gesellschaft zu errichten, die versprochen worden war, beruhte der neu geschaffene real existierende Sozialismus – angeblich das Übergangsstadium auf dem Weg zum Kommunismus – auf einer Reihe neuer Klassenunterschiede und Formen von Ausbeutung und Unterdrückung.

Die Auspressung der Bäuerinnen und Bauern

Gleich zu Beginn übernahm die Führung der KPCh im Zuge der sozialistischen Industrialisierungsanstrengungen die bereits vorhandenen (kapitalistischen) Technologien und Produktionsanlagen, die von den japanischen Besatzern im Norden oder von westlichen Industriellen in Städten wie Shanghai zurückgelassen worden waren. Das Regime der Kommunistischen Partei der Sowjetunion schickte zur Unterstützung des wirtschaftlichen Aufbaus Ingenieur:innen und Blaupausen für Industrieanlagen. Wirtschaftliche Ressourcen (oder Kapital) und Arbeitskräfte, die für den Industrialisierungsschub benötigt wurden, mussten in der VR China selbst beschafft werden. Der Entwick-

5 Die meisten dieser Aspekte werden in den folgenden Kapiteln erörtert, nicht aber die Frage der Technologie. Marxistisch-leninistische (und auch andere linke) Konzepte von Revolution konzentrieren sich auf die Veränderung des Kommandos über die Produktivkräfte. Das Ziel ist die Übergabe des Eigentums oder der Kontrolle über Fabriken und andere Betriebe an sozialistische oder staatliche Manager. Technologien und Formen der Arbeitsorganisation werden als neutral verstanden. In der Sowjetunion und in der VR China wurden sie deshalb weitgehend von kapitalistischen Unternehmen übernommen oder kopiert. Entscheidende Technologien, die in den sozialistischen Ländern zum Einsatz kamen, waren fordistisch (wie Fließbänder und Maschinen zur Steigerung der Arbeitsgeschwindigkeit und -effizienz) oder tayloristisch (im Sinne einer Aufteilung der Arbeit in einzelne Schritte und der Kontrolle der Arbeitsleistung der Arbeiter:innen). Sie wurden entwickelt, um die Arbeiter:innen zu beherrschen, ihre Kontrolle über den Arbeitsprozess zu begrenzen und sie zu harter und schneller Arbeit zu zwingen. Form und Funktion dieser Technologien bleiben auch unter sozialistischen Managern bestehen. Für eine Diskussion dieses Punkts siehe Raniero Panzieri: The Capitalist Use of Machinery. Marx versus the »Objectivists« (1961), in: Phil Slater (Hrsg.): Outlines of a Critique of Technology, London 1980, S. 44–68.

lungsplan der KPCh sah vor, für die Anhäufung der notwendigen wirtschaftlichen Ressourcen die in der Landwirtschaft produzierten Überschüsse abzuschöpfen, um sie dann beim Aufbau der städtischen Industrie einzusetzen. Dieser Transfer lief über die staatliche Festlegung niedriger Getreidepreise sowie über die Besteuerung der Landwirtschaft und Umverteilung der dadurch generierten staatlichen Mittel.[6] Durch diese Form einer ursprünglichen Akkumulation wurde der großen Mehrheit der Bevölkerung – Bäuerinnen, Bauern und Landarbeiter:innen – der Überschuss vorenthalten, um so die Entwicklung in den Städten zu finanzieren und die Minderheit der städtischen Arbeiter:innen zu versorgen. Sally Sargeson zufolge wurde *nong* (die Landwirtschaft) gemolken, um *gong* (die Industrie) zu finanzieren.[7]

Die Umstrukturierung des ländlichen Raums begann mit blutigen Vergeltungsaktionen der unterdrückten Bauernschaft gegen die ausbeuterische Grundbesitzerklasse. Parteiaktivist:innen, die in die Dörfer geschickt worden waren, unterstützten die Bauern bei diesen Aktionen oder stifteten sie dazu an. Das KPCh-Regime erfüllte eines seiner revolutionären Versprechen und führte eine Landreform durch (1950–1953). Das Landeigentum von reichen Bauern, Großgrundbesitzern und »Reaktionären« wurde beschlagnahmt und an arme Bauern, Landarbeiter:innen, Parteiaktivist:innen sowie an demobilisierte Soldat:innen verteilt, von denen viele aus den Reihen der armen Bauernschaft stammten. Im Verlauf der Landreform wurden etwa 20 Millionen reiche Bauern und Großgrundbesitzer bestraft, ins Exil geschickt, inhaftiert oder getötet.[8] Mit der Abschaffung des »Systems

6 Für eine Erörterung der Getreidepreispolitik siehe Terry Sicular: Grain Pricing. A Key Link in Chinese Economic Policy, in: Modern China 4/1988, S. 451–486.

7 Sally Sargeson: The Demise of China's Peasantry as a Class, in: The Asia-Pacific Journal/Japan Focus 1/2016, S. 3, unter: https://tinyurl.com/2bj2kaj5. Unter der Guomindang-Regierung und unter der japanischen Besatzung vor 1949 lief die ursprüngliche Akkumulation in Teilen des Landes in konventionellerer Form ab. Bäuerinnen und Bauern wurden von ihrem Acker vertrieben oder waren aufgrund der Armut gezwungen, in die Stadt zu ziehen und in Fabriken zu arbeiten. Nach 1949 beschleunigte sich diese Form der Proletarisierung zunächst. Ab Anfang der 1960er-Jahre verließen jedoch kaum noch Menschen die ländlichen Gebiete und der Urbanisierungsgrad (also der Anteil der Stadtbewohner:innen an der Gesamtbevölkerung) blieb auf relativ niedrigem Niveau stabil. Mit den Reformen ab 1978 und noch mal verstärkt nach 1992 wurde in vielen Teilen des Landes erneut die Industrialisierung vorangetrieben und Millionen zogen vom Land in die Städte und bildeten das neue migrantische Proletariat (siehe Kapitel 3 und 4). Der Staat spielte in diesen Prozessen in allen Phasen eine entscheidende Rolle.

8 Cheng Chu-Yuan: Communist China's Economy, 1949–1962, South Orange, NJ 1963, S. 26–27. Die Schätzungen über die Zahl der Hinrichtungen reichen von 200 000 bis zu mehreren Millionen; siehe unter anderem Frederick C. Teiwes: The Establishment and Consolidation of the New Regime, 1949–1957, in: Roderick MacFarquhar/John K. Fairbank (Hrsg.): The Cambridge History of China, Band 14, Teil 2, Cambridge 1987, S. 87.

der feudalen Ausbeutung durch die Grundbesitzerklasse« wurde auch die »potenzielle konterrevolutionäre Bedrohung durch die Grundbesitzer« beseitigt.[9] Arme und untere Mittelbauern, die die Mehrheit der Dorfbevölkerung ausmachten, profitierten tatsächlich von der Landreform. Gleichzeitig verloren die Grundbesitzer ihr Land und ihre Macht in den Dörfern und bildeten nun eine neue kleine Unterschicht.[10]

Mit der Landreform sollte die landwirtschaftliche Produktion so schnell wie möglich gesteigert werden. In der Geschichte Chinas war es häufig zu Nahrungsmittelknappheit und Hungersnöten gekommen, denn China verfügt im Vergleich zur Bevölkerungszahl über relativ wenig Ackerland. Deshalb war die Nahrungsmittelversorgung immer wieder gefährdet. Das Regime der KPCh wollte mit der Landreform keine Unterbrechung der Versorgung riskieren und ließ die bäuerliche Wirtschaft zunächst intakt. Das schloss große Ungleichheiten zwischen armen und reichen Bäuerinnen und Bauern ein. Die Landreform verschärfte die Ungleichheiten mitunter sogar. Vor dem Ersten Fünfjahresplan von 1953 rief das Regime die Bäuerinnen und Bauern lediglich auf, freiwillig Genossenschaften zu gründen oder diesen beizutreten. Dieser Aufruf zeigte jedoch wenig Wirkung, auch wegen des Widerstands jetzt bessergestellter Bauern, von denen viele ländliche Parteikader waren.[11]

Erst 1955 setzte das Regime die Kollektivierung der Landwirtschaft durch. Obwohl Dorfbewohner:innen eine gewisse Landfläche zur Selbstbewirtschaftung zugestanden wurde – im Unterschied zum sowjetischen System der Staatsbetriebe –, waren sie nun dennoch sozialistischen Kadern unterstellte Landarbeiter:innen. Sie erhielten einen Lohn in Form von Arbeitspunkten, die in Lebensmittel und Konsumgüter eingetauscht werden konnten.[12] Ihr Einkommen und

9 Carl Riskin: China's Political Economy. The Quest for Development since 1949, Oxford 1987, S. 49–50.

10 Für eine Darstellung der Landreform und der sozialistischen Umgestaltung des ländlichen Raums in den späten 1940er- und frühen 1950er-Jahren siehe Vivienne Shue: Peasant China in Transition. The Dynamics of Development towards Socialism, 1949–1956, Berkeley 1980; Brian DeMare: Land Wars. The Story of China's Agrarian Revolution, Stanford 2019. Wie das ländliche Klassensystem zunächst zur Organisierung des Klassenkampfs gegen die Großgrundbesitzer und während der Landreform und später zur Aufrechterhaltung der Klassenspaltung eingesetzt wurde, erörtert Wu Yiching: Die andere Kulturrevolution 1966–1969. Der Anfang vom Ende des chinesischen Sozialismus, übersetzt und herausgegeben von Ralf Ruckus, Wien/Berlin 2019, S. 66–77. Zum Beispiel eines Dorfes und zum ländlichen Klassensystem »während der Mao-Ära« siehe Jonathan Unger: The Transformation of Rural China, Armonk, NY 2002, Kapitel 2.

11 Cheng Chu-Yuan: Communist China's Economy, S. 28–29.

12 Zur Erläuterung des Arbeitspunktesystems siehe Shue: Peasant China in Transition, S. 163–169.

ihr Lebensstandard lagen weiterhin deutlich unter dem Einkommen und dem Lebensstandard städtischer Arbeiter:innen. Im Vergleich zur Zeit vor 1949 hatte sich Anfang der 1950er-Jahre die Situation der Landarbeiter:innen verbessert. Sie wurden jedoch weiterhin ausgebeutet, blieben relativ arm und standen auf einer der untersten Stufen der sozialen Pyramide.

Bis Ende der 1970er-Jahre sollten die Menschen auf dem Land die überwiegende Mehrheit der Bevölkerung ausmachen. Die Landflucht war Anfang der 1950er-Jahre noch für die städtischen Industrialisierungsbemühungen genutzt worden, denn neue Arbeitskräfte wurden benötigt. Die Abwanderung ländlicher Arbeitskräfte wurde danach jedoch zunehmend kontrolliert und eingeschränkt, und in den späten 1950er-Jahren führte das KPCh-Regime das *hukou*-System ein, das die Binnenmigration weiter begrenzen sollte und unkontrollierte Wanderung enorm erschwerte.[13]

In den Dörfern nutzte das Regime der KPCh vormalige soziale Unterschiede und schuf weitere im Rahmen eines Systems starrer Klassenkategorien. In der Folge sollte dieses System neue soziale Konflikte befeuern.[14] Nach 1949 kam es jedoch auf dem Land zu weniger Widerstand als in der Stadt, wo Arbeiter:innen wiederholt rebellierten. In den 1950er-Jahren protestierten auf dem Land vor allem Grundbesitzer und reiche Bauern, die vor 1949 ihr Land verloren hatten und in den Kampagnen der KPCh als »schlechte Elemente« angegriffen wurden. Ausgelöst durch die Auswirkungen der Landreform, die Kollektivierung und die Bedingungen für den staatlichen Ankauf von Nahrungsmitteln fanden diese Proteste häufig im Rahmen religiöser Sekten statt.[15]

Die Spaltung der Arbeiter:innen

Der ländliche Überschuss, im Zuge der ursprünglichen sozialistischen Akkumulation in der VR China erwirtschaftet, wurde größtenteils in kapitalintensive Produktionsgüterindustrien und nicht in Konsumgüterindustrien investiert. Dieses Modell war zuvor in der Sowjetunion bis zu einem gewissen Grad erfolgreich gewesen und hatte für Wachs-

13 Das *hukou*-System wurde 1958 eingeführt und institutionalisierte die Diskriminierung von Landbewohner:innen (und Binnenmigrant:innen). Aufgrund der Mobilisierung von Arbeitskräften für den »Großen Sprung nach vorn« wurde es nicht sofort angewandt, sondern erst nachdem der »Große Sprung« gescheitert war (siehe Kapitel 2).

14 Mehr über das System der Klassenkategorien findet sich weiter unten in diesem Kapitel.

15 Elizabeth J. Perry: Challenging the Mandate of Heaven. Social Protest and State Power in China, Armonk, NY 2002, S. 275–290.

tum und Entwicklung gesorgt. Die Industrieproduktion der VR China wuchs zwischen 1952 und 1965 um durchschnittlich 12,3 Prozent pro Jahr[16] und die Zahl der Beschäftigten in der Industrie stieg von 12 auf 18 Millionen.[17] Wie auch in der Landwirtschaft führte das Regime der KPCh die sozialistische Kollektivierung oder Verstaatlichung in der städtischen Industrie nicht sofort nach 1949 durch. Zunächst duldete es Privatkapitalisten, die mit dem neuen Regime zusammenarbeiten wollten, weil es sie für den angestrebten wirtschaftlichen Aufschwung brauchte. Zur Überwachung von Fabrikleitern oder Eigentümern in staatlichen und privaten Unternehmen schickte die Führung der KPCh kleine Gruppen von Kadern in die Betriebe. Dabei handelte es sich häufig um bäuerliche Veteranen des Bürgerkriegs, die versuchten, sich mit sympathisierenden Arbeiter:innen zu verbünden und Parteiorganisationen, Gewerkschaftssektionen und neue Angestellten- und Arbeiterkongresse aufzubauen. Diese von der KPCh kontrollierten Organe halfen bei der Durchführung rigoroser Kampagnen gegen Betriebsleiter, Manager, Gewerkschafter:innen und Kader, die mit dem Guomindang-Regime und mit Kapitalisten in Verbindung gestanden hatten. Auf diese Weise gelang es der Partei, schrittweise die Kontrolle über die privaten und staatlichen Unternehmen zu übernehmen.[18]

Nachdem sie 1952 das Staatliche Statistikamt und die Staatliche Planungskommission aufgebaut und ein Jahr später den Ersten Fünfjahresplan (1953–1957) verkündet hatte, verstaatlichte die KPCh-Führung 1955 und 1956 schließlich die Industrie und schloss damit die umfassende Einführung einer sozialistischen Planwirtschaft ab. Die Umwandlung von Privatunternehmen in Staatsbetriebe verlief relativ reibungslos, denn die Eigentümer und Manager waren durch die vorangegangenen Kampagnen und Säuberungen eingeschüchtert worden. Die staatlichen Institutionen wiesen den Arbeitseinheiten und Kollektiven nun einem Plan folgend finanzielle Ressourcen, Produktionsmittel und Arbeitskräfte zu.

16 Loren Brandt/Ma Debin/Thomas Rawski: Industrialization in China, Diskussionspapier Nr. 10096, Forschungsinstitut zur Zukunft der Arbeit, Bonn, Juli 2016, S. 34, unter: http://ftp.iza.org/dp10096.pdf.

17 Joel Andreas: Disenfranchised. The Rise and Fall of Industrial Citizenship in China, Oxford 2019, S. 81.

18 Unter den Kampagnen waren die Demokratische Reformbewegung (1950–1953), die Kampagne zur Unterdrückung von Konterrevolutionären (1950–1952), die Drei-Antis-Kampagne (1951–1952) und die Fünf-Antis-Kampagne (1952); siehe Andreas: Disenfranchised, S. 30–33. Joel Andreas zufolge wurden allein in den ersten beiden Kampagnen Zehntausende in Lager zur Erziehung durch Arbeit geschickt und viele von ihnen hingerichtet (ebd., S. 31).

Im Laufe der 1950er-Jahre schuf die KPCh zudem ein hierarchisches System staatlicher Arbeitseinheiten (*danwei*) in den Städten. Einige Unternehmen wurden als Kollektivbetriebe geführt, die angeblich im Besitz der Beschäftigten waren und von diesen geleitet wurden.[19] Andere waren Staatsbetriebe und bildeten das Herzstück des Industrialisierungsprojekts.[20] Sie wurden zum Teil direkt von der Zentralregierung und zum Teil von regionalen Verwaltungen geleitet. Die Staatsbetriebe organisierten nicht nur den Produktions- und Arbeitsprozess, sondern auch andere Aspekte des täglichen Lebens der Stammbelegschaft, zum Beispiel Kinderbetreuung, Bildung, Unterkunft, Erholung, Gesundheitsversorgung und Renten.[21] Die privilegierten Stammbelegschaften der Staatsbetriebe, die als Elite der staatlich Beschäftigten und »Herren« ihrer Arbeitseinheiten galten, genossen diese sozialen Garantien, die später als »eiserne Reisschüssel« bezeichnet werden sollten.[22] Diese Arbeiter:innen in Staatsbetrieben mit ihrer »eisernen Reisschüssel« werden oft erwähnt, wenn es um die Errungenschaften des Sozialismus geht, tatsächlich bildeten sie jedoch während der gesamten sozialistischen Periode lediglich eine Minderheit der (ländlichen und städtischen) Arbeiterschaft in der VR China. Die unterschiedlichen Arten von Betrieben (wie Kollektive und Staatsbetriebe verschiedener Art) bildeten eine Pyramide: Unternehmen an der Spitze erhielten mehr Mittel und zahlten höhere Löhne als die Unternehmen am unteren Ende. Betriebe boten ihren Beschäftigten je nach ihrer Stellung in der Unternehmenshierarchie eine »Reisschüssel« in unterschiedlicher Größe oder auch gar keine.[23]

19 In bestimmten Phasen ließ die KPCh-Führung eine Reihe kleiner, privater Unternehmen zu, beispielsweise im Handwerk.

20 Die staatlichen Arbeitseinheiten wurden in einigen Fällen auf der Grundlage von Industrieanlagen gegründet, die zuvor von der Guomindang oder den japanischen Besatzern verwaltet worden waren. Sie umfassten alle wichtigen Wirtschaftssektoren, insbesondere die Produktion von Investitionsgütern wie Maschinen. Später, am Ende der Übergangszeit in den 1990er-Jahren, wurden die staatlichen Arbeitseinheiten umstrukturiert und in »Unternehmen in staatlichem Besitz« (*guoyou qiye*) umbenannt.

21 In den späten 1950er-Jahren wurden nicht nur Industriebetriebe, sondern auch Behörden, Schulen und Universitäten sowie andere staatliche Organisationen zu solchen *danwei* (Arbeitseinheiten).

22 Die VR China steht in dieser Beziehung nicht allein da. Auch in anderen sozialistischen Ländern, zum Beispiel in der Sowjetunion, gab es staatliche Unternehmen mit festen Belegschaften, die soziale Leistungen wie Bildung, Gesundheitsfürsorge und Renten erhielten, während großen Teilen der Bevölkerung, insbesondere der Landbevölkerung, keine vergleichbaren Leistungen gewährt wurden.

23 Zur Ungleichheit zwischen städtischen Arbeitseinheiten siehe Joel Andreas: Reconfiguring China's Class Order after the 1949 Revolution, in: Guo Yingjie (Hrsg.): Handbook on Class and Social Stratification in China, Cheltenham 2016, S. 23–25.

Diese Hierarchie der Arbeitseinheiten spiegelte sich in der hierarchischen Zusammensetzung der neuen sozialistischen Arbeiterklassen wider. Das Regime der KPCh benötigte in Schlüsselindustrien wie der Stahl- oder Maschinenproduktion eine qualifizierte und stabile Kernbelegschaft, die es mithilfe von Privilegien und betrieblichen Vorschriften kontrollieren konnte. In den meisten anderen städtischen Sektoren waren Massen von weniger privilegierten (und schlechter entlohnten) städtischen Arbeiter:innen beschäftigt. Zudem wurden spezifische Aufgaben und Saisonarbeiten von einer flexiblen Gruppe zeitlich befristet Beschäftigter erledigt, meist Wanderarbeiter:innen aus dem ländlichen Raum. Ihre Löhne waren noch niedriger und sie mussten mit härteren Bedingungen zurechtkommen.[24] Nicht zufällig ähnelt diese Spaltung der Arbeiter:innen in mehrere Gruppen der Situation in kapitalistischen Ökonomien mit ihrem Bedarf an qualifizierten und ungelernten, fest und befristet beschäftigten, privilegierten und benachteiligten Arbeitskräften.

Die sozialistische Klassengesellschaft

Auch im Sozialismus wurde Mehrarbeit geleistet und so Mehrwert generiert. Grundlage dafür war die Trennung zwischen jenen, die die Produktionskräfte kontrollierten, und denen, die arbeiten und Mehrwert schaffen mussten. So entstand eine sozialistische Klassenteilung mit Arbeiter:innen sowie Bäuerinnen und Bauern (oder der »einfachen« Bevölkerung) auf der einen Seite und Kadern wie Staats-, Partei- und Militärführern oder Beamten sowie Unternehmensleiter:innen auf der anderen Seite. Die Klassenspaltung zwischen Arbeiter:innen und Kadern zeigte sich auch materiell. So erhielten Kader nicht nur höhere Löhne, sondern auch umfangreichere Leistungen (etwa bei Wohnungen, Gesundheitsfürsorge, Transport und Bildung).[25]

24 Zur zeitlich befristeten ländlichen Vertragsarbeit siehe Marc Blecher: Peasant Labour for Urban Industry. Temporary Contract Labour, Urban-Rural Balance and Class Relations in a Chinese County, in: World Development 8/1983, S. 731–745; zu den verschiedenen Kategorien von Arbeiter:innen in Shanghai in den 1950er-Jahren – *guding gongren* (Festangestellte), *hetong gongren* (Vertragsarbeiter:innen), *linshi gongren* (befristet beschäftigte Arbeiter:innen) und *waibao gongren* (Leiharbeiter:innen) – siehe Lynn T. White: Workers' Politics in Shanghai, in: Journal of Asian Studies 1/1976, S. 100. Heute wird die Binnenmigration in der VR China im Allgemeinen als ein Phänomen der Reformära (seit 1978) gesehen. In den 1980er-Jahren änderte sich tatsächlich ihre Form und seit den 1990er-Jahren nahm sie enorm zu. Es muss jedoch darauf hingewiesen werden, dass Arbeitsmigration und gespaltene (oder duale) Belegschaften nicht erst mit den Reformen aufkamen, sondern bereits während der sozialistischen Periode existierten.

25 Abgesehen von der allgemeinen Klassenspaltung und der Trennung der einfachen Leute von den sozial und wirtschaftlich bessergestellten Kadern führte die KPCh-Führung auch

Die sozialistischen Institutionen und Arbeitseinheiten waren intern streng hierarchisch organisiert, mit einer Doppelspitze aus einem Verwaltungsleiter oder Manager und einem politischen Kommissar aus den Reihen der KPCh als Kontrolleur:in der Partei. Zu Beginn des Ersten Fünfjahresplans im Jahr 1953 wurde in den Arbeitseinheiten das sozialistische Arbeitsregime oder »Ein-Mann-Regiment« mit *einer* sozialistischen Leitungsperson oder Manager:in eingeführt. Untere Kader kontrollierten Abteilungen oder Werkstätten, mussten aber Befehle von oben befolgen. Dieses Arbeitsregime wurde in der VR China angepasst und umfasste Formen des Co-Managements – mit einer stärkeren Beteiligung der unteren Ränge an der Entscheidungsfindung im Vergleich zum »Ein-Mann-Regiment« in der Sowjetunion. Der Einfluss der Arbeiter:innen blieb jedoch weitgehend auf die Ebene der Produktionsteams beschränkt.[26] Kader mussten die Interessen ihrer Untergebenen berücksichtigen und ihnen manchmal nachkommen, weil sie für das Funktionieren ihrer Einheit verantwortlich waren. Sie konnten jedoch auch alle bestrafen, die sich Befehlen widersetzten. Dieses hierarchische Managementsystem war zentraler Bestandteil der Betriebsorganisation. Sie zeichnete sich zudem durch eine tayloristische Arbeitsteilung, die Mechanisierung und Dequalifizierung der Arbeit, gespaltene (duale) Belegschaften und andere Formen der Rationalisierung von Arbeitsprozessen, die denen in kapitalistischen Ökonomien ähnelten, aus.

Kurzum, das sozialistische Wirtschaftssystem, das im Laufe der 1950er-Jahre in der VR China aufgebaut wurde, zeigt in mehrfacher Hinsicht die Ähnlichkeiten zwischen sozialistischen und kapitalistischen Produktions- und Akkumulationsformen. Die Führung der KPCh und ihre Anhänger:innen zeichneten das Bild einer egalitären Gesellschaft mit Arbeiter:innen als »Herren« der Betriebe sowie mit Bäuerinnen und Bauern, Arbeiter:innen und Soldat:innen, die im Schoße des sozialistischen Staates vereint seien. In Wirk-

eine genau abgestufte Rangfolge zwischen höheren, mittleren und unteren Kadern ein, mit großen Unterschieden bei Löhnen sowie der Zuteilung von Wohnungen, Haushaltsdienstleistungen und Sozialversicherungen; siehe Wu Yiching: Die andere Kulturrevolution, S. 50–54.

26 Riskin: China's Political Economy, S. 63–64; »Kleine Produktionsteams konnten ihre eigenen Angelegenheiten regeln. Diese Art von Selbstverwaltung blieb jedoch begrenzt. Sie umfasste im Wesentlichen die Entscheidung darüber, wie die auf höherer Ebene getroffenen Maßnahmen und Entscheidungen umgesetzt werden sollten. Oberhalb der Ebene der kleinen Produktionsteams waren Arbeiter:innen nicht direkt an der Entscheidungsfindung beteiligt und ihr Einfluss war weitaus geringer.« (Andreas: Disenfranchised, S. 73; eigene Übersetzung)

lichkeit entstand im Rahmen der Entwicklungsstrategie der KPCh, der sozialistischen Planwirtschaft und der Mobilisierung ländlicher und städtischer Arbeitskräfte eine starre Klassenpyramide. Bäuerinnen, Bauern und Landarbeiter:innen bildeten die unterste Schicht, Wanderarbeiter:innen und Arbeiter:innen in Kollektiven die städtische Unterschicht. Ein kleinerer Teil, der hauptsächlich aus Arbeiter:innen der Stammbelegschaften in Staatsbetrieben bestand, und eine Gruppe niederer Partei- und Staatskader befanden sich in der Mitte. Höhere Partei- und Staatskader – der Kern der neuen sozialistischen herrschenden Klasse – saßen schließlich an der Spitze. Diese Klassenzusammensetzung, die Klassengegensätze, die Ausbeutung und die Ungleichheit verursachten soziale Unzufriedenheit und führten zu vielen sozialen Kämpfen, die die VR China in der sozialistischen Periode noch erleben sollte.

Das maoistische Patriarchat

Im kaiserlichen China nutzten die Herrscher konfuzianische Konzepte wie die zu Untertanentreue (忠, *zhong*) und Respekt oder Gehorsam gegenüber Höherstehenden (孝, *xiao*), um patriarchale Unterschiede und Hierarchien als von Natur aus gegeben darzustellen und autoritäre Verhältnisse in Familie und Staat zu rechtfertigen. Im späten 19. und frühen 20. Jahrhundert kritisierte eine kleine, aber stetig wachsende Bewegung von meist gebildeten Frauen* der Oberschicht und wenigen Männern* sowohl die patriarchale Ordnung als auch die Einflüsse kolonialer Herrschaft. Manche von ihnen beteiligten sich an der 4.-Mai-Bewegung des Jahres 1919. Sie traten für mehr persönliche und politische Freiheiten für Frauen* ein und sahen dies als Teil der Modernisierung des Staates.[27] Radikalere Strömungen wie die frühen Anarchofeministinnen brachten die sexistische Unterdrückung von

27 Die erste Welle von Initiativen, die für die Rechte von Frauen* eintraten, entstand in China bereits zur Zeit der Revolution von 1911. Die Beteiligten verbanden ihre Forderungen nach Gleichberechtigung und Wahlrecht für Frauen* mit der Kritik des Feudalismus und der kolonialen Beherrschung durch die Qing-Dynastie. Die nächste Welle fiel mit der patriotischen und antiimperialistischen 4.-Mai-Bewegung von 1919 zusammen. Informationen über die frühen Bewegungen von Frauen* in China finden sich in Roxane Witke: Women as Politician in China of the 1920s, in: Marilyn B. Young (Hrsg.): Women in China. Studies in Social Change and Feminism, Ann Arbor, MI 1973, S. 33–45; Janet Salaff/Judith Merkle: Women and Revolution. The Lessons of the Soviet Union and China, in: ebd., S. 145–177; Luzette Leith: Chinese Women in the Early Communist Movement, in: ebd., S. 47–71; Louise Edwards: Issue-Based Politics. Feminism with Chinese Characteristics or the Return of Bourgeois Feminism?, in: David S. G. Goodman (Hrsg.): The New Rich in China. Future Rulers, Present Lives, London 2008, S. 201–212.

Frauen* mit der wirtschaftlichen Ausbeutung in Verbindung.[28] In den 1920er-Jahren vergrößerte sich die Kluft zwischen den Frauen* sowie ihren Unterstützer:innen, die lediglich die Gleichberechtigung im Rahmen einer Republik und einem kapitalistischen System forderten, und denjenigen, die die Forderung nach Gleichberechtigung mit Klassenkampf und sozialistischer Politik verbanden. Letzteres vertraten Frauen*, die der KPCh nahestanden.

Wie andere kommunistische Parteien, die mit der Komintern verbunden waren, trat auch die KPCh für die Befreiung der Frauen* ein. Ihrer Meinung nach konnte die Gleichberechtigung der Geschlechter erreicht werden, wenn Frauen* einen freien Zugang zu Lohnarbeit erhielten und die Reproduktionsarbeit – zumindest teilweise – vergesellschaftet würde.[29]

Den Frauen* wird die Befreiung versprochen

Die KPCh versprach, der feudalen, autoritären und patriarchalen Ordnung ein Ende zu setzen. Daher gehörten Frauen* zu den wichtigsten Unterstützer:innen der Partei und deren Bestreben, die Regierung der Guomindang zu stürzen und die chinesische Gesellschaft zu revolutionieren. In den 1940er-Jahren dienten die von der Roten Armee befreiten Regionen als Übungsgebiete, in denen die Frauen* ihre zukünftige Rolle in der sozialistischen Gesellschaft finden sollten. Aufgrund des Arbeitskräftemangels, der auf die Mobilisierung der Männer* für die Armee zurückging, wurden viel mehr Frauen* für landwirtschaftliche oder industrielle Arbeiten mobilisiert. Die Rote Armee betraute die Frauen* derweil meist mit Hilfsarbeiten. »Das Prinzip der geschlechtsspezifischen Kriegsorganisation wurde aufrechterhalten und sogar vertieft.«[30]

Im Laufe der 1940er-Jahre wurde die Debatte über die Befreiung der Frauen* innerhalb der KPCh zunehmend entradikalisiert. Nach

28 Siehe Peter Zarrow: He Zhen and Anarcho-Feminism in China, in: Journal of Asian Studies 4/1988, S. 796–813; Jana Rošker: Die Geschichte eines Traumes: Frauen und Frauenproblematik der chinesischen anarchistischen Bewegung an der Schwelle des 20. Jahrhunderts, in: Cheng Ying/Bettina Gransow/Mechthild Leutner (Hrsg.): Frauenstudien. Beiträge der Berliner China-Tagung 1991, München 1992, S. 131–141.

29 Die Position der KPCh basierte weitgehend auf der marxistisch-leninistischen Vorstellung, dass Frauen* zu vollwertigen Mitgliedern der sozialistischen Arbeiterklasse werden, wenn sie sich an der Lohnarbeit beteiligen. Ihre Befreiung laufe demnach über ihren Zugang zu Lohnarbeit.

30 Nicola Spakowski: »Mit Mut an die Front«. Die militärische Beteiligung von Frauen in der kommunistischen Revolution Chinas (1925–1949), Köln 2009, S. 323; siehe auch Delia Davin: Women in Liberated Areas, in: Young: Women in China, S. 73–79; Anita Chan: Rural Chinese Women and the Socialist Revolution. An Inquiry into the Economics of Sexism, in: Journal of Contemporary Asia 2/1974, S. 198–199.

der Machtübernahme 1949 drängten Frauen* jedoch auf sofortige und wesentliche Verbesserungen, und die ersten Schritte schienen vielversprechend. So wurden beispielsweise die häusliche Dienstbotenarbeit und die Prostitution als Formen der Ausbeutung von Frauen* verboten. Mit der Gründung der All-Chinesischen Frauenvereinigung (ACFV) im April 1949 wurde eine institutionelle Vertretung der Interessen von Frauen* geschaffen.[31] 1950 war die ACFV an der Einführung des Ehegesetzes beteiligt. Dieses garantierte den Frauen* das Recht, selbst über Heirat und Scheidung zu entscheiden, und verlieh ihnen gleiche Rechte und einen gleichen Status in Familie und Haushalt. Die Einführung des Gesetzes wurde mit einer Kampagne zu seiner Bekanntmachung und Umsetzung verbunden, die bis 1953 andauerte und mit einer Scheidungswelle zusammenfiel.[32]

Die Last von Lohn- und Reproduktionsarbeit

Was folgte, war alles andere als revolutionär. Die von Frauen* geleistete und meist nicht entlohnte Arbeit zur Reproduktion der Arbeitskraft spielt eine zentrale Rolle für das Funktionieren und die Stabilität kapitalistischer Systeme – was von den herrschenden Klassen meist verschleiert worden ist.[33] Das war in der sozialistischen VR China nicht anders. Frauen* mussten nicht nur Lohnarbeit in Betrieben und auf Bauernhöfen leisten, sondern auch die Reproduktionsarbeit in den Haushalten übernehmen.

31 Im Jahr 1953 hatte die ACFV bereits mehr als 40 000 Angestellte; siehe Wang Zheng: Dilemmas of Inside Agitators. Chinese State Feminists in 1957, in: China Quarterly 188, 2006, S. 914. Louise Edwards schreibt dazu: »Letztendlich war die ACFV zwischen 1949 und Mitte der 1980er-Jahre in erster Linie ein Sprachrohr für die Verbreitung der KPCh-Politik unter den Massen von Frauen und weniger eine Vertretungsinstanz der Frauen.« (Edwards: Issue-Based Politics, S. 205) Weitere Informationen über die ACFV finden sich in Astrid Lipinsky: Der Chinesische Frauenverband. Eine kommunistische Massenorganisation unter marktwirtschaftlichen Bedingungen, Berlin 2006.

32 »Welche Bedeutung Scheidungen im Rahmen der ›antifeudalen‹ oder besser gesagt antipatriarchalen Reform hatten, wurde durch die Tatsache unterstrichen, dass die überwiegende Mehrheit der Scheidungen von Frauen eingereicht wurde.« (Kay Ann Johnson: Women, the Family and Peasant Revolution in China, Chicago, IL 1983, S. 118) Es ist wichtig zu erwähnen, dass die Scheidungsrate wieder zurückging, als die KPCh aufhörte, sich aktiv für die Umsetzung des Ehegesetzes einzusetzen.

33 Die Reproduktionsarbeit von Frauen* schafft neue Arbeitskraft (durch die Aufzucht und Erziehung von Kindern), und sie reproduziert aktive Arbeitskraft (durch die Hausarbeit nicht nur für männliche Familienmitglieder) und frühere Arbeitskraft (durch Pflegearbeit für ältere Menschen). Ein großer Teil dieser Arbeit wird ohne Entlohnung verrichtet. In bestimmten (meist städtischen) Haushalten leisten (oft migrantische) Frauen* die Reproduktions- oder Betreuungsarbeit für einen geringen Lohn. Für eine genaue Erörterung dieser Phänomene siehe Silvia Federici: Revolution at Point Zero. Housework, Reproduction, and Feminist Struggle, Oakland 2012.

Auf dem Land wurden Frauen* nach 1949 zum ersten Mal in großer Zahl für die Arbeit in der Landwirtschaft mobilisiert.[34] Die neuen Kooperativen »schwächten die sozialen Funktionen von Stammbaum und Familie und schwächten auch die familiäre und patriarchale Autorität über Frauen«.[35] Die kollektive Organisierung landwirtschaftlicher Arbeit und deren Entlohnung ermöglichte den Frauen*, ihre Netzwerke zu erweitern und ihren sozialen Einfluss im sozialen Umfeld zu vergrößern.

Die Führung der KPCh fuhr ihre Kampagne für das Ehegesetz jedoch bald wieder zurück. Sie wollte die Männer* (und zuweilen auch Frauen*) auf dem Land nicht verprellen, die sich gegen den Angriff auf die traditionelle Familienstruktur wehrten.[36] Frauen* wurden zwar zunehmend auf den Feldern beschäftigt, aber Männer* und Frauen* arbeiteten dort oft in unterschiedlichen Produktionsteams. Männer* verrichteten die vermeintlich härteren Arbeiten. Zum Beispiel sollten sie die Säcke mit Reissetzlingen tragen. Frauen mussten unterdessen diese Setzlinge pflanzen – oft stundenlang in der Hocke sitzend. Männer* wurden derweil höher entlohnt als Frauen*. »Die Schwere der Arbeit wurde bei der Bezahlung nach ›Arbeitspunkten‹ (*gongfen*) gewertet. Eine Frau berichtet: ›Bei uns war die Männerarbeit zehn Punkte wert. Die schlechtesten von ihnen bekamen 8,5 Punkte, die besten zehn. Was Frauenarbeit anging, war das Höchste 5,5 Punkte.‹ Eine andere sagt: ›Wir waren nur die halbe Arbeit wert.‹«[37]

In den Familien bestimmte weiterhin die patriarchale Ordnung die Rolle der Frauen*. Diesen wurde weiterhin Reproduktionsarbeit wie die Kinderbetreuung zugewiesen. Kurzum, die entlohnte und nicht entlohnte produktive und reproduktive Arbeit der Frauen* spielte eine wichtige Rolle in der sozialistischen ursprünglichen Akkumulation. Sie senkte die Kosten und vergrößerte den Überschuss, der auf dem Land

34 Vor 1949 hatten die meisten Frauen* keine solche Arbeit verrichtet. 1950 taten dies 20 bis 40 Prozent der Frauen*. 1957 arbeiteten in den Dörfern bereits 70 Prozent der erwachsenen Frauen* in der Landwirtschaft, zwei Jahre später waren es 90 Prozent; siehe Gao Xiaoxian: China's Modernization and Changes in the Social Status of Rural Women, in: Christina K. Gilmartin/Gail Hershatter/Lisa Rofel/Tyrene White (Hrsg.): Engendering China. Women, Culture, and the State, Cambridge, MA 1994, S. 81, 83.

35 Ebd., S. 82.

36 Siehe Johnson: Women, the Family and Peasant Revolution in China, S. 122–127.

37 Wildcat: Arbeiterinnen im maoistischen Patriarchat, Wildcat-Beilage: Unruhen in China, 80, 2007, S. 44, unter: https://tinyurl.com/fmw9hm5d, unter Verweis auf Liu Jieyu: Gender and Work in Urban China. Women Workers of the Unlucky Generation, London 2007, S. 34. Bemerkenswerterweise war der verstärkte Einsatz weiblicher Arbeitskräfte in der Landwirtschaft auch Bestandteil von Modernisierungsprogrammen in anderen Ländern, zum Beispiel während der »grünen Revolution« in postkolonialen Ländern.

produziert und für die Industrialisierung eingesetzt werden konnte – ein Prozess, den Gail Hershatter »versteckte Akkumulation« nennt.[38]

In den Städten ergab sich durch die veränderte patriarchale Ordnung und die teilweise Ersetzung der Familienfunktionen durch die *danwei* (Arbeitseinheiten) die Möglichkeit, Frauen* massenhaft zur Lohnarbeit außerhalb des Haushalts heranzuziehen. Liu Jieyu beschreibt, wie die Leiter der *danwei* bald eine ähnliche Rolle wie traditionelle Familienpatriarchen einnahmen. Die Familienkultur der *danwei* trug dazu bei, die Geschlechterspaltung in den Betrieben und in der Gesellschaft zu verstärken. »Die sozialistische Arbeitseinheit wirkte als Vermittlerin zwischen der beruflichen Karriere der Frauen und ihrem persönlichen Leben und setzte die patriarchale Funktion der präsozialistischen Institutionen fort. Im Ergebnis wurden die Arbeiterinnen mehr benachteiligt als ihre männlichen Gegenüber.«[39] Auch hier wurden die Aufgaben von Frauen* oft als »leichte« Arbeiten eingestuft und niedriger bewertet als die »schweren« Aufgaben von Männern*.[40] Wang Zheng zufolge wurden »Männer überwiegend in technischen Berufen eingesetzt, Frauen dagegen, unabhängig vom Bildungsniveau, in nichttechnischen Berufen, Dienstleistungen und für Aushilfstätigkeiten. Diese geschlechtsspezifische Beschäftigungshierarchie festigte die untergeordnete Stellung der Frauen und prägte ihr Selbstverständnis.«[41] Darüber hinaus leisteten Frauen* neben der Lohnarbeit weiterhin nicht entlohnte Reproduktionsarbeit.

38 Gail Hershatter: The Gender of Memory. Rural Women and China's Collective Past, Berkeley, CA 2011, S. 265.

39 Liu Jieyu: Gender and Work in Urban China, S. 86; Wildcat: Arbeiterinnen im maoistischen Patriarchat, S. 45. Die *danwei* erfüllten ihre patriarchale Rolle auch in der Heiratsvermittlung und der Überwachung von Ehen, in der Zuweisung von Wohnraum, in der Familienplanung (und Bevölkerungskontrolle), in der geschlechtsspezifischen Arbeitsteilung und in der Aufrechterhaltung der hierarchischen Geschlechterordnung.

40 Städtische Arbeitseinheiten waren eigentlich verpflichtet, Frauen* für die gleiche Art von Arbeit den gleichen Lohn zu zahlen, was jedoch durch die Zuweisung unterschiedlicher (angeblich »schwerer« oder »leichter«) Arbeitsaufgaben unterlaufen wurde.

41 Wang Zheng: Gender, Employment and Women's Resistance, in: Elizabeth J. Perry/Mark Selden (Hrsg.): Chinese Society. Change, Conflict and Resistance, 2. Aufl., London 2003, S. 159. »Diese Arbeitsteilung nahm den ›natürlichen‹ Unterschied zwischen Männern und Frauen als gegeben an und legte die Annahme nahe, dass die ›schwache‹ körperliche Konstitution von Frauen besser geeignet war für ›leichte‹ Arbeiten.« (Liu Jieyu: Gender and Work in Urban China, S. 42) Wie in kapitalistischen Systemen wurde »gleicher Lohn für gleiche Arbeit so umgesetzt, dass die Art von Arbeit, die Männern zugewiesen wurde, höher bewertet wurde als die Arbeit, die Frauen zugewiesen wurde«. (Kimberley Ens Manning: Communes, Canteens, and Crèches. The Gendered Politics of Remembering the Great Leap Forward, in: Ching-Kwan Lee/Yang Guobin (Hrsg.): Re-envisioning the Chinese Revolution. The Politics and Poetics of Collective Memories in Reform China, Stanford, CA 2007, S. 104)

Ob (und wie vielen) Frauen* Lohnarbeit zugewiesen wurde, hing im Laufe der folgenden zwei Jahrzehnte auch davon ab, ob der sozialistische Staat eine Nachfrage nach Arbeitskräften oder einen Arbeitskräftemangel feststellte. 1957 wich sogar die ACFV selbst »von ihrer früheren Politik ab, die eine Mobilisierung von Frauen für ihren Einsatz in der Produktion anstrebte, um so die Frauenbefreiung zu erreichen.« Die ACFV »betonte nun die Bedeutung der Familien- und Haushaltspflichten der Frauen«.[42]

Auch andere Aspekte der patriarchalen Ordnung veränderten sich nicht so stark, wie die Frauen* erwartet hatten, insbesondere nicht auf dem Land. »Obwohl Füßebinden, die Verheiratung junger Mädchen, das Konkubinat und andere schändliche Sitten und Gebräuche abgeschafft wurden, gab es nur wenige wesentliche Veränderungen an der traditionellen Familienstruktur. [...] Obwohl Regierung und Gesellschaft die Gleichstellung von Mann und Frau befürworteten, wurden in der bäuerlichen Kultur die Männer weiterhin als den Frauen überlegen angesehen.«[43] Mit der Einführung von Kooperativen Mitte der 1950er-Jahre wurde das Privateigentum an Grund und Boden faktisch abgeschafft, aber die patrilokale Tradition der Bauern – der zufolge Ehefrauen in die Familie ihres Ehemannes überwechseln – änderte sich nicht. Die Führung der KPCh war »vehement gegen (außereheliche) sexuelle Verbindungen von Frauen und postulierte die heterosexuelle Ehe als Kernstück ihrer neuen Moral«. Für sie bildete »die Familie nach wie vor das Grundelement der sozialistischen Gesellschaft«.[44]

Kurzum, die patriarchale Ordnung wurde nicht abgeschafft. Die ideologischen und strukturellen Hinterlassenschaften des Konfuzianismus von vor 1949 wurden lediglich umgestaltet und den Anforderungen des sozialistischen Staates und der Wirtschaft entsprechend angepasst oder »modernisiert«. Die Einführung und Ausweitung weiblicher Lohnarbeit sowie die weitgehend nicht entlohnte Repro-

42 Wang Zheng: Dilemmas of Inside Agitators, S. 915; siehe auch Delia Davin: Woman-Work. Women and the Party in Revolutionary China, Oxford 1976, S. 66. Während des »Großen Sprungs nach vorn« (1958–1961) setzte sich die ACFV erneut für den Einsatz von Frauen in der Lohnarbeit ein.

43 Gao Xiaoxian: China's Modernization and Changes in the Social Status of Rural Women, S. 83–84.

44 Manning: Communes, Canteens, and Crèches, S. 97. In Bezug auf die Geschlechter- und Familienpolitik wich die KPCh-Führung von Friedrich Engels ab, der sich eine größere Unabhängigkeit der Frauen* vorstellte und es gar für möglich hielt, dass Frauen »die Institution der Ehe aufgeben und sich frei auf sexuelle Verbindungen einlassen, die auf Liebe basieren«. (Ebd.)

duktionsarbeit von Frauen* dienten in erster Linie der Bereitstellung und Reproduktion »billiger« und flexibler Arbeitskräfte. Durch die erneute Unterdrückung von Frauen* in der maoistischen patriarchalen Ordnung sollte auch die soziale Stabilität gestärkt und die Parteiherrschaft geschützt werden. Feministische Forderungen spielten während der sozialistischen Jahre keine entscheidende Rolle für die KPCh-Führung, in der Frauen* im Übrigen kaum vertreten waren. Wenn das Regime mit dem Widerstand von Männern* gegen die Ausweitung der Rechte von Frauen* konfrontiert war, hielt sie sich mit Forderungen nach einer Befreiung der Frauen* eher noch mehr zurück.

Der Garnisonsstaat

Nach 1949 wollten die neuen Machthaber den »Sozialismus in einem Land« konsolidieren. Sie wollten ihre Kontrolle über die Staatsmacht stärken und ihre Herrschaft gegen in- und ausländische Feinde verteidigen. Der marxistisch-leninistischen Linie folgend errichteten sie eine »Diktatur des Proletariats«, die sie als Übergangsphase zwischen Kapitalismus und Kommunismus betrachteten. Die KPCh und der sozialistische Staat sollten die Herrschaft der fortschrittlichsten Kraft und revolutionärsten Klasse, des Proletariats, garantieren und konterrevolutionäre Bedrohungen durch oppositionelle Klassen abwehren.

Sozialismus in einem Land

Nach 1949 wollte die Führung der KPCh die »nationale« Befreiung des Landes abschließen. Sie wollte seine Unabhängigkeit von kolonialer oder imperialistischer Herrschaft gewährleisten und den Sozialismus »in einem Land« aufbauen. Nationalismus und die Verteidigung und Förderung »nationaler« Interessen der VR China sollten in den kommenden Jahrzehnten (und bis heute) integraler Bestandteil der Ideologie und Propaganda der KPCh bleiben. Der Aufbau des sozialistischen Staates in Form einer »Diktatur des Proletariats« führte zu einer Diktatur der KPCh-Führung. Politische Mechanismen und Strukturen, die in den 1930er- und 1940er-Jahren in den von der KPCh kontrollierten Gebieten erprobt und etabliert worden waren, prägten die Entwicklung des chinesischen Sozialismus. Auch das Militär sollte während der gesamten sozialistischen Periode und danach eine wichtige Rolle in der Politik der VR China spielen. In den Worten von Wu Yiching entstand in der VR China ein »hochgradig repressiver Garnisonsstaat [...], in dem Institutionen der Partei, des Militärs und des Staates eng verwoben waren«.[45]

Die in der neuen Verfassung von 1954 festgeschriebenen Staatsorgane wurden allesamt von Parteistrukturen kontrolliert: der Staatsrat, der Nationale Volkskongress, der Volksgerichtshof sowie die Provinz- und Lokalregierungen. Zum neuen Justiz- und Exekutivsystem gehörte ein Repressionsapparat, der unter anderem aus Polizeikräften, Gerichten, Gefängnissen und Arbeitslagern zur politischen Umerziehung bestand.[46] Ergänzt wurde dieser Apparat durch Techniken sozialer Kontrolle und Druckausübung durch die Kader in Arbeitseinheiten und Kollektiven. Um die (potenzielle) Opposition auszuschalten und die Massen für die Ziele der KPCh zu mobilisieren, initiierten Partei- und Staatsorgane häufig politische Kampagnen und Säuberungen gegen abweichendes Verhalten. Das Regime nahm diejenigen ins Visier, die die Arbeitsdisziplin untergruben oder die Herrschaft der KPCh und die Legitimität der Partei infrage stellten. Unerwünschte soziale und politische Personen innerhalb und außerhalb der Partei wurden öffentlich als Feinde der Massen vorgeführt und bestraft. Kam es zu wirtschaftlichen Krisen, sozialen Verwerfungen oder politischen Unruhen, dienten diese Personen als Sündenböcke.[47]

Starre Klassenkategorien

Die Führung der KPCh schuf und nutzte ein System offizieller Klassenkategorien. Ursprünglich hatte sie dieses System vor 1949 zur Einteilung und Unterscheidung eingeführt, um festzustellen, wer die Revolution (eventuell) unterstützte und wer zu den wahrscheinlichen Gegnern der Kommunistischen Partei gehörte. Nach 1949 wurde es

45 Wu Yiching: Die andere Kulturrevolution, S. 48.

46 Zu Gefängnissen und Lagern siehe Martin K. Whyte: Corrective Labor Camps in China, in: Asian Survey 3/1973, S. 253–269; für eine historische Betrachtung siehe Philip F. Williams und Yenna Wu: The Great Wall of Confinement. The Chinese Prison Camp through Contemporary Fiction and Reportage, Berkeley, CA 2004.

47 Die Form der Kampagnen wurde vor 1949 in den befreiten Gebieten entwickelt. Die Kampagnen, in deren Rahmen beispielsweise Aktivist:innen aufs Land geschickt wurden, dienten auch der Förderung der wirtschaftlichen Entwicklung oder der Erhöhung des Alphabetisierungsgrads. Weitere Informationen zu Kampagnen, Säuberungen, sozialer Kontrolle und Maßnahmen gegen abweichendes Verhalten im Sozialismus finden sich in Amy Wilson/Sidney Greenblatt/Richard Whittingham (Hrsg.): Deviance and Social Control in Chinese Society, New York 1977; Elizabeth J. Perry: From Mass Campaigns to Managed Campaigns. Constructing a New Socialist Countryside, in: Sebastian Heilmann/Elizabeth J. Perry (Hrsg.): Mao's Invisible Hand. The Political Foundations of Adaptive Governance in China, Cambridge 2011. Eine Liste von 40 Kampagnen findet sich in Zheng Shiping: Party vs. State in Post-1949 China. The Institutional Dilemma, Cambridge 1997, S. 270–271.

jedoch nicht wie vorgesehen abgeschafft, sondern beibehalten. »Von den 1950er-Jahren bis zum Ende der Mao-Epoche war die Klassenkodierung in ein weitreichendes Geflecht aus Parteikontrolle, sozialer Mobilisierung und politischen Kampagnen integriert.«[48] Lokale Behörden oder Arbeitseinheiten führten für alle Einwohner:innen oder Mitglieder persönliche Dossiers mit Informationen über ihren Klassenstatus und ihr politisches Verhalten. Sie wiesen jeder Person eine bestimmte Klassenkategorie zu, die nicht unbedingt mit ihrer aktuellen sozioökonomischen Position oder Rolle in der sozialistischen Gesellschaft übereinstimmte. Vielmehr entsprach die Klassenkategorie der Stellung des männlichen Familienoberhaupts vor 1949. Zu den auf dem Lande verwendeten Klassenkategorien gehörten unter anderem Großgrundbesitzer, reicher Bauer, armer Bauer oder Landarbeiter. Hinzu kam eine Reihe nicht-ökonomischer Kategorien, die sich an der (angeblichen) politischen Geschichte einer Person orientierten, wie zum Beispiel Konterrevolutionär, Rechtsabweichler oder revolutionärer Märtyrer.

Ein ähnliches, jedoch weniger ausgeklügeltes Klassensystem galt für die Stadtbevölkerung. Es orientierte sich ebenfalls an der sozioökonomischen Stellung vor 1949 und umfasste unter anderem Kapitalist, Kleinbürger oder Arbeiter. Zu den nicht-ökonomischen Bezeichnungen gehörten auch hier Konterrevolutionär oder Rechtsabweichler. Die Klassenkategorie einer Familie blieb auch dann gleich, wenn sich ihre wirtschaftliche Situation oder die Form ihrer Beschäftigung änderte. Ein Fabrikarbeiter konnte als »Grundbesitzer« gekennzeichnet sein und eine Studentin als »Bäuerin«. Wurde das männliche Familienoberhaupt während einer Parteikampagne als rechts oder konterrevolutionär eingestuft, wurde seine ganze Familie in der Regel entsprechend gebrandmarkt und in der Folge bestraft, ausgeschlossen und beim Zugang zu Bildung, Berufsausbildung oder beruflicher Beschäftigung diskriminiert.

Von den 1950er-Jahren bis in die späten 1970er-Jahre nutzte die Führung der KPCh dieses System, um einerseits die neu geschaffene soziale (oder Klassen-)Spaltung und Hierarchie zu festigen, soziale Proteste zu bekämpfen und oppositionelle Tendenzen zu bestrafen. Andererseits setzte es das System auch ein, um Unterwerfung und Konformität zu belohnen. Das System der Klassenkategorien führte

48 Wu Yiching: Die andere Kulturrevolution, S. 72.

zu Unzufriedenheit und Wut und sollte eine wichtige Rolle bei den sozialen Protesten während der Kulturrevolution spielen.[49]

Synopsis: Sozialistische Neuzusammensetzung der Klassen

In der ersten Hälfte der 1950er-Jahre schuf die Führung der KPCh eine sozialistische Planwirtschaft und sozialistische staatliche Institutionen. Sie folgte dem sowjetischen Modell und einer industriellen Aufholstrategie. Beide beruhten auf der Erzielung von Überschüssen auf dem Lande und deren Einsatz für den Aufbau neuer industrieller Arbeitseinheiten. Diese Einheiten waren hierarchisch organisiert und nutzten Managementformen und Technologien, die jenen in kapitalistischen Unternehmen ähnelten. Die städtischen Arbeiter:innen erhielten in der Regel bessere Löhne und Sozialleistungen, waren jedoch gespalten in Gruppen mit unterschiedlichen sozialen Bedingungen, Arbeitsverhältnissen und materiellen Vergütungen. Partei- und Staatskader dienten als Manager der neuen politischen und wirtschaftlichen Strukturen und entwickelten schon bald ihre eigenen Interessen als herrschende Klasse. Arbeiter:innen, Bäuerinnen und Bauern, die der KPCh gefolgt waren, sahen sich im Verlauf des sozialistischen Aufbaus verraten. Das neue sozialistische Regime gewährte ihnen nie die volle Kontrolle über ihr Schicksal, sondern etablierte vielmehr eine Klassengesellschaft unter der autoritären Herrschaft der KPCh-Führung. Die patriarchale Ordnung wurde derweil in Reaktion auf den Widerstand der Frauen* an die Bedürfnisse des sozialistischen Staates angepasst. Trotz gewisser Verbesserungen erfuhren Frauen* weiterhin Diskriminierung und Unterdrückung.

Das wirtschaftliche und politische System der VR China seit den 1950er-Jahren enthielt zentrale Elemente, die sich auch in kapitalistischen Staaten nach dem Zweiten Weltkrieg finden lassen. Es unterschied sich dennoch vom kapitalistischen System, unter anderem durch die zentrale Wirtschaftsplanung unter der Kontrolle der KPCh sowie die staatliche Zuteilung von Arbeit und Ressourcen. Die Befreiung und die ersten Maßnahmen für materielle Verbesserungen während des sozialistischen Aufbaus in den frühen 1950er-Jahren wurden

49 Weitere Informationen über die Veränderung des Klassensystems in der VR China nach der Befreiung von 1949 findet sich in Wang Feng: Boundaries and Categories. Rising Inequality in Post-Socialist Urban China, Stanford, CA 2008; Andreas: Reconfiguring China's Class Order after the 1949 Revolution.

von großen Teilen der Bevölkerung unterstützt. Anfang und Mitte der 1950er-Jahre führten die Landreform, die Kollektivierung, die Einteilung in Klassenkategorien und die Neugestaltung der patriarchalen Beziehungen zu einer Klassenneuzusammensetzung. Diese brachte neue soziale, wirtschaftliche und politische Probleme und Brüche mit sich. Die Unzufriedenheit brachte neue soziale Kämpfe hervor, die unter Bäuerinnen, Bauern, Arbeiter:innen und Frauen* erneut revolutionäre Hoffnungen weckten. Wie wir im nächsten Kapitel sehen werden, drohten diese sozialen Unruhen die Legitimität der KPCh und ihrer Herrschaft zu untergraben. Das Regime reagierte mit einer Reihe von Gegenmaßnahmen und Reformen, um seine Herrschaft zu sichern.

Kapitel 2

Der Sozialismus von Mitte der 1950er- bis Mitte der 1970er-Jahre

In der sozialistischen Periode von Mitte der 1950er- bis Mitte der 1970er-Jahre war das Muster – gebildet aus sozialen Unruhen und darauffolgenden Gegenmaßnahmen des Regimes in Form von Repression, Zugeständnissen, Kooptierung und Reformen – zwei Mal zu beobachten. Auf die Welle sozialer Proteste gegen die Auswirkungen der sozialistischen Umstrukturierung in den Jahren 1956 und 1957 folgte eine kurze Phase, in der das Regime vorübergehend öffentliche Kritik zuließ, um der wachsenden Unzufriedenheit ein Ventil zu geben. Als diese Kritik auch die Herrschaft der Kommunistischen Partei Chinas selbst infrage stellte und es zu weiteren sozialen Kämpfen kam, begann die Führung der KPCh 1957 einen Gegenangriff, die sogenannte Anti-Rechts-Kampagne. Kurze Zeit später lancierte sie mit dem »Großen Sprung nach vorn« ein umfassendes Reformprogramm. Es sollte das sozialistische Projekt der Volksrepublik (VR) China wiederbeleben und die wirtschaftliche Entwicklung vorantreiben. Der »Große Sprung« dauerte von 1958 bis 1961 und umfasste weitreichende Anstrengungen zur Kollektivierung in der Landwirtschaft sowie zur Mobilisierung neuer Arbeitskräfte für die Industrialisierung. Die Maßnahmen schufen jedoch schwerwiegende wirtschaftliche und soziale Probleme, die zu einer großen Hungersnot führten. Infolge dieses Misserfolgs verlor Mao Zedong die Kontrolle über die höchste Führungsebene. Das Regime versuchte, die Wirtschaft zu konsolidieren, und machte einige der Maßnahmen des »Großen Sprungs« Anfang der 1960er-Jahre wieder rückgängig. Zudem startete es eine Kampagne zur Absetzung und Bestrafung korrupter und illoyaler Kader auf dem Land und in den Städten.

In den Jahren 1966 und 1967 mobilisierte Mao die Massen im Versuch, die Probleme der politischen Stagnation und des Bürokratismus anzugehen. Er wollte seine Rivalen in der Führung der KPCh schwächen und seine Führungsposition wiedererlangen. Die Mobilisierung löste eine regelrechte Rebellion aus. Verschiedenen Teile des sozialistischen Proletariats nutzten die Situation, um soziale Forderungen zu stellen und Proteste zu organisieren. Diese Proteste drohten schließlich das KPCh-Regime zu untergraben. Ab Anfang 1967 entschied sich die Parteiführung für eine Doppelstrategie. Während sie einige der Rebellenführer:innen kooptierte und in den Machtapparat integrierte, unterdrückte sie die rebellische Massenbewegung mithilfe der Volksbefreiungsarmee. Es folgte eine Phase faktischer Militärherrschaft, die bis 1971 andauerte. Die sozialen Aufstände der Kulturrevolution 1966 bis 1968 hatten die Führung der KPCh in Mark und Bein getroffen, und diese versuchte nun, ihre Macht besser abzusichern. Führungskonflikte und Fraktionskämpfe zwischen »Linken« und »Konservativen« lähmten das Regime jedoch zunächst. Erst nach Maos Tod im Jahr 1976 konnte sich die konservative Fraktion um Deng Xiaoping durchsetzen. Ab 1978 schob sie Wirtschaftsreformen an, die das Land grundlegend verändern sollten.

Bruch: Streiks und offene Kritik, 1956–1957

Bis 1956 war es der Führung der KPCh gelungen, das Land mehr oder weniger zu stabilisieren und ein sozialistisches System zu errichten. Die Verstaatlichung der Betriebe und das neue sozialistische Klassensystem führten jedoch zu Unzufriedenheit unter den Arbeiter:innen. Eine Streikwelle folgte. Derweil war die KPCh-Führung beunruhigt angesichts der Entwicklungen in der sozialistischen Welt wie der Entstalinisierung in der Sowjetunion und der Massenaufstände in Polen und Ungarn 1956. Um soziale Spannungen im Inneren zu entschärfen und Zuspitzungen zu verhindern, ließ das Regime während der sogenannten Hundert-Blumen-Bewegung von 1957 öffentliche Kritik von Intellektuellen, Arbeiter:innen und Kadern zu. Die Kritikäußerungen gerieten jedoch außer Kontrolle und drohten die Herrschaft der KPCh zu untergraben.

Arbeiterunruhen

Unmittelbar nach der Gründung der VR China 1949 konzentrierte sich das Regime der KPCh auf den Wiederaufbau der Infrastruktur und forcierte die Entwicklung der Wirtschaft. Die Arbeitsbedingungen in privaten und staatlichen Unternehmen waren hart und führten zu Konfrontationen zwischen Arbeiter:innen und sozialistischen Managern.[1] In Reaktion auf eine Serie von Streiks Anfang der 1950er-Jahre

1 Diese Konfrontation zwischen Arbeiter:innen und einem sozialistischen Regime unmittelbar nach seiner Etablierung ist kein Einzelfall. Zu den Konflikten und Streiks im sozialisti-

gewährte das Regime eine gewisse Beteiligung der Arbeiter:innen an der Betriebsführung, ohne jedoch die Führungsrolle der Unternehmensleiter und Parteisekretäre in den Betrieben aufzugeben. Diese Form teilweiser Zugeständnisse zur Entschärfung von Konflikten und zur Konsolidierung der Führung sollte sich in den folgenden Jahren auf ähnliche Weise wiederholen.

Bis 1949 hatten die Gewerkschaften um den der KPCh angeschlossenen All-Chinesischen Gewerkschaftsbund (ACGB) auf Konfrontation zur Durchsetzung von Forderungen gesetzt. Diese Gewerkschaften spielten auch nach 1949, insbesondere in den Streiks der »ersten Welle des Ökonomismus« bis 1952, eine Rolle. Danach wurden ihnen zunehmend Beschränkungen auferlegt.[2] Die Führung der KPCh wollte, dass sie nicht nur den Interessen der Arbeiter:innen dienen, sondern auch denen der Unternehmen. Da ihr Einfluss in den Gewerkschaften schwand, nahm die Unzufriedenheit der Arbeiter:innen noch zu.[3] Von ihnen direkt gewählte Vertretungsstrukturen wie die Räte zur Vertretung der Arbeiter:innen (*gongren daibiao huiyi*, Vorläufer der ab 1956 eingerichteten Arbeiterkongresse) erwiesen sich zudem als »Abnickungsorgane« mit »geringem Einfluss«.[4]

Die Jahre 1956/57 stehen für einen ersten Wendepunkt in der Geschichte der KPCh-Herrschaft. Die Entstalinisierung und ihre Auswirkungen in anderen sozialistischen Ländern beunruhigten die Parteiführung. Die großen Volksaufstände und Arbeiterrevolten in Polen und Ungarn 1956 waren ein weiterer Grund zur Sorge. Das Regime der KPCh befürchtete, dass eine ähnliche Eskalation in der VR China seine Herrschaft untergraben könnte. Immerhin beriefen sich Arbeiter:innen, die in Guangzhou im Sommer 1956 die Arbeit niederlegten und höhere Löhne forderten, direkt auf die Proteste in Ungarn.[5]

Sporadische Streiks brachen bereits Anfang 1956 aus und zeigten die zunehmende Unzufriedenheit unter den Arbeiter:innen. Diese

schen Polen nach dem Zweiten Weltkrieg siehe beispielsweise Padriac Kenney: Rebuilding Poland. Workers and Communists 1945–1950, Ithaca, NY/London 1997.

2 Paul Harper: Workers' Participation in Management in Communist China, in: Studies in Comparative Communism 3–4/1971, S. 118. ACGB-Anführer:innen, die zuvor »auf eine größere Unabhängigkeit der Gewerkschaften von der Partei gedrängt hatten«, wurden in der Folgezeit entmachtet; siehe Joel Andreas: Disenfranchised. The Rise and Fall of Industrial Citizenship in China, Oxford 2019, S. 38.

3 Jackie Sheehan: Chinese Workers. A New History, London 1998, S. 27.

4 Harper: Workers' Participation in Management in Communist China, S. 115; Sheehan: Chinese Workers, S. 22.

5 Mark W. Frazier: The Making of the Chinese Industrial Workplace. State, Revolution, and Labor Management, Cambridge 2004, S. 198.

Streiks entstanden in Reaktion auf die vollständige Verstaatlichung der Industrie.[6] Die Arbeiter:innen hatten nach der Verstaatlichung hohe Erwartungen und versprachen sich bessere Sozialleistungen und ähnliche Lebensbedingungen, wie sie die Beschäftigten in älteren Staatsbetrieben genossen. Sie wurden jedoch enttäuscht, und ihre Mitbestimmungsrechte wurden sogar weiter eingeschränkt. Die gewährten materiellen Verbesserungen – beispielsweise bei Löhnen und Wohnverhältnissen – entsprachen nicht ihren Erwartungen, während gleichzeitig offensichtlich »rasche Fortschritte in der Produktion« gemacht wurden.[7] Elizabeth Perry berichtet, dass in den verstaatlichten Fabriken Shanghais Prämien und Sozialleistungen, von denen viele erst nach 1949 eingeführt worden waren, nun gekürzt wurden und das Realeinkommen der Arbeiter:innen sank. Gleichzeitig schwächten die parteinahen Gewerkschaftszellen im Betrieb sowie das System der »Kontrolle durch die Massen« tatsächlich die Position der Arbeiter:innen gegenüber dem Management.[8]

Im Mai und Juni 1957 kam es in Shanghai zu einer ganzen Serie von Streiks, in deren Verlauf Arbeiter:innen die ungerechte Verteilung von Löhnen und Sozialleistungen kritisierten. »Fabrikmanager standen im Mittelpunkt mehrerer gewalttätiger Zwischenfälle und zahlreicher ›Umzingelungen‹, bei denen Hunderte wütender Arbeiter:innen Manager festsetzten, indem sie diese umstellten und sich stundenlang nicht von der Stelle bewegten.«[9] Diese Welle von Arbeiterunruhen war die erste größere proletarische Revolte gegen das neue sozialistische Wirtschaftssystem in der VR China.

Besonders unzufrieden waren die Beschäftigten am unteren Ende der betrieblichen Hierarchie. François Gipouloux zufolge wurden die Streiks 1956/57, die in Hunderten Fabriken ausbrachen, »größtenteils von ›marginalen‹ Arbeiter:innen angezettelt: befristet Beschäftigte und Vertragsarbeiter:innen, Arbeiter:innen mit Dienstleistungsjobs, Lehrlinge und andere, denen nicht die Privilegien der altgedienten Beschäftigten in den Staatsbetrieben gewährt wurden«.[10] Die Führung der KPCh

6 Elizabeth J. Perry: Shanghai's Strike Wave of 1957, in: China Quarterly 137, 1994, S. 7.

7 Die Fortschritte betrafen die für die Arbeiter:innen sichtbare Ausweitung der Produktion; Sheehan: Chinese Workers, S. 53.

8 Perry: Shanghai's Strike Wave of 1957, S. 8.

9 Frazier: The Making of the Chinese Industrial Workplace, S. 198–199.

10 François Gipouloux: Les cent fleurs à l'usine. Agitation ouvrière et crise du modèle soviétique en China, 1956–1957, Paris 1986, S. 198–205, paraphrasiert in Elizabeth Perry: Challenging the Mandate of Heaven. Social Protest and State Power in China, Armonk, NY 2002, S. 194.

baute tatsächlich auf die Einführung dualer Belegschaften. Eine Stammbelegschaft genoss bessere Bedingungen, während befristet Beschäftigte, junge Arbeiter:innen, Lehrlinge und Frauen* oft einen unsicheren Beschäftigungsstatus hatten und schlechter entlohnt wurden. Diese Prekären wehrten sich zuweilen mit Absentismus und Sabotage.[11]

Auch andere Gruppen waren unzufrieden und protestierten. Zheng Shiping zufolge »gab es in den sechs Monaten von Ende August 1956 bis Januar 1957 30 Fälle von Unterrichtsboykotten und Petitionen, hinter denen Hochschulstudent:innen und Berufsschüler:innen standen. Etwa 100 000 Arbeiter:innen beteiligten sich an Streiks, 100 000 Student:innen boykottierten den Unterricht, und in mehreren Dutzend Bezirken kam es zu Bauernunruhen.«[12] Das Regime der KPCh erkannte, dass sich etwas ändern musste.

Die Hundert-Blumen-Bewegung

Im Laufe der 1950er-Jahre änderte die Parteiführung ihre Haltung gegenüber Intellektuellen und Fachkräften. Noch bis Mitte des Jahrzehnts wurden sie im Rahmen von Parteikampagnen oft kritisiert und angegriffen, und im Rahmen der Bemühungen um eine rasche Industrialisierung des Landes blieben sie eher passiv. Nachdem nun die Verstaatlichung der städtischen Industrien abgeschlossen war, versuchte die Parteiführung, die Intellektuellen und Fachkräfte zu einem stärkeren Engagement für den sozialistischen Aufbau zu bewegen.[13] Im Mai 1956 wurde ihnen mehr Raum für Forschung und Meinungsäußerung eingeräumt, einschließlich der Möglichkeit, Funktionäre zu kritisieren. Ziel war es, »die Bürokratie zu optimieren und ihre Effizienz zu steigern«. Dahinter stand auch die von Mao Zedong geäußerte Kritik an bürokratischen Privilegien, und der Vorgang ähnelte dem »Tauwetter« und der Kritik an Dogmatismus und Unterdrückung in der Sowjetunion nach Stalins Tod im Jahr 1953.[14]

Am 27. Februar 1957 präsentierte Mao seine Theorie der »nicht antagonistischen Widersprüche«, die eine kritische Debatte innerhalb der

11 Für eine detaillierte Beschreibung der Situation und des Widerstands dieser Arbeiter:innen Mitte der 1950er-Jahre siehe Gipouloux: Les cent fleurs à l'usine, insbesondere Kapitel 2.

12 Zheng Shiping: Party vs. State in Post-1949 China. The Institutional Dilemma, Cambridge 1997, S. 63.

13 Merle Goldman: The Party and the Intellectuals, in: Roderick MacFarquhar/John K. Fairbank (Hrsg.): The Cambridge History of China, Bd. 14, Teil 1: The Emergence of Revolutionary China 1949–1965, Cambridge 1987, S. 242.

14 Ebd., S. 243.

Gesellschaft ermöglichen sollte. Mao führte die Aufstände in Polen und Ungarn im Jahr 1956 auf die Isolierung der dortigen kommunistischen Parteien zurück und wollte eine ähnliche Situation in der VR China verhindern. Was als Hundert-Blumen-Bewegung bekannt wurde, begann Ende April 1957 als »Kampagne zu Korrekturen innerhalb der Partei«. Diese dauerte sechs Wochen, bis Juni 1957.[15] Erneut forderte die Führung der KPCh die Intellektuellen auf, ihre Ansichten über den Zustand des Sozialismus in der VR China zu äußern. Diesmal sprach die Parteiführung Intellektuelle nicht nur innerhalb, sondern auch außerhalb der Partei an. Sie wollte eine weitere Zunahme der sozialen Spannungen vermeiden und unter den Intellektuellen für mehr Unterstützung für das Regime werben. Offensichtlich glaubte sie, dass die Kritik »nicht antagonistischer« Natur sei und auf offiziell zugestandene Mängel hinweisen würde, etwa auf die Korruption von Kadern mit »schlechtem« Klassenhintergrund. Bereits im Mai 1957 wurde deutlich, dass die Unzufriedenheit tiefer und die Kritik grundsätzlicher war als erwartet. Beispielsweise wurde die KPCh für ihre Rolle in Gesetzgebung, Justiz und Verwaltung kritisiert, und ihr wurde vorgeworfen, sie behandle »den chinesischen Staat wie ihr Privateigentum«.[16] Mitte Mai setzten Student:innen zum ersten Mal *dazibao* oder Wandplakate ein, die auch in späteren Protestbewegungen eine wichtige Rolle spielen sollten. Sie wurden an den Universitäten aufgehängt und enthielten auch äußerst kritische Kommentare zur Herrschaft der KPCh, die zu diesem Zeitpunkt bereits acht Jahre andauerte.[17] »Die Kritik an der Bürokratie ging über die Kritik an einzelnen Beamten hinaus und richtete sich gegen das System selbst.«[18] Zudem fielen die vielen Unmutsäußerungen mit der oben erwähnten Serie von Arbeiterprotesten zusammen, »die im Frühjahr 1957 eine

15 Die Kampagne zu Korrekturen innerhalb der Partei im Jahr 1957 wird auch als *daming dafang* (»großes öffentliches Aussprechen und große Öffnung«) bezeichnet. Die Bezeichnung Hundert-Blumen-Bewegung geht auf eine Parole von Mao im Mai 1956 zurück: »Lasst hundert Blumen blühen.« »Blumen« bezieht sich auf Schriftsteller:innen und Kulturschaffende. Auch Fabrikarbeiter:innen wurden aufgefordert, sich an der Bewegung zu beteiligen, doch »während an den Universitäten und in intellektuellen Kreisen lebhafte Debatten geführt wurden, beteiligten sich viel weniger Arbeiter:innen« (Andreas: Disenfranchised, S. 42, 47). Zur Hundert-Blumen-Bewegung siehe Merle Goldman: Literary Dissent in Communist China, Cambridge, MA 1967; Roderick MacFarquhar: The Hundred Flowers Campaign and the Chinese Intellectuals, New York 1974.

16 Zheng Shiping: Party vs. State in Post-1949 China, S. 66.

17 Ebd., S. 68; Goldman: The Party and the Intellectuals, S. 252–253; Göran Leijonhufvud: Going against the Tide. On Dissenter and Big-Character Posters in China, Kopenhagen 1990, S. 45.

18 Goldman: The Party and the Intellectuals, S. 254.

mindestens ebenso ernste Herausforderung für die Autorität der Partei darstellten wie alles, was von unzufriedenen Intellektuellen und Student:innen gesagt oder geschrieben wurde«.[19] Die KPCh-Führung sah ihre Herrschaft gefährdet und schlug zurück.

Beschleunigung: »Großer Sprung« und Säuberungen, 1957–1965

Nach der Welle von Streiks und der vielfachen Kritik in den Jahren 1956/57 startete die Führung der KPCh die repressive Anti-Rechts-Kampagne. Weitere Reformen waren jedoch notwendig, um die Unzufriedenheit in den Griff zu bekommen. Die Führung war sich uneins über die Richtung dieser Reformen, doch die Fraktion um Mao und andere setzte sich mit ihren Vorstellungen durch. Im Jahr 1958 mobilisierte sie Millionen von Arbeiter:innen, Bäuerinnen und Bauern für eine neue Kollektivierungs- und Industrialisierungskampagne. Dieser sogenannte Große Sprung nach vorn brachte neue wirtschaftliche Impulse, führte jedoch auch zum Einbruch der landwirtschaftlichen Produktion und bald danach zu einer Hungersnot in weiten Teilen des Landes. Nach dem Ende des »Großen Sprungs« im Jahr 1961 und dem Rückzug Maos von der obersten Führungsposition versuchte das Regime, die Wirtschaft wieder zu konsolidieren. Sie lockerte einige Kollektivierungsmaßnahmen, verkleinerte die Industrialisierungsvorhaben und schickte Millionen von zuvor mobilisierten neuen Arbeitskräften zurück aufs Land. Es folgte eine Säuberungskampagne gegen korrupte Kader und sogenannte Prokapitalist:innen. Die Beziehung zwischen der VR China und der Sowjetunion, der wichtigsten Unterstützerin des wirtschaftlichen Wiederaufbaus in der VR China, kühlte sich derweil deutlich ab und zerbrach schließlich Anfang der 1960er-Jahre.

Die Anti-Rechts-Kampagne

Als im Zuge der Hundert-Blumen-Bewegung die Kritik weit über das hinausging, was die Partei erwartet hatte, und überdies Arbeiter:innen mit Streiks für bessere Bedingungen kämpften, beschloss die KPCh-Führung, »die Unzufriedenheit auf die Intellektuellen zu lenken und damit weg vom Regime«.[20] Erschreckt von den Aufständen in Ungarn

19 Sheehan: Chinese Workers, S. 47.

20 Goldman: The Party and the Intellectuals, S. 254. »Die abrupte politische Kehrtwende war auch auf die anhaltenden wirtschaftlichen Schwierigkeiten Chinas zurückzuführen. [...]

und Polen griffen auch die Regime anderer sozialistischer Staaten zu repressiven Maßnahmen, aber »in China schlug das Pendel stärker aus als anderswo, ein Zeichen dafür, wie ernst die Führung den Protest während der Hundert-Blumen-Bewegung nahm. Die Reaktion mag auch deshalb schärfer gewesen sein, weil Mao enttäuscht war, dass es so viel Kritik an der Partei gegeben hatte. Er war davon ausgegangen, dass die Intellektuellen vollständig auf Linie gebracht worden waren.«[21] Am 8. Juni 1957 gab die Führung der KPCh offiziell bekannt, dass sie gegen jeden vorgehen werde, der es in den Wochen zuvor gewagt hatte, die Partei zu kritisieren. Bald darauf weitete sie dies zu einer politischen Kampagne gegen »bürgerliche Rechtsabweichler:innen« innerhalb und außerhalb der Partei aus. Die meisten der angegriffenen Intellektuellen, Kader und technischen Fachkräfte stammten aus Städten und arbeiteten an Universitäten und Forschungsinstituten, in der Partei, im Management staatlicher Unternehmen oder in der staatlichen Verwaltung. Darunter waren Tausende hochrangige Mitglieder der Regierung und des Militärs.[22] Später veröffentlichten offiziellen Zahlen zufolge wurden in den Jahren 1957/58 mehr als 550 000 Menschen als »Rechtsabweichler:innen« gebrandmarkt. Sie wurden kritisiert, attackiert, degradiert, entlassen oder sogar aufs Land verbannt.[23] Diejenigen, die zu »Rechtsabweichler:innen« erklärt worden waren, mussten in den folgenden zwei Jahrzehnten wiederholt mit derartigen Konsequenzen rechnen. Die Brandmarkung wurde erst 1978 aufgehoben, als das Regime in den ersten Tagen der Reformen das gesamte Klassensystem abschaffte.

Durch die Anti-Rechts-Kampagne konnte die Führung der KPCh eine (potenziell) gefährliche Schicht in Partei, staatlichen Institutio-

Die wirtschaftlichen Probleme des Landes wurden weitestgehend auf die schädliche Wirkung von Kritik zurückgeführt. Diese Kritik gefährde die für den wirtschaftlichen Aufbau erforderliche Begeisterung und Zielstrebigkeit.« (Goldman: Literary Dissent in Communist China, S. 203)

21 Goldman: The Party and the Intellectuals, S. 254.

22 Joel Andreas schreibt dazu: »Die Säuberungen der Anti-Rechts-Kampagne wurden vor allem in betrieblichen Büroetagen und in Bildungseinrichtungen vorgenommen, sie betrafen jedoch ebenso die Fabrikhallen, wenn auch in kleinerem Ausmaß. Viele der Arbeiter:innen, die Streiks angeführt hatten, wurden ebenfalls bestraft.« (Andreas: Disenfranchised, S. 48–49) Auch Gewerkschaftskader wurden zur Zielscheibe der Anti-Rechts-Kampagne. Der ACGB wurde umgebaut, »Gewerkschaftskader waren von nun an den betrieblichen Parteikomitees vollständig untergeordnet.« (Ebd., S. 50)

23 Zheng Shiping: Party vs. State in Post-1949 China, S. 68. Merle Goldman schätzt, »dass 400 000 bis 700 000 Intellektuelle ihre Stellung verloren und zur Umerziehung durch Arbeit aufs Land und in Fabriken geschickt wurden« (Goldman: The Party and the Intellectuals, S. 257).

nen und Arbeitseinheiten loswerden, die nicht der von ihr vorgegebenen Linie folgte. Damit gelang es ihr, die Kontrolle über die politische und wirtschaftliche Verwaltung zu stärken. Derweil offenbarten die Unzufriedenheit und das harte Durchgreifen von 1957 einen Bruch zwischen Kadern und Arbeiter:innen, wie François Gipouloux hervorhebt.[24] Die Arbeiter:innen mussten die neuen Belastungen tragen, die mit den Verstaatlichungen, der sozialistischen Umstrukturierung der Betriebe und den Bemühungen der Unternehmensleitungen um mehr Effizienz entstanden waren.

Der »Große Sprung nach vorn«

Nach dem Aufbau der Planwirtschaft bis Mitte der 1950er-Jahre wuchs die Wirtschaft, neue Industrieanlagen entstanden und die Versorgungslage verbesserte sich. Das Regime hatte sich jedoch mehr erhofft. Seine Strategie einer ursprünglichen Akkumulation durch Abschöpfung der ländlichen Überschüsse zur Unterstützung der Industrialisierung bei gleichzeitiger Deckelung der Arbeiterlöhne führte zu neuen sozialen Spaltungen. Die Unzufriedenheit und die Streikwelle 1956/57 drohten die Legitimität des Regimes zu untergraben und zeigten, dass seine wirtschaftlichen und politischen Vorhaben an Grenzen gestoßen waren. Die KPCh-Führer, von denen viele bereits in den Tagen des Guerillakriegs in den 1930er- und 1940er-Jahren zusammengearbeitet hatten, suchten nach neuen Strategien. Unter den verschiedenen Parteifraktionen herrschten jedoch unterschiedliche Vorstellungen davon, wie die soziale, politische und wirtschaftliche Krise zu bewältigen sei. Dies war der Beginn der Fraktionskonflikte in der KPCh, auf der Ebene der Kader, aber auch unter anderen Mitgliedern der Partei und unter Arbeiter:innen. Diese Fraktionskämpfe sollten die politische Landschaft der VR China in den nächsten zwei Jahrzehnten prägen.

Im Streit der unterschiedlichen Fraktionen ging es Ende der 1950er-Jahre vor allem um geeignete Maßnahmen zur weiteren Ankurbelung der wirtschaftlichen Entwicklung. Der Vorschlag von Mao und anderen sah eine rigide Kollektivierung und eine strikte zentrale Planung vor. Andere in der Parteiführung sprachen sich für eine eher zurückhaltende Form der Kollektivierung und Planung, mehr Arbeitsanreize und eingeschränkte Formen von Märkten aus. 1958 setzte sich die Frak-

24 Gipouloux: Les cent fleurs à l'usine, S. 9.

tion um Mao durch und begann, ihre Vorstellungen in Form des »Großen Sprungs nach vorn« umzusetzen. Um die Entwicklung des Landes voranzutreiben, setzte sie auf die politisch-ideologische Mobilisierung von Bäuerinnen, Bauern und Arbeiter:innen, den massenhaften Einsatz von Arbeitskräften für neue Infrastruktur- und Industrieprojekte sowie die Reorganisation der ländlichen Kollektive und städtischen Arbeitseinheiten. Auf dem Land wurden die bestehenden Kollektive umstrukturiert und anschließend zu größeren Kommunen zusammengeschlossen. Verbliebene private Gärten und sogar Haushaltsküchen wurden kollektiviert, und die Landarbeiter:innen und ihre Familien mussten nun in den Gemeinschaftskantinen essen. Die Kommunen starteten groß angelegte Infrastrukturprojekte, beispielsweise im Bereich der Bewässerung, und sie gründeten Betriebe, um zum Beispiel landwirtschaftliche Geräte herzustellen. In den Kommunen wurden auch die berüchtigten improvisierten Stahlöfen gebaut, denn die Stahlproduktion wurde als wichtiger Faktor für den wirtschaftlichen Aufstieg angesehen. In den Städten vergrößerte das Regime staatliche Unternehmen und Kollektivbetriebe. Die dafür benötigten Arbeitskräfte waren vor allem auf dem Land rekrutierte Arbeitsmigrant:innen sowie Frauen*, die zuvor keine Lohnarbeit verrichtet hatten. Zwischen 1957 und 1960 verdoppelte sich die Zahl der Beschäftigten in den Städten von etwa 30 Millionen auf fast 60 Millionen.[25]

Da ein großer Teil der ländlichen Arbeitskräfte für nicht-landwirtschaftliche Projekte in den Kommunen und für die städtische Industrialisierung mobilisiert worden war, konnte ein (erheblicher) Teil der notwendigen landwirtschaftlichen Arbeit nicht mehr geleistet werden. Dies und andere Faktoren – ungünstige Wetterbedingungen, Missmanagement sowie übertriebene und falsche Daten über Produktion und Erträge, die die Dorfkader den staatlichen Planungskommissionen meldeten – führten zu einem Einbruch der Nahrungsmittelproduktion. Während die Versorgung der Städte (und der städtischen Arbeiter:innen) mit Lebensmitteln weitgehend aufrechterhalten wurde, gab es in vielen ländlichen Gebieten nicht mehr genug, um die Bevölkerung zu ernähren. Die Bäuerinnen und Bauern reagierten mit verschiedenen Formen des Widerstands. So versteckten sie Getreide oder plünderten Getreidespeicher. Die Katastrophe konnte das nicht mehr verhindern. Die durch den »Großen Sprung« ausgelöste Hun-

25 Andreas: Disenfranchised, S. 57.

gersnot dauerte von 1958 bis 1961 und forderte Dutzende Millionen Opfer, vor allem auf dem Land.[26]

Das Scheitern des »Großen Sprungs« markierte einen weiteren wichtigen Wendepunkt. Die ländliche Kollektivierung hatte die sozialen Beziehungen in den Dörfern verändert und neben dem ländlichen Proletariat »eine neue Elite von Kadern der unteren Ebene« geschaffen.[27] Bäuerinnen und Bauern waren proletarisiert und diesen Kadern unterstellt worden. Durch die Proletarisierung und die katastrophalen Auswirkungen des »Großen Sprungs« verlor die KPCh die Unterstützung vieler Bäuerinnen und Bauern. Das entstandene Misstrauen sollte die bäuerliche Denkweise jahrzehntelang prägen und während der Reformen in den späten 1970er- und frühen 1980er-Jahren eine wichtige Rolle spielen.[28]

Die Reorganisierung der Reproduktionsarbeit

Während des sozialistischen Aufbaus in den 1950er-Jahren forderte die der KPCh angeschlossene All-Chinesische Frauenvereinigung, dass Hausarbeit als »Arbeit« anerkannt wird. Dies wurde von der Partei insgesamt jedoch nicht akzeptiert. »Die Reproduktionsarbeit der Frauen wurde weder anerkannt noch entlohnt, weil der Staat die Bedingungen für die Abschöpfung der Überschüsse vom Land und deren Einsatz für die Industrialisierung in den Städten so billig wie möglich halten wollte.«[29] Auf dem Land vergrößerte sich durch die Kollektivierung gar die Kluft zwischen entlohnter und nicht entlohnter Arbeit. Letztere sollte vor allem von den Frauen* erledigt werden.[30] Während der »Bewegung der fünf Guten« (1955–1959) wurden Hausfrauen in der Stadt und auf dem Land von der KPCh-Führung dazu angehalten, die sozialisti-

26 Nach unterschiedlichen Schätzungen starben während der Hungersnot in der VR China zwischen 1959 und 1961 etwa 15 bis 45 Millionen Menschen; Felix Wemheuer: Collectivization and Famine, in: Stephen A. Smith (Hrsg.): The Oxford Handbook of the History of Communism, New York/Oxford 2014, S. 409.

27 Perry: Challenging the Mandate of Heaven, S. 289.

28 Weitere Einzelheiten zum »Großen Sprung« in Maurice Meisner: Mao's China and After. A History of the People's Republic, 3., überarbeitete Aufl., New York 1999, S. 191–241; Felix Wemheuer: Steinnudeln. Ländliche Erinnerungen und staatliche Vergangenheitsbewältigung der »Großen Sprung«-Hungersnot in der chinesischen Provinz Henan, Frankfurt a. M. 2007; Frank Dikötter: Mao's Great Famine. The History of China's Most Devastating Catastrophe 1958–1962, New York 2010; Gao Wangling: A Study of Chinese Peasant »Counter-Action«, in: Kimberley Ens Manning/Felix Wemheuer (Hrsg.): Eating Bitterness. New Perspectives on China's Great Leap Forward and Famine, Vancouver 2011, S. 272–294.

29 Alexander F. Day: Gender and the Collectivization of Rural Labor, in: The PRC History Review 1/2014, S. 3–5, unter: https://tinyurl.com/2uxb94jm, unter Bezugnahme auf Gail Hershatter: The Gender of Memory. Rural Women and China's Collective Past, Berkeley, CA 2011.

30 Day: Gender and the Collectivization of Rural Labor, S. 3.

sche Entwicklung durch die Erziehung der Kinder und die Unterstützung ihrer männlichen Partner zu fördern.[31] Im Rahmen der Kampagne wurden sogenannte Fünf-Guten-Aktivistinnen ausgezeichnet, die als Vorbilder für sozialistische Hausfrauen dienen sollten. »Die Rolle der Hausfrau wurde verherrlicht als eine Art (nicht entlohnte) Dienstleisterin für all diejenigen, die direkt in der Produktion beschäftigt waren.«[32]

Nach 1958 änderte sich diese Situation vorübergehend mit der Umstrukturierung der Kommunen im Rahmen des »Großen Sprungs«. »Ein Teil der traditionellen, häuslichen Arbeit der Frauen musste im Rahmen der Maßnahmen des Großen Sprungs schließlich sozialisiert werden, um eine größere Anzahl von Frauen an mehr Tagen im Jahr für die kollektive Arbeit freizustellen.«[33] Auf dem Land wurden viele Frauen* für Lohnarbeit, vor allem in der Landwirtschaft, mobilisiert, während Männer* etwa im Rahmen von Bauprojekten eingesetzt wurden oder an den dörflichen Stahlöfen arbeiteten. Einige als »eisern« bezeichnete Frauen* wurden jedoch auch für den Bau von Infrastrukturprojekten, im Bergbau, in der Stahlproduktion und in der Verwaltung beschäftigt. Gleichzeitig wurden auf dem Land öffentliche Kantinen, Kindertagesstätten und Wäschereien eingerichtet. Frauen* konnten somit erstmals »der Hausarbeit entkommen und sich in die gesellschaftliche Produktion einbringen. Dies war eine außergewöhnliche Veränderung, da Generationen von Frauen nicht aus der Küche herausgekommen waren.«[34] Viele Frauen* sahen in den Arbeitseinsätzen eine Möglichkeit, den »wachsamen Augen der

31 Die Kampagne wurde in der Volkszeitung (*renmin ribao*) der KPCh beworben; die fünf »guten« Aufgaben der Hausfrauen wurden wie folgt beschrieben: »Förderung des Zusammenhalts und der gegenseitigen Unterstützung zwischen Haushalten in der Nachbarschaft, gute Gestaltung des Familienlebens, gute Erziehung der Kinder, Unterstützung des (männlichen) Ehepartners in Produktion, Arbeit und Lernen sowie eigene Lernanstrengungen« (Volkszeitung: Gemeinsame Bekanntmachung der All-Chinesischen Frauenvereinigung und der Dreizehn Arbeitseinheiten zur Feier des Frauentags am 8. März (auf Chinesisch), *renmin ribao*, 10.2.1956, S. 3, unter: https://tinyurl.com/2p89sd7a).

32 Delia Davin: Woman-Work: Women and the Party in Revolutionary China, Oxford 1979, S. 169.

33 Kay Ann Johnson: Women, the Family and Peasant Revolution in China, Chicago, IL 1983, S. 161.

34 Gao Xiaoxian: China's Modernization and Changes in the Social Status of Rural Women, in: Christina K. Gilmartin/Gail Hershatter/Lisa Rofel/Tyrene White (Hrsg.): Engendering China. Women, Culture, and the State, Cambridge 1994, S. 83. Gail Hershatter schreibt hingegen: »Das tägliche Leben der Frauen in diesen Dörfern blieb praktisch unberührt [...], abgesehen davon, dass das Kochen und Essen wurden während des Großen Sprungs nach vorn zwangsweise in kollektive Speisesäle verlegt wurde.« (Gail Hershatter: Forget Remembering. Rural Women's Narratives of China's Collective Past, in: Ching-Kwan Lee/Yang Guobin (Hrsg.): Re-envisioning the Chinese Revolution. The Politics and Poetics of Collective Memories in Reform China, Stanford 2007, S. 79)

Dorfältesten« zu entkommen, und sie konnten diese Freiheit nutzen, um relativ unkontrolliert sexuelle Kontakte zu haben.[35] Für manche Frauen* brachte der »Große Sprung« auch negative Veränderungen mit sich. Während andere für die Industriearbeit mobilisiert wurden, waren es vor allem Frauen* mit Kindern, die für die landwirtschaftlichen Aufgaben zuständig waren. Viele Frauen* konnten die Belastungen kaum ertragen, da sie nicht nur hart für das Kollektiv arbeiten mussten, sondern auch zu Hause noch Aufgaben zu verrichten hatten. Das »machte sie letztendlich krank und brachte sie an den Rand der Erschöpfung«. Sie hassten die Arbeitseinsätze und versuchten, ihnen zu entkommen. Ein solches »›Desertieren‹ war keine Seltenheit«.[36]

Das mit dem »Großen Sprung« verbundene Versprechen, Frauen* durch Gesundheitsversorgung, Kinderbetreuung und Gemeinschaftskantinen zu entlasten, wurde letztlich nicht eingehalten. Die Frauen* wurden teilweise von Reproduktionsaufgaben befreit, allerdings nur vorübergehend. Nach der großen Hungersnot und dem Scheitern des »Großen Sprungs« wurden die Kantinen aufgelöst. »Die ländlichen Frauen sollten in ihre frühere Position zurückkehren« und wieder alle Lasten der Hausarbeit übernehmen.[37] Nachdem die Beteiligung von Frauen* an der Lohnarbeit während des »Großen Sprungs« zugenommen hatte, fiel sie nun auf das vorherige Niveau zurück. Die frühere Form des maoistischen Patriarchats war nun weitgehend wiederhergestellt.[38]

Neustart und Säuberungen

In den 1950er-Jahren war sich die Führung der KPCh noch weitgehend einig gewesen über ihre Politik, eine gute Voraussetzung für den erfolgreichen Aufbau der sozialistischen Ordnung. Die Entscheidung für den »Großen Sprung« und dessen anschließendes Scheitern führten dagegen zu schwerwiegenden internen Konflikten. Mao wurde für das Scheitern verantwortlich gemacht und musste in die

35 Kimberley Ens Manning: Communes, Canteens, and Crèches. The Gendered Politics of Remembering the Great Leap Forward, in: Ching-Kwan Lee/Yang Guobin: Re-envisioning the Chinese Revolution, S. 99.

36 Ebd., S. 98–99.

37 Gao Xiaoxian: China's Modernization and Changes in the Social Status of Rural Women, S. 83.

38 »Schätzungen zufolge beteiligten sich in den frühen 1960er-Jahren 50 bis 60 Prozent der Frauen im arbeitsfähigen Alter an der kollektiven landwirtschaftlichen Arbeit, während es 1958 und 1959 noch 80 bis 95 Prozent gewesen waren.« (Johnson: Women, the Family and Peasant Revolution in China, S. 169)

zweite Führungsreihe zurücktreten. Eine pragmatischere (oder konservativere) Gruppe um die KPCh-Führer Liu Shaoqi und Deng Xiaoping drehte ab 1961 das Rad bis zu einem gewissen Grad zurück. Sie führte Reformen durch, mit denen die negativen Folgen des »Großen Sprungs« ausgeglichen werden sollten. In den Kommunen erhielten die Landarbeiter:innen wieder die Möglichkeit, kleine Gärten zu halten. Dies trug zur Steigerung der landwirtschaftlichen Produktion bei.[39] Viele Wanderarbeiter:innen, die zuvor für Industrialisierungsprojekte in den Städten mobilisiert worden waren, wurden auf die Straße gesetzt, und die Zahl der Beschäftigten in den Städten ging um mehr als 16 Millionen zurück.[40] Das 1958 eingeführte *hukou*-System zur Haushaltsregistrierung war während des »Großen Sprungs« nicht angewandt worden. Nach 1961 wurde es dann durchgesetzt, um die Land-Stadt-Migration zu beschränken. Mit seiner Hilfe konnte das Regime die Urbanisierungsrate der VR China bis Ende der 1970er-Jahre unter 20 Prozent halten. Dennoch wurden weiterhin Binnenmigrant:innen vom Land wie auch Stadtbewohner:innen als temporäre Arbeitskräfte in städtischen Arbeitseinheiten mit ihren dualen (oder zweigeteilten) Belegschaften eingesetzt. Als sich die Industrieproduktion in den frühen 1960er-Jahren erholte, wurden die Arbeitseinheiten sogar ermutigt, weitere Vertragsarbeiter:innen befristet einzustellen. Formen der Vertragsarbeit, die geringere Sozialleistungen und Beschäftigungsgarantien boten als für Festangestellte, wurden nun durch eine Reihe neuer Vorschriften geregelt. »Zwischen 1962 und 1966 stieg der Anteil der Arbeiter:innen im staatlichen Sektor, die keinen festen Status hatten, von acht Prozent auf 13 Prozent.«[41]

Das Regime wollte seine Legitimität wieder stärken, nachdem es durch das Scheitern des »Großen Sprungs« an Unterstützung verloren hatte. Seine neuen Kampagnen bezogen sich auf Klassenunterschiede von vor 1949. Damit wollte es die neuen Klassenkonflikte zwischen Parteieliten einerseits und Arbeiter:innen, Bäuerinnen und Bauern andererseits verwischen. Indem die Parteiführung das Schreckge-

39 Gleichzeitig bestanden viele der kleinen Industriebetriebe der Kommunen fort. Sie sollten später die Grundlage bilden für den wirtschaftlichen Aufschwung der Kleinstadt- und Dorfunternehmen in den 1980er-Jahren; siehe Kapitel 3, Abschnitt 2.

40 Andreas: Disenfranchised, S. 57.

41 Ebd., S. 58. Anderen Schätzungen zufolge lag die Zahl der befristet Beschäftigten Mitte der 1960er-Jahre wesentlich höher. Christopher Howe beispielsweise schätzt sie auf 30 bis 40 Prozent; siehe Christopher Howe: Labour Organization and Incentives in Industry, Before and After the Cultural Revolution, in: Stuart R. Schram (Hrsg.): Authority Participation and Cultural Change in China, Cambridge 1973, S. 235.

spenst der alten Eliten (aus Großgrundbesitzern oder Kapitalisten) heraufbeschwor, die den Sozialismus bedrohten, wollte sie Bäuerinnen, Bauern und Arbeiter:innen davon überzeugen, »dass die große Kluft in China nicht zwischen ihnen und ihrer Führung bestand, sondern zwischen den Massen und den ›Klassenfeinden‹ oder den »schlechten Elementen« von vor 1949.[42]

Mao und seine Fraktion lancierten derweil Kampagnen, die sich gegen bestimmte Partei- und Staatskader richteten. Sie kritisierten, dass diese zunehmend bürokratisch und korrupt seien. Oder sie warfen ihnen vor, nicht der Parteilinie zu folgen, weswegen sie »durch die Massen kontrolliert« werden müssten. Die Sozialistische Erziehungsbewegung (auch bekannt als »Kampagne der vier Säuberungen«) von 1962 bis 1966 war eine solche Kampagne. Mao selbst beteiligte sich an der Debatte über Bürokratisierung, Korruption und Machtmissbrauch der Kader in ländlichen Kommunen, städtischen Arbeitseinheiten sowie Institutionen des Staates und der Partei. Auf dem Land mobilisierte die Sozialistische Erziehungsbewegung arme Bauern sowie untere Mittelbauern. Sie griff ländliche Kader als Klassenfeinde aus der alten Gesellschaft oder als »Prokapitalist:innen« an, die sie für das Scheitern des »Großen Sprungs« verantwortlich machten. Teil der Sozialistischen Erziehungsbewegung waren disziplinierende Maßnahmen wie Kritik- und Selbstkritiksitzungen. Externe Arbeitsteams gingen in die Dörfer, um lokale Funktionäre zu überprüfen und vermeintliche Klassenfeinde zu bestrafen.[43] Joel Andreas zufolge wurde die Kampagne auch in städtischen Fabriken durchgeführt, wo herbeigeschickte Arbeitsteams aus Parteikadern (mehrerer Arbeitseinheiten) die Arbeiter:innen aufforderten, die betrieblichen Kader zu kritisieren. »Die Kampagne zeigte in den industriellen Arbeitseinheiten enorme Wirkung und führte oft zu bedeutenden Wechseln in der Führung.«[44]

Während der Sozialistischen Erziehungsbewegung wurden mehr als fünf Millionen Menschen verfolgt, viele von ihnen Kader, und

42 Jonathan Unger: The Transformation of Rural China, Armonk, NY 2002, S. 37.

43 Ian Johnson: Jeremy Brown on the Cultural Revolution at the Grass Roots, in: New York Times, 10.5.2016, unter: http://nyti.ms/1T7iMnl. Weitere Informationen über die Sozialistische Erziehungsbewegung finden sich in Richard Baum/Frederick C. Teiwes: Ssu-Ch'ing. The Socialist Education Movement of 1962–1966, Berkeley, CA 1968; Richard Baum: Prelude to Revolution. Mao, the Party, and the Peasant Question 1962–66, New York 1975.

44 Andreas: Disenfranchised, S. 82–83.

infolge der Bestrafungen starben fast 70 000 Menschen.[45] In gewisser Weise nahm die Sozialistische Erziehungsbewegung mit ihrem Angriff auf Kader, »die den kapitalistischen Weg eingeschlagen hatten«, die Kulturrevolution vorweg. Doch Mao und sein Zirkel waren der Meinung, dass die Sozialistische Erziehungsbewegung mit ihren Arbeitsteams aus Parteikadern nicht erfolgreich genug gewesen sei. Die meisten »Prokapitalist:innen« saßen noch im Sattel und die rivalisierende Fraktion in der Führung der KPCh war demnach nicht ausgebremst worden. Als Mao und seine Fraktion 1966 die Kulturrevolution lostraten, mobilisierten sie deshalb Kräfte *außerhalb* der Partei.

Der Chinesisch-sowjetische Bruch

Anfang der 1960er-Jahre stand das erstarrte sozialistische Klassensystem der VR China unter Spannung. Während der Kulturrevolution sollte es kurz darauf gar explodieren. Außenpolitisch verlor das Regime der KPCh Anfang des Jahrzehnts seine wichtigste Unterstützerin und Verbündete, denn die Beziehungen zwischen der VR China und der Sowjetunion hatten sich seit Jahren enorm verschlechtert.

Nach dem Tod des sowjetischen Führers Josef Stalin 1953 hatte sein Nachfolger Nikita Chruschtschow eine Entstalinisierung eingeleitet, also eine Phase politischer und institutioneller Reformen. Das KPCh-Regime war irritiert. Mao und andere Parteiführer befürchteten eine ähnliche »Entmaoisierung« in der VR China. Während das sowjetische Regime auch seine Außenpolitik änderte und eine »friedliche Koexistenz« mit dem Hauptfeind im Kalten Krieg, den USA, anstrebte, beharrte das Regime der KPCh auf seiner antiimperialistischen Position, was die ehemaligen Partner noch weiter auseinanderbrachte.

Die Entkolonialisierung großer Teile Afrikas und Asiens seit Ende der 1940er-Jahre veränderte zudem das globale Staatensystem. Das Regime der KPCh versuchte, seinen Einfluss unter den neu entstandenen Nationalstaaten zu vergrößern, indem es sich für einen sozialistischen Internationalismus und antikoloniale »nationale Befreiungskämpfe« aussprach. Es beteiligte sich sogar an der Bandung-Konferenz der blockfreien Bewegung (von Nationalstaaten) 1955 – Zeichen für einen »dritten Weg« jenseits der Zusammenarbeit mit der Sowjet-

45 Song Yongyi: The Hidden History. Liu Shaoqi's Unique Contribution to the Cultural Revolution (auf Chinesisch), in: Modern China Studies 3/2006, unter: https://tinyurl.com/4cjc3umr.

union.[46] Darüber hinaus führten die Massenaufstände in den sozialistischen Ländern Polen und Ungarn 1956 zu Diskussionen über die sozialen Verhältnisse und Klassenkonflikte in anderen sozialistischen Staaten und zu weiteren Meinungsverschiedenheiten zwischen den Regimen in der Sowjetunion und der VR China.

Schließlich erkannte das Regime der KPCh, dass das Land möglicherweise auf die sowjetische Unterstützung verzichten musste. Der »Große Sprung« kann auch als ein Versuch des Regimes gesehen werden, seinen eigenen Weg zu finden. Die endgültige Spaltung erfolgte 1960 und veränderte das globale Machtgleichgewicht. Die Führung der KPCh entfernte sich von ihrem bisherigen Partner und konzentrierte sich auf ihre Form des »Sozialismus in einem Land«.[47] Während der Kalte Krieg zwischen der Sowjetunion und den USA eskalierte, etwa während der Kuba-Raketenkrise 1962, fühlte sich das Regime der KPCh zunehmend bedroht und bereitete sich auf (militärische) Konflikte mit beiden Weltmächten vor. Zwischenzeitlich kam es 1962 zu einer kurzen militärischen Konfrontation zwischen Truppen der VR China und Indiens, bei der es um einen strittigen Grenzverlauf ging. Und als die US-Regierung ab 1964 eine bedeutendere Rolle im Vietnamkrieg übernahm, unterstützte das Regime der KPCh die nordvietnamesische Armee (an der Seite der Sowjetunion). 1964 etablierte sich die VR China mit dem Test ihrer ersten Atombombe als Atommacht. Im selben Jahr begann das Regime dann ein massives industrielles Entwicklungsprojekt, die sogenannte Industrialisierung der »Dritten Front«, die bis in die 1970er-Jahre andauern sollte. Wichtige Industrien wurden ins Landesinnere verlagert, beispielsweise in die Provinz Sichuan, und damit weg von der Ostküste, die durch einen US-Angriff potenziell bedroht war, und auch weg von der Nordgrenze, um vor einem möglichen Überfall durch die Sowjetunion geschützt zu sein.[48]

46 Weitere Informationen über China und die Bewegung der Blockfreien finden sich in Mineo Nakajima: Foreign Relations. From the Korean War to the Bandung Line, in: MacFarquhar/Fairbank: The Cambridge History of China, Band 14, Teil 1, S. 259–289; Ronald C. Keith: China from the Inside Out. Fitting the People's Republic into the World, London 2009.

47 Der chinesisch-sowjetische Bruch hatte auch Auswirkungen auf linke Bewegungen in anderen Ländern. Es kam zu Auseinandersetzungen zwischen marxistisch-leninistischen Gruppierungen, die entweder das maoistische oder das sowjetische Modell unterstützten.

48 Siehe Barry Naughton: The Third Front. Defence Industrialization in the Chinese Interior, in: China Quarterly 115, 1988, S. 351–386; Covell Meyskens: Mao's Third Front. The Militarization of Cold War China, Cambridge 2020; Andrew Batson: China's Security Fears and the Cold War Economy, in: Andrew Batson's Blog, 6.7.2020, unter: https://tinyurl.com/bdhr9rdr. Die Investitionen im Zusammenhang mit der »Dritten Front« wurden bis 1979 fortgesetzt, nach 1971 jedoch nur noch in reduzierter Form.

Der Bruch mit der Sowjetunion und der Aufbau der »Dritten Front« stellten eine Belastung für die Wirtschaft dar. Mitte der 1960er-Jahre sah sich das Regime der KPCh mit weiteren Herausforderungen konfrontiert: den politischen Auseinandersetzungen um die Sozialistische Erziehungsbewegung, den Fraktionskämpfen in der Partei und schließlich den Konflikten zwischen der staatlichen Bürokratie auf der einen und Bäuerinnen, Bauern sowie Arbeiter:innen auf der anderen Seite. Doch trotz dieser Herausforderungen und Spannungen erschien die Herrschaft der KPCh zu diesem Zeitpunkt noch ungefährdet und sicher. Umso erstaunlicher war die soziale Explosion kurze Zeit später.

Rebellion: Kulturrevolution und radikale Kritik, 1966–1967

1966 löste die Fraktion um Mao die Kulturrevolution aus mit der Absicht, das sozialistische Projekt wiederzubeleben, Rivalen und »Prokapitalist:innen« in der Parteiführung zu schwächen und Maos Position als oberster Führer wieder zu stärken. Doch was als Mobilisierung von oben begann, ermöglichte auch die Entstehung einer Revolte von unten – wie es schon die Hundert-Blumen-Bewegung zehn Jahre zuvor getan hatte. Die soziale Unzufriedenheit und Wut von Millionen Proletarier:innen führte zu einer neuen Massenbewegung und deren Radikalisierung. Unter dem Druck der Rebellion zerbrachen bestehende staatliche Strukturen. Die Parteiherrschaft war ernsthaft gefährdet, zumal Teile der Rebellenbewegung eine fundamentale Kritik am System der KPCh entwickelten.[49]

Prokapitalist:innen und Rote Garden

Mitte der 1960er-Jahre stritt die bürokratische und technokratische herrschende Klasse weiterhin darüber, wie das sozialistische Projekt fortgesetzt werden sollte. Die Sozialistische Erziehungsbewegung hatte nicht die Ergebnisse gebracht, die sich Mao und seine Anhänger:innen in der KPCh-Führung erhofft hatten. Arbeitsteams aus Parteikadern, die in die ländlichen Kommunen und städtischen Arbeitseinheiten entsandt worden waren, hatten die »Prokapitalist:innen« in Partei, Verwaltung und Betriebsleitungen nicht ausbremsen können. Nun wollte Mao endgültig die Macht zurückgewinnen und politische Reformen vorantreiben, um dro-

49 Der Begriff Kulturrevolution wird hier auf die Jahre der Massenbewegung 1966/67 bezogen und nicht auf die häufig verwendete Zeitspanne von 1966 bis 1976.

hende soziale Auseinandersetzungen zu verhindern und das sozialistische System zu stabilisieren. Dazu musste er die Führungsfraktion um Liu Shaoqi und Deng Xiaoping, die ihm zufolge den »kapitalistischen Weg« eingeschlagen hatte, diskreditieren und verdrängen. Er konnte nicht erwarten, dies mit parteiinternen Kräften zu erreichen. Stattdessen nutzte er sein Ansehen und seine Position, um die vielen unzufriedenen städtischen Jugendlichen für eine Bewegung außerhalb der Partei zu mobilisieren. Dieses Unterfangen sollte sich als äußerst riskant erweisen.

Nachdem Mao im Sommer 1966 zu einem Aufstand der Jugend gegen die »Prokapitalist:innen« in der KPCh aufgerufen hatte, wurden die Roten Garden gegründet. Schnell entwickelten sie sich zu einer Massenbewegung. Viele junge Menschen, die mit ihrer Situation unzufrieden waren, folgten dem Aufruf zur Rebellion. In den Städten waren viele von ihnen arbeitslos, konnten sich kaum beruflich verändern oder sozial aufsteigen oder hatten Probleme aufgrund der starren Klassenkategorien. Die ersten, in Beijing organisierten Roten Garden bestanden noch größtenteils aus Kindern von Kadern in Partei oder Armee. Als junge Generation hatten sie selbst nicht an den »heroischen« revolutionären Kämpfen der 1930er- und 1940er-Jahre teilgenommen, aber sie wollten trotzdem ihre Familienprivilegien verteidigen. Unter Berufung auf die sogenannte Blutlinientheorie und ihre eigene »rote« Herkunft beanspruchten sie, ihren Eltern folgend im System aufzusteigen und selbst führende Kader zu werden. Während des sogenannten Roten Terrors im August 1966 griffen diese ersten Rotgardist:innen nicht nur (angeblich) »reaktionäre« Kader und Intellektuelle an, sondern auch den Teil der Bevölkerung, der mit diversen staatlich gebrandmarkten »schlechten« oder »schwarzen« Elementen in Verbindung gebracht wurde. Darunter waren viele Jugendliche, prekäre Arbeiter:innen und Arbeitslose.

Die Parteiführung um Liu Shaoqi versuchte, diese frühe Bewegung von Rotgardist:innen unter ihre Kontrolle zu bringen, indem sie Arbeitsteams aus Parteikadern in Schulen und Universitäten schickte. Dies führte jedoch zu weiterer Unruhe, auch weil Mao eine zweideutige Rolle spielte und die jungen Rotgardist:innen mitunter unterstützte.[50] Maos Ansicht nach hatte die Bewegung jedoch den falschen

50 Wu Yiching: Die andere Kulturrevolution 1966–1969. Der Anfang vom Ende des chinesischen Sozialismus, übersetzt und herausgegeben von Ralf Ruckus, Wien/Berlin 2019, S. 91–92.

Weg eingeschlagen, als sie sich gegen die »schwarzen« Elemente wendete. Mao wollte vielmehr die rivalisierende Fraktion um Liu Shaoqi schwächen. Im Herbst 1966 änderte er schließlich die Richtung der Kulturrevolution, indem er sich für einen Angriff auf die »bürgerlich-reaktionäre Linie« in der Parteiführung aussprach.

Die Rebellenbewegung

Maos Neuausrichtung der Kulturrevolution hatte unbeabsichtigte Folgen. Jene Jugendlichen, die zuvor von den Roten Garden ausgeschlossen oder sogar von ihnen angegriffen worden waren, beteiligten sich nun massenhaft an der Bewegung – die Kinder der »schwarzen« Klassenkategorien. In der Folge spaltete sich die Bewegung der Roten Garden in zwei getrennte Gruppen: Denjenigen, die aus »roten« Familien stammten und die Privilegien der KPCh-Kader verteidigten, standen nun diejenigen aus »schwarzen« Familien gegenüber, die diese Kader und ihre Privilegien angriffen. Dieser Konflikt entwickelte sich bald darauf zu einem zwischen »Konservativen« und »Rebell:innen« und sollte den weiteren Verlauf der Kulturrevolution prägen.

Millionen von Schüler:innen, Student:innen und Arbeiter:innen in städtischen und ländlichen Gebieten beteiligten sich Ende 1966 an der Bewegung. Sie fanden sich in selbstorganisierten Gruppen zusammen, veröffentlichten Zeitungen, organisierten Demonstrationen und forderten die Parteiinstitutionen und Behörden heraus. Diese Form der Meinungs- und Versammlungsfreiheit hatte es in sozialistischen Systemen zuvor nicht gegeben. Fünf Freiheiten wurden von der Bewegung eingefordert: *daming dafang* (»großes öffentliches Aussprechen und große Öffnung«), eine Parole, die bereits während der Hundert-Blumen-Bewegung 1957 verwendet wurde, *da bianlun* (»große Debatten führen«), *dazibao* (»Wandzeitungen mit großen Schriftzeichen schreiben«) und *da chuanlian* (»große Verbindungsaufnahme«).[51] Für viele Jugendliche spielte *da chuanlian* eine zentrale Rolle, das es ihnen ermöglichte, durch das Land zu reisen und viele andere Rotgardist:innen zu treffen – eine aufregende und befreiende Erfahrung.[52]

51 Diese fünf Freiheiten wurden unter dem Begriff »Große Demokratie« (*da minzhu*) zusammengefasst, der nachher »unweigerlich mit den gewaltsamen Umbrüchen der Kulturrevolution assoziiert wurde« (Andreas: Disenfranchised, S. 99).

52 Die Erfahrung der »großen Verbindungsaufnahme« hatte einen nachhaltigen Einfluss auf die Generation der an der Kulturrevolution Beteiligten; siehe Anita Chan: Children of Mao. Personality Development and Political Activism in the Red Guard Generation, London 1985; Yang Guobin: The Red Guard Generation and Political Activism in China, New York 2016.

In den Fabriken wurden die ersten Organisationen der Roten Garden noch von der betrieblichen Parteiorganisation gegründet. Sie »setzten sich ausschließlich aus Arbeiter:innen zusammen, die als politisch zuverlässig galten und über einen einwandfreien Klassenhintergrund verfügten. Bemühungen der Arbeiter:innen, unabhängige Gruppen zu organisieren, wurden [...] unterdrückt.«[53] Im Oktober und November 1966 erreichte jedoch auch die Rebellenbewegung die Betriebe. Dies geschah in vielen Städten, das Epizentrum war jedoch Shanghai, das größte Industriezentrum des Landes. Junge Arbeiter:innen, Lehrlinge und befristet Beschäftigte (viele von ihnen Frauen*) gründeten nun Rebellenorganisationen. Oft halfen ihnen Schüler:innen oder Student:innen. Diese begaben sich in die Fabriken und »trugen entscheidend dazu bei, dass die Gruppen junger rebellischer Arbeiter:innen lernten, Forderungen zu formulieren, die Fabrikleitungen zu kritisieren, Plakate mit großen Schriftzeichen zu schreiben und Flugblätter zu veröffentlichen«.[54]

Die rebellischen Arbeiter:innen veranstalteten Massendemonstrationen oder organisierten Arbeitsniederlegungen, um unter anderem materielle Verbesserungen und Festanstellungen durchzusetzen. Das »sogenannte Arbeiter-Bauern-System zur befristeten Beschäftigung und Vertragsarbeit« schürte ihre Wut, denn »nicht nur die Arbeiter:innen, die tatsächlich zu diesen Bedingungen beschäftigt waren, hatten Grund zum Protest, sondern auch viele derjenigen, die noch in den Genuss eines unbefristeten Arbeitsverhältnisses kamen und dennoch befürchteten, dass sie bald zur Vertragsarbeit gezwungen werden könnten«.[55]

Aufgrund der wiederholten Angriffe durch Schüler:innen, Student:innen und Arbeiter:innen konnten viele öffentliche Verwaltungen, die meisten KPCh-Strukturen sowie die Massenorganisati-

53 Andreas: Disenfranchised, S. 105.

54 Ebd., S. 107.

55 Sheehan: Chinese Workers, S. 97; siehe auch Lynn T. White: Workers' Politics in Shanghai, in: Journal of Asian Studies 1/1976, S. 107–115. Wie bereits erwähnt, »[l]aut Schätzungen von Christopher Howe stieg die Zahl der Befristeten Mitte der 1960er-Jahre auf dreißig bis vierzig Prozent aller landesweit außerhalb der Landwirtschaft Beschäftigten, weil der Staat versuchte, die Ausgaben für Löhne und Sozialleistungen zu drücken. Vertragsarbeit war zu einem zentralen Bestandteil des Arbeitssystems geworden. Das war auch an einer vom Staatsrat 1965 verabschiedeten Richtlinie abzulesen, in der festgelegt wurde, dass Unternehmen ›ihrem Ermessen nach die Zahl der Festangestellten reduzieren und die der Befristeten erhöhen dürfen‹ und ›vorübergehende Arbeitsaufgaben, für die reguläre ArbeiterInnen eingesetzt werden, nach und nach befristeten Beschäftigten übertragen werden müssen.‹« (Wu Yiching: Die andere Kulturrevolution, S. 146, mit Bezug auf Christopher Howe: Labour Organization and Incentives in Industry, S. 235)

onen der Partei wie die All-Chinesische Frauenvereinigung und der All-Chinesische Gewerkschaftsbund nicht mehr effektiv arbeiten. Im Laufe der folgenden Monate mussten viele ihre Arbeit vollständig einstellen. Mao und sein Führungszirkel befürchteten nun, dass die Kulturrevolution die Wirtschaft beeinträchtigen würde, und verlangten, dass die Revolution »nach Feierabend« durchgeführt werden sollte. Die Welle von Arbeiteraktionen, die Anfang 1967 anrollte, konnten sie damit nicht aufhalten. Angesichts der materiellen Forderungen und des Zusammenbruchs der Produktion begann die Führung der KPCh um Mao, die Aktionen als »ökonomistischen Wind« anzuprangern. Sie hofften, die Rebellion einschränken und auf die offizielle politische Linie zurückführen zu können.[56]

Zu diesem Zeitpunkt versuchten die konservativen Organisationen (bestehend aus Facharbeiter:innen, Parteimitgliedern, Vorarbeiter:innen und unteren Kadern), ihre Privilegien sowie die Parteistrukturen und Funktionäre, die diese Privilegien garantierten, zu verteidigen. In den Betrieben und auf den Straßen kämpften sie gegen die Rebell:innen, die sich anfangs oft als stärker erwiesen (obwohl die konservativen Organisationen größer waren).[57] Die Rebellenbewegung wuchs und legte die staatlichen Verwaltungen lahm. Durch diesen Druck erlangte sie Zugeständnisse von Parteiführern und Managern. Diese fürchteten nicht nur den Zorn der Arbeiter:innen, sie wollten auch nicht auf der falschen politischen Seite stehen und als »konterrevolutionär« gebrandmarkt werden.

Außerdem brachte die Rebellenbewegung einen Kern von Aktivist:innen hervor, die eine radikale Kritik am sozialistischen System formulierten. Sie begannen mit der Analyse der sozialen Missstände und der Diskriminierung. Einige von ihnen bezeichneten die VR China nun als Klassengesellschaft und die Führung der KPCh als »rote Bourgeoisie«. John Hassard et al. zufolge »wurde während der Kulturrevolution in den radikaleren Teilen der Bewegung zuneh-

56 Der Vorwurf des »Ökonomismus« war bereits Anfang der 1950er-Jahre gegen streikende Arbeiter:innen und Kräfte im ACGB erhoben worden, die sich für die wirtschaftlichen Interessen der Arbeiter:innen einsetzten und eine größere Unabhängigkeit der Gewerkschaft von der KPCh befürworteten; siehe Abschnitt 1 in diesem Kapitel.

57 Die Konflikte zwischen den Rebellenorganisationen, die die Parteikader angriffen, und den konservativen Organisationen, die sie verteidigten, entfalteten sich je nach Region der VR China in unterschiedlicher Form. Nach Januar 1967 spaltete sich die Rebellenbewegung in vielen Regionen in mehrere konkurrierende Fraktionen, und es kam zu größeren (auch gewaltsamen) Auseinandersetzungen über die Richtung des Kampfs und das Verhältnis zum Parteiapparat.

mend die Position geteilt, dass die KPCh als neue, ausbeuterische herrschende Klasse der Arbeiterklasse Mehrwert abpresst und ihre Privilegien an ihre Nachkommen weitergibt«.[58] Diese radikale Kritik, beispielsweise von Gruppen um den jungen Aktivisten Yu Luoke in Beijing und von Yang Xiguang von der Massenorganisation Shengwulian in Hunan geäußert, wurde weithin diskutiert, nicht nur innerhalb der Bewegung der Roten Garden und Rebell:innen. Für die Radikalen galt die Pariser Kommune als wichtigstes Vorbild und Alternative zum autoritären Sozialismus der VR China. Sie beriefen sich auch auf Maos Kritik an der Bürokratisierung in Partei und Staat. Mao hatte diese Kritik ursprünglich gegen den sowjetischen Revisionismus und bestimmte Personen und Kreise innerhalb der KPCh gerichtet, die er als »Prokapitalist:innen« bezeichnete. Die Rebell:innen unterstützten die Kulturrevolution im Allgemeinen, erkannten die Autorität Maos an und waren sich bewusst, dass er ihnen ermöglicht hatte, von der KPCh unabhängige Organisationen zu gründen. Mit ihrer Kritik gingen diese radikalen Rebell:innen jedoch über das hinaus, was Mao beabsichtigt hatte. Sie attackierten die sozialistische Klassenhierarchie als Ganzes und forderten ein Ende der sozialen Ausgrenzung und wirtschaftlichen Ausbeutung durch die »roten Kapitalisten«.[59]

Die Rebellion aus der Perspektive der Frauen*

Während der Kulturrevolution wurde Maos berühmter Slogan »Die Frauen tragen die Hälfte des Himmels« häufig zitiert. Damit wurde unterstellt, dass Frauen* in der sozialistischen VR China bereits gleichberechtigt waren und eine wichtige Rolle in der damaligen Massenbewegung spielten. Tatsächlich hatten Geschlechterfragen für die Protagonist:innen der Bewegung keine zentrale Bedeutung, und alles in allem hatte die Kulturrevolution zwiespältige Folgen, was die Situation der Frauen* betrifft.

Die Geschlechterfrage war für die Führung der KPCh »ausschließlich aus politisch-pragmatischen Gründen bedeutsam, und sie nutzte

58 John Hassard/Jackie Sheehan/Zhou Meixiang/Jane Terpstra-Tong/Jonathan Morris: China's State Enterprise Reform. From Marx to the Market, London 2007, S. 161–162.

59 Zur radikalen Kritik der Shengwulian und anderer siehe Gregor Benton/Alan Hunter (Hrsg.): Wild Lily, Prairie Fire. China's Road to Democracy, Yan'an to Tian'anmen, 1942–1989, Princeton, NJ 1995, S. 124–134; Sheehan: Chinese Workers, S. 97; Wu Yiching: Die andere Kulturrevolution, S. 235–253; Klaus Mehnert: Peking und die Neue Linke. In China und im Ausland, Stuttgart 1969.

sie, um ihre eigene politische und kulturelle Utopie zu verwirklichen«.[60] Am wichtigsten war für die Partei, dass die produktive und reproduktive Arbeitskraft von Frauen* genutzt werden konnte. Als es Mitte der 1950er-Jahre, in der Anfangszeit der Kollektivierung, einen Arbeitskräfteüberschuss gab, wurden Frauen* aufgefordert, als »sozialistische Hausfrauen« zu dienen und zu Hause zu bleiben. Zur Zeit des »Großen Sprungs« (1958–1961) wurden die meisten Frauen* im erwerbsfähigen Alter für den Lohnarbeitseinsatz mobilisiert, da ihre Arbeitskraft für die Industrialisierung und in der Landwirtschaft benötigt wurde. Zur Zeit der Kulturrevolution propagierte die KPCh: »Alles, was ein Mann tun kann, kann eine Frau auch tun.« Unterdessen verherrlichten die offiziellen Medien Frauen* als »proletarische Kämpferinnen«. Die Propaganda der KPCh zeigte Bilder von Frauen*, die im revolutionären Kampf vor 1949 Anführerinnen oder Kämpferinnen gewesen waren. Sie zeigte auch Frauen*, »die sich Ölbohreinheiten angeschlossen hatten, als Fahrerinnen von Traktoren, Lastwagen und Diesellokomotiven arbeiteten oder lernten, elektrische Hochspannungsleitungen zu reparieren«.[61] Vorherrschende Geschlechterstereotype zeigten sich jedoch weiterhin. Die Betriebsleiter betonten immer noch, dass sie Frauen* bevorzugten, weil sie »geschickt mit den Händen und geduldig« seien.[62] Die zusätzliche nicht entlohnte Reproduktionsarbeit der Frauen* in Haushalt und Familie wurde nicht infrage gestellt.[63]

Die verschiedenen Gruppen der Roten Garden, zu der Zeit die wichtigste soziale Einheit der Massenmobilisierung, standen für eine männliche und chauvinistische Kultur. Um mitmachen zu können, mussten sich Rotgardistinnen diese Kultur zu eigen machen. Außerdem waren während der Kulturrevolution »alle feministischen Forderungen oder der Bezug auf die besonderen Probleme von Frauen verpönt. Sie galten als ›bürgerlich‹.« Die Klassenherkunft war entscheidend dafür, ob jemand angegriffen und umerzogen wurde oder nicht.[64] Die Hauptkriterien für die Klassenzuordnung von Frauen*

60 Yang Wenqi/Yan Fei: The Annihilation of Femininity in Mao's China. Gender Inequality of Sent-Down Youth during the Cultural Revolution, in: China Information 1/2017, S. 63, unter: https://tinyurl.com/w4y9xnny.

61 Emily Honig: Maoist Mappings of Gender. Reassessing the Red Guards, in: Susan Brownell/Jeffrey N. Wasserstrom (Hrsg.): Chinese Femininities/Chinese Masculinities. A Reader, Berkeley, CA 2002, S. 255.

62 Ebd.

63 Ebd.

64 Wildcat: Arbeiterinnen im maoistischen Patriarchat, Wildcat-Beilage: Unruhen in China, 80, 2007, S. 44, unter: https://tinyurl.com/fmw9hm5d. Die besonderen Forderungen von

waren bezeichnenderweise die Herkunft des Großvaters, des Vaters und des Ehemanns. Die Gewalt der Roten Garden bestimmte die Phase der Massenmobilisierung in der Kulturrevolution und war ebenfalls vergeschlechtlicht und sexualisiert. Frauen* waren sexuellen Übergriffen durch männliche Rotgardisten ausgesetzt und wurden aufgrund vermeintlicher »sexueller Unmoral« angegriffen. Einige wurden gar durch die Straßen geführt und als »kaputte Schuhe« tituliert – ein Euphemismus für »leichtes Mädchen«. Als die KPCh schließlich das Ruder herumriss und die Bewegung auflöste (siehe unten), wurden viele junge Frauen* aus den Roten Garden aufs Land geschickt. Dort wurden sie wiederum oft »Opfer sexuellen Missbrauchs durch örtliche Funktionäre«.[65] Diese aufs Land geschickten jungen Frauen* kleideten sich derweil geschlechtsneutral, entwickelten eine »männliche Arbeitsweise« und entschieden sich eher aus praktischen und politischen Gründen für eine Ehe.[66]

Kurzum, diese Generation (oder Kohorte) von Rotgardistinnen wurde geprägt durch ihre Teilnahme an der kulturrevolutionären Bewegung, die Politisierung des täglichen Lebens, die Organisierung in politischen Gruppen und die Fraktionskämpfe. Als Jugendliche lernten sie, Ehe und Kinder nicht als wichtigsten Teil ihres Lebens zu sehen, sondern unter dem Gesichtspunkt der Reproduktion oder als Notwendigkeit zu begreifen.[67] Dies sollte ihre Stellung als Erwachsene im Alltag, ihre Beziehungen zu Männern* und Frauen* späterer Generationen und ihre Rolle in anderen politischen Bewegungen prägen.[68]

Restauration: Militärherrschaft und Fraktionskämpfe, 1967–1976

Ende 1966 und Anfang 1967 führten die Rebellenaktionen zur Auflösung der Parteistrukturen. Sie griffen auch auf die Betriebe über, und der durch die Aktionen erzeugte »ökonomistische Wind« drohte der

Frauen* wurden nicht gewürdigt oder sogar unterdrückt. Somit verwundert es kaum, dass die ACFV wie andere Parteiorganisationen während der Kulturrevolution aufgelöst wurde (siehe oben).

65 Honig: Maoist Mappings of Gender, S. 256. Heranwachsende Mädchen, die in den Städten geblieben waren, wurden derweil oft Opfer »von Gruppen junger Männer aus der Nachbarschaft, die sie sexuell ausbeuteten« (ebd.).

66 Yang Wenqi/Yan Fei: The Annihilation of Femininity in Mao's China, S. 69–73.

67 Lisa Rofel erörtert die Erfahrungen von Frauen* der »Kulturrevolutionskohorte« in einer Fabrik in Hangzhou in den frühen 1980er-Jahren; siehe Lisa Rofel: Other Modernities. Gendered Yearnings in China after Socialism, Berkeley, CA 1999.

68 Zu den Erfahrungen einer Frau* während der Kulturrevolution und danach siehe Yu Luojin: A Chinese Winter's Tale, Hongkong 1986.

Wirtschaft ernsthaft zu schaden. An diesem Punkt beschloss der Führungszirkel um Mao Zedong, die Massenrebellion zu unterdrücken. Es gelang ihm, die Rebellenbewegung zu spalten, einen Teil von ihr zu kooptieren und den Rest unter Einsatz der Volksbefreiungsarmee zu neutralisieren. Anfang der 1970er-Jahre wurden die Säuberungsmaßnahmen gegen Rebellengruppen fortgesetzt. In dieser Zeit nahmen Unzufriedenheit und Desillusionierung in der Bevölkerung zu – ein deutliches Zeichen für die politische Erschöpfung des Maoismus. Die Führung der KPCh unternahm nun entscheidende Schritte, etwa zur Normalisierung der Beziehungen zu den USA ab 1971. Sie wollte ihr sozialistisches Projekt wiederbeleben, aber Fraktionskämpfe um vorgeschlagene Reformen – und um die Nachfolge des alternden Mao – lähmten das Regime weiterhin. Erst nach Maos Tod 1976 konnte die festgefahrene Situation überwunden werden.

Eindämmung und Verfolgung

Die Massenaktionen von Arbeiter:innen, Student:innen und anderen Gruppen in Shanghai führten Anfang 1967 zum Zusammenbruch der öffentlichen Verwaltung sowie der Parteistrukturen in der Stadt und beeinträchtigten auch die Produktion in den Arbeitseinheiten in erheblichem Maße. Es kam sowohl zu Zusammenstößen zwischen Rebell:innen und Konservativen als auch zwischen verschiedenen Rebellengruppen. Letztendlich setzte sich eine der Rebellenkoalitionen durch: das Arbeitergeneralhauptquartier. Zusammen mit anderen Rebellengruppen übernahm es im Rahmen der sogenannten Machtergreifung die Kontrolle in der Stadt und bildete Anfang Februar die Kommune von Shanghai als neue Regierungsinstanz.[69] Weitere »Machtergreifungen« fanden in Stadtteilen und Arbeitseinheiten statt. Sie zeigten, dass sich die Kulturrevolution nicht nur gegen einen bestimmten Teil der »bürokratischen« Parteikader richtete. Vielmehr wurden nunmehr alle Kader verdächtigt, »Prokapitalist:innen« zu sein. Sie mussten auf Angriffe gefasst sein und ihre Absetzung fürchten. Die Rebell:innen bekämpften das Parteiestablishment nicht nur, sie übernahmen tatsächlich die Macht.

Mao und seine Gruppe mussten mitansehen, wie KPCh-Führer abgesetzt wurden und die Wirtschaft aufgrund der anhaltenden Fraktionskämpfe immensen Schaden erlitt. Sie fürchteten sogar, die

69 Für Einzelheiten zu dieser Episode der Kulturrevolution in Shanghai siehe Wu Yiching: Die andere Kulturrevolution, Kapitel 4.

Kontrolle über die Situation komplett zu verlieren und ihre Machtposition einzubüßen. Um die Bewegung einzudämmen, verschärften sie nun die Kampagne gegen den »Ökonomismus« und nahmen insbesondere die Organisationen der befristet Beschäftigten ins Visier.[70] Sie versuchten, die verschiedenen Fraktionen der Roten Garden und der Rebell:innen gegeneinander auszuspielen, und bedrohten diejenigen, die nicht kooperieren wollten. Ende Februar setzten sie in Shanghai die Umwandlung der Kommune von Shanghai in ein neues Führungsgremium durch: den »Revolutionsausschuss«. Dieser setzte sich aus einer »großen Allianz« von Armeeoffizieren, etablierten Parteikadern und kooperativen Rebellenführer:innen zusammen. Das Modell des Revolutionsausschusses wurde später im ganzen Land eingesetzt, um die Kontrolle über die staatliche Verwaltung und die Arbeitseinheiten zurückzugewinnen.[71] Dominiert wurden die Ausschüsse von Armeeoffizieren und Kadern, während die Rebellenanführer:innen meist eine untergeordnete Rolle spielten, insbesondere nachdem sich ihre Organisationen unter Zwang auflösen mussten.

Zunächst blieb die Lage vielerorts unübersichtlich. In einigen Landesteilen bestimmten alte Parteistrukturen und konservative Gruppen den Verlauf der Kulturrevolution. Anderswo eskalierte nach der sogenannten Machtergreifung der Fraktionskampf. Dort wurde die Arbeit von Behörden und Betrieben empfindlich gestört, und mancherorts kam es zu gewalttätigen oder sogar bürgerkriegsähnlichen Auseinandersetzungen.[72] Im ganzen Land begannen nun Volksbefreiungsarmee und Revolutionsausschüsse, Aktivist:innen der Kulturrevolution zu attackieren und Razzien durchzuführen. Viele Rebell:innen wurden verhaftet oder gar getötet. Die »Kampagne zur Säuberung der Klassenränge« von 1968 bis 1971 richtete sich offiziell gegen Verräter, Spione und »Prokapitalist:innen« innerhalb der Partei sowie gegen die »schwarzen« Klassenkategorien.[73] Es folgten weitere

70 Andreas: Disenfranchised, S. 116.

71 Erst in der zweiten Jahreshälfte 1968 schaffte die KPCh-Führung um Mao, in allen Provinzen Revolutionsausschüsse einzurichten – ein Zeichen dafür, wie schwierig es war, die Rebellenbewegung unter Kontrolle zu bringen und die Ordnung wiederherzustellen.

72 Beispiele für die unterschiedlichen Verläufe der Kulturrevolution sind dokumentiert in Wang Shaoguang: Failure of Charisma. The Cultural Revolution in Wuhan, Oxford 1995; Keith Forster: Rebellion and Factionalism in a Chinese Province: Zhejiang, 1966–1976, Armonk, NY/London 1990.

73 »Die Zahl der Todesopfer dieser Kampagne wurde auf über eine halbe Million geschätzt. Mindestens 30 Millionen Menschen mussten an ›Kampfsitzungen‹ teilnehmen und wurden gefoltert.« (Song Yongyi: Chronology of Mass Killings during the Chinese Cultural Revolution (1966–1976), in: SciencesPo, 25.8.2011, unter: https://tinyurl.com/y639fnzq)

Kampagnen gegen die Rebell:innen, etwa die Kampagne »Ein Schlag und drei Antis« im Jahr 1970 sowie die »Kampagne zur Säuberung der Elemente des 16. Mai« im Jahr 1971. Diese Kampagnen »wurden von den gerade geschaffenen Revolutionsausschüssen durchgeführt«. Sie »sollten der Sicherung der neuen politischen Ordnung dienen, indem jene Klassenfeinde verfolgt wurden, die angeblich die Fraktionskämpfe angezettelt hatten«.[74] In der Tat war dies die blutigste Phase. Daniel Leese zufolge waren »die meisten Opfer der Kulturrevolution erst in den Jahren 1968 bis 1970 zu beklagen«, also nach dem Ende der Massenmobilisierungen. »Rund drei Viertel der Todesopfer und rund 90 Prozent der politischen Verfolgungen der Kulturrevolution gingen nicht auf rotgardistischen Terror oder Fraktionskämpfe zurück«, sondern vor allem auf »staatliche Akteure in Form von Milizen, Armeeeinheiten oder Organen der öffentlichen Sicherheit«.[75]

Durch das Eingreifen der Volksbefreiungsarmee und der vom Militär geführten Propagandateams nahm die Zahl der gewaltsamen Zusammenstöße zwischen Rebellengruppen sowie zwischen den Rebell:innen und der Armee nach und nach ab. Durch Kampagnen und die Verbannung in ländliche Gebiete und Arbeitslager gelang es dem Regime, einen Großteil der rebellischen Elemente aus den Städten zu vertreiben. Besonders diejenigen, die aus der Rebellenbewegung heraus eine radikale Kritik am sozialistischen Klassensystem formuliert hatten, wurden Opfer der gewaltsamen Säuberungen, Bestrafungen und Landverschickungen. Das KPCh-Regime bezeichnete ihre Kritik, zum Beispiel die des Rebellenbündnisses Shengwulian in Hunan, als »giftiges Unkraut«. Nach der Niederschlagung der Rebellenbewegung versuchte die Führung der KPCh auch, sämtliche politisch gefährlichen Elemente innerhalb der Partei und der staat-

74 Wu Yiching: Die andere Kulturrevolution, S. 272. Interessanterweise bestand die zentrale Führung zu dieser Zeit sowohl aus Rebellenanführer:innen als auch aus Mao-treuen Veteranen wie Zhou Enlai. Mao bevorzugte manchmal die Rebell:innen oder verschiedene Fraktionen der »Linken« und manchmal die pragmatischeren Veteranenführer. Das hing davon ob, welche politische Strömung er im Rahmen der Kulturrevolution gerade unterstützen wollte. Die kooptierten und kooperierenden Rebellenanführer:innen sollten sich weiterhin als sogenannte linke Fraktion in der KPCh profilieren. Bis nach Maos Tod 1976 stellten sie sich der Fraktion der altgedienten Kader und Konservativen entgegen (siehe unten).

75 Daniel Leese: Kulturrevolution in China. Ursachen, Verlauf und Folgen, in: Aus Politik und Zeitgeschichte 23/2016, S. 7; Walder schreibt: »Mehr als die Hälfte der Todesopfer der Kulturrevolution waren eine Folge dieser Kampagne – geschätzte 600 000 bis 800 000.« (Andrew G. Walder: China under Mao. A Revolution Derailed, Cambridge 2015, S. 277) Die Gesamtzahl der Todesopfer während der Kulturrevolution ist umstritten. Laut Song Yongyi wird sie für 1966–1976, den offiziellen Zeitraum der Kulturrevolution, durchschnittlich auf 2,95 Millionen geschätzt; siehe Song Yongyi: Chronology of Mass Killings during the Chinese Cultural Revolution (1966–1976).

lichen Institutionen loszuwerden. Viele Kader wurden zur »ideologischen Umerziehung« in spezielle »Schulen« auf dem Land geschickt oder mussten in Fabriken körperliche Arbeit verrichten.[76]

Die Unterdrückung der großen Rebellenorganisationen durch die Volksbefreiungsarmee, die Kooptierung von Rebellenführer:innen und ihre Integration in die neuen Regierungsorgane waren auch deswegen erfolgreich, weil Mao seine Machtposition nutzte und diese Maßnahmen unterstützte. Hier spielte auch eine Rolle, dass die Rebell:innen Mao weiterhin als alleinigen Führer vergötterten und sich dem anhaltenden Mao-Kult hingaben. Selbst als Mao die Rebell:innen fallenließ und gegen sie vorging, waren diese meist nicht bereit und in der Lage, sich »gegen den König zu richten«, den Angriffen Paroli zu bieten und sich neu zu orientieren.[77] Die Konflikte zwischen den Rebellengruppen, ihre Zersplitterung sowie das Ausmaß und Trauma der Gewalt hielten die Rebell:innen davon ab, radikaleren Perspektiven jenseits der bestehenden sozialistischen Klassenhierarchie nachzugehen. Die Rebell:innen waren von Angriffen auf einzelne Parteiführer zur Bildung unabhängiger Organisationen übergegangen. Doch anstatt das Konzept des Parteistaats zu überwinden, stritten ihre Fraktionen nun darüber, welche ihrer Organisationen den Kern eines neuen Parteistaats bilden sollte.[78]

Militärherrschaft bis zur Affäre um Lin Biao

Die Führung der KPCh nutzte den 9. Parteikongress im April 1969, um die Phase der Rebellion endgültig abzuschließen und ihre eigene Wiederauferstehung zu demonstrieren. Der Kongress verabschiedete eine neue Parteisatzung, in der »die Vorstellung von Disziplin bekräftigt [wurde], welche die KPCh bereits vor der Kulturrevolution ausgezeichnet hatte«.[79] Militärangehörige stellten bereits viele Führer der Revolutionsausschüsse im ganzen Land und nun auch fast die Hälfte der

76 »Büros und Verwaltungen in Chinas Städten wirkten von 1969 bis 1971 fast leer.« (Walder: China under Mao, S. 270) »Anfänglich wurden weit mehr Beschäftigte aus Büros und Verwaltungen aufs Land geschickt als Jugendliche, das galt jedoch nur für kurze Zeit. [...] Ab 1971 nahm die Zahl der aufs Land Verbannten ab, ab 1972 wurden die Lager auf dem Land geschlossen«. (Ebd.)

77 Wu Yiching: The Strange Case of China. History, Class, and Chinese Postsocialism, in: boundary 2 2/2019, S. 150.

78 Zu Widersprüchen in den politischen Konzeptionen der Rebellenorganisationen siehe unter anderem Alessandro Russo: The Probable Defeat. Preliminary Notes on the Chinese Cultural Revolution, in: Positions 1/1998, S. 179–202.

79 Wu Yiching: Die andere Kulturrevolution, S. 275.

ordentlichen und der stellvertretenden Mitglieder des neu gewählten Zentralkomitees – ein Zeichen für die weitere »›Militarisierung‹ der chinesischen Führung«.[80] Unterdessen erreichte der Kult um Mao neue Höhen. »Die Bürger:innen mussten sich an äußerst unterwürfigen und infantilen Formen der Heldenverehrung beteiligen, die Mao wie ein fast übernatürliches Wesen behandelten und seiner ›Lehre‹ häufig außergewöhnliche Kräfte zusprachen.«[81] Zu Beginn der Kulturrevolution diente dieser Kult der Mobilisierung der Massen, nach dem Ende der Massenmobilisierungen vor allem der politischen Disziplinierung und Kontrolle.

Am Ende dieser Phase stand die Affäre um Lin Biao 1971, eine Episode, die symptomatisch war für die turbulente Zeit bis zu Maos Tod im Jahr 1976. Lin Biao war oberster Kommandeur der Volksbefreiungsarmee und eigentlich als Maos Nachfolger vorgesehen. Allerdings war er Anfang der 1970er-Jahre in dessen Ungnade gefallen. Deshalb ergriffen Leute aus Lins Zirkel 1971 Maßnahmen, um seine Position zu schützen. Diese Maßnahmen sollten später als Putschversuch gegen Mao dargestellt werden.[82] Als es so aussah, als wolle die KPCh-Führung Vergeltung an Lin Biao üben, versuchten dieser, seine Frau, ein weiteres Mitglied des Politbüros und einige andere am 13. September 1971 mit einem Militärflugzeug zu fliehen. Das Flugzeug stürzte jedoch über der Mongolei ab, und keiner der Passagiere überlebte. Die Öffentlichkeit in der VR China erfuhr davon erst etwa ein Jahr später. Für viele Menschen war der angebliche Staatsstreich von Maos designiertem Nachfolger ein Schock. Die Affäre führte derweil zu erheblichen Veränderungen innerhalb der Führung der KPCh. »Vier weitere enge Verbündete Lins, die Mitglieder des Politbüros und Kommandeure von Waffengattungen oder operativen Abteilungen der Volksbefrei-

80 Donald W. Klein/Lois B. Hager: The Ninth Central Committee, in: China Quarterly 45, 1971, S. 52.

81 Walder: China under Mao, S. 285. Zur Vergötterung Maos und zur Dämonenlehre siehe Stefan Landsberger: The Deification of Mao. Religious Imagery and Practices during the Cultural Revolution and Beyond, in: Chong Woei-Lien (Hrsg.): China's Great Proletarian Cultural Revolution. Master Narratives and Post-Mao Counternarratives, Lanham, MD 2002, S. 139–184; Barend J. ter Haar: China's Inner Demons. The Political Impact of the Demonological Paradigm, in: Chong Woei-Lien: China's Great Proletarian Cultural Revolution, S. 27–68. Eine obskure Episode, die Geschichte mit der Mango, beschreibt Alfreda Murck (Hrsg.): Maos Mango. Massenkult der Kulturrevolution, Zürich 2013.

82 Frederick C. Teiwes/Warren Sun: The End of the Maoist Era. Chinese Politics during the Twilight of the Cultural Revolution, 1972–1976, Armonk, NY 2007, S. 33–34; für weitere Einzelheiten zur Lin-Biao-Affäre siehe Yao Ming-Le: The Conspiracy and Murder of Mao's Heir, London 1983; Jin Qiu: The Culture of Power. The Lin Biao Incident in the Cultural Revolution, Stanford, CA 1999.

ungsarmee waren, wurden bald verhaftet.« Später wurden »mehr als ein Viertel des Politbüros und die wichtigsten Mitglieder des zentralen Militärkommandos« ersetzt.[83] Die meisten militärischen Führer verloren ihre politischen Machtpositionen an zivile Kader.

Andauernde Fraktionskämpfe

Nach der Kulturrevolution und der Rettung der Parteiherrschaft durch den Einsatz der Volksbefreiungsarmee waren sich die verschiedenen Fraktionen in der KPCh-Führung einig, dass sich etwas ändern musste. Das Regime befürchtete nicht nur weitere Eskalationen wie während der Kulturrevolution, sondern auch den Zerfall der Partei aufgrund der Fraktionskämpfe, der sozialen Unzufriedenheit und der erschöpften Attraktivität des Maoismus. Der Maoismus schien in der Tat nicht länger als mobilisierendes Narrativ und sozialer Kitt zu funktionieren. Die Parteiführung war sich jedoch uneins darüber, wie ein Wandel herbeigeführt werden sollte. Strittig waren vor allem Form und Richtung der wirtschaftlichen Umstrukturierung. Eine »administrative« oder »konservative« Fraktion versammelte Anführer aus der Zeit vor der Kulturrevolution wie Zhou Enlai, »rote Ingenieure«, also Politiker mit Erfahrungen als Wirtschaftsfunktionäre oder Technokraten aus der staatlichen Verwaltung, sowie rehabilitierte Kader.[84] Die konkurrierende »radikale« oder »linke« Fraktion umfasste einige derjenigen, die während der Kulturrevolution in die Führung aufgestiegen waren. Dazu gehörten Jiang Qing (Maos Ehefrau), Zhang Chunqiao, Yao Wenyuan und Wang Hongwen, die später als »Viererbande« bezeichnet werden sollten. Die Bezeichnung »links« (oder sogar »ultralinks«) bedeutete nicht, dass die linke Fraktion für eine soziale Revolution eintrat. Linke und Konservative plädierten vielmehr beide für einen starken Staat, und sie wollten beide die chinesische Wirtschaft voranbringen und die Herrschaft der KPCh absichern. Jenseits ihrer ideologischen Grabenkämpfe konkurrierten sie um Posten, Macht und Maos Nachfolge. Uneinig waren sie vor allem über wirtschafts- und sozialpolitische Maßnahmen. Neben diesen beiden gab es noch eine dritte Gruppe. Sie war mit den Konservativen verbündet, vertrat ähnlich pragmatisch-gemäßigte Positionen und kann

83 Teiwes/Sun: The End of the Maoist Era, S. 35–36.

84 Zur ursprünglichen Bedeutung von »rote Ingenieure« und ihrer Entstehung siehe Joel Andreas: Rise of the Red Engineers. The Cultural Revolution and the Origins of China's New Class, Stanford, CA 2009.

»am besten als Nutznießer der Kulturrevolution aus dem Establishment« bezeichnet werden. An ihrer Spitze stand Hua Guofeng, der bald darauf eine wichtige Rolle spielen sollte.[85]

Alle drei Gruppen waren mehr oder weniger eng mit dem Parteiführer Mao Zedong verbunden. Im politischen Tagesgeschäft trat Mao nur noch selten in Erscheinung, bei wichtigen Entscheidungen hatte er jedoch das letzte Wort. Er sympathisierte mit den Linken, die in gewisser Weise sein politisches Erbe verteidigten. Vor allem wollte er jedoch die politische und wirtschaftliche Lage der VR China stabilisieren. Deshalb erlaubte er auch die politischen Auseinandersetzungen zwischen den Linken, die die Propagandaabteilungen kontrollierten, und den Konservativen, die große Teile der Verwaltung im Griff hatten. Er unterstützte sogar die Rehabilitierung Deng Xiaopings. Dieser war 1968 als zweithöchster Kader (nach Präsident Liu Shaoqi) unter dem Vorwurf, »den kapitalistischen Weg eingeschlagen zu haben«, degradiert worden. 1973 zurückgerufen und 1974 zum stellvertretenden Ministerpräsidenten befördert, führte Deng maßgeblich die Geschäfte des ebenfalls kränkelnden Ministerpräsidenten Zhou Enlai.

Stagnation und Austerität

Während der Kulturrevolution wurde um eine grundlegende Umgestaltung der sozialen und politischen Beziehungen gestritten, die Resultate nach ihrem Ende waren jedoch dürftig. Wu Yiching zufolge »änderte die Kulturrevolution trotz des zur Schau getragenen Kampfgeistes wenig an der grundlegenden strukturellen und funktionalen Spaltung zwischen Herrschenden und Beherrschten, und sie brachte auch keine tragfähige Alternative zur Avantgardepartei hervor. An ihrem Ende hinterließ die Kulturrevolution ein tief erschüttertes Regime und Dutzende Millionen desillusionierte, erschöpfte und traumatisierte Menschen.«[86] Die wirtschaftlichen Auswirkungen der politischen Turbulenzen Ende der 1960er- und Anfang der 1970er-Jahre waren trotz lokaler Krisen und wirtschaftlicher Verwerfungen weniger katastrophal, als die Ereignisse vermuten lassen.[87] Das Verhältnis zwischen Städten und Dörfern blieb im Wesentlichen unverändert, denn »die in den Städten ansässige Staatsbürokratie beutete

85 Teiwes/Sun: The End of the Maoist Era, S. 34.

86 Wu Yiching: The Strange Case of China, S. 150.

87 Siehe Carl Riskin: China's Political Economy. The Quest for Development since 1949, Oxford 1987, Kapitel 8.

die Dörfer weiterhin in der Art und Weise aus, wie sie es in früheren Jahren getan hatte«.[88] Das Militär spielte nach der Niederschlagung der kulturrevolutionären Rebellion nicht nur eine wichtige Rolle bei der politischen Umstrukturierung und der Wiederherstellung der Herrschaft der KPCh. Von 1969 bis 1971 wurden wirtschaftlich notwendige Maßnahmen zudem »den Forderungen des Militärs nach Ressourcen untergeordnet«.[89] Die Anstrengungen für eine Industrialisierung an der Dritten Front wurden als »neuer Sprung« fortgesetzt.[90]

In den späten 1960er- und frühen 1970er-Jahren schickte das Regime Millionen von (rebellischen) städtischen Jugendlichen aufs Land. Auch einige städtische Arbeiter:innen wurden aufs Land umgesiedelt, weil die Führung der KPCh so die Arbeitslosigkeit in den Städten verringern wollte. Viele Bäuerinnen und Bauern wurden derweil in städtischen Betrieben weiterhin als befristet beschäftigte »billige« Arbeitskräfte eingestellt, um die Kosten zu senken. In den späten 1960er-Jahren und in der ersten Hälfte der 1970er-Jahre waren die Betriebe gar dazu angehalten, die Zahl der städtischen Festangestellten zu verringern und sie durch befristet Beschäftigte zu ersetzen. »Dementsprechend wurde in den zehn Jahren von 1966 bis 1976 etwa 13 bis 14 Millionen Bäuerinnen und Bauern von städtischen Arbeitsverwaltungen erlaubt, in die Städte zu ziehen.«[91] Ende 1971 erkannte das Regime den vorübergehend in der Stadt arbeitenden ländlichen Migrant:innen jedoch, von einigen Ausnahmen abgesehen, den Status von Festangestellten zu. In der Folge sank der Anteil der befristet Beschäftigten in den staatlichen Unternehmen. Diese politische Entscheidung wurde vor dem Hintergrund von Konflikten zwischen den verschiedenen Fraktionen der KPCh getroffen.[92]

88 Maurice Meisner: Marx, Mao and Deng on the Division of Labour in History, in: Arif Dirlik/Maurice Meisner (Hrsg.): Marxism and the Chinese Experience, Armonk, NY 1989, S. 104. Während der Kulturrevolution hatte sich der Staat mehr um Bildung und medizinische Versorgung in den ländlichen Gebieten gekümmert. Diese Investitionen zahlten sich in den 1960er- und frühen 1970er-Jahren aus. Die Alphabetisierungsrate war gestiegen, ebenso wie die Lebenserwartung. Die Kindersterblichkeit war zurückgegangen.

89 Alexander Eckstein: China's Economic Revolution, Cambridge 1977, S. 244.

90 Barry Naughton: The Chinese Economy. Adaptation and Growth, 2. Aufl., Cambridge 2018, S. 85–86.

91 Dorothy J. Solinger: Contesting Citizenship in Urban China. Peasant Migrants, the State, and the Logic of the Market, Berkeley, CA 1999, S. 41. R. J. R. Kirby berichtet von 13 bis 14 Millionen Bäuerinnen und Bauern, die in die Städte zogen, und 17 Millionen aufs Land geschickten Jugendlichen zwischen 1966 und 1976; siehe R. J. R. Kirkby: Urbanization in China. Town and Country in a Developing Economy, 1949–2000 AD, London 1988, S. 119.

92 Michael Korzec: Labour and the Failure of Reform in China, New York 1992, S. 28. Joel Andreas zufolge »sank der Prozentsatz der Beschäftigten staatlicher Einheiten, die keinen festen Status hatten, von 14 Prozent 1970 auf 6 Prozent 1972. Das war der niedrigste Stand

In den Betrieben hatten sich Arbeiter:innen durch die Ereignisse während der Kulturrevolution einen gewissen Einfluss verschaffen können. Die sozialistischen Manager konnten die Arbeitsdisziplin nicht mehr im selben Maße durchsetzen, und Arbeiter:innen durften Kritik formulieren und äußern. Die Organisation ihrer Arbeit sowie die Arbeitsteilung hatten sich jedoch kaum verändert. Dies galt auch für die Hierarchie der Beschäftigten im Betrieb und für das Lohnsystem, das große Unterschiede zwischen Arbeiter:innen, Techniker:innen und Kadern aufwies. Die einzigen Änderungen bestanden in der »teilweisen und vorübergehenden Abschaffung individueller Zulagen und Prämien sowie in den ideologischen Kampagnen, in denen die Vorzüge moralischer Anreize gegenüber materiellen Anreizen betont wurden«.[93] Dies war auf den Druck der Linken in der Parteiführung zurückzuführen, die die Ideen des »Großen Sprungs« wieder aufleben ließen. »Austerität« war Teil dieser Strategie, und die Arbeiter:innen wurden aufgefordert, »den Gürtel enger zu schnallen und alles für den Aufbau zu geben«.[94]

Die Kulturrevolution hatte eine Generation zumeist junger Arbeiter:innen hervorgebracht, die Erfahrung in der Organisierung und im Kampf hatten. »Die radikale Rhetorik der Kulturrevolution und der frühen 1970er-Jahre, mit der die ideologische Vormachtstellung der Arbeiter:innen verherrlicht wurde, hatte einige dauerhafte, wenn auch unbeabsichtigte Auswirkungen«, konnte sie von den Arbeiter:innen doch in ihrem Sinne eingesetzt werden.[95] In den frühen 1970er-Jahren hielten sich viele junge Arbeiter:innen nicht an die Arbeitsdisziplin und missachteten Autoritäten. Die verschiedenen Arten von abweichendem Verhalten und alltäglichen Formen des Protests oder der Verweigerung waren Zeichen der sozialen Entfremdung, der Wut und der Frustration nach Jahren der Kampagnen, Bestrafungen und Ausschlüsse. In Shanghai beispielsweise ärgerten sich die

in der Geschichte der Volksrepublik«. Bis 1976 »erreichte er wieder 14 Prozent« (Andreas: Disenfranchised, S. 148).

93 Meisner: Marx, Mao and Deng on the Division of Labor in History, S. 104.

94 Naughton: Chinese Economy, S. 86. Die Konservativen unterstützten die Ankurbelung der sozialistischen Wirtschaft durch die Einhaltung einer strengen Arbeitsdisziplin. Sie plädierten jedoch für größere materielle Anreize für die Arbeiter:innen, größere private Parzellen für die Mitglieder ländlicher Kommunen und den stärkeren Einsatz von Märkten.

95 Sheehan: Chinese Workers, S. 142. »Die Respektlosigkeit der Rebell:innen erwies sich als fruchtbarer Boden für die zunehmende und generelle Missachtung der Autorität der Partei.« (Elizabeth J. Perry/Li Xun: Proletarian Power. Shanghai in the Cultural Revolution, Boulder, CO 1997, S. 191–192)

Arbeiter:innen, dass viele der leitenden Kader ihrer Arbeitseinheiten, die sie vertrieben oder degradiert hatten, mit Unterstützung der Volksbefreiungsarmee wieder auf ihre Posten gesetzt wurden.[96] Der Widerstand auf dem Lande ging derweil auch in den frühen 1970er-Jahren weiter. »Bäuerinnen und Bauern leisteten passiven Widerstand gegen Maßnahmen wie die Zentralisierung der Verwaltung innerhalb der Kommune oder die Verkleinerung der privaten Parzellen.«[97]

Die Führung der KPCh war zwar in Konservative und Linke gespalten, ging jedoch konsequent gegen den Ausdruck sozialer Unzufriedenheit und Disziplinlosigkeit vor. Die Kampagnen begannen unmittelbar nach der militärischen Niederschlagung der Kulturrevolution und wurden auch in den Betrieben durchgeführt. Sie richteten sich sowohl gegen »schlechte Elemente« – Menschen, die immer noch nach ihrem ungünstigen Klassenhintergrund aus der Zeit vor 1949 bewertet wurden – als auch gegen die Rebell:innen in Fabriken, die an den »ökonomistischen« Aktionen der späten 1960er-Jahre beteiligt gewesen waren. »Brutale Methoden wurden nun zur Wiederherstellung der Arbeitsdisziplin eingesetzt. So konnten Arbeiter:innen als Konterrevolutionäre gebrandmarkt werden, wenn sie sich nicht zur Arbeit meldeten; und nicht entlohnte Überstunden wurden als ›Loyalitätsarbeit für Mao‹ bezeichnet – in der damals herrschenden politischen Atmosphäre eine klare Drohung.«[98] Schließlich wurden in den Arbeitseinheiten die Parteisektionen wieder eingesetzt, wo sie die während der Kulturrevolution gegründeten Revolutionsausschüsse ersetzten. Trotz allem gelang es dem Regime nicht, das gleiche Maß an Kontrolle und Disziplin durchzusetzen wie noch Mitte der 1950er-Jahre. Selbst die häufigen Säuberungen und Kampagnen gegen (ehemalige) Rebell:innen, die jetzt als »Klassenfeinde« bezeichnet wurden, konnten diese nicht neutralisieren. Vielmehr lernten die unzufriedenen Arbeiter:innen, »wie sie die vage Rhetorik und die Kampagnenanweisungen der Zentralregierung als Deckmantel nutzen konnten, um ihren eigenen Interessen und Überzeugungen zu folgen«.[99] Die

96 Sheehan: Chinese Workers, S. 141.

97 Lowell Dittmer: China's Continuous Revolution. The Post-Liberation Epoch 1949–1981, Berkeley, CA 1989, S. 145; Henry S. Bradsher: China. The Radical Offensive, in: Asian Survey 11/1973, S. 989–1009.

98 Andrew G. Walder: The Chinese Cultural Revolution in the Factories. Party-State Structures and Patterns of Conflict, in: Elizabeth J. Perry (Hrsg.): Putting Class in Its Place. Worker Identities in East Asia, Berkeley, CA 1996, S. 194.

99 Sheehan: Chinese Workers, S. 143.

Rebell:innen setzten ihre Fähigkeiten nicht nur in betrieblichen Auseinandersetzungen ein, sondern auch im Rahmen politischer Widerstandsaktionen, wie wir im nächsten Kapitel sehen werden.

Die Annäherung an die USA und die »Vier Modernisierungen«
Fraktionskämpfe fanden im Apparat der KPCh und in Arbeitseinheiten im ganzen Land statt und prägten die erste Hälfte der 1970er-Jahre. Phasen linker Dominanz und Kampagnen wechselten sich mit Phasen konservativer Dominanz und Kampagnen ab. Die Konflikte in der Parteiführung über den richtigen sozialistischen Kurs verhinderten, dass entscheidende Reformen umgesetzt wurden. Es gab jedoch eine wichtige Ausnahme: Mao und die konservative Fraktion entschieden sich für die Annäherung an den bisherigen Feind USA. Ein Jahrzehnt lang hatte sich die Führung der KPCh an zwei Fronten durch die Regime in den USA und in der Sowjetunion bedroht gesehen und umfangreiche Ressourcen für Verteidigungsmaßnahmen mobilisiert. Die Entscheidung für eine Annäherung an die USA veränderte das geopolitische Kräfteverhältnis und kann als erster Schritt der Wiedereingliederung der VR China in den globalen Kapitalismus angesehen werden.

Die Spannungen zwischen der VR China und der Sowjetunion hatten nach dem Bruch 1960 während der gesamten 1960er-Jahre angehalten. Im März 1969 führten sie zu einer kurzen militärischen Konfrontation um eine Insel im Grenzfluss Ussuri. Im Oktober 1969 wurde die Volksbefreiungsarmee gegen einen angeblich unmittelbar bevorstehenden Angriff von sowjetischer Seite mobilisiert. Zu weiteren Spannungen kam es im Dezember 1978, als die Armee Vietnams, einem Verbündeten der Sowjetunion, in Kambodscha einmarschierte. Sie wollte die Regierung der Roten Khmer stürzen, die von der VR China unterstützt wurde. Die KPCh befürchtete eine Ausweitung der sowjetischen Einflusssphäre in Südostasien und zog im Februar/März 1979 in den Krieg gegen Vietnam.[100]

Den Weg für eine Annäherung an die USA ebnete Anfang der 1970er-Jahre die informelle, sogenannte Tischtennis-Diplomatie

100 Der Versuch der Regierung der VR China, Vietnams Regierung eine Lektion zu erteilen, scheiterte. »Vielmehr wurde der Volksbefreiungsarmee eine Lektion erteilt: Sie musste erkennen, dass sie nicht darauf vorbereitet war, gegen so kampferprobte Truppen wie die vietnamesischen zu bestehen. Die Kosten in Form von Menschenleben und Sachschäden waren enorm, trotz der kurzen Dauer des Krieges.« (Rebecca E. Karl: Mao Zedong and China in the Twentieth-Century World, Durham, NC 2010, S. 165)

mit Vertreter:innen der US-Regierung.[101] Im November 1971 trat die VR China den Vereinten Nationen bei und erhielt einen Sitz im UN-Sicherheitsrat, wo sie den Platz der Republik China (Taiwan) einnahm. Im Februar 1972 besuchte US-Präsident Richard Nixon Beijing. Das Regime der KPCh »profitierte enorm von der Niederlage der USA im Krieg in Vietnam«, die damals schon absehbar war. Die US-Regierung war gezwungen, ihre Strategie in Asien neu zu bestimmen, und dies bot der Führung der KPCh die Gelegenheit, »Chinas Isolation aufzubrechen«.[102] Vor allem die Konservativen sahen in den verbesserten Beziehungen zu den USA eine Chance. Sie wollten den Zugang zu modernen Technologien erhalten und den Handel mit westlichen Ländern ausbauen, um so die wirtschaftliche Entwicklung in der VR China voranzubringen.[103] Das Regime öffnete die bisherige, auf Autarkie abzielende Politik und begann 1972 mit dem Technologieimport aus den hoch entwickelten Industrieländern, vor allem von Anlagen zur Herstellung von chemischen Düngemitteln und Kunstfasern.[104] »1971 verzeichnete Chinas Außenhandel einen Tiefstand und machte fünf Prozent des BIP aus. Bis 1975 hatte sich der Außenhandel dann verdreifacht. Von Mao Zedong unterstützt, leiteten Zhou Enlai und Deng Xiaoping eine große Wende in der Wirtschaftspolitik ein.«[105]

Die wirtschaftliche Entwicklung verlief jedoch nicht so reibungslos, wie das Regime gehofft hatte, und die Erweiterung des Außenhandels führte zu Problemen mit der Zahlungsbilanz. Darüber hinaus »wurde die Wirtschaftspolitik zwischen 1974 und 1976« durch den Machtkampf innerhalb des Regimes zwischen der linken und der konservativen Fraktion um Deng Xiaoping »gelähmt«.[106] Ministerprä-

101 Im April 1971 besuchte eine US-amerikanische Tischtennismannschaft auf Einladung von Mao Zedong die VR China. Es wird davon ausgegangen, dass dieser Besuch die Tür auch für politische Kontakte öffnete.

102 Richard C. Kraus: The Cultural Revolution. A Very Short Introduction, Oxford 2012, S. 99.

103 Von diesem Zeitpunkt an entwickelten sich die Handelsbeziehungen der VR China mit anderen Staaten. In den 1970er-Jahren geschah dies noch eher stockend, später dann stetiger. Vorangetrieben wurde der Prozess zum einen durch die Zunahme von Geschäften über das Finanz- und Handelszentrum Hongkong, damals noch eine britische Kolonie, zum anderen durch die Verlagerung von Produktionskapazitäten aus Europa und Nordamerika nach Ostasien (zunächst nach Japan, dann in die Tigerstaaten und später in die VR China und Südostasien). Mehr dazu in den folgenden Kapiteln.

104 Riskin: China's Political Economy, S. 193.

105 Kraus: The Cultural Revolution, S. 82; siehe auch Eckstein: China's Economic Revolution, Kapitel 7; Philippe Lionnet: Anpassungen der Wirtschaftspolitik in der Volksrepublik China. Die Scharnierjahre 1974/1975, in: Ulrich Mählert et al. (Hrsg.): Jahrbuch Historische Kommunismusforschung 2020, Berlin 2020, S. 155–171.

106 Naughton: Chinese Economy, S. 87.

sident Zhou Enlai war unheilbar krank, er stellte sich jedoch hinter Deng, um weitere Reformen voranzutreiben. 1975 setzte Zhou die »Vier Modernisierungen« wieder auf die Agenda, ein Programm, das er bereits in den frühen 1960er-Jahren entwickelt hatte. Es umfasste massive Investitionen in die Landwirtschaft, die Industrie, die Landesverteidigung sowie in Wissenschaft und Technologie.[107] 1975 gab Deng drei Papiere in Auftrag, die die linke Fraktion als die »drei giftigen Unkräuter« bezeichnete. Diese Dokumente »nahmen genau die Maßnahmen vorweg«, die nach 1978 offiziell umgesetzt werden sollten.[108] Sie »unterstrichen die Bedeutung [...] von Kontrolle, der Bekämpfung von Anarchie und der Erfüllung von Produktionszielen« und sprechen sich aus für »die Konsolidierung, für die Rationalisierung und für die Überwindung von Exzessen in den Fabriken, die auf die Reformen während der Kulturrevolution zurückgehen«.[109] Die »Modernisierungen« sollten den Sozialismus der VR China festigen und die Herrschaft der KPCh sichern. Bevor sie durchgeführt werden konnten, musste jedoch der Konflikt zwischen den Fraktionen in der Führung überwunden werden.[110] Wieder war es eine massenhafte Protestbewegung, in diesem Fall die sogenannte 5.-April-Bewegung 1976, die die Blockierung durchbrach und eine Übergangsperiode einleitete, die das Land letztlich vom Sozialismus in den Kapitalismus führen sollte.

Synopsis: Die Revolution lässt auf sich warten

Der Sozialismus, der sich in den 1950er-Jahren in der VR China herausbildete, wäre ohne die von der KPCh angeführte revolutionäre Bewegung nicht entstanden. Revolutionär war die Bewegung damals in dem Sinne, dass sie nicht nur einen Wechsel in der Führung des chinesischen Staates durchsetzen konnte, sondern auch einschneidende Veränderungen im sozialen, wirtschaftlichen und politischen

107 »Manche halten Zhou für den ersten Reformer seit der Gründung der VR China. Er war der Erste, der sich für die ›vier Modernisierungen‹ starkmachte. Diese werden oft Deng Xiaoping zugesprochen, obwohl sich dieser eng an Mao hielt und nicht für politische Reformen aussprach.« (Michael Dillon: China's Rulers. The Fifth Generation Takes Power [2012–13], London 2012, S. 12)

108 Riskin: China's Political Economy, S. 194; englische Versionen dieser Dokumente finden sich in Chi Hsin: The Case of the Gang of Four, Hongkong 1977. Die Papiere wurden vom Büro für Politikforschung des Staatsrats verfasst, das Deng zu dieser Zeit kontrollierte.

109 Mark Selden (Hrsg.): The People's Republic of China. A Documentary History of Revolutionary Change, New York 1979, S. 142.

110 Mehr zu den entscheidenden Konflikten und wie sie »gelöst« wurden, siehe Alessandro Russo: How Did the Cultural Revolution End? – The Last Dispute between Mao Zedong and Deng Xiaoping, 1975, in: Modern China 3/2013, S. 239–279.

Gefüge mit sich brachte. Während der sozialistischen Periode von Mitte der 1950er- bis Mitte der 1970er-Jahre verfolgte die Führung der KPCh keine stringente Linie. Sie passte den Marxismus-Leninismus an die Gegebenheiten an und versuchte, die Herrschaft der Partei aufrechtzuerhalten und zu festigen. Ihr politischer Kurs blieb jedoch sprunghaft und widersprüchlich. Oft reagierte sie lediglich auf Klassenauseinandersetzungen im Inneren sowie auf globale, geopolitische Wendungen.

Um größere soziale Konflikte wie die während der Hundert-Blumen-Bewegung und der Kulturrevolution in den Griff zu bekommen, entwickelte das Regime Methoden der Eindämmung. Diese bestanden aus einer wechselnden Mischung von Repression, Zugeständnissen und Kooptierung gefolgt von umfassenderen Reformbemühungen wie dem »Großen Sprung«. Diese Methoden der Eindämmung sind auch in der folgenden Übergangsperiode von Mitte der 1970er- bis Mitte der 1990er-Jahre und in der anschließenden kapitalistischen Periode zu beobachten, wie wir in den folgenden Kapiteln sehen werden.

Nach dem Scheitern des »Großen Sprungs« stand die KPCh vor ernsten Problemen. Unter Bäuerinnen und Bauern hatte sie erheblich an Legitimität eingebüßt. Viele Arbeiter:innen waren unzufrieden wegen der enttäuschten Hoffnungen, ihrer sozialen Diskriminierung und fehlenden Zukunftsperspektiven. Schließlich versuchte Mao, das sozialistische Projekt neu zu beleben, die »Prokapitalist:innen« in der Parteibürokratie zu bekämpfen und wieder das Ruder in die Hand zu nehmen. Die von ihm ausgerufene Kulturrevolution geriet außer Kontrolle, weil unzufriedene befristet Beschäftigte, Binnenmigrant:innen, umgesiedelte städtische Arbeiter:innen und aufs Land geschickte Jugendliche die Chance nutzten, um für materielle Verbesserungen und gegen das sozialistische Regime zu kämpfen. Dissident:innen aus diesen sozialen Gruppen formulierten eine radikale linke Kritik. Diese Kritik basierte zwar auf maoistischen Vorstellungen von Klassenkampf, ging jedoch über das hinaus, was Mao darunter verstanden hatte.

Als die Rebellenbewegung und die subversive Kritik einiger ihrer Protagonist:innen die Herrschaft der KPCh zu untergraben drohten, setzte die Parteiführung die Volksbefreiungsarmee ein. Die Rebellion scheiterte nicht nur aufgrund der Unterdrückungsmaßnahmen. Auch die erfolgreiche Kooptierung von Rebellenführer:innen sowie interne Konflikte und Auseinandersetzungen zwischen verschiedenen Rebellengruppen spielten hier eine Rolle. Die Bewegung schaffte es nicht, die Rebellion fortzusetzen und einen radikaleren Kurs gegen das sozialistische Klassensystem durchzusetzen.

Das Regime der KPCh überstand den Angriff des unzufriedenen Proletariats und konnte die bereits begonnene Implosion des sozialistischen Staates Ende der 1960er-Jahre noch abwenden. Der Parteiführung war jedoch klar, dass sie Veränderungen vornehmen musste, damit das Regime langfristig überleben konnte. Ab Anfang der 1970er-Jahre führte sie Wirtschaftsreformen durch und änderte ihre Außenpolitik. Die Annäherung an die USA sollte den Druck von außen verringern und der VR China Zugang zu ausländischen Ressourcen und Technologien verschaffen. Rückblickend wird klar, dass die Zeit zwischen 1971 und Maos Tod 1976 die letzte Phase des Sozialismus in der VR China darstellte. Ein Übergangsprozess begann, der das Land in den Kapitalismus führen sollte, auch wenn das damals noch nicht absehbar war.

Kapitel 3

Der Übergang zum Kapitalismus von Mitte der 1970er- bis Mitte der 1990er-Jahre

In diesem Kapitel erörtere ich die historische Entwicklung in der Übergangsperiode vom Ende der sozialistischen Periode Mitte der 1970er-Jahre bis zum Beginn der kapitalistischen Periode Mitte der 1990er-Jahre. Wie in der sozialistischen Periode lässt sich das Muster von Protesten erkennen, auf die Eindämmungsmaßnahmen wie Repression, Zugeständnisse und Kooptierung und schließlich Reformen folgen. Erneut markieren Massenproteste den historischen Wendepunkt, diesmal mit ihren Forderungen nach politischen Veränderungen und mehr demokratischer Beteiligung. Der Tod von Ministerpräsident Zhou Enlai Anfang 1976 löste die 5.-April-Bewegung mit großen Demonstrationen für politische Reformen aus. Zwei Jahre später entstand in Beijing und anderen Städten die Demokratiemauer-Bewegung, die den Kampf für ein offeneres und demokratischeres Konzept des Sozialismus fortsetzte.

Die 5.-April-Bewegung wurde brutal unterdrückt. Nach dem Tod Mao Zedongs im Spätsommer 1976 änderte sich jedoch die politische Situation. Die konservative Fraktion in der Führung der Kommunistischen Partei Chinas (KPCh) inszenierte einen erfolgreichen Putsch und entmachtete die linken Rival:innen um die sogenannte Viererbande. Eine Gruppe um den rehabilitierten Deng Xiaoping übernahm die Führung. Sie kooptierte die Forderungen nach einem demokratischen Wandel und verkündete 1978 offiziell ihre Politik wirtschaftlicher »Reform und Öffnung«. In den folgenden Jahren verteilte sie Ackerland an Bauernfamilien, und die ländliche Industrie erfuhr einen Aufschwung. Das Regime schuf Sonderwirtschaftszonen und erlaubte ausländischem Kapital, dort zu investieren. Die notwendigen Arbeitskräfte migrierten vom Land in diese Zonen und die Städte. Mitte der 1980er-Jahre wurde ein Arbeitsvertragssystem und ein Arbeitsmarkt eingeführt. Die schrittweise Umgestaltung der Planwirtschaft und der städtischen Industrien führte jedoch zu wirtschaftlichen Turbulenzen,

Korruption von Kadern und sozialen Unruhen. Die Reformen brachten auch eine Neuordnung der Geschlechterverhältnisse mit sich. Das Regime lancierte die sogenannte Ein-Kind-Politik, um das Bevölkerungswachstum zu bremsen – ein direkter Eingriff in die körperliche Autonomie der Frauen*. Im Rahmen der neuen sexistischen Arbeitsteilung wurden Arbeitsmigrantinnen in neuen Fabriken und im städtischen Dienstleistungssektor ausgebeutet. Der Rückzug von Staat und Partei aus bestimmten Bereichen des Alltags und der Wirtschaft sowie die Lockerung der Migrationskontrollen eröffneten Frauen* jedoch auch neue Möglichkeiten, mehr Kontrolle über ihr Leben zu erlangen.

Streiks und andere Formen sozialer Proteste von Arbeiter:innen und Student:innen im Laufe der 1980er-Jahre gipfelten in der Tian'anmen-Platz-Bewegung 1989. Millionen von Menschen in mehreren Städten, darunter Student:innen und Arbeiter:innen, forderten eine politische Öffnung, ein Ende der Korruption und bessere Lebensbedingungen. Wie während der Kulturrevolution setzte die Parteiführung die Volksbefreiungsarmee ein, um den Aufstand niederzuschlagen. Während die sozialistischen Regime in Osteuropa Ende der 1980er- und Anfang der 1990er-Jahre zusammenbrachen, konnte sich das Regime der KPCh behaupten. Nach der Tian'anmen-Platz-Bewegung folgten in der Volksrepublik (VR) China mehrere Jahre der Unterdrückung und eines konservativen Backlash. Erst nach 1992 nahm das KPCh-Regime, das sich mittlerweile konsolidiert hatte, die Reformen offiziell wieder auf. Ausländische Investitionen flossen in noch größerem Maße in die verarbeitende Industrie und Millionen wanderten aus den Dörfern in die Städte und Sonderwirtschaftszonen, um dort in den neuen Betrieben zu arbeiten. Die VR China wurde so zur »Fabrik der Welt«. In der Zwischenzeit beschleunigte das Regime den Umbau der sozialistischen Planwirtschaft und restrukturierte oder privatisierte die vom Staat betriebenen Unternehmen. Dies markierte den endgültigen Übergang zum Kapitalismus.

Unmut: Soziale Kämpfe und Demokratiebewegungen, 1974–1980

Arbeiterunruhen und Proteste für einen politischen Wandel begannen bereits vor der 5.-April-Bewegung 1976, und sie hielten auch nach dem offiziellen Beginn der Reformen 1978 an. Angetrieben wurden sie durch die fortgesetzte Erfahrung von Ausbeutung, Unterdrückung und Säuberungen ab Anfang der 1970er-Jahre. Die autoritäre Herrschaft der Führung der KPCh sah sich herausgefordert, traten die Protagonist:innen dieser Proteste doch für eine alternative Version des Sozialismus ein. Die 5.-April-Bewegung 1976 trug letztlich zur Entmachtung der linken Fraktion in der Parteiführung bei, und die weiteren Mobilisierungen ab 1978 schufen den Raum, den die Fraktion um Deng Xiaoping nutzte, um nach 1978 ihre Reform- und Öffnungspolitik durchzusetzen.

Unruhe in den Betrieben

Fraktionskämpfe in den Arbeitseinheiten und Massenorganisationen, die Korruption und Willkür der Kader sowie niedrige Löhne und Wohnungsprobleme führten in der ersten Hälfte der 1970er-Jahre zu Unzufriedenheit und lösten mehrfach Proteste aus. Ab 1973 nutzten ehemalige Rebellenaktivist:innen die Parteikampagne »Kritisiert Lin Biao und Konfuzius«, um materielle Forderungen durchzusetzen.[1] Ihre »Kritik konnte kämpferische Züge annehmen. Das war der Fall, wenn sie sich gegen bestimmte Formen von Anreizen richtete, die zu einer ungleichen Verteilung von Geld oder Arbeitsaufgaben führten; wenn sie sich gegen ihren Ausschluss von technischen Entscheidungen oder Planungsarbeiten wandte; wenn sie auf dem Recht bestanden, bei der Planung der Fabrikproduktion konsultiert zu werden; oder wenn sie harte Arbeitsbedingungen, schlechte Sanitäreinrichtungen und Kantinen oder Kaderprivilegien anprangerten.«[2] Die Arbeiter:innen verließen ihre Arbeitsplätze, beteiligten sich an Fraktionskämpfen und übten so kollektiven Druck aus, um ihre Forderungen durchzusetzen. Anfang 1974 initiierte die linke Fraktion in der KPCh-Führung eine weitere Kampagne gegen Kaderprivilegien und Formen der Korruption »durch die Hintertür«. Auch diese Kampagne war unter den Arbeiter:innen populär und wurde bereits nach einem Monat wieder eingestellt, weil die Parteiführung eine Radikalisierung fürchten musste.[3]

1 Die Kampagne »Kritisiert Lin Biao und Konfuzius« dauerte bis 1976. Sie wurde jedoch ab 1974 zurückgefahren, weil die Parteiführung befürchtete, dass sie aus dem Ruder laufen könnte. Diese Kampagne wurde von der linken Fraktion in der Führung der KPCh forciert und umfasste Debatten und Schulungskurse, in denen eine linke Interpretation der chinesischen Geschichte propagiert wurde. Angriffsziel der Kampagne war die konservative Fraktion in der Führung, einschließlich Ministerpräsident Zhou Enlai. Zur Kampagne gehörten auch kämpferische Massenmobilisierungen für die Rehabilitierung von Rebell:innen, die seit 1968 Säuberungen zum Opfer gefallen waren, sowie für die Durchsetzung der Parteimitgliedschaft für ehemalige Rebellenaktivist:innen.

2 Stephen Andors: The Dynamics of Mass Campaigns in Chinese Industry. Initiators, Leaders, and Participants in the Great Leap Forward, the Cultural Revolution, and the Campaign to Criticize Lin Biao and Confucius, in: Critical Asian Studies 4/1976, S. 37–46.

3 Jackie Sheehan: Chinese Workers. A New History, London 1998, S. 145.

Die Protagonist:innen setzten in diese Kampagnen ihre besonderen kollektiven Fähigkeiten ein, die sie sich in der Phase der massenhaften Selbstorganisierung während der Kulturrevolution erworben hatten – etwa die Fähigkeit zur Organisierung eines Protestes. Radikale Rhetorik »mischte sich oft mit Forderungen, die die Arbeit betrafen (dieselben, die seit 1966 ignoriert und unterdrückt worden waren)«.[4] Die Arbeiterrebell:innen ließen bei diesen Mobilisierungen ihre Verbindungen aus den späten 1960er-Jahren wieder aufleben. Für sie war dies viel einfacher als für die studentischen Rebell:innen, von denen viele seit den späten 1960er-Jahren aufs Land geschickt worden waren. Anders als an den Universitäten war der Fraktionskampf in vielen Betrieben auch nach dem Einsatz der Volksbefreiungsarmee gegen die Rebellion fortgesetzt worden.

Alarmiert durch die Arbeiteraktionen brachte die KPCh-Führung im April 1974 das sogenannte Dokument Nr. 12 heraus, das »spontane Massenorganisationen« und *chuanlian* (Verbindungsaufnahmen) über Arbeitseinheiten und Regionen hinweg verbot.[5] Die Protestwelle ging jedoch weiter und erreichte im Spätsommer 1974 mit dem »Vorfall auf dem Baiyun-Berg« in Guangzhou ihren Höhepunkt: »Eine Menge von mehr als 100 000 Menschen, hauptsächlich Fabrikarbeiter:innen und Jugendliche, die aufs Land geschickt worden waren, bestiegen den Baiyun-Berg, vorgeblich um ihre Vorfahren gemäß den Traditionen des Mittherbstfestes zu ehren. Viele von ihnen nutzten die Gelegenheit, um gegen Kaderprivilegien und andere Ungerechtigkeiten zu protestieren.«[6] Im Jahr 1975 kam es dann zu einer Serie von Streiks, zum Beispiel in Hangzhou und Wuhan.[7]

Li-Yi-Zhe und die sozialistische Demokratie

Es waren linke politische Dissident:innen mit Wurzeln in der Rebellenbewegung der späten 1960er-Jahre, die Mitte und Ende der 1970er-Jahre die Demokratiebestrebungen initiierten. Die ersten prominenten Protagonist:innen waren die Mitglieder der sogenannten Li-Yi-

4 Andrew G. Walder: The Chinese Cultural Revolution in the Factories. Party-State Structures and Patterns of Conflict, in: Elizabeth J. Perry (Hrsg.): Putting Class in Its Place. Worker Identities in East Asia, Berkeley, CA 1996, S. 196.

5 Wang Shaoguang: Failure of Charisma. The Cultural Revolution in Wuhan, Oxford 1995, S. 242.

6 Anita Chan/Stanley Rosen/Jonathan Unger (Hrsg.): On Socialist Democracy and the Chinese Legal System. The Li Yizhe Debates, Armonk, NY 1985, S. 8–9.

7 Andrew G. Walder: Workers, Managers and the State. The Reform Era and the Political Crisis of 1989, in: China Quarterly 127, 1991, S. 468–469.

Zhe-Gruppe in Guangzhou.[8] Sie verfasste mehrere Texte, darunter im April 1974 »Was muss in Guangdong getan werden?«. Dies war das erste nicht autorisierte Plakat, das seit der Auflösung der Rebellenorganisationen und der Roten Garden einige Jahre zuvor öffentliche Aufmerksamkeit erregen konnte. Der Text markierte den Beginn eines »Plakatkriegs«, bei dem auf Wandplakaten die Privilegien der lokalen Kader angegriffen und die Rehabilitierung der Opfer der Kulturrevolution gefordert wurden.[9] Solche Plakate wurden in Städten in allen Teilen der VR China aufgehängt.

Auch die Li-Yi-Zhe-Gruppe nutzte die Ende 1973 gestartete Kampagne »Kritisiert Lin Biao und Konfuzius« und griff die »unterdrückerische ultralinke Politik« an, die sie mit Lin Biao in Zusammenhang brachte. Sie kritisierte den Personenkult um Mao Zedong und behauptete, »dass willkürliche Unterdrückung endemischer Bestandteil des Herrschaftssystems geworden war«.[10] Auf einem Plakat mit dem Titel »Sozialistische Demokratie« beklagte sie »den Aufstieg einer neugeborenen Bourgeoisie« oder »neuen Adelsclique«. Diese unterdrücke »die Volksmassen, die sich gegen ihre besonderen Privilegien auflehnen«. Sie thematisierte auch das schon lange anhaltende Einfrieren der Löhne.[11] Das Plakat hatte großen Einfluss sowohl auf die 5.-April-Bewegung 1976 als auch auf die Demokratiemauer-Bewegung zwei Jahre später. Es zeigte die komplexen Motive hinter den Protestbewegungen der 1970er-Jahre. Deren Wut über die Austeritätspolitik sowie wirtschaftliche Forderungen vermischten sich mit der Kritik am sozialistischen System und an der sozialistischen Klassenherrschaft.[12]

8 Li-Yi-Zhe steht für eine Gruppe von ehemaligen Rebellen der Roten Garden: Li Zhengtian, Chen Yiyang und Wang Xizhe. Sie benutzten jeweils eine Silbe ihres Namens für ihr Pseudonym.

9 Chan/Rosen/Unger: On Socialist Democracy and the Chinese Legal System, S. 5.

10 Ebd., S. 10–11.

11 Ebd., S. 12; der gesamte Text ist dokumentiert in Chan/Rosen/Unger: On Socialist Democracy and the Chinese Legal System, S. 31–86, und in Gregor Benton/Alan Hunter (Hrsg.): Wild Lily, Prairie Fire. China's Road to Democracy, Yan'an to Tian'anmen, 1942–1989, Princeton, NJ 1995, S. 134–145.

12 Jackie Sheehan schreibt zu diesem Text: »Diese Verflechtung politischer und wirtschaftlicher Anliegen war inzwischen charakteristisch für die Arbeiterproteste geworden und blieb es auch während der 5.-April-Bewegung, der Demokratiemauer-Bewegung und der Demokratiebewegung 1989.« (Sheehan: Chinese Workers, S. 146) Chan, Rosen und Unger unterstreichen andere Beweggründe der Rebell:innen der Roten Garden. Viele von ihnen kamen aus städtischen Familien und ihre Eltern arbeiteten in Verwaltungen und Büros. »Deswegen hatten diese Jugendlichen gute Gründe, gegen die ›antibürgerliche‹ Politik des radikalen Flügels nach 1968« und gegen die KPCh eingestellt zu sein. Viele von ihnen waren nach 1968 aufs Land geschickt und die »Absicherung und [der] Status ihrer Eltern« waren ausgehöhlt worden (Chan/Rosen/Unger: On Socialist Democracy and the Chinese Legal System, S. 6).

Die Plakate von Li-Yi-Zhe fanden weite Verbreitung, und sie spielten auch eine Rolle im Fraktionskampf innerhalb der KPCh. Regionale Kader der konservativen Fraktion nutzten sie, um gegen die linke Fraktion vorzugehen. Mitglieder von Li-Yi-Zhe halfen auch, Druck auf Beamte auszuüben, damit diese einige derjenigen rehabilitieren, die in den späten 1960er-Jahren von der Volksbefreiungsarmee verfolgt worden waren. Die zentrale Parteiführung, die Konservative und Linke umfasste, schlug jedoch in dem Moment zurück, als Li-Yi-Zhes Kritik expliziter und grundsätzlicher wurde – wie in dem Text »Sozialistische Demokratie« gegen die »neugeborene Bourgeoisie«. Li-Yi-Zhe-Mitglieder wurden verhaftet, auf Dutzenden sogenannter Kampfsitzungen gedemütigt und schließlich aufs Land verbannt.[13]

Die 5.-April-Bewegung

Unzufriedenheit und Proteste kulminierten in der 5.-April-Bewegung 1976. Joel Andreas sieht die Bewegung als eine Reaktion auf die linke Offensive gegen die »bürokratische Klasse« und die Konservativen in der Führung der KPCh, zu der auch die Kampagne »Kritisiert Lin Biao und Konfuzius« gehörte.[14] Tatsächlich wurde die 5.-April-Bewegung von konservativen Gruppen vorangetrieben und richtete sich gegen die Linken in der Führung. An den Demonstrationen beteiligten sich jedoch diverse Gruppen aus beiden Fraktionen.

Ausgelöst wurde die Bewegung durch den Umgang des Regimes mit dem Tod von Zhou Enlai im Januar 1976, der als respektlos und unpassend empfunden wurde. Zwischen dem 28. März und dem 6. April fanden in Beijing, Nanjing und anderen Städten Demonstrationen statt. Diese nahmen immer größere Ausmaße an. Insgesamt

13 Chan/Rosen/Unger: On Socialist Democracy and the Chinese Legal System, S. 13–15. Im März 1977 wurden sie inhaftiert, aber bereits im Dezember 1978 rehabilitiert. Zu dem Zeitpunkt nutzte das Regime selbst bereits die Li-Yi-Zhe-Kritik an der Ultralinken für seine eigenen Zwecke (ebd., S. 15–17). Zwei der drei Vertreter, Li Zhengtian und Wang Xizhe, blieben politisch aktiv, sprachen sich Chan, Rosen und Unger zufolge jedoch »für die Unterstützung der reformistischen Führer Chinas aus. Beide wandten sich einem humanistischen Marxismus zu.« (Ebd., S. 19) »Kampfsitzungen« wurden in den 1950er-, 1960er- und 1970er-Jahren einberufen. Politisch Verdächtige oder Klassenfeinde wurden unter Druck gesetzt, Selbstkritik zu üben und Versäumnisse oder Verbrechen zuzugeben. Dies konnte Demütigungen und Schläge nach sich ziehen und zu weiterer Verfolgung oder sogar zur Hinrichtung führen.

14 Joel Andreas: Disenfranchised. The Rise and Fall of Industrial Citizenship in China, Oxford 2019, S. 156–157.

sollen sich weit über eine Million Menschen beteiligt haben.[15] Mitunter kam es zu Zusammenstößen mit Sicherheitskräften.

Die Massentrauer um Zhou zeigte die Unzufriedenheit mit der linken Fraktion in der Führung der KPCh. Diese wurde nicht nur für die häufigen Säuberungsaktionen und Bestrafungen seit Ende der 1960er-Jahre, sondern auch für die Austeritätspolitik verantwortlich gemacht, die hinter den niedrigen Löhnen und Sozialleistungen stand. Eine zentrale Rolle spielten junge Arbeiter:innen, unter ihnen viele aufs Land geschickte und zurückgekehrte Jugendliche sowie informelle Gruppen ehemaliger Rotgardist:innen. Sie nutzten ihre Erfahrungen aus der Kulturrevolution, um Protesttraditionen wiederzubeleben und weiterzuentwickeln. Sie sprachen sich erneut für die fünf »großen Freiheiten« aus – *daming dafang* (»großes öffentliches Auftreten und große Öffnung«), *da bianlun* (»große Debatten führen«), *dazibao* (»Plakate mit großen Schriftzeichen schreiben«) und *da chuanlian* (»große Verbindungsaufnahme«) – sowie für das Recht auf Rebellion (*zaofan*).[16] Die Koordinierung fand weitgehend innerhalb von Arbeitseinheiten statt, aber es gab auch Verbindungen, die über Arbeitseinheiten und Regionen hinausgingen.

Jackie Sheehan schreibt, dass die 5.-April-Bewegung »größtenteils von der Basis« ausging. Ihr zufolge richteten sich die Arbeiter:innen in so großer Zahl offen gegen die linke Fraktion in der Parteiführung, weil sie »desillusioniert waren durch endlose politische Studiensitzungen, in denen ihnen ein dogmatischer Maoismus aufgezwungen wurde, während die Wirtschaft und ihr Lebensstandard stagnierten und die Arbeitsmoral auf einen historischen Tiefstand gesunken war«.[17] Ähnlich beschreibt Sebastian Heilmann die Bewegung als Ergebnis und Ausdruck einer langfristigen Entwicklung, »einer kollektiven Abwendung von den Inhalten, Methoden und Folgen der Kulturrevolution und einer Gegenbewegung gegen den alles erstickenden ›Klassenkampf-Hochdruck‹ jener Jahre«.[18]

15 Die Zahl ergibt sich aus der Addition der Demonstrant:innen in verschiedenen Städten; Sebastian Heilmann: Sozialer Protest in der VR China. Die Bewegung vom 5. April 1976 und die Gegen-Kulturrevolution der siebziger Jahre, Hamburg 1994, S. 93–94. Der Name 5.-April-Bewegung geht auf die Demonstrationen am 5. April 1976 zurück, dem Tag des jährlichen Qingming-Festes, an dem in China der Toten gedacht wird. Die größte Demonstration fand auf dem Tian'anmen-Platz in Beijing statt und wird auch als »Tian'anmen-Zwischenfall« bezeichnet.

16 Ebd., S. 130.

17 Sheehan: Chinese Workers, S. 148.

18 Heilmann: Sozialer Protest in der VR China, S. 2.

Eine Bewegung dieser Größe und Wirkung war für die Parteiführung ein Schock, vor allem für die linke Fraktion. Das Regime brandmarkte die Bewegung offiziell als »konterrevolutionär« und unterdrückte sie, noch bevor sie dauerhafte Organisationen und Strukturen aufbauen konnte. Die Organisator:innen der Proteste wurden systematisch verfolgt. Die linke Fraktion in der Führung revanchierte sich zudem, indem sie ihre laufende »Kampagne gegen den Wind von rechts« verschärfte und besonders Deng Xiaoping angriff, dem exponiertesten Führer der konservativen Fraktion in der KPCh-Führung.[19] Für die konservativen Mitglieder der Parteiführung hingegen war die 5.-April-Bewegung eine Warnung, die »ihnen zeigte, dass die Beziehungen zwischen Partei und Volk radikal verändert werden mussten, bevor es zu spät war«.[20]

Die Demokratiemauer-Bewegung

Eine weitere Demokratiebewegung entstand unmittelbar vor der offiziellen Ankündigung von Reformen im Jahr 1978. Ausgelöst wurde sie durch die öffentliche Debatte über die Rehabilitierung von »Rechtsabweichler:innen« und anderen Opfern von Säuberungen vor 1976 und besonders durch die Rücknahme der offiziellen Verurteilung der 5.-April-Bewegung. Plakate mit großen Schriftzeichen wurden ab Oktober 1978 und den ganzen Winter über in Beijing, Guangzhou, Shanghai und anderen Orten aufgehängt. In Beijing hingen sie vor allem an einer Backsteinmauer in der Nähe der Xidan-Straße im Stadtzentrum. Dieser Ort wurde als »Demokratiemauer« bekannt.

Die meisten an der Bewegung Beteiligten waren »staatlich beschäftigte Arbeiter:innen und Techniker:innen«, die sich »fast ausnahmslos mit der Sache der Arbeiter:innen und Bauern« identifizierten.[21] Die Autor:innen vieler Plakate warben für Menschenrechte und mehr Demokratie oder kritisierten die Parteibürokratie und die Privilegien der Kader. Einige Plakate waren offensichtlich von früheren Debatten

19 Dies war die letzte Offensive der Linken vor dem Sturz der »Viererbande« im Herbst 1976. Für weitere Informationen zur 5.-April-Bewegung siehe Sebastian Heilmann: The Social Context of Mobilization in China. Factions, Work Units and Activists during the 1976 April Fifth Movement, in: China Information 3/1993, S. 1–19; Frederick C. Teiwes/Sun Warren: The End of the Maoist Era. Chinese Politics during the Twilight of the Cultural Revolution, 1972–1976, Armonk, NY 2007, S. 471–488.

20 Sheehan: Chinese Workers, S. 151–152.

21 Gregor Benton (Hrsg.): Wild Lilies, Poisonous Weeds. Dissident Voices from People's China, London 1982, S. 4.

beeinflusst, insbesondere von jenen um die Li-Yi-Zhe-Texte.[22] Weitere Themen der Plakate waren die Wohnungsnot in den Städten, der niedrige Lebensstandard, Ungleichheit, Machtmissbrauch durch Funktionäre und Beamte, Korruption und der »eiserne Sessel« (die lebenslange Amtszeit von Kadern).[23] Gregor Benton schreibt: »Die demokratische Bewegung bemühte sich, ihre soziale Basis zu verbreitern, indem sie Kämpfe für höhere Löhne und bessere Bedingungen in den Fabriken organisierte, bekannt machte und verteidigte.«[24] Entsprechend fanden Missstände und Konflikte in den Betrieben, die Ende der 1970er-Jahre wieder aufkamen, ihren Ausdruck in den Wandplakaten. Zum Beispiel wurde auf ihnen die ungerechte Verteilung von Löhnen und Prämien kritisiert.

Die Demokratiemauer-Bewegung war bis 1980 aktiv. Zu dem Zeitpunkt begannen sich – wie bereits während der Hundert-Blumen-Bewegung 1957 – Ereignisse in Osteuropa auf die Situation in der VR China auszuwirken, und der Raum für Unmutsäußerungen wurde enger. Diesmal wurde in offiziellen und inoffiziellen Medien über die wilde Streikbewegung berichtet, die im August 1980 auf der Lenin-Werft im polnischen Gdansk begonnen hatte.[25] Die KPCh-Führung befürchtete eine Streikbewegung im eigenen Land – eine Angst, die sie die gesamten 1980er-Jahre hindurch nicht mehr loslassen sollte.[26] Im Gegensatz zu 1957 brachte die neue Basisbewegung zwischen 1978 und 1980 eine Vielzahl von inoffiziellen Zeitschriften und ähnlichen Informationsmedien hervor. Hinter diesen Zeitschriften und Wandplakaten standen wie schon in den vorangegangenen Bewegungen der 1970er-Jahre vor allem Arbeiter:innen und ehemalige Student:innen. Als Mitglieder der Roten Garden hatten sie Mitte der 1960er-Jahre Erfahrungen mit politischen Aktionen und der Herausforderung von Autoritäten gesammelt, die sie nun erneut einbringen konnten.[27]

22 Göran Leijonhufvud: Going against the Tide. On Dissenter and Big-Character Posters in China, Kopenhagen 1990, S. 74.

23 Sheehan: Chinese Workers, S. 159–161.

24 Benton: Wild Lilies, Poisonous Weeds, S. 120.

25 Einen detailreichen Bericht über die Solidarność-Bewegung und die Streiks in Gdansk 1970 und 1980 bietet Roman Laba: The Roots of Solidarity. A Political Sociology of Poland's Working-Class Democratization, Princeton, NJ 1991.

26 Siehe Benton: Wild Lilies, Poisonous Weeds, S. 82–87; Sheehan: Chinese Workers, S. 173, 179, 186; Jeanne L. Wilson: »The Polish Lesson«. China and Poland 1980–1990, in: Studies in Comparative Communism 3–4/1990, S. 259–279.

27 Sheehan: Chinese Workers, S. 156; Benton: Wild Lilies, Poisonous Weeds, S. 13–14. Siehe auch Chen Ruoxi: Democracy Wall and the Inofficial Journals, Berkeley, CA 1982, S. 14–15. Eine Fraktion um Wei Jingsheng, Elektriker und ehemaliger Rotgardist, übte eine radikalere –

Die Demokratiebewegungen Mitte und Ende der 1970er-Jahre brachten in ihrer Vielfalt die Unzufriedenheit großer Teile der städtischen Bevölkerung zum Ausdruck. Sie verstärkten den Druck für Reformen des sozialistischen Systems. Die Reformer in der Parteiführung unterdrückten diese Bewegungen jedoch bald, und ihre Ziele wurden zum Großteil nicht erreicht.

Reform: Umbau und Krise, 1976–1989

Die konservative Fraktion in der Führung der KPCh um Deng Xiaoping wusste die Demokratiebewegungen anfangs zu nutzen, um Widerstände gegen die Wirtschaftsreformen zu überwinden. Schlussendlich unterdrückte sie die Bewegung jedoch. Ab 1978 verfolgte das Regime sein Programm der »Reform und Öffnung«. Auf dem Land wurden in den folgenden Jahren die Kommunen aufgelöst und die landwirtschaftlichen Flächen an die Familien verteilt, in der Stadt wurde in den Arbeitseinheiten die Position lokaler Kader und Betriebsleiter gestärkt und dann ein Arbeitsmarkt eingeführt. Auch die Geschlechterbeziehungen veränderten sich in der Übergangsperiode erheblich. Das Regime lancierte rigide bevölkerungspolitische Maßnahmen wie die Ein-Kind-Politik, und die Binnenmigration in die Städte führte zu einer Feminisierung der Landwirtschaft. Für städtische Frauen* und Binnenmigrantinnen brachten die Veränderungen neue Chancen und Herausforderungen. Gleichzeitig verwandelte sich die sozialistische herrschende Klasse. Parteikader eigneten sich öffentliche Wirtschaftsgüter an und nutzten ihre Position, um persönliche Geschäftsinteressen zu verfolgen. Zwar verbesserte sich die materielle Situation einiger Menschen durch die Reformen, aber andere litten unter den neuen wirtschaftlichen Verwerfungen und der Korruption vieler Kader. In der Folge verlor das Regime an Legitimität. Bald darauf stand das KPCh-Regime dann vor der größten Herausforderung seit der Kulturrevolution – ausgelöst durch die Tian'anmen-Platz-Bewegung 1989.

Kooptierung und Niederschlagung

In den späten 1970er-Jahren stellten sich einige Aktivist:innen der Demokratiebewegungen auf die Seite der Reformer in der Führung

und in der Tat liberale – Kritik. In seinem Text »Die fünfte Modernisierung« vertritt Wei die Ansicht, dass sich nach dem Sturz der Viererbande »das verhasste alte politische System nicht geändert hat. Selbst die bloße Erwähnung der erhofften Demokratie und Freiheit ist verboten. Die Lebensbedingungen der Menschen sind die gleichen geblieben.« (Wei Jingsheng: The Fifth Modernization, weijingsheng.org, 1979, unter: https://tinyurl.com/3xy5ftu2)

der KPCh. Sie setzten Vertrauen in die neue, von Deng dominierte Regierung.[28] Andere hingegen kritisierten das System als solches. Während der Kulturrevolution und der 5.-April-Bewegung hatten sie zu den Rebell:innen gehört. »Sie hatten analysiert, was in China schiefgelaufen war. Deshalb konnten sie sich nicht einfach zurücklehnen, nur weil ein ›guter‹ Bürokrat an die Spitze desselben Systems gehievt wurde, dem Mao vorgestanden hatte.«[29] Im Jahr 1979 wurde ein buchlanger Aufsatz neu aufgelegt, den Chen Erjin, ehemaliger Rebellenführer der Roten Garden, 1976 geschrieben hatte. Chen griff darin Maos Kritik der im Sozialismus entstandenen Bürokratenklasse auf und forderte eine »proletarisch-demokratische Revolution« gegen »das Machtmonopol der Partei und die Vetternwirtschaft, den Konservatismus, die sklavische Mentalität und den Bürokratismus, die auf dieses Monopol zurückgehen«.[30] Andere beriefen sich auf das bereits erwähnte historische Modell einer Arbeiterdemokratie, um das gegenwärtige System zu kritisieren, so etwa Lü Min in einem Text mit dem Titel »Das bürokratische System schrittweise abschaffen und ein demokratisches System nach dem Vorbild der Pariser Kommune einführen«.[31]

Deng Xiaoping begrüßte die Kritik am alten System und die Forderungen nach Veränderung zunächst, wenn auch eingeschränkt.[32] Seine Fraktion konnte diese Kritik nutzen, um ihren Reformkurs innerhalb der Parteiführung durchzusetzen, ihre Macht zu festigen und offiziell mit ihrer Politik der »Reform und Öffnung« zu beginnen. Die Lage änderte sich, als sich die zahlreichen lokalen Basisgruppen und inoffiziellen Zeitschriften konsolidierten. Zudem kam es ab September 1980 vermehrt zu Arbeiterprotesten, und Forderungen nach unabhängigen Gewerkschaften wurden laut. Deng erkannte die Gefahr für das Regime der KPCh und betrachtete die Demokratiemauer-Bewegung und ihre radikaleren Teile nun als »störend und

28 Benton: Wild Lilies, Poisonous Weeds, S. 5.

29 Sheehan: Chinese Workers, S. 157.

30 Andrew J. Nathan: Chinese Democracy, Berkeley, CA 1985, S. 89; zum Aufsatz siehe Chen Erjin: China. Crossroads Socialism. An Inofficial Manifesto for Proletarian Democracy, London 1984.

31 Nathan: Chinese Democracy, S. 91. Diese Debatten stützten sich auf die »lange bestehende marxistische Tradition, sich den Sozialismus mit freien und wettstreitenden politischen Institutionen vorzustellen«. Dazu gehören auch von Marx selbst verfasste Texte (ebd., S. 94).

32 Deng Xiaoping sagte: »Die Demokratiemauer-Bewegung ist gut [...]. Dass die Massen Plakate mit großen Schriftzeichen aufhängen, ist normal und zeigt, dass die Lage im Land stabil ist.« (Ebd., S. 31)

sogar bedrohlich«.[33] Tatsächlich »war die Partei den Aktivist:innen der ›Demokratiemauer-Bewegung‹ voraus, denn sie erkannte die Gefahr, die sich aus einer Verbindung zwischen der regimekritischen Bewegung der Untergrundzeitschriften und den ausgedehnten Protesten und der Selbstorganisation der Arbeiter:innen ergeben könnte«.[34] Deng setzte nun allen oppositionellen Aktivitäten Grenzen und erklärte, dass »›vier Grundprinzipien‹ befolgt werden müssten, denen auch demokratische Formen nicht zuwiderlaufen dürften [...]: der sozialistische Weg, die Diktatur des Proletariats, die Führungsrolle der Kommunistischen Partei sowie der Marxismus-Leninismus und die Mao-Zedong-Lehre«.[35] In der Folge ging das Regime gegen die Plakate vor. Sie brachte die Bewegung nach und nach zum Schweigen und verhaftete schließlich viele Aktivist:innen.

Offizielle Reform und Öffnung

Während sich die Demokratiebewegung in der zweiten Hälfte der 1970er-Jahre noch entfaltete, begann die Führung der KPCh bereits mit der Einleitung von Veränderungen. Nach dem Tod von Ministerpräsident Zhou Enlai im Januar 1976 wurde Hua Guofeng amtierender Ministerpräsident – und nicht Deng Xiaoping, wie viele erwartet hatten. Die linke Fraktion war gegen Dengs Pläne für wirtschaftliche Veränderungen und hatte eine letzte Kampagne gestartet. Deng wurde daraufhin ein zweites Mal abgesetzt. Nach Maos Tod im September 1976 änderte sich das Blatt jedoch erneut. Die linke »Viererbande« und einige ihrer Unterstützer:innen wurden am 6. Oktober 1976 verhaftet.[36] Mithilfe mehrerer Säuberungskampagnen wurden zwischen 1976 und 1983 mehrere Millionen Radikale oder Linke aus ihren Funktionen in staatlichen Verwaltungen, Universitäten und Arbeitseinheiten entfernt. »Tausende von ehemaligen Rebellenanführer:innen und Aktivist:innen wurden inhaftiert, viele von ihnen für lange Zeit.«[37]

Wie von Mao gewünscht, übernahm Hua Guofeng im Oktober 1976 auch die Ämter des Parteivorsitzenden und des Vorsitzenden der Zen-

33 Leijonhufvud: Going against the Tide, S. 78.

34 Sheehan: Chinese Workers, S. 193.

35 Nathan: Chinese Democracy, S. 33.

36 Für weitere Informationen hierzu siehe Alexander C. Cook: The Cultural Revolution on Trial. Mao and the Gang of Four, Cambridge 2016; Chi Hsin: The Case of the Gang of Four, Hongkong 1977; Lowell Dittmer: Bases of Power in Chinese Politics. A Theory and an Analysis of the Fall of the »Gang of Four«, in: World Politics 1/1978, S. 26–60; Edoarda Masi: China Winter. Workers, Mandarins, and the Purge of the Gang of Four, New York 1982.

37 Andreas: Disenfranchised, S. 166.

tralen Militärkommission, und er behielt das Amt des Ministerpräsidenten. Nachdem die Linken ausgeschaltet worden waren, tauchte jedoch Deng Xiaoping wieder auf und gewann schnell an Einfluss. Eine Welle der Rehabilitierungen von Kadern, die in früheren Kampagnen abgesetzt worden waren, stärkte Dengs Position weiter.[38] Mit Hua Guofeng offiziell an der Macht und Deng Xiaoping, der im Hintergrund die Fäden zog, leitete die Parteiführung politische Reformen ein. Dazu gehörte die Einführung einer neuen Verfassung im Jahr 1978.[39] Die Führung versuchte, einen starken Staat aufrechtzuerhalten, um den Übergangsprozess im Griff zu behalten und alle Formen des Widerstands innerhalb und außerhalb der Partei kleinhalten zu können. Wie Daniel Leese feststellt, glichen die Vorgänge auf der Ebene der politischen Eliten nach 1978 »in vielen Bereichen eher einer Restauration der vorkulturrevolutionären Parteiführung als einem Neuanfang«.[40] Zur Rechtfertigung dieser Restauration führte die Führung der KPCh an, dass die Kulturrevolution von 1966 bis 1976 »zehn Jahre des Chaos« gewesen seien. Im Prozess gegen die »Viererbande« 1981 bekräftigte sie diese Interpretation der Kulturrevolution und betonte die Verantwortung Maos für die Ereignisse jener Zeit. Die KPCh-Führung zeigte auch ihre Bereitschaft, die VR China in eine neue (Reform-)Ära zu führen. In einer offiziellen »Resolution« verkündete die Parteiführung 1981: »Der Sturz der konterrevolutionären Jiang-Qing-Clique [Viererbande] im Oktober 1976 ist ein Sieg, der die Partei und die Revolution vor einer Katastrophe bewahrt hat und unserem Land den Beginn einer neuen historischen Phase der Entwicklung ermöglicht.«[41]

Bereits 1978 waren die ersten offiziellen Wirtschaftsreformen durchgeführt worden. Sie ähnelten jenen Reformen, die Zhou Enlai und Deng Xiaoping bereits Anfang des Jahrzehnts geplant hatten. Bäuerinnen und Bauern, Arbeiter:innen, niedere Beamte und neue Privatunternehmer hatten sich schon vor 1978 mit informellen oder regelwidrigen Vorgehensweisen Raum für eigene wirtschaftliche

38 Viele der Rehabilitierten waren in den turbulenten Tagen der Kulturrevolution als »Rechtsabweichler:innen« gebrandmarkt und abgesetzt worden. Zur Rehabilitierung siehe Lee Hong-Yong: From Revolutionary Cadres to Party Technocrats in Socialist China, Berkeley, CA 1991.

39 Sie wurde 1982 erneut geändert.

40 Daniel Leese: Die Chinesische Kulturrevolution, 1976–1976, München 2016, S. 109.

41 Chinese Communist Party: Resolution on Certain Questions in the History of Our Party since the Founding of the People's Republic of China, adopted by the Sixth Plenary Session of the Eleventh Central Committee of the Chinese Communist Party, 27.6.1981, unter: https://tinyurl.com/4fh6c8jw.

Unternehmungen geschaffen. Die Führung der KPCh reagierte darauf mit schrittweisen institutionellen und regulatorischen Änderungen und überführte die in weiten Teilen geplante Wirtschaft nach und nach in eine Wirtschaft mit mehr Privateigentum, ausländischen Investitionen und Außenhandel. Wenn neue Märkte geschaffen oder Marktmechanismen eingeführt wurden, setzte die Führung meist auf Experimente. Waren diese erfolgreich, wurden entsprechende Maßnahmen später auch anderswo umgesetzt. Das Regime versuchte jedoch sicherzustellen, dass alle neuen Strukturen und Mechanismen unter seiner Kontrolle blieben.

Bäuerinnen und Bauern als Wegbereiter:innen

Die erste große Reform fand auf dem Land statt, wo Ende der 1970er-Jahre noch mehr als 80 Prozent der chinesischen Bevölkerung lebten. In einigen Gebieten begannen die Bäuerinnen und Bauern, das Kommunesystem aufzuweichen, indem sie informell Land entkollektivierten und umverteilten.[42] Dies war jedoch nicht überall der Fall, und als die KPCh-Führung nach 1979 das »System der Haushaltsverantwortung« einführte, musste sie die damit vorgenommene Entkollektivierung in vielen Gebieten sogar durchsetzen.[43] Nach diesem neuen System hatte jede Landbewohnerin und jeder Landbewohner das Recht, eine Parzelle Land zu nutzen. Diese Parzelle blieb jedoch Eigentum der Kommune oder des Dorfes. Außerdem sollte das Land regelmäßig neu verteilt werden. In der Praxis verpachteten die Dorfverwaltungen jedoch oft einfach eine Parzelle an eine ganze Familie für einen langen Zeitraum (zum Beispiel für 30 Jahre). Eine gewisse Menge der von den Bauern produzierten Erzeugnisse ging zu festen Preisen an den Staat. Was sie darüber hinaus produzierten, konnten sie auf dem Markt zu unkontrollierten Preisen verkaufen. Durch dieses »zweigleisige« System mit unterschiedlichen Preisen konnten mehr Marktelemente in eine ansonsten in Teilen immer noch geplante Wirtschaft eingeführt

42 Zu Regelüberschreitungen, Protesten, wechselnden Vorgehensmustern und Forderungen siehe John P. Burns: Chinese Peasant Interest Articulation, in: David S. G. Goodman (Hrsg.): Groups and Politics in the People's Republic of China, Cardiff 1984, S. 126–151; Thomas P. Bernstein: Farmer Discontent and Regime Responses, in: Merle Goldman/Roderick MacFarquhar (Hrsg.): The Paradox of China's Post-Mao Reforms, Cambridge 1999, S. 204–205.

43 Siehe Xu Zhun: From Commune to Capitalism. How China's Peasants Lost Collective Farming and Gained Urban Poverty, New York 2018, Kapitel 4. Die offizielle Umsetzung des »Systems der Haushaltsverantwortung« begann 1982. In einigen Teilen des Landes war das System jedoch bereits seit 1978 eingeführt worden.

werden.[44] Der Staat behielt die Kontrolle über den größten Teil der Güterverteilung und verhängte entsprechende Steuern. Im Zuge der Entkollektivierung und der Auflösung der ländlichen Kommunen verschwanden schließlich viele kollektive Strukturen in der Landwirtschaft, der Infrastruktur, dem Bildungs- und dem Gesundheitswesen.[45]

Der Wandel wurde mit erstaunlicher Geschwindigkeit vollzogen. Bis 1984 war das Kommunesystem in den meisten Landesteilen abgeschafft. Zwar blieben die neuen Familienparzellen klein, die Produktivität stieg jedoch ab Ende der 1970er-Jahre und damit auch die landwirtschaftliche Produktion sowie das Einkommen der bäuerlichen Haushalte.[46] Die Wiedereinführung landwirtschaftlicher Familienbetriebe (auf Gemeindeland) und diese Produktivitäts- und Einkommenssteigerung führten zu einem Arbeitskräfteüberschuss. Diese Arbeitskräfte wurden benötigt für die florierenden Kleinstadt- und Dorfunternehmen, die aus den ländlichen Kollektivindustrien hervorgingen, für die neuen ausländischen und chinesischen Fabriken in den Sonderwirtschaftszonen, für die Baustellen in den expandierenden Städten und für die städtischen Dienstleistungssektoren (beispielsweise für Hausangestellten- oder Sexarbeit).

Mit der Entkollektivierung auf dem Land wurden die ehemaligen Kommunen zu Dörfern oder Gemeinden. Ihre Behörden waren zur Finanzierung auf lokale Steuern und Gebühren angewiesen, denn nach der von der Führung der KPCh durchgeführten steuerpolitischen Dezentralisierung hatten sie andere Einnahmequellen verloren. Diese lokalen Steuern und Gebühren wurden in den 1980er-Jahren erhöht und verschärften die Ungleichheit unter den Bäuerinnen und Bauern.[47] Der sich herausbildende lokale »räuberische Staat« trieb die

44 Siehe Barry Naughton: The Chinese Economy. Adaptation and Growth, 2. Aufl., Cambridge 2018, S. 104–108.

45 Zum »System der Haushaltsverantwortung« siehe Peter Nolan: The Political Economy of Collective Farms. An Analysis of China's Post-Mao Rural Reforms, Boulder, CO 1988; Mark Selden: The Political Economy of Chinese Socialism, Armonk, NY 1988; Philip C. Huang: The Peasant Family and Rural Development in the Yangzi Delta, 1350–1988, Stanford, CA 1988; David Zweig: Freeing China's Farmers. Rural Restructuring in the Reform Era, Armonk, NY 1997; Bernstein: Farmer Discontent and Regime Responses, S. 204–207; Ye Jingzhong: Land Transfer and the Pursuit of Agricultural Modernization in China, in: Journal of Agrarian Change 3/2015, S. 318–320.

46 Für Xu Zhun stand hinter dem Produktivitätsanstieg, der bis Mitte der 1980er-Jahre anhielt, nicht das »System der Haushaltsverantwortung«, sondern die Wirkung mehrerer Inputfaktoren. Dazu gehörte der verstärkte Einsatz chemischer Düngemittel; siehe Xu Zhun: From Commune to Capitalism, Kapitel 3.

47 Marc Blecher: Inequality and Socialism in Rural China. A Conceptual Note, in: World Development 1/1985, S. 115–121.

»Landeinhegung« voran, in deren Verlauf Dutzende Millionen bäuerlicher Haushalte enteignet wurden. Ab den späten 1980er-Jahren führte dies zu einer Welle von Bauernkämpfen.[48]

Die Arbeitsreformen in den Städten

Ende der 1970er- und Anfang der 1980er-Jahre verbesserte das Regime der KPCh die Bedingungen in den städtischen Betrieben. Beispielsweise erhöhte es die Löhne, stellte mehr Sozialleistungen und Wohnraum bereit und stärkte die Vertretung der Arbeiter:innen durch die Angestellten- und Arbeiterkongresse. Diese Maßnahmen wurden unter dem Eindruck der Demokratiemauer-Bewegung ergriffen. Sie sollten die Loyalität »der Industriearbeiter:innen zurückgewinnen, von denen viele mit der kurz vorher von Säuberungen betroffenen radikalen Fraktion verbündet waren«.[49] Auch die Streikwelle in Polen 1980 spielte eine Rolle, denn das Regime befürchtete, dass es auch in der VR China zu einer Serie von Arbeitskämpfen kommen könnte. Staatliche Arbeitseinheiten in den Städten wurden nun aufgefordert, neue Arbeitsplätze zu schaffen. Gebraucht wurden diese zum einen für junge Menschen, die vor 1976 aufs Land geschickt worden waren und nun in die Städte zurückkehrten, und zum anderen für die städtische Jugend der in den 1960er-Jahren geborenen geburtenstarken Jahrgänge.

Mitte der 1980er-Jahre initiierte das Regime die zweite Phase der Reformen und versuchte, die betriebliche Rangordnung, die Beschäftigungsverhältnisse, die Lohnstruktur und die Sozialleistungen in städtischen Arbeitseinheiten schrittweise zu ändern. Die »eiserne Reisschüssel«, eine Bezeichnung für die von (bestimmten) Arbeitseinheiten gewährten lebenslangen Arbeitsplätze und Sozialleistungen, wurde als »eine Systemverzerrung« dargestellt. Sie sei kein »wesentlicher Bestandteil« des chinesischen Sozialismus.[50] Die städtischen Arbeitseinheiten waren angeblich ineffizient und überbesetzt, da aufgrund der lebenslangen Arbeitsplatzgarantie niemand entlassen werden konnte. In Kampagnen gegen die »eiserne Reisschüssel« und das »Essen aus einem großen Topf« wurden diese mit der lin-

48 Zum »räuberischen Staat« (*predatory state*) siehe Alvin So: Class and Class Conflict in Post-Socialist China, Hongkong 2013, S. 133–137; zur zunehmenden »Landeinhegung« (*land enclosure movement*) ab Ende der 1980er-Jahre siehe Kathy L. Walker: From Covert to Overt. Everyday Peasant Politics in China and the Implications for Transnational Agrarian Movements, in: Journal of Agrarian Change 2–3/2008, S. 471–472; für weitere Informationen zu den Bauernkämpfen siehe das folgende Kapitel.

49 Andreas: Disenfranchised, S. 173.

50 Sheehan: Chinese Workers, S. 197.

ken Fraktion während der Kulturrevolution und dem angeblichen Extremismus der »Viererbande« in Verbindung gebracht. Anita Chan zufolge dominierte eine solche Kritik in den Massenmedien. »Alle, die Forderungen nach Gleichheit und sozialer Gerechtigkeit stellten, wurden bloßgestellt, und das in einer kritischen Phase, in der es um eine grundlegende Umverteilung des nationalen Reichtums ging.«[51]

Das Regime führte Reformen sowohl auf der Makroebene der Wirtschaftspolitik und -planung als auch auf der Mikroebene des Managements und der Arbeitsbeziehungen durch. Es trennte schrittweise Planungsministerien und Unternehmen, führte Märkte ein und erweiterte sie. Die zentral festgelegten Pläne ließen den Staatsunternehmen zudem mehr Raum. Diese Unternehmen konnten einen größeren Anteil der Gewinne behalten und mussten eine Gewinnsteuer abführen. 1982 strich das Regime das Streikrecht aus der Verfassung und führte in den folgenden Jahren weitere Wirtschaftsreformen durch, insbesondere mit der Einführung des »Systems der Verantwortlichkeit von Fabrikdirektoren« Mitte der 1980er-Jahre. Dieses System stärkte die Rolle der Betriebsleitungen, verwässerte Arbeitsplatzgarantien und minderte Sozialleistungen für neu eingestellte Arbeiter:innen der staatlichen Betriebe. Außerdem ebnete es den Weg zur Einführung einer intensiveren tayloristischen Produktion und Arbeitsorganisation. Die staatliche Zuteilung von Arbeitsplätzen wurde 1986 ersetzt durch ein System befristeter Arbeitsverträge für neu Eingestellte, und der Anteil von befristet Beschäftigten und Vertragsarbeiter:innen in Industriebetrieben nahm enorm zu. Zwischen 1976 und 1984 lag er noch konstant bei etwa 14 bis 15 Prozent, danach stieg er bis 1989 auf 26 Prozent.[52]

Nicht alles davon war neu. So hatten bereits in der sozialistischen Periode migrantische oder befristet beschäftigte Arbeiter:innen Arbeitsverträge erhalten, und das Schicksal dieser Vertragsarbeiter:innen war einer der Auslöser für die Arbeitskämpfe während der Kulturrevolution gewesen. In der Tat »wurden Vertragsarbeiter:innen in den späten 1980er-Jahren in den Betrieben oft ähnlich angesehen und behandelt wie ihre Kolleg:innen in den 1960er-Jahren, und sie genossen nicht die gleichen Rechte wie die Stammbelegschaft«.[53] Diejeni-

51 Anita Chan: Revolution or Corporatism? Workers and Trade Unions in Post-Mao China, in: Australian Journal of Chinese Affairs 29, 1993, S. 40–41.

52 Andreas: Disenfranchised, S. 184.

53 Sheehan: Chinese Workers, S. 206; siehe auch Chan: Revolution or Corporatism?, S. 40; Wang Shaoguang: From a Pillar of Continuity to a Force for Change. Chinese Workers in the Movement, in: Roger V. Des Forges/Luo Ning/Wu Yen-Bo (Hrsg.): Chinese Democracy and

gen städtischen Arbeiter:innen, die bereits vorher durch die staatliche Arbeitskräfteallokation einen festen Arbeitsplatz bekommen hatten, waren bis Mitte der 1990er-Jahre nicht von dem Vertragssystem betroffen. Dennoch hatten auch viele von ihnen in der zweiten Hälfte der 1980er-Jahre das Gefühl, dass ihre Arbeitsplätze nicht mehr sicher sind. Ende des Jahrzehnts brach sogar eine Form von Panik aus, was die Sicherheit ihrer Arbeitsplätze betraf.[54] Gleichzeitig wussten die städtischen Arbeiter:innen von den gestiegenen Einkommen der Bäuerinnen und Bauern und forderten materielle Verbesserungen auch für sich selbst. Dies und negative Folgen der Reformen wie die steigende Inflation, Managerwillkür und Kaderkorruption führten zu wachsender Unzufriedenheit. Ältere Arbeiter:innen, die noch an der »Befreiung« 1949 beteiligt gewesen waren, »beklagten sich offen darüber, dass sie nicht ihr Leben im Kampf für eine neue Gesellschaft riskiert hätten, um jetzt wieder diesen Albtraum und die Angst und Sorge um die Sicherheit von Arbeitsplatz und Einkommen erleben zu müssen«. Junge Arbeiter:innen forderten unterdessen, dass erst die Kader auf ihre »goldenen Reisschüsseln« verzichten sollten, bevor sie selbst ihre »eisernen Reisschüsseln« abgeben.[55]

Migration und Sonderwirtschaftszonen

Eine dritte Veränderung betraf sowohl Dörfer als auch Städte. Noch vor dem offiziellen Beginn der Reformen 1978 zogen Millionen von zuvor aufs Land geschickten Stadtbewohner:innen zurück in die Städte, viele davon »außerhalb des Plans« – das heißt ohne offizielle Genehmigung. Der Staat versuchte, sie zurückzuschicken und vorhandene Arbeitsplätze für die städtischen Arbeitslosen zu reservieren.[56] Ab 1978 kehrten jedoch erneut viele der aufs Land Geschickten in die Städte zurück und verlangten Arbeit und einen städtischen *hukou*.

Dies sollte nicht die einzige massenhafte Wanderungsbewegung bleiben. Die gesteigerte Produktivität in der Landwirtschaft in den 1980er-Jahren führte zu einem wachsenden Arbeitskräfteüberschuss

the Crisis of 1989. Chinese and American Reflections, Albany, NY 1993, S. 185; Pat Howard: Rice Bowls and Job Security. The Urban Contract Labour System, in: Australian Journal of Chinese Affairs 25, 1991, S. 100.

54 Wang Shaoguang: Deng Xiaoping's Reforms and the Chinese Workers' Participation in the Protest Movement of 1989, in: Paul Zarembka (Hrsg.): Research in Political Economy, Band 13, London 1992, S. 163–197.

55 Howard: Rice Bowls and Job Security, S. 114.

56 Dorothy J. Solinger: Contesting Citizenship in Urban China. Peasant Migrants, the State, and the Logic of the Market, Berkeley, CA 1999, S. 42.

in den Dörfern. Kleinstadt- und Dorfunternehmen absorbierten einen großen Teil der überschüssigen Arbeitskräfte und expandierten rasch. Lokale Kader eigneten sich diese Unternehmen oft faktisch an. Bis weit in die 1990er-Jahre hinein waren die Kleinstadt- und Dorfunternehmen einer der wichtigsten Motoren der wirtschaftlichen Entwicklung und produzierten alles von landwirtschaftlichen Geräten bis hin zu Konsumgütern.[57]

Ein anderer Teil der überschüssigen ländlichen Arbeitskräfte ging in die Städte und wurde zum Rückgrat der dortigen wirtschaftlichen Entwicklung. Diese Wanderarbeiter:innen wollten den schlechten Lebensbedingungen in den Dörfern entkommen und suchten nach Arbeitsplätzen mit höheren Löhnen. Der Staat sorgte für die notwendigen gesetzlichen Änderungen. Die *hukou*-Bestimmungen wurden liberalisiert, sodass mehr Landbewohner:innen abwandern konnten. Viele von ihnen zogen in die neuen Industriecluster in den Sonderwirtschaftszonen. Diese wurden in mehreren Schritten eingerichtet. 1980 entstanden zunächst vier Sonderwirtschaftszonen in den südlichen Provinzen Fujian und Guangdong, wo ausländische Investoren, viele von ihnen aus Hongkong, Gemeinschaftsbetriebe (sogenannte Joint Ventures) mit chinesischen Unternehmen aufbauen durften. 1984 erhielten 14 Städte an der Ostküste den Status einer Sonderwirtschaftszone, und dieses Mal konnten ausländische Unternehmen Werke aufbauen, die ihnen vollständig gehörten. Bis dahin hatte der Anteil ausländischer Direktinvestitionen nie über einem Prozent des Bruttoinlandsprodukts (BIP) gelegen. Nach Deng Xiaopings berühmter »Reise in den Süden« 1992 wurde das Land weiter für ausländische Investoren geöffnet, und der BIP-Anteil der ausländischen Direktinvestitionen stieg auf fünf bis sechs Prozent.[58] Die neuen inländischen Migrant:innen, oft als *nongmingong* (»Bauernarbeiter:innen«) bezeichnet, mussten ihren ländlichen *hukou* behalten und hatten somit in der Stadt lediglich einen vorübergehenden Aufenthaltsstatus. Sie arbeiteten in den Fabriken der Sonderwirtschaftszonen sowie in städtischen Niedriglohnsektoren

57 Zu den Kleinstadt- und Dorfunternehmen (*town and village enterprises*, TVE) siehe William A. Byrd/Lin Qingsong (Hrsg.): China's Rural Industry. Structure, Development, and Reform, Oxford 1990.

58 Tobias ten Brink: Chinas Kapitalismus. Entstehung, Verlauf, Paradoxien, Frankfurt a. M. 2013, S. 177–178. Während der »Reise in den Süden« im Januar und Februar 1992 besuchte Deng Xiaoping Städte und Sonderwirtschaftszonen in Guangdong und Shanghai und betonte, dass die VR China das 1978 begonnene Programm der »Reform und Öffnung« weiter verfolgen sollte.

wie dem Baugewerbe, der Gastronomie, der Sexindustrie und den häuslichen Dienstleistungen.[59]

Die Umgestaltung der Geschlechterbeziehungen

Während der sozialistischen Periode hatten die KPCh und staatliche Strukturen einige Kontrollfunktionen übernommen, die vor 1949 von der patriarchalen Familie ausgeübt worden waren. Von Frauen* wurde erwartet, dass sie die nicht entlohnte Reproduktionsarbeit leisten. Je nach den sich ändernden Anforderungen der sozialistischen Wirtschaft sollten sie meistens zusätzlich Lohnarbeit verrichten. Die sozialistische Periode brachte ihnen gewisse Verbesserungen, darunter das Recht auf Scheidung und die Möglichkeit, außerhalb des Haushalts zu arbeiten. Im Großen und Ganzen wurden die patriarchalen Formen jedoch lediglich angepasst und nicht abgeschafft. Die Übergangsperiode zum Kapitalismus brachte eine weitere Umgestaltung der Geschlechterbeziehungen mit sich. Die patriarchale Herrschaft wurde verschärft, es ergaben sich jedoch auch neue Möglichkeiten für Frauen* und ihren Kampf um mehr Kontrolle über ihr Leben.

Zunächst änderte das KPCh-Regime seine Bevölkerungspolitik. Noch bis in die frühen 1970er-Jahre hatte es eine hohe Geburtenrate befürwortet in der Hoffnung auf mehr zukünftige Arbeitskräfte für den sozialistischen Aufbau.[60] Als die vielen Geburten dann als Bedrohung für die wirtschaftliche Entwicklung angesehen wurden, versuchte das Regime, sie zu senken. 1973 startete es eine Kampagne für spätere Eheschließung, weniger Kinder und längere Abstände zwischen der Geburt der Kinder – mit Erfolg, denn bis 1978 sank die Fertilitätsrate erheblich.[61] Mit der Politik der »Reform und Öff-

59 Für weitere Informationen zu den Sonderwirtschaftszonen sowie zur Situation und den Kämpfen von Wanderarbeiter:innen siehe das folgende Kapitel.

60 Siehe Tyrene White: The Origins of China's Birth Planning Policy, in: Christina K. Gilmartin/Gail Hershatter/Lisa Rofel/Tyrene White (Hrsg.): Engendering China. Women, Culture, and the State, Cambridge 1994, S. 251.

61 Martin K. Whyte/Wang Feng/Yong Cai: Challenging Myths About China's One-Child Policy, in: China Journal 74, 2015, S. 158, unter: https://tinyurl.com/yzxav738. Die Kampagne in den 1970er-Jahren setzte nicht auf Freiwilligkeit, sondern bediente sich Formen des Zwangs, die während der Ein-Kind-Politik in den 1980er-Jahren »berüchtigt« werden sollten (ebd., S. 150). Schon seit den 1960er-Jahren hatte die Partei die Kontrolle der Jugendlichen über ihren Körper und ihre Wünsche zunehmend eingeschränkt und offiziell eine sozialistische Moral propagiert, die auf »traditionell-puritanischen Einstellungen zu den Beziehungen zwischen jungen Männern und Frauen« beruhte. Späte Eheschließungen wurden verlangt und »strenge Normen für die voreheliche Keuschheit« gesetzt, die sich weitgehend »auf traditionelle Normen stützten, die Intimitäten zwischen unverheirateten Frauen und Männern verboten« (Kay Ann Johnson: Women, the Family and Peasant Revolution in China, Chicago, IL 1983, S. 183).

nung« nach 1978 und der Umwandlung der Kommunen auf dem Land wurden jedoch viele kommunale Sozialeinrichtungen in der Bildung, dem Gesundheitswesen und anderen sozialen Bereichen abgeschafft. Dies bedeutete, dass »Familien auf dem Land ihre Kinder wieder als eine Art Alterssicherung zu betrachten begannen. Der Staat reagierte mit immer härteren Maßnahmen zur Begrenzung des Bevölkerungswachstums«.[62] Er initiierte ab 1979 die berüchtigte Ein-Kind-Politik und zwang die meisten Frauen*, nur ein Kind zu bekommen. Hielten sie sich nicht daran, wurden sie bestraft und mussten Zwangsabtreibungen vornehmen lassen, sich sterilisieren lassen, Geldstrafen zahlen oder verloren ihre Arbeitsstelle.[63]

Während die Kontrolle über die Körper der Frauen* und die Fortpflanzung verstärkt wurde, kam es zu weiteren Veränderungen. Stereotype von »Weiblichkeit« wurden wieder stärker betont, Prostitution und Konkubinat lebten wieder auf. Dai Jinhua beschreibt, dass ab den 1980er-Jahren Frauen* »geopfert« wurden. Im Zuge der Klassenausdifferenzierung seien »der soziale Status und die Identität von Frauen« umgeschrieben worden.[64] Die neuen Arbeitsmärkte waren zunehmend nach Geschlechtern getrennt, und die Einkommensunterschiede zwischen männlichen und weiblichen Arbeiter:innen vergrößerten sich.[65] Je nachdem, wo, wann und wie das KPCh-Regime die Frauen* in den Betrieben brauchte, setzte es sie unter Druck, Lohnarbeit zu leisten oder sich um »Haushalt und Familie« zu kümmern. In den frühen 1980er-Jahren wurden städtische Frauen* beispielsweise in offiziellen Kampagnen aufgefordert, »›nach Hause zurückzukehren‹ (*hui jia*). Damals

62 Kraus: The Cultural Revolution. A Very Short Introduction, Oxford 2012, S. 80.

63 Was 1979 als vierte Kampagne zur Geburtenplanung begann, wurde später als Ein-Kind-Politik bezeichnet. Nur ein Drittel der Frauen* durfte tatsächlich nur ein Kind zur Welt bringen. Andere konnten zwei oder mehr Kinder bekommen (je nach lokal geltenden Vorschriften). Das galt beispielsweise für Frauen* auf dem Land mit einem Mädchen als erstem Kind, für Frauen* aus »Minderheiten« und später für Paare aus Ein-Kind-Familien. Zu Geburtenkontrolle und Bevölkerungspolitik (und der Ein-Kind-Politik) in der VR China siehe Thomas Scharping: Birth Control in China 1949–2000. Population Policy and Demographic Development, London 2003; Susan Greenhalgh/Edwin A. Winckler: Governing China's Population. From Leninist to Neoliberal Biopolitics, Stanford, CA 2005.

64 Dai Jinhua: Class and Gender, in: ARENA (Hrsg.): China Reflected, Hongkong 2003, S. 138, unter: https://tinyurl.com/64nxwmbu. Im selben Text stellt Dai Jinhua fest, dass die »Wiederherstellung der Geschlechterordnung« eine »ideologische Rolle spielte für die Legitimierung der Klassenrealität« (ebd., S. 142). Laut Tamara Jacka fand eine »Verstärkung und Neudefinition der konzeptionellen Dichotomien zwischen draußen/innen, schwerer/leichter und qualifizierter/unqualifizierter Arbeit« statt (Tamara Jacka: Women's Work in Rural China. Change and Continuity in an Era of Reform, Cambridge 1997, S. 190).

65 1988 verdienten Männer* im Schnitt rund zwölf Prozent mehr als Frauen* mit ähnlicher Bildung und Erfahrung, bis 1999 wuchs der Abstand auf 22 Prozent, und 2002 lag er bei 19 Prozent; siehe Naughton: Chinese Economy, S. 227.

waren zunächst die über zehn Millionen ›Jugendlichen, die vom Land zurückkehren‹ Ursache für eine steigende städtische Arbeitslosigkeit, die mit der Rückkehr der Frauen an Heim und Herd gesenkt werden sollte.«[66] Frauen* wurden sogar aufgefordert, die städtischen Arbeitseinheiten zu verlassen. Sie »sollten wieder für die ›Nation‹ Opfer bringen«.[67] Später in den 1980er-Jahren wurden die Frauen* unter den Binnenmigrant:innen jedoch zunehmend zur Lohnarbeit herangezogen und in Kleinstadt- und Dorfunternehmen, ausländischen Betrieben, städtischen Dienstleistungsfirmen und Haushalten ausgebeutet.[68]

Unterschiedliche Kohorten von Frauen*

Im Verlauf der Übergangsperiode entstanden in der VR China unterschiedliche (sich überschneidende) Generationen und soziale Kohorten von Frauen*. Ihre jeweiligen Lebenserfahrungen prägten ihre Versuche, für eine bessere Zukunft zu kämpfen.[69] Die Generation der mittlerweile älteren Frauen* hatte nach 1949 erlebt, wie die feudale Unterdrückung abgeschafft und ihnen die Möglichkeit zur Teilnahme an der Lohnarbeit gegeben wurde. Die Erfahrungen unterschieden sich jedoch abhängig davon, ob sie auf dem Land oder in einer Stadt lebten. Im Vergleich zur Zeit vor der Befreiung erlebten diese Frauen* den Sozialismus als Fortschritt.

Viele städtische Frauen*, die während der Kulturrevolution politisiert worden waren und Erfahrungen mit Rebellion gesammelt hatten, wurden in den 1960er- oder 1970er-Jahren aufs Land verbannt. Sie kehrten in den späten 1970er- oder in den 1980er-Jahren in die Städte

66 Wildcat: Arbeiterinnen im maoistischen Patriarchat, Wildcat-Beilage: Unruhen in China, 80, 2007, S. 48, unter: https://tinyurl.com/fmw9hm5d, unter Bezugnahme auf Wang Zheng: Gender, Employment and Women's Resistance, in: Elizabeth J. Perry/Mark Selden (Hrsg.): Chinese Society. Change, Conflict and Resistance, 2. Aufl., New York 2003, S. 163–164.

67 Ebd.

68 So arbeiteten beispielsweise »1989 mehr als drei Millionen Frauen vom Land in städtischen Regionen als Kinderbetreuerin« (Gao Xiaoxian: China's Modernization and Changes in the Social Status of Rural Women, in: Gilmartin/Hershatter/Rofel/White: Engendering China, S. 87). Für weitere Informationen über die neuen weiblichen Subjekte in der Produktion, der Hausarbeit und der Sexindustrie siehe Pun Ngai: Made in China. Women Factory Workers in a Global Workplace, Durham, NC 2005; Yan Hairong: New Masters, New Servants. Migration, Development, and Women Workers in China, Durham, NC 2008; Zheng Tiantian: Red Lights. The Lives of Sex Workers in Postsocialist China, Minneapolis, MN 2009.

69 Für Informationen über verschiedene Kohorten oder Generationen von Frauen* siehe Lisa Rofel: Liberation Nostalgia and a Yearning for Modernity, in: Gilmartin/Rofel/White: Engendering China, S. 226–249; Lisa Rofel: Other Modernities. Gendered Yearnings in China after Socialism, Berkeley, CA 1999; Wang Rongfeng: Folgen der Kulturrevolution. Frauen der »verlorenen Generation«, in: Cheng Ying/Bettina Gransow/Mechthild Leutner (Hrsg.): Frauenstudien. Beiträge der Berliner China-Tagung 1991, München 1992, S. 213–218.

zurück und arbeiteten oft in staatlichen Betrieben. Als ungelernte Arbeiterinnen waren sie die Ersten, die Mitte der 1980er-Jahre entlassen wurden, als Arbeitsverträge eingeführt wurden und die mit mehr Macht ausgestatteten Betriebsleiter versuchten, die Arbeitskosten zu senken. Die Unternehmen wollten auch ihre Kosten für Kinderbetreuung und Mutterschaftsurlaub senken und zogen es daher vor, männliche Arbeitskräfte zu beschäftigten.[70] Einigen städtischen Frauen*, oft jenen mit vorteilhaftem sozialem und politischem Hintergrund und guten Beziehungen, gelang es, die neuen Geschäftsmöglichkeiten zu nutzen, die die Politik der »Reform und Öffnung« bot. So konnten sie ihre wirtschaftliche Situation verbessern und sich schließlich (in Grenzen) unabhängig machen.

Binnenmigrantinnen nutzten die durch die neue *hukou*-Politik geschaffene Möglichkeit, der patriarchalen Dorfstruktur zu entkommen und durch Lohnarbeit in den Städten eine gewisse Kontrolle über ihr Leben zu erlangen.[71] Als Hausangestellte für städtische Familien oder als Arbeiterinnen in Fabriken, die Konsumgüter für den Weltmarkt produzieren, fanden sie sich jedoch in der Stadt in neuen patriarchalen Verhältnissen wieder, die bis zu einem gewissen Grad vom in- und ausländischen Kapital geprägt wurden.[72] Frauen*, die auf dem Land blieben, wurden schließlich oft als überschüssige Arbeitskräfte angesehen und mussten einen großen Teil der landwirtschaftlichen Arbeit übernehmen, was zu einer Feminisierung der Landwirtschaft führte.[73] Sie wurden regelrecht auf dem Land »zurückgelassen«, während Arbeiter vom Land im Transportwesen oder auf dem Bau Beschäftigung suchten.

70 Dagmar Borchard: Auswirkungen der Arbeitsgesetzgebung der 80er Jahre auf die Frauenarbeit, in: Cheng Ying/Gransow/Leutner: Frauenstudien, S. 192–193.

71 »Junge Bäuerinnen, von denen erwartet wird, dass sie sich bis zur Heirat ihren Eltern und nach der Heirat ihren Ehemännern unterordnen, [...] können durch Wanderarbeit und damit zusammenhängende Erlebnisse mehr Erfahrungen sammeln und vor allem ein Gefühl von Erfolg und Unabhängigkeit erlangen.« (Cindy C. Fan: China on the Move. Migration, the State, and the Household, London 2008, S. 128) Siehe auch Minh T. N. Nguyen/Catherine Locke: Rural-Urban Migration in Vietnam and China. Gendered Householding, Production of Space and the State, in: Journal of Peasant Studies 5/2014, S. 855–876.

72 Zur Bedeutung von Geschlecht und zur Rolle von Frauen* in Fabrikkämpfen siehe Ching-Kwan Lee: Gender and the South China Miracle. Two Worlds of Factory Women, Berkeley, CA 1998; Pun Ngai: Made in China; Pun Ngai: Gendering the Dormitory Labor System. Production, Reproduction, and Migrant Labor in South China, in: Feminist Economics 3–4/2007, S. 239–258.

73 Delia Davin: Migration, Women and Gender Issues in Contemporary China, in: Thomas Scharping (Hrsg.): Floating Population and Migration in China. The Impact of Economic Reforms, Hamburg 1997, S. 305; zur Feminisierung der Landwirtschaft siehe Ye Jingzhong: Land Transfer and the Pursuit of Agricultural Modernization in China, S. 323.

Andere Frauen* kehrten wiederum nach einigen Jahren der Migration aufs Land zurück, um zu heiraten und ein Kind zu bekommen. Wieder andere hatten auf dem Land die Möglichkeit, dort zu Arbeiterinnen zu werden. Sie »ließen den Acker hinter sich, aber nicht das Land«, und fanden Anstellung in den Kleinstadt- und Dorfunternehmen, die mit den frühen Reformen eine Blüte erlebten.[74] Darüber hinaus stellte die von den Frauen* auf dem Land geleistete Pflegearbeit für ältere Familienmitglieder und Kinder eine »billige« Form der sozialen Reproduktion von Arbeitskraft dar. Bis ins neue Jahrtausend hinein gewährleistete sie die kontinuierliche Versorgung der VR China und des ausländischen Kapitals mit »billigen« Arbeitskräften.[75]

Das veränderte Geschlechterregime provozierte auch die Gegenwehr unterschiedlicher feministischer Strömungen. Die weiblichen Kader der All-Chinesischen Frauenvereinigung (ACFV), die in den späten 1970er-Jahren wiederbelebt wurde, hatten nur eingeschränkt Kritik an der bisherigen Form der Diskriminierung von Frauen* in der sozialistischen Periode geäußert, und nun taten sie wenig, um der neuen patriarchalen Politik der KPCh entgegenzutreten. Meist städtische und bessergestellte Feministinnen betonten in den 1980er-Jahren die Eigenständigkeit von Frauen*, Geschlechterdifferenz und Feminität – was nicht zuletzt eine Reaktion auf die Ideologie der Gleichschaltung der Geschlechter in der sozialistischen Periode war. Eine neue feministische Strömung entwickelte sich in den 1990er-Jahren. Sie war in globale feministische Debatten eingebunden und begann, die grassierende sexualisierte Belästigung und Gewalt gegen Frauen*, die Tötung weiblicher Föten und die Entführung von Frauen* anzuprangern.[76] Diese Strömung setzte sich in den folgenden zwei

74 Gao Xiaoxian: China's Modernization and Changes in the Social Status of Rural Women, S. 85. 1987 waren 35 Prozent aller Arbeitskräfte in ländlichen Betrieben Frauen*. In den exportorientierten Unternehmen in den Küstenprovinzen lag der Anteil von Frauen* sogar noch höher (ebd.).

75 Zur Bereitstellung »billiger« Arbeitskräfte durch nicht entlohnte ländliche Sorgearbeit siehe Hannah Schling: Gender, Temporality, and the Reproduction of Labour Power. Women Migrant Workers in South China, in: Sozial.Geschichte Online 14, 2014, S. 42–61, unter: https://tinyurl.com/y2hkrlq7. Für Frauen* mittleren und höheren Alters in den Dörfern bedeutete die Abwanderung der jungen Mütter, dass sie deren Sorgearbeit übernehmen mussten: »Die Strategie gespaltener Haushalte [...] verstärkt die geschlechtsspezifische Arbeitsteilung und reproduziert die uralte Innen-Außen-Ideologie in veränderter Form.« (Fan: China on the Move, S. 17)

76 Siehe unter anderem Louise Edwards: Issue-Based Politics. Feminism with Chinese Characteristics or the Return of Bourgeois Feminism?, in: David S. G. Goodman (Hrsg.): The New Rich in China. Future Rulers, Present Lives, London 2008, S. 205. Weibliche Kader und Feministinnen durften 1995 die UN-Weltfrauenkonferenz in Peking mitorganisieren. Das war jedoch kein Beleg dafür, dass die Führung der KPCh nun mehr Interesse an der Situation

Jahrzehnten für die Verbesserung der Lebenssituation von Frauen* in der VR China ein.[77]

Die Wandlung der sozialistischen herrschenden Klasse

In den 1980er-Jahren veränderte sich nicht nur die Situation der Bäuerinnen und Bauern, der städtischen Arbeiter:innen, der Binnenmigrant:innen und Frauen*, sondern auch die der Angehörigen der sozialistischen Führungsschicht. Nachdem die staatliche Regierungsgewalt und die Wirtschaftsplanung durch die frühen Reformen dezentralisiert worden waren, bemühten sich regionale und lokale Kader zunehmend, die wirtschaftliche Entwicklung in ihren Regionen voranzutreiben. Sie nutzten ihre Position und die Kontrolle über staatliche Vermögensgüter, um ihre eigenen wirtschaftlichen Interessen zu verfolgen. Häufig setzten sie Familienmitglieder und parteiinterne Netzwerke ein, um sich persönlich zu bereichern. Staatsunternehmen und Kollektivbetriebe in den Städten sowie Kleinstadt- und Dorfunternehmen wurden derweil zunehmend als gewinnorientierte Unternehmen geführt oder sogar informell privatisiert, indem Kader »mit einem roten Hut« sie übernahmen. Im gleichen Zeitraum lockerte die KPCh ihre Kontrolle über viele Bereiche der Gesellschaft. Durch die beginnende wirtschaftliche Liberalisierung und die neuen Geschäftsmöglichkeiten konnte sich eine neue städtische Mittelklasse entwickeln, die aus unteren Parteikadern, Intellektuellen, Kleinunternehmer:innen und unteren und mittleren Managern staatlicher Unternehmen bestand.

Diese Transformation ging mit Veränderungen in der Klassenpolitik und -ideologie einher. In den späten 1970er-Jahren schaffte das KPCh-Regime jenes System ab, das jede Person in der VR China einer Klassenkategorie zugeordnet hatte und während der sozialistischen Periode in großem Maße zur Gewährung von Privilegien oder zur Degradierung eingesetzt worden war. Die offizielle Rhetorik und Sprache vom Klassenkampf, mit der die Herrschaft der Parteikader legitimiert wurde und Arbeiter:innen, Bäuerinnen und Bauern für den Auf-

der Frauen* zeigte. Vielmehr versuchte die Parteiführung, das Ansehen der VR China zu verbessern. Nach der Tian'anmen-Platz-Bewegung und deren Niederschlagung 1989 hatte sich die VR China bis zu einem gewissen Grad international isoliert; siehe Chen Ya-Chen: The Many Dimensions of Chinese Feminism, New York 2011, S. 46.

77 Für mehr Informationen über einige der beschriebenen Frauen*-Kohorten, wie etwa städtische Staatsarbeiterinnen und Wanderarbeiterinnen, sowie über neuere feministische Strömungen siehe das nächste Kapitel.

bau des Sozialismus mobilisiert werden sollten, wurde in den 1980er-Jahren schrittweise aufgegeben. Beibehalten wurden lediglich andere Teile der sozialistischen und maoistischen Mythologie, mit denen die Herrschaft der KPCh weiterhin gerechtfertigt werden konnte: die Heldengeschichte der nationalen Befreiung, die erfolgreiche Wiedervereinigung Chinas, die Symbolfigur Mao Zedong und seine »Lehre« sowie ein angepasstes Narrativ des chinesischen Sozialismus. Kämpferisch klingende Verweise auf Klasse, Klassenkonflikte, Massenkämpfe und andere potenziell subversive Konzepte wurden derweil gestrichen.[78]

Während sich die Zusammensetzung der herrschenden Klasse und ihre Ideologie änderten, wuchs die Unzufriedenheit unter den städtischen Arbeiter:innen und Student:innen. Diese Unzufriedenheit sollte bald einen neuen Zyklus sozialer Kämpfe auslösen.

Aufstand: Die Tian'anmen-Platz-Bewegung 1989

Die frühen Reformen und einige ihrer Auswirkungen wie Inflation und Kaderkorruption schürten die Unzufriedenheit unter Arbeiter:innen, Student:innen und der städtischen Bevölkerung insgesamt. Wieder einmal brachte ein Massenaufstand die VR China an einen Wendepunkt. Die Tian'anmen-Platz-Bewegung 1989 war die entscheidende Auseinandersetzung mit dem Regime der KPCh über die (Richtung der) Reformen und löste auch innerhalb der Partei erhebliche Konflikte aus.

Proteste von städtischen Arbeiter:innen und Student:innen in den 1980er-Jahren

Die städtischen Arbeiter:innen erwarteten, dass die Reformen weitere Verbesserungen bringen würden. Mitte der 1980er-Jahre schwächelte die Wirtschaft jedoch. Die neuen Märkte und die Preispolitik führten zu einer zunehmenden Inflation, die die Löhne der Arbeiter:innen entwertete.[79] Wegen der reformierten Arbeitsbeziehungen in den Betrieben hatten Arbeiter:innen zunehmend Angst um ihren Arbeits-

78 Siehe Pun Ngai/Chris Chan King-Chi: Die Subsumtion des Klassendiskurses in China, in: Pun Ngai/Ching Kwan Lee u. a.: Aufbruch der zweiten Generation. Wanderarbeit, Gender und Klassenzusammensetzung in China, Berlin 2010, S. 258–276.

79 Zu den wirtschaftlichen Problemen in dieser Zeit siehe Andrew G. Walder (Hrsg.): China's Transitional Economy, Oxford 1996; Barry Naughton: Growing Out of the Plan. Chinese Economic Reform, 1978–1993, Cambridge 1996; Wu Fulong: China's Great Transformation. Neoliberalization as Establishing a Market Society, in: Geoforum 3/2008, S. 1093–1096; Loren Brandt/Hsieh Chang-Tai/Zhu Xiaodong: Growth and Structural Transformation in

platz, und viele von ihnen verhielten sich zunehmend disziplinloser. Sozialistische Manager und Staatsbeamte nutzten derweil ihre neuen Befugnisse, die durch das Unternehmensgesetz von 1988 weiter gestärkt wurden, um sich Staatseigentum anzueignen, und die Korruption von Kadern nahm zu. Viele Arbeiter:innen reagierten mit Protesten, Streiks oder der Verlangsamung des Arbeitstempos. Diese meist lokalen, kurzen und begrenzten Proteste zeigten immerhin, dass »einige Arbeiter:innen die Bedeutung der Organisierung erkannt hatten«. Die Bemühungen von Arbeiter:innen, während der Unruhen von 1989 autonome Gewerkschaften zu gründen, sollten daher »nicht als Ergebnis eines plötzlichen Impulses betrachtet werden. Sie waren vielmehr Zeichen eines wichtigen Trends.«[80]

Jackie Sheehan vergleicht die Situation in der VR China in den späten 1980er-Jahren mit jener in den 1950er-Jahren. Damals hatten viele Arbeiter:innen »ein starkes Gefühl der Entfremdung von Betriebsleitungen und Regime« empfunden und festgestellt, dass sie »im Vergleich mit den Arbeiter:innen im Kapitalismus vor 1949« schlecht abschnitten, »obwohl der Übergang zum Sozialismus in der Industrie bereits abgeschlossen war«.[81] 1989 spürten erneut zahlreiche Arbeiter:innen eine solche Entfremdung, und wieder schien ein autonomer kollektiver Widerstand gegen das Regime notwendig, um die Lage zu ändern. Die Arbeiter:innen »fühlten sich zunehmend auf ihre Rolle als angeheuerte Arbeitskräfte reduziert oder sogar wie Teile der Maschinerie«. Sie fürchteten um ihre Arbeitsplätze, weil einige der bereits Entlassenen keine neue Stelle finden konnten. Die Korruption der Kader widerte sie an, die im Kontrast zu ihrem eigenen stagnierenden oder sinkenden Lebensstandard stand. Schließlich leisteten sie Widerstand gegen die Betriebsleitungen – weitgehend abseits »der unwirksamen und diskreditierten offiziellen Kanäle zur Äußerung und Klärung von Beschwerden« –, und sie beteiligten sich zunehmend an Streiks und anderen Formen des betrieblichen Widerstands.[82]

Die Bewegung von Student:innen, die 1989 eine wichtige Rolle spielen sollte, begann bereits einige Jahre früher. Im Dezember 1986 kam es in der Stadt Hefei zu ersten Demonstrationen. Die

China, in: Loren Brandt/Thomas G. Rawski (Hrsg.): China's Great Economic Transformation, Cambridge 2008, S. 683–728.

80 Wang Shaoguang: From a Pillar of Continuity to a Force for Change, S. 187.

81 Sheehan: Chinese Workers, S. 208; siehe auch Howard: Rice Bowls and Job Security, S. 113–114.

82 Sheehan: Chinese Workers, S. 209.

Student:innen waren unzufrieden, »weil sie keine Möglichkeit hatten, ihre eigenen Kandidaten für den Volkskongress aufzustellen«.[83] Die Bewegung griff auf andere Städte über, darunter Beijing, Guangzhou, Hangzhou, Kunming, Nanjing, Wuhan, Shanghai, Suzhou und Tianjin. Während die Demonstrationen in den meisten Orten eher klein blieben, nahmen in Beijing und Shanghai Zehntausende teil. Bei diesen Protesten spielte eine Reihe von Themen eine Rolle, von den Bedingungen an den Universitäten bis hin zum schleppenden Reformprozess.[84] In den Parolen, die sie auf den Demonstrationen riefen und auf Wandplakate und Flugblätter schrieben, verlangten die Student:innen mehr Demokratie und kritisierten das autoritäre Regime. Die Bewegung war jedoch nicht besonders konfrontativ, und die protestierenden Student:innen nahmen sogar Verhandlungen mit einigen lokalen Regierungen auf. Letztlich klangen die Mobilisierungen schnell wieder ab. Viele Student:innen, die sich später an den Protesten von 1989 beteiligten, griffen jedoch auf die Erfahrungen des Kampfes von 1986 zurück.

Neue Konflikte in der Führung

Die Führung der KPCh wechselte in den 1980er-Jahren mehrmals. 1981 wurde Hu Yaobang Parteivorsitzender und ein Jahr später Generalsekretär, als das Amt des Parteivorsitzenden abgeschafft wurde. Deng Xiaoping erhielt den Vorsitz der Zentralen Militärkommission (den er bis 1989 innehatte). Ab 1982 ergriff Hu Yaobang Maßnahmen, um die Pensionierung altgedienter Führer der KPCh und hoher Kader zu beschleunigen. Diese wurden in »generationelle Gruppen« eingeteilt, und ihre Nachfolge sollte von nun an einfach und geregelt ablaufen.[85]

1986 kam es zu heftigen Auseinandersetzungen innerhalb der Zentralregierung zwischen den »Konservativen« und den »Reformern«. Diese Fraktionen waren sich bereits uneinig über das weitere Vorgehen bei den Reformen gewesen. Nun stritten sie sich auch über

83 Julia Kwong: The 1986 Student Demonstrations in China. A Democratic Movement?, in: Asian Survey 9/1988, S. 973.

84 Zur Bedeutung des Reformkurses für die Student:innen siehe Tony Saich: When Worlds Collide. The Beijing People's Movement of 1989, in: Tony Saich (Hrsg.): The Chinese People's Movement. Perspectives on Spring 1989, Armonk, NY 1990, S. 31.

85 Die Regeln für Ablösung und Nachfolge waren eher informell, blieben jedoch bis 2018 umfänglich in Kraft. Dann wurde beschlossen, dass KPCh-Führer Xi Jinping länger als die zuvor vorgesehenen zwei Fünfjahresperioden als Präsident an der Macht bleiben darf. Zur Nachfolgeregelung siehe Peter Lee Nan-Shong: The Informal Politics of Leadership Succession in Post-Mao China, in: Lowell Dittmer/Haruhiro Fukui/Peter Lee Nan-Shong (Hrsg.): Informal Politics in East Asia, Cambridge 2000, S. 175.

den Umgang mit den Studentenprotesten. Wie bereits zuvor, wenn sich unterschiedliche Fraktionen innerhalb der Parteiführung gegenüberstanden, waren Konservative und Reformer jedoch nicht in allen Fragen gegensätzlicher Meinung. Julia Kwong stellt fest, dass beide Fraktionen den Mitte der 1970er-Jahre eingeschlagenen Reformkurs befürworteten. Ihre »Differenzen […] hatten eher mit dem Tempo des Wandels und den Vorsichtsmaßnahmen zu tun, die getroffen werden sollten, damit das Land sich nicht allzu sehr Richtung Kapitalismus bewegte«.[86] Nichtsdestotrotz waren die Meinungsverschiedenheiten folgenreich. Isabella Weber zufolge spielten in der zweiten Hälfte der 1980er-Jahre einige in der Führung der KPCh sogar mit der Idee einer »Schocktherapie« in der VR China, die der in den 1990er-Jahren in Osteuropa durchgeführten ähneln sollte.[87] Schließlich entschied sich das Regime für einen eher schrittweisen Ansatz, auch weil sich Deng Xiaoping auf die Seite der Konservativen stellte. Der Reformer Hu Yaobang fiel dagegen 1987 in Ungnade. Er hatte sich eher offen für demokratische Reformen gezeigt und wurde nun gezwungen, als Generalsekretär der Partei zurückzutreten. Sein Nachfolger war Zhao Ziyang, der in den folgenden Auseinandersetzungen eine ambivalente Rolle spielen sollte.

Der Aufstand in Beijing

Die Tian'anmen-Platz-Bewegung 1989 ist vor allem bekannt wegen des Studentenaufstands, der Besetzung des zentralen Tian'anmen-Platzes in der Beijinger Innenstadt und der Niederschlagung durch das Militär. Die Studentenproteste spielten tatsächlich eine wichtige Rolle. Allerdings wurde der Aufstand auch von vielen Arbeiter:innen und anderen Stadtbewohner:innen unterstützt, die große Hoffnungen auf Reformen gesetzt hatten und schwer enttäuscht worden waren. Im Gegensatz zur 5.-April-Bewegung 1976 brachte die Bewegung von 1989 schnell eine öffentliche Kritik am gesamten politischen System hervor. Sie fand in zahlreichen Städten statt und mobilisierte Millionen Menschen.

Wie bereits 1976 ergab sich der Raum für eine Massenbewegung aus dem Gedenken an einen verstorbenen Parteiführer. Der ehemalige Generalsekretär der KPCh Hu Yaobang, der Anfang 1987 zum Rücktritt

86 Kwong: The 1986 Student Demonstrations in China, S. 983.

87 Raffaele Danna: The Making of China's Economic Reforms. Interview with Isabella Weber, Pandora Rivista, 11.6.2019, unter: https://tinyurl.com/mphnweh6.

gezwungen worden war, starb Mitte April 1989. Viele Student:innen sahen in ihm einen Reformer und mobilisierten Zusammenkünfte, um ihm zu gedenken. Hundertausende demonstrierten Ende April in Beijing. Außerdem organisierten Student:innen Unterrichtsboykotte und gründeten unabhängige Organisationen. Sie forderten mehr Freiheiten und politische Beteiligung, eine Rechenschaftspflicht der Regierung und das Ende der Kaderkorruption.

Das Regime wurde von dieser Massenbewegung überrascht. Es versuchte, die Ordnung in der Hauptstadt wiederherzustellen, indem es Truppen der Volksbefreiungsarmee nahe Beijing stationierte und Polizeieinheiten zur Aufstandsbekämpfung mobilisierte. Unterdessen griffen die Proteste auf andere Städte über. Als Student:innen auf dem Tian'anmen-Platz in Beijing, der zu diesem Zeitpunkt ständig von Demonstrant:innen besetzt war, einen Hungerstreik begannen, eskalierte die Situation weiter. Zahlreiche Arbeiter:innen schlossen sich dem Protest an und gründeten ihre eigenen Organisationen. Wie bei früheren Konflikten spielten »die besonderen ökonomischen Veränderungen und Alltagserfahrungen der Arbeiter:innen eine wichtige Rolle bei der Unterstützung der Protestbewegung«.[88] Zeitweise kam es in der Hauptstadt quasi zu einem Generalstreik.[89]

Risse in der Führung der KPCh wurden offensichtlich, denn etliche Parteikader unterschiedlichen Rangs sympathisierten mit der Bewegung. Selbst Hu Yaobangs Nachfolger als Generalsekretär, Zhao Ziyang, sprach sich gegen die Unterdrückung der Bewegung aus und besuchte die hungerstreikenden Student:innen auf dem Tian'anmen-Platz. Die Hardliner in der KPCh-Führung zwangen Zhao schließlich zum Rücktritt und verhängten den Ausnahmezustand. Ende Mai/Anfang Juni rückten Truppen der Volksbefreiungsarmee mehrmals in einige Vororte Beijings ein, um den Ausnahmezustand durchzusetzen. Demonstrant:innen stellten sich den Truppen jeweils massenhaft entgegen und errichteten Straßensperren, um sie aufzuhalten. Einige

88 Sheehan: Chinese Workers, S. 204.

89 Zur größten neuen Organisation von Arbeiter:innen, der Autonomen Arbeiterföderation Beijing (*gongzilian*), siehe Liang Hong: Beijing Workers' Autonomous Union. Origin and Activities, in: Lu Ping (Hrsg.): A Moment of Truth. Workers' Participation in China's 1989 Democracy Movement and the Emergence of Independent Unions, Hongkong 1990, S. 1–12; siehe auch die kritische Analyse zur Beteiligung der Arbeiter:innen im selben Sammelband von Jian Yuan: Why Were the Chinese Workers Not Mobilized Successfully in the 1989 Democracy Movement?, in: Lu Ping: A Moment of Truth, S. 133–143. Zur Zusammenarbeit von Arbeiter:innen und Intellektuellen und der sich daraus ergebenen Gefahr für das Regime siehe Edward Gu/Merle Goldman (Hrsg.): Chinese Intellectuals between State and Market, London 2004, S. 122–123.

Armeeeinheiten solidarisierten sich mit den Demonstrant:innen, und Student:innen forderten den Rücktritt Deng Xiaopings und anderer Spitzenkader. Am Abend des 3. Juni griff die Volksbefreiungsarmee erneut an, und dieses Mal setzten die Soldaten ihre Waffen gegen die Demonstrant:innen ein. Die endgültige Niederschlagung hatte begonnen.[90]

Fortführung: Repression, Umstrukturierung und Aufschwung, 1989–1999

Nach der Niederschlagung der Tian'anmen-Platz-Bewegung in Beijing und anderen Städten leitete die Führung der KPCh eine Reihe von Repressionsmaßnahmen gegen die Protagonist:innen des Aufstands innerhalb und außerhalb der Partei ein. Während der globale Kalte Krieg mit dem Zusammenbruch der sozialistischen Regime im Ostblock in den späten 1980er- und frühen 1990er-Jahren endete, blieb das Regime der KPCh in der VR China an der Macht und konnte die Chancen nutzen, die sich in der neuen globalpolitischen Ära ergaben. Ab 1992 führte das Regime die Reformen fort. Der chinesische Staat investierte in Infrastruktur und Städtebau, ausländisches Kapital in die verarbeitende Industrie. Beide stützten sich dabei auf die Verfügbarkeit »billiger« Wanderarbeitskräfte. Mitte der 1990er-Jahre unternahm die KPCh-Führung letzte Schritte zur Auflösung der Planwirtschaft und zur Umstrukturierung der staatlichen Industrie. Dies markierte das Ende der Übergangsphase und den Beginn der kapitalistischen Periode.

Militärische Niederschlagung

Die Niederschlagung der Bewegung auf dem Tian'anmen-Platz fand am 3./4. Juni 1989 statt. Die Armee ging in den Straßen von Beijing mit Panzern und Maschinenpistolen gegen die Demonstrant:innen vor. Die genaue Zahl der Getöteten ist nicht bekannt, aber es dürften mindestens einige Tausend gewesen sein.[91] Es dauerte Tage,

90 Für weitere Informationen über die Bewegung auf dem Tian'anmen-Platz siehe Zhao Dingxin: The Power of Tiananmen. State-Society Relations and the 1989 Beijing Student Movement, Chicago, IL 2001; Anna Kerns: Who Will Shout if Not Us? Student Activists and the Tiananmen Square Protest, China, 1989, Minneapolis, MN 2011. Originaldokumente zur Bewegung finden sich in Han Minzhu/Hua Sheng (Hrsg.): Cries for Democracy. Writings and Speeches from the Chinese Democracy Movement, Princeton, NJ 1990; Michel Oksenberg/Lawrence R. Sullivan/Marc Lambert (Hrsg.): Beijing Spring, 1989. Confrontation and Conflict. The Basic Documents, Armonk, NY 1990; Benton/Hunter: Wild Lily, Prairie Fire.

91 Zu den Schwierigkeiten, die genaue Zahl der Opfer zu ermitteln, siehe Timothy Brook: Quelling the People. The Military Suppression of the Beijing Democracy Movement, Oxford 1992, Kapitel 6. 2017 berichtete die BBC, dass eine dem Staatsrat der VR China nahestehende

bis die Bewegung in der Hauptstadt endgültig niedergerungen war. In anderen Städten wie Changchun, Changsha, Dalian, Guangzhou, Harbin, Hefei, Lanzhou, Nanjing Shanghai, Shenyang, Tianjin, Wuhan und Xi'an kam es derweil zu Streiks und Demonstrationen gegen das »Massaker« in Beijing. Während viele Studentenanführer:innen aus dem Land flohen, wurden Tausende von Menschen, darunter viele Arbeiter:innen, bei Razzien von Armee und Polizei verhaftet und in Arbeitslagern und Gefängnissen inhaftiert. Einige wurden sogar hingerichtet. Am 24. Juni wurde KPCh-Generalsekretär Zhao Ziyang, der bereits seit Ende Mai im Abseits stand, von sämtlichen Ämtern enthoben. Jiang Zemin, der bisherige KPCh-Chef von Shanghai, wurde Zhaos Nachfolger als oberster Parteiführer.

Die Bewegung auf dem Tian'anmen-Platz scheiterte, weil die Führung der KPCh entschlossen war, ihre Macht zu behalten. Um dies zu erreichen, war sie sogar bereit, die Volksbefreiungsarmee gegen die Bevölkerung einzusetzen. Eine wichtige Rolle spielten jedoch auch die Schwächen der Bewegung, insbesondere die Spaltung zwischen Student:innen und Arbeiter:innen. Die Studentenanführer:innen weigerten sich, die Arbeiterklasse einzubeziehen. Einerseits sahen sie sich selbst als höhere Klasse und misstrauten den unbändigen Massen mit ihren proletarischen Verhaltensweisen. Andererseits rechneten sie damit, dass jede Beteiligung der Arbeiterklasse zwangsläufig eine scharfe Reaktion der Parteiführung nach sich ziehen würde und die Bewegung bessere Chancen hätte, Zugeständnisse zu erreichen, wenn die Student:innen allein vorgingen.[92]

Konservativer Rollback

Die Spannungen zwischen Reformern und Konservativen verschärften sich in der Frage, wie mit den Unruhen von 1989 umzugehen sei. Unter den protestierenden Student:innen waren viele Kinder von Parteikadern. Gleichzeitig erkannten Teile der herrschenden Klasse in den Protesten die Chance, mehr Reformen durchzusetzen. Mit der gewaltsamen Niederschlagung setzten sich jedoch die Hardliner um Deng Xiaoping in der Führung der KPCh durch. Sie begannen nun, die Reihen der Partei zu säubern und die folgende Phase für einen

»zuverlässige« Quelle einem britischen Diplomaten gesagt habe, dass bei der Niederschlagung 1989 mindestens 10 000 Menschen getötet worden seien (Tian'anmen Square protest death toll »was 10,000«, BBC News, 23.12.2017, unter: https://tinyurl.com/ycknwj42).

92 Mehr dazu in Zhang Yueran: The Forgotten Socialists of Tiananmen Square, Jacobin, 4.6.2019, unter: https://tinyurl.com/y4yhkkqx.

konservativen Rollback zu nutzen. Wer sich an der Bewegung beteiligt hatte oder oppositionellen Kräften angehörte, wurde bestraft und unterdrückt. Viele von ihnen verbrachten viele Jahre in Haft.[93] Um einen erneuten Einsatz der Volksbefreiungsarmee gegen Massenbewegungen in Zukunft vermeiden zu können, baute das Regime eine neue Bereitschaftspolizei auf. Diese ergänzte den komplexen Repressionsapparat aus politischer Polizei, Zensurbehörden, Gerichten, Gefängnissen und Arbeitslagern, der das Regime der KPCh gegen innenpolitische Bedrohungen schützen sollte.

Zu diesem Zeitpunkt war die VR China nur noch einen letzten Schritt entfernt vom endgültigen Übergang vom Sozialismus zum Kapitalismus. Dieser Schritt wäre vielleicht nicht erfolgt ohne die globalen Verschiebungen im Kalten Krieg zwischen dem kapitalistischen Westen und dem sozialistischen Osten und ohne die Dialektik von Wirtschaftskrise, Umleitung von Investitionen und industrieller Entwicklung, durch die sich das globale Produktionszentrum im Laufe der 1980er- und 1990er-Jahre nach Ostasien verlagerte.

Das Ende des Ostblocks

In anderen sozialistischen Ländern gingen in der zweiten Hälfte der 1980er-Jahre Massen auf die Straße und forderten ein Ende wirtschaftlicher Not und autoritärer Herrschaft. In der Sowjetunion hatte die Regierung ihre sogenannte Perestroika- und Glasnost-Politik begonnen. Wörtlich übersetzt bedeuten diese Begriffe »Umbau« und »Offenheit«, sie ähneln also der Politik der »Reform und Öffnung« (*gaige kaifang*) in der VR China. Im sozialistischen Ostblock fühlten sich oppositionelle Bewegungen nun noch stärker ermutigt, auf Veränderungen zu drängen. Ende 1989 begannen die sozialistischen Regime zu bröckeln, was schließlich nicht nur zum Ende der Herrschaft der Kommunistischen Partei in der Sowjetunion 1991, sondern auch zur Absetzung der sozialistischen Regierungen in den meisten osteuropäischen Ländern und zum Zusammenbruch des Ostblocks

93 1995 erklärte das Justizministerium der VR China, dass 2700 Gefangene nach der Niederschlagung von 1989 als »Konterrevolutionäre« verurteilt worden seien. Viele weitere wurden allerdings als gewöhnliche »Kriminelle« verurteilt und oft zur Umerziehung in Arbeitslager geschickt. Zu Auswirkungen und Folgen der Bewegung siehe Jean-Philippe Béja (Hrsg.): The Impact of China's 1989 Tiananmen Massacre, London 2011; Louisa Lim: The People's Republic of Amnesia. Tian'anmen Revisited, New York 2014. Einen anschaulichen Bericht über die politische Verfolgung und die langjährigen Haftstrafen für nicht-studentische Beteiligte der Tian'anmen-Platz-Bewegung bietet Liao Yiwu: Die Kugel und das Opium. Leben und Tod am Platz des Himmlischen Friedens, Frankfurt a. M. 2014.

führte. Die anschließende wirtschaftliche »Schocktherapie« in einigen der ehemals sozialistischen Länder nahm diesen weitgehend ihre wirtschaftliche Potenz und erleichterte ihre Wiedereingliederung in die Weltwirtschaft als (semi-)periphere Staaten.

Die Fortführung der Reformen

Die Entwicklung in Osteuropa hatte große Auswirkungen auf die Politik der KPCh und die Art und Weise, wie die Regierung der VR China mit dem wirtschaftlichen Wandel und der sozialen Unzufriedenheit in dieser Zeit umging. 1992, drei Jahre nach der Tian'anmen-Platz-Bewegung und ihrer Niederschlagung, unternahm Deng Xiaoping seine berüchtigte »Reise in den Süden«. Er inspizierte unter anderem Sonderwirtschaftszonen in der Provinz Guangdong. Diese Reise markierte einen entscheidenden Wendepunkt. Deng hatte zwar keine formale Position inne, war aber dennoch der dominierende Akteur in der Parteiführung. Er erklärte die Form der Industrialisierung im Süden – mit Sonderwirtschaftszonen und Fabriken, die Konsumgüter für den Weltmarkt produzieren – zum Modell, dem andere Regionen zu folgen hatten. Anstatt einen freien Marktkapitalismus anzupeilen, wie das in weiten Teilen Osteuropas zu dieser Zeit der Fall war, setzte die Führung der KPCh auf ein Zusammenspiel »der verbleibenden Strukturen des sozialistischen Systems mit der immer wichtiger werdenden Marktliberalisierung«.[94] Unter dem Parteivorsitzenden Jiang Zemin forcierte die Parteiführung ihre wachstumsfördernde Politik und wandte sich mehr privatem Kapital und Märkten zu. Gleichzeitig sorgte sie jedoch dafür, dass die KPCh weiterhin im Staat und in der Wirtschaft eine starke Rolle spielen konnte. In dem Bemühen, die wirtschaftliche Entwicklung vor Ort anzukurbeln, wurden in der Folge viele wirtschaftliche Entscheidungen und Initiativen auf die Ebene der Provinzen verlagert. Während die Reformen in den 1980er-Jahren oft mit Experimenten angefangen hatten und schrittweise verlaufen waren, folgten sie nun einer klareren Linie. In den 1990er-Jahren schaffte das Regime die »zweigleisige« Wirtschaft nach und nach ab, strukturierte den Staatssektor weiter um, schaffte die Sozialgarantien für die städtische Arbeiterklasse ab und integrierte die VR China weiter in den globalen Kapitalismus.

94 Shaun Breslin: Capitalism with Chinese Characteristics. The Public, the Private and the International, in: Asia Research Centre, Warwick University, Working Paper Nr. 104, Juni 2004, S. 9.

Fabrik der Welt

Hinter dem immensen Wirtschaftswachstum in der VR China in den 1990er- und 2000er-Jahren stand kein großer Plan der Parteiführung. Vielmehr war das Wachstum Ergebnis mehrerer, zufällig gleichzeitig stattfindender Entwicklungen. Der Erfolg der Reformen geht darauf zurück, dass das KPCh-Regime ausländische Investitionen anwerben wollte zu einem Zeitpunkt, als viele Unternehmen aus kapitalistischen Kernstaaten tatsächlich auf der Suche nach ausländischen Investitionsmöglichkeiten waren. In den USA und in Westeuropa hatten – vor allem in den 1960er- und frühen 1970er-Jahren – große Arbeiterbewegungen höhere Löhne erkämpft und den dortigen Regierungen mehr Sozialleistungen abgerungen. Das dortige Kapital sah seine Gewinne schwinden und reagierte in den 1970er-Jahren mit einem Investitionsstreik in industriellen Sektoren. In den 1980er- und 1990er-Jahren zog dies eine teilweise Finanzialisierung des Kapitals (durch Investitionen in Finanzanlagen) nach sich, während in der Industrie umstrukturiert wurde. Dort kam es nun zu Lohnkürzungen, Entlassungen und weiteren Sparmaßnahmen. In der Regel wird dies als der Beginn des Neoliberalismus oder neoliberalen Kapitalismus beschrieben.

Bereits vorher, ab den 1960er- und 1970er-Jahren, wurden Investitionen und Produktionsbereiche zunehmend internationalisiert und in »Entwicklungsländer« mit »billigen« Arbeitskräften in Lateinamerika und Asien verlagert. Die autoritär regierten, sogenannten Tigerstaaten (Hongkong, Singapur, Südkorea und Taiwan) gehörten zu den Ländern, die eine rasante industrielle Entwicklung erlebten, in den 1970er- und 1980er-Jahren wirtschaftlich aufstiegen und sich zunächst zu semi-peripheren Ländern und später zu kapitalistischen Kernländern entwickelten.[95] Staatlich kontrollierte und unterstützte Wirtschaftsprogramme dieser »Entwicklungsdiktaturen« und die Bereitstellung »billiger« Arbeitskräfte für Industrien, die für den Weltmarkt produzieren, spielten in diesem Prozess die zentrale Rolle.

In den 1990er-Jahren war das Regime der KPCh bestrebt, dem Beispiel der Tigerstaaten zu folgen und dem globalen Kapital »billige«

95 Die Tigerstaaten folgten bei ihrem wirtschaftlichen Aufstieg dem japanischen Modell, beschrieben als Form »fliegender Gänse« auf dem Weg wirtschaftlicher Entwicklung. Dies wurde erstmals analysiert in Kaname Akamatsu: A Historical Pattern of Economic Growth in Developing Countries, in: Journal of Developing Economies 1/1962, S. 3–25, unter: https://tinyurl.com/4yfesy9x; siehe auch Kaoru Sugihara: The East Asian Path of Economic Development. A Long-Term Perspective, in: Giovanni Arrighi/Takeshi Hamashita/Mark Selden (Hrsg.): The Resurgence of East Asia. 500, 150 and 50 Year Perspectives, London 2003, S. 78–123.

Arbeitskräfte anzubieten. Unmittelbar nach der Niederschlagung der Tian'anmen-Platz-Bewegung verhängten Staaten wie die USA Wirtschaftssanktionen gegen die VR China, die somit wieder wie ein »Pariastaat« behandelt wurde. Dies galt jedoch nur vorübergehend, und die VR China sollte bald zum weltweit größten Empfänger ausländischer Direktinvestitionen werden.

Nachdem die Führung der KPCh die Wirtschaft der VR China nach 1992 weiter für ausländische Investoren geöffnet hatte, errichtete das globale Kapital neue Fabriken in den immer zahlreicheren Sonderwirtschaftszonen in den Ostküstenprovinzen. Chinesische Netzwerke in Hongkong und Taiwan und Unternehmen aus anderen ostasiatischen Staaten stellten einen großen Teil der ausländischen Investitionen bereit. Die Investoren mussten bestimmte Beschränkungen akzeptieren. So waren sie in einigen Sektoren verpflichtet, Joint Ventures mit Unternehmen aus der VR China zu gründen. Andere Sektoren, die das Regime als kritisch und sensibel betrachtete, blieben in staatlicher Hand.

Durch die Kollaboration von ausländischem Kapital und der Führung der KPCh beschleunigte sich die wirtschaftliche Entwicklung, und die VR China wurde als »Fabrik der Welt« in die globale Ökonomie integriert. Um den Bedarf an Arbeitskräften für die neuen Fabriken zu sichern, wurden die Migrationsbeschränkungen für Menschen mit ländlichem *hukou* gelockert. Sie durften nun befristet in der Stadt arbeiten, solange sie einen Arbeitsvertrag hatten. Im Rahmen des »Wohnheim-Arbeitsregimes« erhielten Binnenmigrant:innen eine vorübergehende und »billige« Unterkunft in Wohnheimgebäuden in der Nähe ihrer Arbeitsstellen.[96] In den Betrieben entstand ein neues Fabrikregime, das sozialistische und kapitalistische Elemente der Arbeitskontrolle und -organisation kombinierte. Die *sweatshops* und Fabriken, die Konsumgüter herstellten, setzten auf eine geschlechtsspezifische Arbeitsteilung und nutzten die »flinken Finger« der Frauen* unter den Wanderarbeiter:innen. In anderen Sektoren, wie dem Baugewerbe, wurden hauptsächlich männliche Arbeitskräfte ausgebeutet.[97]

Die Umstrukturierung des staatlichen Sektors

Bis ins Jahr 1995 hatte die Wirtschaft der VR China bereits einen enormen Wandel durchlaufen. Auf den privaten Sektor entfielen etwa

96 Pun Ngai/Chris Smith: Putting Transnational Labour Process in Its Place. The Dormitory Labour Regime in Post-Socialist China, in: Work, Employment and Society 1/2007, S. 27–45.

97 Für weitere Informationen zu den Wanderarbeiter:innen siehe das nächste Kapitel.

40 Prozent der nicht-landwirtschaftlichen Beschäftigung und 34 Prozent der industriellen Produktion.[98] Das KPCh-Regime unternahm weitere Schritte, um den staatlichen Planungsapparat anzupassen und die institutionellen und rechtlichen Bedingungen zu schaffen, die etwa für die Anpassung des Finanzsektors und des Außenhandels erforderlich waren. Vor allem begann es mit dem entscheidenden Angriff auf ein verbliebenes Kernstück der sozialistischen Planwirtschaft und des Arbeitsregimes: die staatlichen Unternehmen und ihr Beschäftigungssystem.[99]

Die lebenslange Beschäftigung von Arbeiter:innen in städtischen Staatsbetrieben und Kollektiven wurde nun endgültig durch die Vergabe von Arbeitsverträgen an alle Beschäftigten ersetzt. Die meisten den Arbeiter:innen bisher gewährten Sozialleistungen wurden gestrichen. Die Führung der KPCh verabschiedete zudem mehrere Gesetze, mit denen der rechtliche Rahmen an die neuen wirtschaftlichen Bedürfnisse und Strukturen angepasst werden sollte. Dazu zählten das Unternehmensgesetz von 1994 und das Arbeitsgesetz von 1995.

Mit dem Unternehmensgesetz wurden große staatliche Arbeitseinheiten in profitorientierte Aktiengesellschaften umgewandelt. Die meisten kleinen und mittleren Unternehmen sowie Großunternehmen mit, nach Ansicht des Regimes, geringer strategischer Bedeutung wurden privatisiert, verkleinert oder geschlossen. Viele von ihnen wurden an höhere Kader oder Betriebsleiter verkauft, einige auch an in- oder ausländische Investoren. Große Unternehmen mit strategischer Bedeutung wurden hingegen umstrukturiert und neuen staatlichen Verwaltungsagenturen unterstellt. In einigen Fällen wurden Anteile von Unternehmen an private Investoren veräußert, sodass hybride Eigentumsverhältnisse mit mehr oder weniger öffentlichen oder privaten Anteilen entstanden. Die großen staatlichen Unternehmen, die nun hohe Gewinne abwerfen sollten, wurden in »Unternehmen in staatlichem Besitz« (*guoyou qiye*) umbenannt. Die Teile der bisherigen Arbeitseinheiten, die für Bildung, Gesundheitsfürsorge, Wohnraum oder Kantinenverpflegung gesorgt hatten, wurden häufig ausgegliedert oder verkauft.

98 Martin Hart-Landsberg/Paul Burkett: China and Socialism. Market Reforms and Class Struggle, New York 2005, S. 56.

99 Für Einzelheiten zur Umstrukturierung des staatlichen Sektors siehe John Hassard/Jackie Sheehan/Zhou Meixiang/Jane Terpstra-Tong/Jonathan Morris: China's State Enterprise Reform. From Marx to the Market, London 2007.

Mit dem Arbeitsgesetz wurden die Beschäftigungsverhältnisse reformiert. Im Zuge der Umstrukturierung und Privatisierung wuchs der Druck auf die Unternehmen, die Effizienz zu steigern und ihre Belegschaft zu reduzieren. Zwischen 1993 und 2003 wurden aufgrund der Umstrukturierung und Rationalisierung etwa 50 Millionen Arbeiter:innen entlassen.[100] Die Arbeiter:innen von Staatsbetrieben wurden gezwungen, ihr bisheriges Arbeitsverhältnis zu kündigen, das ihnen einen Arbeitsplatz und Sozialleistungen garantiert hatte. Für den Verzicht auf die früheren Garantien wurden sie durch ein Verfahren entschädigt, das *maiduan gongling* oder einfach *maiduan* genannt wurde, übersetzt »Abfindung für die Dauer der Betriebszugehörigkeit«.[101] Nicht nur für diejenigen, die im Zuge des Verfahrens entlassen wurden, galt *maiduan*, sondern auch für diejenigen, die ihren Arbeitsplatz zwar behielten, aber einen neuen Arbeitsvertrag unterschreiben mussten. Dieser neue Vertrag enthielt weder die vorherige Arbeitsplatzgarantie noch die alten Sozialleistungen. Die umstrukturierten Staatsunternehmen und die privatisierten Betriebe intensivierten nun die Arbeit und verlängerten die Arbeitszeiten.

Die zunehmende Angst um den Arbeitsplatz, Arbeitslosigkeit, niedrige Löhne, der Verlust der sozialen Absicherung und der erhöhte Arbeitsdruck führten zu neuer Unzufriedenheit. Die Beschäftigten staatlicher Unternehmen organisierten eine Welle von Protesten gegen die Umstrukturierung des Staatssektors, die bis in die 2000er-Jahre andauern sollte. Zudem löste die Verschlechterung der Lebensbedingungen auf dem Land Mitte und Ende der 1990er-Jahre Bauernunruhen aus. Diese beiden Kampfzyklen auf dem Land und in den Städten markieren den Beginn der kapitalistischen Periode in der VR China.

Synopsis: Den Fluss überqueren, indem man nach den Steinen tastet

Auch in der Übergangsperiode von Mitte der 1970er- bis Mitte der 1990er-Jahre lässt sich in der VR China das beschriebene Muster beobachten: soziale Kämpfe gefolgt von Eindämmungsmaßnahmen des Regimes in Form von Repression, Zugeständnissen, Kooptierung und Reformen. Mitte bis Ende der 1970er-Jahre forderten demokratische Bewegungen Veränderungen und die politische Beteiligung der

100 Naughton: Chinese Economy, S. 214–215.

101 Andreas: Disenfranchised, S. 195.

Massen. Nach dem Tod Maos und dem Sturz der »Viererbande« im Jahr 1976 übernahm die Fraktion um Deng Xiaoping zunächst einige dieser Forderungen und nutzte sie zur Durchsetzung von Wirtschaftsreformen. Demokratische Rechte wurden allerdings weder gewährt noch erweitert, und als sich die Bewegungen ausbreiteten und grundlegende Kritik an der Herrschaft der KPCh äußerten, wurden sie unterdrückt.

Die Parteiführung blieb auch während der gesamten Übergangsperiode an der Macht, aber ihre Zusammensetzung und ihre politischen Konzepte und Ausrichtungen änderten sich. Die wirtschaftliche Entmaoisierung begann Ende der 1970er-Jahre mit der Verteilung der landwirtschaftlichen Parzellen in den Dörfern. Kurz darauf wurden erste Sonderwirtschaftszonen für ausländische Investoren geschaffen. In den Städten wurde die Position der sozialistischen Manager gestärkt, und neue Arbeitsmärkte entstanden. Diese Maßnahmen sollten die Wirtschaftsleistung des Landes verbessern, das sozialistische System retten und die Herrschaft der KPCh stärken. Der Übergang war nicht Ergebnis eines detaillierten Masterplans oder einer Blaupause, sondern einer Reihe von oft experimentellen Reformschritten. Für einen solchen Ablauf steht die Redewendung »Den Fluss überqueren, indem man nach den Steinen tastet«, die Deng Xiaoping angeblich benutzte, um sein Verständnis des Reformkurses zu beschreiben.

Die Reformen brachten auch neue Unterdrückungsmaßnahmen gegen Frauen* mit sich, darunter die Ein-Kind-Politik zur Kontrolle über ihren Körper und über die Fortpflanzung sowie die Verstärkung traditioneller Vorstellungen von Feminität und weiblichen Rollen. Frauen* wurden zur Lohnarbeit herangezogen oder (mit entsprechenden Kampagnen) aus ihr herausgedrängt, um den Anforderungen der Wirtschaft gerecht zu werden. In den 1980er- und 1990er-Jahren waren es vor allem (ältere) Arbeiterinnen in den staatlichen Industrien, die unter den Folgen von Umstrukturierungen und Reformen zu leiden hatten. Derweil wurden (junge) Binnenmigrantinnen als Fabrikarbeiterinnen, Hausangestellte oder Sexarbeiterinnen ausgebeutet. Wie in der sozialistischen Periode wehrten sich die Frauen* und kämpften um die Kontrolle über ihren Körper und gegen ihre Ausbeutung in nicht entlohnter (reproduktiver) oder entlohnter Arbeit.

Die Reformen führten zu zahlreichen Krisen und in der Folge zu wachsender Unzufriedenheit in den Städten, die in der Tian'anmen-Platz-Bewegung 1989 gipfelte – einer städtischen Massenbewegung, an der sich Student:innen, Arbeiter:innen und andere Stadtbewohner:innen beteiligten. Ein Teil der Führung der KPCh sympathisierte mit dieser Bewegung und befürwortete kontrollierte politische Reformen. Deng Xiaoping und seine Fraktion entschieden sich für eine andere Lösung. Sie erkannten die Gefahr, die die Tian'anmen-Platz-Bewegung darstellte und die später durch ähnliche Massenbewegungen und den Zusammenbruch der Regime kommunistischer Parteien in Osteuropa bestätigt wurde. Das Regime entschied sich für die militärische Niederschlagung der Tian'anmen-Platz-Bewegung. Auch danach wurden die Repressionsmaßnahmen fortgesetzt und schwächten den gesellschaftlichen Widerstand gegen das Regime. Damit war der Weg geebnet für die Fortsetzung der Reformen ab 1992 und für einen fortan strikteren Reformkurs. Der Boom der Exportindustrie in der VR China in den 1990er-Jahren wurde durch globale Entwicklungen begünstigt. Dazu gehörten die Entstehung neuer globaler Produktions- und Handelsketten und die Suche des globalen Kapitals nach »billigen« Arbeitskräften in der Peripherie. Im Rahmen der neuen Wirtschaftsordnung in der VR China kombinierten Staat und Kapital effektiv die importierten Technologien kapitalistischer Ausbeutung mit den reformierten Formen autoritärer sozialistischer Staatsführung.

Die Übergangsperiode endete mit dem endgültigen Abbau sozialistischer Institutionen Mitte bis Ende der 1990er-Jahre. Die Umstrukturierung des Staatssektors, die Umwandlung staatlicher Unternehmen in gewinnorientierte Aktiengesellschaften und die Einführung neuer staatlicher Planungsinstitutionen veränderten zwar die Formen der Mehrwertproduktion und des Managements, nicht aber die allgemeinen Ziele: wirtschaftliche Effizienz, Rentabilität, stabile Arbeitsbeziehungen und die Aufrechterhaltung der bestehenden Klassenherrschaft. Am Ende des Übergangs war die VR China eine aufstrebende Wirtschaftsmacht, auch wenn damals unklar war, ob und wie lange sie weiterwachsen würde. Mit Blick auf die immensen Probleme mit Kaderkorruption, sozialen Ungleichheiten und wirtschaftlichen Ungleichgewichten, wie etwa der Abhängigkeit von staatlichen Investitionen und von Exporten, rechneten einige Beobachter:innen wieder – und nicht zum letzten Mal – mit einem baldigen Zusammenbruch.[102]

102 Siehe unter anderem Gordon Chang: The Coming Collapse of China, London 2002.

Kapitel 4

Der Kapitalismus seit Mitte der 1990er-Jahre

Die kapitalistische Periode begann Mitte der 1990er-Jahre. Wie die beiden vorherigen Perioden wurde sie von massiven sozialen Protesten eingeleitet. Diese Proteste sollten bis in die 2000er-Jahre andauern. Die alte sozialistische Arbeiterklasse kämpfte gegen die Umstrukturierung und Demontage der staatlichen Industrien, Bäuerinnen und Bauern gegen die fortschreitende Kommodifizierung und Enteignung ihrer Parzellen. Anfang der 2000er-Jahre versuchte das Regime der Kommunistischen Partei Chinas, die sozialen Spannungen durch begrenzte Zugeständnisse zu entschärfen. Die Beschränkungen für die Binnenmigration wurden gelockert, neue Sozialprogramme aufgesetzt, die Mindestlöhne angehoben und Agrarsteuern abgeschafft. Das Regime präsentierte dies als Politik für eine »harmonische sozialistische Gesellschaft«. Der Begriff konnte auch als Drohung gegen alle verstanden werden, die die soziale Harmonie störten.

Der Beitritt der Volksrepublik China zur Welthandelsorganisation (WTO) im Jahr 2001 gab der Wirtschaft einen weiteren Schub. Die ausländischen Investitionen in die verarbeitende Industrie hielten an, und die VR China wurde bis zum Ende des Jahrzehnts zum »Motor des globalen Kapitalismus«. Von Anfang an beruhte der wirtschaftliche Boom auf der Ausbeutung von Wanderarbeiter:innen, die in Fabriken, auf Baustellen und im städtischen Dienstleistungssektor beschäftigt waren. Diese neue Arbeiterklasse organisierte im Laufe der 2000er-Jahre immer mehr Proteste, die 2010 in einer Streikwelle gipfelten. Der von den Arbeitskämpfen ausgeübte Druck trieb die Löhne in die Höhe, führte zu verbesserten Arbeitsbedingungen und untergrub letztendlich das »Billiglohnmodell«.

Als 2007 die globale »Finanzkrise« ausbrach, legte das Regime ein massives Konjunkturprogramm auf, um die Auswirkungen der Krise zu begrenzen. In der Folge stieg die Verschuldung enorm. Das Regime der KPCh sah sich mit einer Reihe von weiteren Problemen konfrontiert. Der stetige Zufluss neuer Wanderarbeiter:innen begann zu versiegen und die wirtschaftliche Wachstumsrate gemessen am Bruttoinlandsprodukt (BIP) ging zurück. Um die anhaltenden Kämpfe der Wanderarbeiter:innen gegen ausstehende Löhne, Betriebsverlagerungen und Entlassungen zu kontrollieren und einzudämmen, machte das Regime widerwillig weitere materielle Zugeständnisse. Gleichzeitig ging es gegen die Organisierung der Arbeiter:innen als soziale und politische Klasse vor. Der Umbau der Landwirtschaft in Richtung einer kapitalistischen Agrarindustrie setzte derweil die Bäuerinnen und Bauern weiter unter Druck, und die fortgesetzte patriarchale Umgestaltung der Gesellschaft löste neue feministische Debatten und Kämpfe aus.

2012 wurde eine neue Parteiführung eingesetzt mit Xi Jinping an der Spitze. Sie befürchtete weitere Konflikte in Partei, Staat und Gesellschaft und leitete deshalb Maßnahmen zur Konsolidierung ihrer Herrschaft ein. Dazu gehörte eine Kampagne gegen die Korruption von Kadern. Um weiteres Wirtschaftswachstum zu erreichen und der VR China einen größeren Anteil an den globalen Profiten zu sichern, drängte das Regime auf einen »Sprung nach außen«. Dafür stand zum einen das Programm »Made-in-China 2025», demzufolge chinesische Unternehmen in Bereichen der neuen Technologien global die Führungsposition übernehmen sollten. Zum anderen startete das Regime die Belt-and-Road-Initiative (BRI). Chinesische Unternehmen sollten weltweit Rohstoff-, Infrastruktur- und Industrieprojekte voranbringen, um so den wirtschaftlichen und politischen Einfluss der VR China zu vergrößern. Dieser Expansionskurs sowie die Aufrüstung der Streitkräfte des Landes führten zu neuen Konflikten mit den herrschenden Klassen in anderen kapitalistischen Ländern, insbesondere in den USA. Diese Konflikte wurden durch den weltweiten Wirtschaftseinbruch 2020, der mit der Covid-19-Pandemie zusammenhing, und durch die geopolitischen Spannungen nach Beginn des Ukraine-Kriegs 2022 noch verschärft.

Widerstand: Die Bauernunruhen und die Arbeiterproteste in staatlichen Unternehmen, 1992–2005

Die kapitalistische Periode begann in den späten 1990er-Jahren mit Kämpfen der Beschäftigten staatlicher Unternehmen gegen die Auswirkungen der Umstrukturierung des Staatssektors. Zwar konnte diese breite Bewegung die Umstrukturierung nicht verhindern, sie erreichte jedoch einige materielle Zugeständnisse. In den Dörfern führte derweil die Umstrukturierung der Landwirtschaft in den 1990er- und frühen 2000er-Jahren zu einer Verschlechterung der Lebensbedingungen von Bäuerinnen und Bauern. Hohe Abgaben und Steuern, Landraub und Kaderkorruption lösten immer wieder Bauernunruhen aus. Erst Mitte der 2000er-Jahre verbesserte das KPCh-Regime endlich die Situation der Bäuerinnen und Bauern entscheidend, etwa indem es die Agrarsteuern senkte.

Auswirkungen der Umstrukturierung

Der langsame Abbau der Belegschaften staatlicher Unternehmen begann bereits Mitte der 1980er-Jahre, beschleunigte sich jedoch ab Mitte der 1990er-Jahre. Das Regime der KPCh strukturierte den staatlichen Sektor nun um, privatisierte oder schloss kleine und mittlere Unternehmen. Größere Unternehmen in strategischen Sektoren blieben unter staatlicher Kontrolle. Für die städtischen Arbeiter:innen, insbesondere für Ungelernte mittleren Alters, Ältere und Frauen*, hatte die Deregulierung des staatlichen Sektors, die Auflösung der alten Arbeitsverhältnisse und die Abschaffung sozialer Garantien – der sogenannten eisernen Reisschüssel – dramatische Folgen. Die Arbeitslosigkeit in den Städten stieg, und die Hälfte der Entlassenen blieb jahrelang ohne formelle Anstellung.[1] Zahlreiche betroffene Arbeiter:innen galten nicht als arbeitslos, da sie nicht formell entlassen worden waren. Als sogenannte *xiagang* (wörtlich: nicht am Arbeitsplatz) blieben sie offiziell beschäftigt und wurden in Beschäftigungs- oder Ausbildungsprogrammen geparkt. In vielen Fällen verfehlten diese Programme ihre Ziele. Die *xiagang* warteten meist vergeblich auf die versprochenen Sozialleistungen und neuen Arbeitsplätze und bildeten den Kern einer »verlorenen Generation«. Viele (vor allem ältere) Arbeiter:innen reihten sich in die große Zahl der städtischen Armen ein und fanden sich auf dem städtischen Arbeitsmarkt für ungelernte und prekäre Tätigkeiten wieder. Dort konkur-

1 Simon Appleton/John Knight/Song Lina/Xia Qingjie: Labor Retrenchment in China. Determinants and Consequences, in: China Economic Review 2–3/2002, S. 252, unter: https://tinyurl.com/yk27jkrt. Bis Mitte der 1990er-Jahre nahm die Einkommensungleichheit in der VR China infolge der Reformen zu. Der Gini-Koeffizient stieg »von 0,33 im Jahr 1980 auf 0,40 im Jahr 1994 und auf 0,46 im Jahr 2000« (Martin Hart-Landsberg/Paul Burkett: China and Socialism. Market Reforms and Class Struggle, New York 2005, S. 67). Ein Gini-Koeffizient von 1 bedeutet maximale Ungleichheit, 0 bedeutet maximale Gleichheit.

rierten sie mit Millionen von Wanderarbeiter:innen, die seit den 1990er-Jahren in die Städte strömten, um ungelernte oder schlecht entlohnte Jobs im Dienstleistungssektor oder im Baugewerbe aufzunehmen.

Die unglückliche Generation der Arbeiterinnen

Frauen* waren generell stärker von der Umstrukturierung betroffen. Sie machten nur etwa 40 Prozent der Erwerbsbevölkerung aus, stellten jedoch »etwa 60 Prozent der von staatlichen Unternehmen entlassenen Arbeiter:innen«.[2] Frauen* verrichteten oft unterstützende Tätigkeiten, oder sie arbeiteten in Dienstleistungsabteilungen, die als erste abgebaut wurden. Alter und Geschlecht waren entscheidende Faktoren, wenn Manager über Entlassungen entschieden. Frauen*, die älter als 40 Jahre alt waren, wurden nicht nur oft als Erste entlassen, sondern auch als Letzte (woanders) wieder eingestellt. Für viele ältere Frauen* war die Entlassung der traurige Höhepunkt einer seit dem »Großen Sprung« erfahrenen Ungleichheit zwischen den Geschlechtern. Ihre strukturelle und persönliche Diskriminierung wurde nun noch verschärft: »Schlechtere Bildungschancen, mehr Belastungen im Haushalt und in der Familie, mehr Druck im Alltag, stärkere Überwachung persönlichen Verhaltens, enge Kontrolle der Sexualität und Fortpflanzung, schlechtere Aufstiegschancen bei der Arbeit, beschränktes soziales Netz, geringere Löhne.«[3] Viele aus dieser unglücklichen Generation von Arbeiterinnen hielten »an Vorstellungen wie dem ›natürlichen Unterschied von Mann und Frau‹ und weiblicher Opferbereitschaft fest«. Sie konnten »das patriarchale Vermächtnis des Konfuzianismus, die Patrilinearität (Vaterfolge) und die enge Kontrolle über die Keuschheit und Monogamie der Frauen nicht einfach abstreifen«.[4] Mit den Folgen der Umstrukturierung konfrontiert, versuchten diese Frauen*, ihre Interessen zu verteidigen, baten um Versetzung in andere Abteilungen, meldeten sich krank, nutzten die persönlichen Beziehungen und Verbindungen (*guanxi*) ihres Ehemannes oder entschieden sich einfach für die (ihrer Meinung nach) beste Form der Freisetzung oder Pensionierung. »Zum Teil akzep-

2 Hart-Landsberg/Burkett: China and Socialism, S. 67–68.

3 Wildcat: Arbeiterinnen im maoistischen Patriarchat, Wildcat-Beilage: Unruhen in China, 80, 2007, S. 50, unter: https://tinyurl.com/fmw9hm5d, unter Bezugnahme auf Liu Jieyu: Gender and Work in Urban China. Women Workers of the Unlucky Generation, London 2007, S. 143.

4 Wildcat: Arbeiterinnen im maoistischen Patriarchat, S. 50.

tierten die Frauen die Abwicklung auch, weil sie damit mehr Zeit für ihre Aufgaben in der Familie hatten – sofern sich das finanziell tragen ließ.«[5] Wenn sie eine neue Beschäftigung suchten, fanden die meisten dieser Frauen* nur schlecht entlohnte und oft informelle Jobs, zum Beispiel als Straßenverkäuferinnen. Aufgrund der geschlechtsspezifischen Arbeitsteilung hatten sie sich in den staatlichen Unternehmen nicht weiter qualifizieren und auch nicht ihr eigenes *guanxi*-Netzwerk ausdehnen können, das sie nun gebraucht hätten, um eine gleichwertige Beschäftigung zu finden.

Proteste und moralische Ökonomie der Arbeiter:innen von Staatsbetrieben

Viele Arbeiter:innen staatlicher Unternehmen hofften am Beginn der Umstrukturierung 1995/96 zunächst, dass sie nicht so stark betroffen sein würden wie bei vorangegangenen Reformen in den 1980er-Jahren. Andere gingen davon aus, dass die Folgen nur vorübergehend schmerzhaft wären. Bereits 1997 war allerdings klar, dass die Folgen durch Entlassungen und die soziale Degradierung von Dauer sein würden. Die Arbeiter:innen in Staatsbetrieben reagierten mit Widerstandsaktionen und Protesten, die bis in die frühen 2000er-Jahre anhielten.[6] Viele Staatsarbeiter:innen versuchten, ihren Arbeitsplatz und damit verbundene Leistungen zu verteidigen.[7] Auf vielfältige Weise protestierten sie gegen die Folgen von Konkursen oder Schließungen, wie Lohnrückstände und ausstehende Zahlungen von Renten oder Abfindungen. Sie wandten sich auch gegen schlechte Wohnverhältnisse und den Zerfall öffentlicher Dienstleistungen sowie gegen den illegalen Verkauf oder die Umstrukturierung staatlicher Unternehmen und die Korruption der Kader.

Die meisten Kämpfe verliefen nach einem bestimmten Muster: »Erst traten die Betroffenen an die unmittelbar zuständigen *danwei*-Leiter oder Behörden heran und stellten ihre Forderungen. In der

5 Ebd., S. 49.

6 Weitere Informationen zu den Kämpfen der Arbeiter:innen staatlicher Betriebe finden sich in Cai Yongshun: State and Laid-Off Workers in Reform China. The Silence and Collective Action of the Retrenched, London 2006; Ching-Kwan Lee: Against the Law. Labor Protests in China's Rustbelt and Sunbelt, Berkeley, CA 2007, 2. Teil.

7 Es ist wichtig, darauf hinzuweisen, dass Sozialleistungen wie Gesundheitsfürsorge und Renten, die bis in die 1990er-Jahre von den Arbeitseinheiten erbracht wurden, nun von städtischen Wohlfahrtssystemen übernommen wurden. Letztere boten den Stadtbewohner:innen jedoch nicht den gleichen Schutz wie vorher. Zudem wurden große Teile der Stadtbevölkerung, darunter die Wanderarbeiter:innen, kaum von den städtischen Wohlfahrtssystemen erfasst.

Regel ging es um Geld oder konkrete Bedingungen, selten wurden auch politische Forderungen gestellt, allenfalls mal die Absetzung eines korrupten Beamten oder Kaders. Wenn sie keine (zufriedenstellende) Reaktion bekamen, gingen sie in der staatlichen Hierarchie eine Stelle höher, meistens über eine Petition, und pochten auf die Einhaltung von Gesetzen.«[8] Oft ignorierten die Behörden Petitionen und andere legale Aktionen, sodass die Situation eskalierte und die Arbeiter:innen auf die Straße gingen und demonstrierten.

Ende der 1990er- und Anfang der 2000er-Jahre waren die Proteste der Arbeiter:innen in Staatsbetrieben besser organisiert. Sie wandten sich vermehrt gegen die veränderten politischen Verhältnisse, was die Führung der KPCh alarmierte. Bei vielen Widerstandsaktionen wurde die Polizei eingesetzt, teilweise sogar bewaffnete Aufstandsbekämpfungseinheiten. Aktivist:innen wurden verhaftet und »Rädelsführer:innen« für Jahre eingesperrt. Manche Arbeiter:innen nahmen dennoch das Risiko von Repressionsmaßnahmen in Kauf, wenn sie streikten oder demonstrierten. Sie verwiesen auf ihre frühere Position als »Herren der Fabriken« und hielten ihre Aktionen für »rechtmäßigen Widerstand«. Sie beriefen sich auf eine Form der moralischen Ökonomie und forderten die Führung auf, ihre Forderungen zu erfüllen.[9] Unzufriedene Arbeiter:innen nutzten geschickt die proletarische Sprache aus der maoistischen Periode, wenn sie gegen soziale Ungerechtigkeiten aufbegehrten. Sie formulierten ihre Forderungen in Klassenbegriffen, mit denen die Behörden nur schwer umgehen konnten.[10] Ihr Protest konnte sogar Ausdruck finden in einem »imaginären Maoismus, bei dem die Vergangenheit zu einer Zeit verklärt wird, in der die Arbeiter:innen noch glücklich und zufrieden waren«.[11] Oft wurden die kollektiven Proteste gegen lokale Behörden von (ehemaligen) unteren Kadern koordiniert und ange-

8 Wildcat: Die unglückliche Arbeitergeneration. Lage und Proteste der städtischen ArbeiterInnen und Arbeitslosen, Wildcat-Beilage: Unruhen in China, 80, 2007, S. 39, unter: https://tinyurl.com/fmw9hm5d, mit Verweis auf Lee: Against the Law, S. 112.

9 Siehe Cai Yongshun: Disruptive Collective Action in the Reform Era, in: Kevin J. O'Brien (Hrsg.): Popular Protest in China, Cambridge 2008, S. 163–178; Elizabeth J. Perry: Crime, Corruption, and Contention, in: Merle Goldman/Roderick MacFarquhar (Hrsg.): The Paradox of China's Post-Mao Reforms, Cambridge 1999, S. 308–329; Elizabeth J. Perry: »To Rebel is Justified«. Cultural Revolution Influences on Contemporary Chinese Protest, in: Kam-yee Law (Hrsg.): The Chinese Cultural Revolution Reconsidered. Beyond Purge and Holocaust, Basingstoke 2003, S. 262–281.

10 John Hassard/Jackie Sheehan/Zhou Meixiang/Jane Terpstra-Tong/Jonathan Morris: China's State Enterprise Reform. From Marx to the Market, London 2007, S. 138.

11 Wildcat: Die unglückliche Arbeitergeneration, S. 41.

führt, die ihre »legitimen« Rechte einforderten. Manchmal taten sie so, als hätten sie eine beratende Rolle, denn Proteste offen zu organisieren und anzuführen war riskant. Aus demselben Grund organisierten sie nur in wenigen Fällen Aktionen, die über einen Betrieb oder eine Arbeitseinheit hinausgingen.

Höhepunkt des Widerstands der Arbeiter:innen in Staatsbetrieben war die Welle von Protesten 2001 und 2002 im Nordosten der VR China, im sogenannten Rostgürtel. Das KPCh-Regime hatte dort die Umstrukturierung der vielen großen Staatsunternehmen veranlasst. Zahlreiche Arbeiter:innen wurden entlassen und hatten wenig Hoffnung, danach eine (angemessene) Beschäftigung zu finden. In Liaoyang in der Provinz Liaoning streikten zum Beispiel im Frühjahr 2002 die Arbeiter:innen in mehr als einem Dutzend Fabriken gleichzeitig.[12] Das Ausmaß, die fabrikübergreifende Mobilisierung und die politischen Forderungen der Proteste in Liaoyang alarmierten die Behörden. Nicht nur führten Marktreformen und Korruption hier zu Unruhen, die Beteiligten machten die Regierung auch noch politisch für die wirtschaftlichen Verwerfungen verantwortlich. Die Proteste wurden schließlich beendet, aber erst, nachdem die Anführer der Arbeiter:innen verhaftet worden waren und die Behörden 50 Prozent der Lohnrückstände und eine Abschlagszahlung auf die den Arbeiter:innen zustehenden Abfindungen gezahlt hatten.[13]

Ebenfalls im Frühjahr 2002 protestierten 50 000 Arbeiter:innen, die auf dem Daqing-Ölfeld in Heilongjiang entlassen worden waren. Drei Wochen lang demonstrierten sie »auf der Straße gegen Betriebsleiter, die die Arbeiter:innen mit ›unfairen Abfindungen‹ hereinlegen und abspeisen wollten. Tausende bewaffnete Sicherheitskräfte riegelten einen Teil der Stadt ab, während die Arbeiter:innen Berichten zufolge ihre Proteste zwei Monate lang fortsetzten. [...] Im April blockierten Hunderte von Ölarbeiter:innen Straßen in Lanzhou, in Gansu im Nordwesten Chinas gelegen, um gegen ein niedriges Abfindungsangebot von etwa 1000 Yuan pro Arbeitsjahr zu protestieren.«[14] Die Arbeiter:innen in Lanzhou waren durch die früheren Unruhen in Daqing inspiriert und ermutigt worden. Kleinere Proteste in der

12 Mark Selden/Elizabeth J. Perry: Reform, Conflict and Resistance in Contemporary China, in: Elizabeth J. Perry/Mark Selden (Hrsg.): Chinese Society. Change, Conflict and Resistance, 3. Aufl., New York 2010, S. 25.

13 Ching Kwan Lee: Pathways of Labor Activism, in: Perry/Selden: Chinese Society, S. 70.

14 Ebd., S. 70–71; siehe auch Human Rights Watch: Paying the Price. Worker Unrest in Northeast China, Refworld, UNHCR, 2.8.2002, unter: https://tinyurl.com/y6ee29wa.

Ölindustrie folgten im östlichen Hebei und in Shandong, wurden jedoch bald darauf aufgrund des Drucks der Behörden beendet.

Bereits vor der Durchführung der Umstrukturierung hatte das Regime der KPCh mit einer Zunahme von Arbeiterunruhen gerechnet. In den 1990er-Jahren führte es neue Formen der Vermittlung und Schlichtung von Arbeitskonflikten ein, um diese in rechtliche Verfahren und Kanäle zu lenken.[15] Abseits der offenen Konfrontationen und wilden Streiks brachte eine wachsende Zahl der Arbeiter:innen in Staatsbetrieben tatsächlich ihre Beschwerden über diese Wege vor. Das Regime zeigte sich bis zu einem gewissen Grad flexibel, indem die Behörden unter dem Eindruck der Proteste von Arbeiter:innen im Staatssektor materielle Zugeständnisse machten. So gewährten sie mehr Sozialleistungen und organisierten Wiederbeschäftigungsprogramme.[16] Das Regime bemühte sich auch darum, andere finanzielle Belastungen wie etwa durch steigende Lebensmittelpreise zu lindern. Als die staatlichen Unternehmen in den späten 1990er-Jahren umstrukturiert und viele Arbeiter:innen entlassen wurden, zwang das Regime »Bäuerinnen und Bauern, über das ›System der Verantwortlichkeit des Gouverneurs für die Versorgung mit Getreide‹ billiges Getreide anzubauen. So wollte es die Gefahr sozialer Unruhen verringern, die aufgrund der Inflation von Lebensmittelpreisen drohen könnten.«[17]

Die Kämpfe der Arbeiterinnen staatlicher Unternehmen konnten den Umstrukturierungsprozess letztendlich nicht stoppen, sie verlangsamten ihn jedoch. Das Regime machte materielle Zugeständnisse und federte die Auswirkungen auf die Lebensbedingungen der Arbeiter:innen ab. Abgesehen davon entwickelte es Vorgehensweisen und Maßnahmen gegen den massiven Arbeiterwiderstand der frühen 2000er-Jahre, mit denen es auch später wieder auf soziale Unzufrie-

15 Diese rechtlichen Verfahren und Kanäle zur Lösung von Arbeitskonflikten waren auch eine Antwort auf den raschen Anstieg der Beschäftigung von Wanderarbeiter:innen und deren erste Proteste Anfang und Mitte der 1990er-Jahre.

16 Die »relative Toleranz des Regimes gegenüber Protesten der Arbeiter:innen in Staatsbetrieben zeigte sich in seiner neuen selektiven Öffnung für beschränkte Ausdrucksformen von Unzufriedenheit« (Antoine Kernen: The Reemergence of Street Protests. State Workers Challenge the Chinese State, in: Thomas B. Gold/William Hurst/Won Jaeyoun/Li Qiang (Hrsg.): Laid-Off Workers in a Workers' State. Unemployment with Chinese Characteristics, New York 2009, S. 227).

17 Alexander F. Day/Mindi Schneider: The End of Alternatives? Capitalist Transformation, Rural Activism and the Politics of Possibility in China, in: Journal of Peasant Studies 7/2018, S. 2.

denheit reagieren sollte.[18] Um die weitere Umstrukturierung staatlicher Unternehmen und deren Auswirkungen auf die Arbeiter:innen zu regulieren, richtete das Regime 2003 auf verschiedenen Verwaltungsebenen sogenannte Kommissionen zur Kontrolle und Verwaltung von Staatsvermögen ein (*State-owned Assets Supervision and Administration Commissions;* SASAC). Die Kommissionen erarbeiteten ein Regelwerk, wonach Umstrukturierungspläne durch den Angestellten- und Arbeiterkongress eines Betriebes genehmigt werden müssen, sofern sie Änderungen bei Beschäftigung oder Entlassungen beinhalten.

Die Umgestaltung des ländlichen Raums

Die Umgestaltung der Landwirtschaft und der Dörfer setzte sich in der kapitalistischen Periode fort. Während viele jüngere männliche und weibliche Landbewohner:innen abzuwandern begannen, blieben Frauen* mittleren Alters sowie ältere Frauen* oft in den Dörfern. Sie bildeten die weiblichen und »ergrauenden« Arbeitskräfte in der Landwirtschaft und leisteten den Großteil der Reproduktionsarbeit für die früheren wie die künftigen Arbeitskräfte: alte Menschen und Kinder, die »zurückgelassen« worden waren.[19] Ab den 1990er-Jahren verbesserten sich die Lebensbedingungen in ländlichen Haushalten vor allem durch nicht-landwirtschaftliche Einkommen, zum Beispiel durch Geldüberweisungen von Wanderarbeiter:innen. Diejenigen, die nicht abgewandert waren und weitgehend auf Einkünfte aus der Landwirtschaft angewiesen waren, mussten häufig eine Verschlechterung ihres Lebensstandards hinnehmen.[20]

Die unterschiedlichen Lebenshaltungskosten und Lebensbedingungen in den Städten und auf dem Land waren weiterhin ein wichtiger Faktor für die kapitalistische Entwicklung in der VR China. Die »billige« Reproduktion der Arbeitskraft in ländlichen Gebieten aufgrund der niedrigen Kosten für Lebensmittel und Pflegearbeiten

18 Die Kämpfe der Arbeiter:innen in Staatsbetrieben hielten bis in die 2010er-Jahre an, sie spielten jedoch nicht mehr die entscheidende Rolle. Bestimmend waren vielmehr die Kämpfe der Wanderarbeiter:innen, die bereits Anfang der 2000er-Jahre die Bühne betreten und begonnen hatten, sich an Mobilisierungen in den Betrieben zu beteiligen.

19 Ye Jingzhong: Land Transfer and the Pursuit of Agricultural Modernization in China, in: Journal of Agrarian Change 3/2015, S. 323.

20 Teresa Wright: Tenuous Tolerance in China's Countryside, in: Peter Hays Gries/Stanley Rosen (Hrsg.): Chinese Politics. State, Society and the Market, London 2010, S. 115. Siehe auch Yan Hairong/Chen Yiyuan: Agrarian Capitalization without Capitalism? Capitalist Dynamics from Above and Below in China, in: Journal of Agrarian Change 3/2015, S. 374.

half Kapital und Staat, die Gesamtreproduktionskosten wie auch die Löhne des städtischen Proletariats und der Wanderarbeiter:innen niedrig zu halten. Indem Grund und Boden öffentliches Eigentum blieben und über das System der Haushaltsverantwortung an ländliche Familien verteilt wurden, konnte ein gewisses Maß an Beschäftigung mit geringem Einkommen aufrechterhalten und die Produktion landwirtschaftlicher Güter zu niedrigen Preisen garantiert werden.

Die geringen Produktivitätssteigerungen in der Landwirtschaft bereiteten dem Regime Mitte der 1990er-Jahre jedoch Sorgen. Es strebte den »Übergang von der traditionellen zur modernen Landwirtschaft und von der unkoordinierten und kleinräumigen Bewirtschaftung zur koordinierten und großräumigen Bewirtschaftung« an.[21] Die Einführung des Systems der Haushaltsverantwortung in den frühen 1980er-Jahren wurde hier nur als »erster Schritt« angesehen, dem ein »zweiter Schritt« zur Modernisierung der Landwirtschaft folgen sollte.[22] Die Führung der KPCh begann mit der Liberalisierung der Landverpachtung und förderte die Kapitalisierung der Landwirtschaft sowie den Aufbau landwirtschaftlicher Großbetriebe. Dieser Prozess verstärkte sich in den 2000er- und 2010er-Jahren, als sich das »moderne« Agrobusiness im ganzen Land durchsetzte.[23]

Das KPCh-Regime setzte die Reform der lokalen Verwaltungsstrukturen fort und strich 2002 die meisten in den Dörfern erhobenen Gebühren und Abgaben. Die Agrarsteuern wurden schließlich 2006 abgeschafft. Doch die lokalen Behörden hatten bereits einen anderen Weg gefunden, um Gelder zu generieren: durch den Verkauf von dörflichen Flächen an öffentliche und private Investoren und Bauträger für die Errichtung von Infrastruktur, Wohnungen oder Industriegebäuden. Häufig vertrieben lokale Kader Bäuerinnen und Bauern von Gemeindeland, das diese bewirtschaftet hatten, und verkauften es

21 Forrest Zhang Qian/John A. Donaldson: The Rise of Agrarian Capitalism with Chinese Characteristics. Agricultural Modernization, Agribusiness and Collective Land Rights, in: China Journal 60, 2008, S. 29, unter: https://tinyurl.com/mr3h8vf8.

22 Ye Jingzhong: Land Transfer and the Pursuit of Agricultural Modernization in China, S. 325.

23 In den frühen 1980er-Jahren war die Übertragung von Land noch illegal. Die Bestimmungen wurden jedoch 1984 gelockert. Ab 1997 wurde die Übertragung von Land dann unterstützt und ab 2013 regelrecht vorangetrieben; siehe ebd., S. 325. Zur zunehmenden Kapitalisierung der Landwirtschaft siehe Zhang Qian/Donaldson: The Rise of Agrarian Capitalism with Chinese Characteristics; Forrest Zhang Qian: The Political Economy of Contract Farming in China's Agrarian Transition, in: Journal of Agrarian Change 4/2012, S. 460–483, unter: https://tinyurl.com/4c53vx8w; Burak Gürel: Changing Relations of Production in Chinese Agriculture from Decollectivization to Capitalism, in: McGill Sociological Review 4/2014, S. 67–92, unter: https://tinyurl.com/3naddaan.

dann – nicht nur, um Geld für die lokalen Behörden zu beschaffen, sondern auch, um ihre eigenen Taschen zu füllen.[24] Dieser Prozess der Enteignung (und der Kommodifizierung kollektiven ländlichen Grund und Bodens) beschleunigte sich in den 2000er-Jahren. Bruce Dickson zählt »mehr als eine Million illegale Landnahmen zwischen 1998 und 2005«.[25] Bis Mitte der 2000er-Jahre hatten Dutzende Millionen Bäuerinnen und Bauern das ihnen zugewiesene Land verloren. Diese Form der ursprünglichen Akkumulation half, den Nachschub an ländlichen Wanderarbeitskräften für die Industrien der Städte und Sonderwirtschaftszonen zunächst aufrechtzuerhalten.[26]

Mit der zunehmenden Abwanderung aus den Dörfern »verschwand« allmählich die Bauernschaft, wie sie bis dahin existiert hatte. Der »Anteil der in der Landwirtschaft beschäftigten Arbeitskräfte sank von über 70 Prozent 1978 auf 36,7 Prozent 2010 und 29,5 Prozent 2014. Von den 379 Millionen Menschen im erwerbsfähigen Alter, die 2014 als *nongmin* [Bäuerinnen und Bauern] registriert waren, arbeiteten die meisten ganz oder teilweise außerhalb der Landwirtschaft; allein die ›umherschweifende Bevölkerung‹ [ländlicher Binnenmigrant:innen] [...] umfasste 253 Millionen Menschen.«[27] Viele dörfliche Familien betrieben Landwirtschaft nur zum Zweck der Subsistenz und erzielten das meiste Einkommen durch Lohnarbeit (außerhalb der Landwirtschaft) oder Überweisungen von Familienmitgliedern, die in den Städten arbeiteten. Die neue Zusammensetzung derjenigen, die in den Dörfern blieben, umfasste sowohl die »selbstständigen Landwirte« als auch »proletarische« Formen der Landarbeit: Landwirte, die im Auftrag der Agrarindustrie produzierten; halbproletarische Landarbeiter:innen, die im selben Ort über eigene Par-

24 »Landraub findet auch in Chinas Städten statt, wenn lokale Beamte beschließen, bestehende und oft runtergekommene Wohn-, Industrie- oder Gewerbegebiete zu sanieren und in neuere und modernere Stadtbezirke umzuwandeln.« (Bruce J. Dickson: Wealth into Power. The Communist Party's Embrace of China's Private Sector, Cambridge 2008, S. 210)

25 Ebd., S. 207.

26 Alvin So schätzt, dass zwischen 1987 und Mitte der 2000er-Jahre etwa 34 Millionen Bäuerinnen und Bauern enteignet wurden; siehe Alvin So: Peasant Conflict and the Local Predatory State in the Chinese Countryside, in: Journal of Peasant Studies 3–4/2007, S. 570. Kathy Walker nennt Schätzungen von 40 bis 70 Millionen Haushalten, was die Zahl der betroffenen Landbewohner:innen auf 300 Millionen erhöhen würde; siehe Kathy L. Walker: From Covert to Overt. Everyday Peasant Politics in China and the Implications for Transnational Agrarian Movements, in: Journal of Agrarian Change 2–3/2008, S. 472. Sally Sargeson zählt 88 Millionen Bäuerinnen und Bauern, die bis 2008 Ackerland durch Enteignung verloren haben (Sally Sargeson: The Demise of China's Peasantry as a Class, in: Asia-Pacific Journal/Japan Focus 1/2016, S. 10, unter: https://tinyurl.com/2bj2kaj5).

27 Sargeson: Demise of China's Peasantry as a Class, S. 7, 9.

zellen verfügten; halbproletarische migrantische Landarbeiter:innen, die eigene Parzellen in ihrem entfernten Herkunftsdorf hatten; und landlose proletarische Landarbeiter:innen, die auf von der Agrarindustrie gepachtetem früherem Brachland arbeiteten.[28]

Kämpfe der Bäuerinnen und Bauern

Ab den frühen 1990er-Jahren bis Mitte der 2000er-Jahre kam es zu Protestwellen von Bäuerinnen und Bauern gegen Korruption, Landenteignungen und Steuererhöhungen. Thomas Bernstein zufolge »gab es 1992/1993 Hunderte von Protesten, Demonstrationen und Unruhen. Diese fanden vor allem in stark von der Landwirtschaft abhängigen Gebieten statt, in denen die Dorfbewohner:innen immer wütender geworden waren. Ihr Unmut richtete sich gegen die finanziellen Belastungen, die ihnen von lokalen und übergeordneten Bürokratien auferlegt wurden, und gegen das Versäumnis der staatlichen Beschaffungsagenturen, die Bäuerinnen und Bauern in bar zu bezahlen.«[29] Elizabeth Perry erwähnt 720 000 ländliche Proteste allein in den ersten vier Monaten des Jahres 1994, darunter 2300 größere »Ausschreitungen«, bei denen »fast 5000 Angestellte städtischer oder dörflicher Behörden« verletzt oder gar getötet wurden. In einigen Dörfern organisierten sich die Bäuerinnen und Bauern unter anderem in »Organisationen, die religiös motiviert oder bewaffnet waren und Partei- und Regierungsorganisationen ersetzen sollten«.[30]

Ein weiterer Zyklus von Bauernaufständen begann 1997. Insgesamt etwa 200 000 Menschen beteiligten sich in den zentralen Provinzen Anhui, Henan, Hubei und Jiangxi. Sie »griffen Regierungsgebäude an, nahmen Parteisekretäre als Geiseln, verbrannten behördliche Fahrzeuge, beschädigten Straßen, eigneten sich staatlichen Zement und Dünger an und erbeuteten in mindestens zwei Fällen Waffen und Munition«.[31] Zu den Kampfmitteln der Bäuerinnen und Bauern gehörten die Nichtzahlung von Steuern oder Gebühren, der Aufschub von Zahlungen, Sitzstreiks, Demonstrationen, Straßen- und Eisenbahnblockaden und sogar »die Plünderung von Partei- und

28 Zhang Qian/Donaldson: The Rise of Agrarian Capitalism with Chinese Characteristics, S. 32.

29 Thomas P. Bernstein: Farmer Discontent and Regime Responses, in: Goldman/MacFarquhar: The Paradox of China's Post-Mao Reforms, S. 213.

30 Perry: Crime, Corruption, and Contention, S. 315.

31 Walker: From Covert to Overt, S. 470.

Regierungsgebäuden sowie das Verprügeln und Töten von Kadern«.[32] Die Bäuerinnen und Bauern betrachteten diese Aktionen oft als »rechtmäßigen Widerstand« gegen einen Staat oder seine lokalen Vertreter:innen, die offensichtlich gegen die Interessen der Bäuerinnen und Bauern gehandelt hatten.[33]

Der Regierung gelang es zunächst nicht, die Unruhen auf dem Land zu stoppen, auch nicht mit Reformen wie etwa der Einführung von Wahlen zu den Dorfkomitees im Jahr 1998.[34] Gegen Ende des Jahrzehnts waren die Bauernkämpfe, einschließlich der Massendemonstrationen und Unruhen, zunehmend besser organisiert[35] und auch »geschickter« und kämpferischer, war der legale Widerstand bis dahin doch weitgehend erfolglos geblieben.[36] »Es gab auch Anzeichen für eine stärkere Militarisierung und offen aufrührerische Vorgehensweisen. Dazu zählten die Bildung von Dissidentenorganisationen oder der Aufbau paramilitärischer Kräfte. In einigen Orten gründeten die Protestierenden ›revolutionäre Bauernkomitees‹, ›Kommandoausschüsse für den Bauernaufstand‹ oder bewaffnete Selbstverteidigungseinheiten, um Partei und Behörden zu ersetzen.«[37] Diese Organisationsformen sind beeindruckend, denn das Regime erlaubt (bis heute) Bäuerinnen und Bauern nicht, eine eigene Massenorganisation zu bilden, im Gegensatz

32 Thomas P. Bernstein/Lü Xiaobo: Taxation without Representation in Contemporary Rural China, Cambridge 2003, S. 116; für Beispiele siehe ebd., S. 120–137; Walker: From Covert to Overt, S. 469.

33 Zur moralischen Ökonomie und zum »rechtmäßigen Widerstand« der Bäuerinnen und Bauern in diesen Kämpfen siehe Kevin J. O'Brien/Li Lianjiang: Rightful Resistance in Rural China, Cambridge 2006; Kevin J. O'Brien: Rightful Resistance Revisited, in: Journal of Peasant Studies 6/2013, S. 1051–1062; Li Lianjiang/Kevin J. O'Brien: Protest Leadership in Rural China, in: Gries/Rosen: Chinese Politics. Zum Diskurs über Bäuerinnen und Bauern siehe Alvin So: Peasant Conflict and the Local Predatory State in the Chinese Countryside, S. 574. Siehe auch den vorangegangenen Abschnitt über die moralische Ökonomie der Arbeiter:innen in Staatsbetrieben.

34 Kathy L. Walker: »Gangster Capitalism« and Peasant Protest in China. The Last Twenty Years, in: Journal of Peasant Studies 1/2006, S. 13.

35 Ebd., S. 12.

36 Siehe Alvin So: Class and Class Conflict in Post-Socialist China, Hongkong 2013, S. 146–149. Alvin So zufolge »bestimmen der kommunistische Parteistaat und seine zweigeteilte Staatsstruktur immer noch die Formen der Bauernproteste. Hinter diesen stehen vor allem ökonomische Motive; nur selten gehen sie über die von der Zentralregierung gesetzten Grenzen hinaus; sie sind eher reaktiv als proaktiv.« (Ebd., S. 151) Zu ähnlichen Beschränkungen während des Bauernaufstandes in Wukan 2011 siehe Johan Lagerkvist: The Wukan Uprising and Chinese State-Society Relations. Toward »Shadow Civil Society«?, in: International Journal of China Studies 3/2012, S. 345–361, unter: https://tinyurl.com/y5rs8wp7.

37 Walker: From Covert to Overt, S. 12, unter Bezugnahme auf Perry: Crime, Corruption, and Contention, und Patricia Thornton: Comrades and Collectives in Arms. Tax Resistance, Evasion, and Avoidance Strategies in Post-Mao China, in: Peter Hays Gries/Stanley Rosen (Hrsg.): State and Society in 21st-Century China. Crisis, Contention, and Legitimation, New York 2004.

zu Arbeiter:innen, Frauen* oder Jugendlichen. Eine solche bäuerliche Massenorganisation könnte dem Regime gefährlich werden.

In der ersten Hälfte der 2000er-Jahre organisierten Bäuerinnen und Bauern weitere Kampfwellen gegen die Auswirkungen der Abwanderung vom Land, die Verschlechterung der dortigen Lebensbedingungen und die Willkür und Korruption der Kader. Die Proteste griffen auf legale Mittel zurück, wie Petitionen, Demonstrationen, Verwaltungsklagen, die Nichtzahlung unrechtmäßiger Gebühren und Steuern sowie die Unterstützung bestimmter Kandidat:innen bei Kommunalwahlen. Obwohl sich die meisten dieser Mittel als unwirksam erwiesen, führten sie dennoch zu Vergeltungsmaßnahmen. Bäuerinnen und Bauern waren der Gewalt von Polizei sowie von Mafia- oder Schlägertrupps ausgesetzt, ihnen wurden Bestechungsgelder angeboten und Wahlen wurden manipuliert.[38]

Das KPCh-Regime erkannte, dass die Bauernkämpfe sich weiter zuspitzen könnten und somit sowohl die soziale Stabilität als auch die Legitimität der Partei gefährdet waren. Alvin So zufolge haben »zwei Jahrzehnte ›rechtmäßigen Widerstands‹ gegen lokale Steuern und Gebühren ›nach und nach [...] einen Politikwechsel bewirkt, nämlich die Verringerung der Steuerlast‹«.[39] In den 2000er-Jahren wurden mehrfach im jährlichen »Dokument Nr. 1« Maßnahmen des Regimes zur Verbesserung der Bedingungen auf dem Land versprochen. Mitte der 2000er-Jahre verkündete die Parteiführung das Programm zum »Aufbau des neuen sozialistischen ländlichen Raums« und senkte die Agrarsteuern.[40]

Diese Reformen führten jedoch nicht zum Ende des Unmuts auf dem Land. Waren bis dahin die meisten Proteste von der Wut über

38 Li Lianjiang: Driven to Protest. China's Rural Unrest, in: Current History 692, 2006, S. 250–254; Teresa Wright erwähnt auch »Schikanen, Verhaftungen und Gewalt« gegen protestierende Bäuerinnen und Bauern; siehe Teresa Wright: Tenuous Tolerance in China's Countryside, S. 121.

39 So: Peasant Conflict and the Local Predatory State in the Chinese Countryside, S. 576, mit Bezug auf O'Brien/Li: Rightful Resistance in China, S. 124.

40 Der »Aufbau des neuen sozialistischen ländlichen Raums« ging Hand in Hand mit der Propaganda für eine »harmonische sozialistische Gesellschaft«. Der »Aufbau« war wie eine maoistische Kampagne organisiert und setzte wie diese auf den Einsatz von Arbeits- und Propagandateams; siehe Emily T. Yeh/Kevin O'Brien/Ye Jingzhong: Rural Politics in Contemporary China, in: Journal of Peasant Studies 6/2013, S. 917, unter: https://tinyurl.com/4kw4k2xb; Elizabeth J. Perry: From Mass Campaigns to Managed Campaigns. Constructing a New Socialist Countryside, in: Sebastian Heilmann/Elizabeth J. Perry (Hrsg.): Mao's Invisible Hand. The Political Foundations of Adaptive Governance in China, Cambridge 2011, S. 30–61. Weitere Informationen zum »Aufbau des neuen sozialistischen ländlichen Raums« finden sich in Anna L. Ahlers: Rural Policy Implementation in Contemporary China. New Socialist Countryside, London 2014.

die Steuern ausgelöst worden, rückte nun die Enteignung von Land in den Mittelpunkt der Auseinandersetzungen. 2007 entstanden in mehreren Provinzen selbstorganisierte Bewegungen von Bäuerinnen und Bauern, die für ihr Recht auf Land kämpften und sich gegen den Landraub durch Bauunternehmer und sie unterstützende lokale Beamte richteten. Wang Fei-Ling liefert ein Beispiel: »Eine Gruppe, die nach eigenen Angaben 40 000 Bäuerinnen und Bauern aus 72 Dörfern in der Provinz Heilongjiang vertrat, bezeichnete das Recht auf Land offen als ihr ›Menschenrecht‹. Die Anführer:innen solcher Bewegungen verschwanden schnell hinter den Mauern der Polizeistationen. Beijing erließ dann weitere Dekrete zur Einschränkung des Landraubs durch lokale Behörden und erhöhte die Entschädigungen für Land. Zudem wurde neu geregelt, wie nun landlosen Bäuerinnen und Bauern eine neue Haushaltsregistrierung (*huhou*) zugewiesen werden sollte.«[41]

Der gesamte Kampfzyklus von Bäuerinnen und Bauern sowie von Arbeiter:innen aus Staatsbetrieben dauerte ungefähr von Mitte der 1990er- bis Mitte der 2000er-Jahre. Sie begleiteten den endgültigen Übergang der VR China zum Kapitalismus und führten zu einer Umgestaltung und Neuformulierung der Politik der Partei in der nun beginnenden Konsolidierungsphase des Regimes.

Konsolidierung: Harmonische Gesellschaft, Boom und Krise, 2000–2012

Im Laufe der letzten Jahrzehnte hat sich die Zusammensetzung der obersten Kader der KPCh ebenso gewandelt wie ihre politische Orientierung. In den 1990er- und 2000er-Jahren bildeten sie mit den Privatkapitalisten eine neue herrschende Klasse, deren entscheidende organisatorische Struktur die Kommunistische Partei blieb. Die neoliberalen Reformen unter Jiang Zemin in den 1990er-Jahren hatten Kämpfe der Bäuerinnen und Bauern sowie der Arbeiter:innen in den Staatsbetrieben ausgelöst. Auch in Reaktion auf diese Kämpfe verkündigte die 2002 inthronisierte neue Partei- und Staatsführung unter Hu Jintao den Aufbau einer »harmonischen sozialistischen Gesellschaft«. Diese umfasste Wohlfahrtsmaßnahmen, mit denen die wachsende soziale Ungleichheit überdeckt werden sollte. Wirtschaftlich erlebten die VR China und ihre exportorientierte Industrie einen weiteren Auf-

41 Wang Fei-Ling: Conflict, Resistance and the Transformation of the Hukou System, in: Perry/Selden: Chinese Society, S. 87–88.

schwung, nachdem das Land im Jahr 2001 der WTO beigetreten war. Nach 2007 war das Regime in der Lage, die Auswirkungen der globalen Krise auf die Wirtschaft der VR China zu begrenzen. Ein enormes Konjunkturprogramm kurbelte sowohl die inländische als auch die globale Wirtschaft wieder an. Allerdings verschärfte die Krise auch strukturelle ökonomische Probleme der VR China. Das Wirtschaftswachstum fiel nun geringer aus, das Land blieb weiter in hohem Maße vom Export geringwertiger Konsumgüter abhängig und der Binnenkonsum blieb schwach.

Die Entstehung einer kapitalistischen Klasse

In den 1950er-, 1960er- und 1970er-Jahren leiteten höhere Parteikader die wirtschaftlichen Einheiten und politischen Institutionen des sozialistischen Staates. In den 1980er-Jahren nutzten viele von ihnen ihre Stellung, um ihre Kontrolle über das Staatsvermögen zu festigen, oder sie beteiligten sich an der Gründung privater Wirtschaftsunternehmen. »Das aufkommende kapitalistische System« ist in dieser Zeit sozusagen »ohne eine etablierte bürgerliche Klasse entstanden«.[42] Vielmehr verwandelte sich die sozialistische herrschende Klasse nach und nach in eine kapitalistische herrschende Klasse.

Ab den 1980er-Jahren wurde die Planwirtschaft schrittweise verändert, ergänzt und durch kapitalistische Elemente, etwa durch Märkte, ersetzt. In den 1990er-Jahren forcierte der KPCh-Führer Jiang Zemin, seit der Niederschlagung der Tian'anmen-Platz-Bewegung an der Macht, die Umstrukturierung des Staatssektors. Parteikader ergriffen die Chance und erlangten die Kontrolle über einen großen Teil der staatlichen Unternehmen und Vermögenswerte oder übernahmen diese gar. Auf diese Weise nutzte der Kern der sozialistischen herrschenden Klasse den Übergang, um wirtschaftlichen Einfluss und Reichtum anzuhäufen und gleichzeitig mittels der KPCh-Strukturen die politische Macht zu behalten. Im Jahr 2001 erlaubte Jiang Zemin dann Privatunternehmer:innen, Mitglied der Kommunistischen Partei zu werden. Die Sprache des Klassenkampfs hatte die Führung der

42 Wu Yiching: Die andere Kulturrevolution 1966–1969. Der Anfang vom Ende des chinesischen Sozialismus, übersetzt und herausgegeben von Ralf Ruckus, Wien/Berlin 2019, S. 308; siehe auch Elsenhans Begriff der »Staatsklassen« in Hartmut Elsenhans: Staatsklassen, in: Manfred Schulz (Hrsg.): Entwicklung. Die Perspektive der Entwicklungssoziologie, Wiesbaden 1997, S. 161–185, und Goldbergs »Kapitalismus ohne Bourgeoisie« in Jörg Goldberg: Die Emanzipation des Südens. Die Neuerfindung des Kapitalismus aus Tradition und Weltmarkt, Köln 2015.

KPCh zu diesem Zeitpunkt bereits weitgehend abgelegt, und Kader aus wirtschaftlichen Einheiten oder politischen Organisationen bildeten eine der wichtigsten Mitgliedsgruppen in der Partei. Von nun an vertrat die KPCh-Führung auch offiziell die Belange sowohl staatlicher als auch privater Kapitalist:innen. Letztere mussten die Interessen des Staates und der Parteiführung beachten, um Subventionen oder Geschäftsmöglichkeiten zu erhalten und Probleme mit den Behörden zu vermeiden. Bruce Dickson zufolge betrachten Privatkapitalist:innen selbst »die Beziehung zwischen Regierung und Wirtschaft als eine symbiotische«.[43]

Die herrschende Klasse richtete Ziele, Strategien und ideologische Leitlinien neu aus. Gleichzeitig konzentrierte sie sich weiterhin kollektiv auf die Verteidigung ihrer Macht, ihrer privilegierten Stellung und ihres Zugriffs auf einflussreiche oder profitable politische und wirtschaftliche Positionen. Seit der sozialistischen Periode besteht sie einerseits weitgehend aus Mitgliedern einer gut vernetzten Elite, die Familienangehörige, Vertraute oder andere Privilegierte schützt und fördert und sich den Zugang zu Spitzenpositionen in der KPCh, im Staat, in Wirtschaftsunternehmen und im Militär vorbehält. Andererseits müssen Mitglieder der Elite ein von der Organisationsabteilung der KPCh kontrolliertes, ausgeklügeltes System der Kaderausbildung, -bewertung und -beförderung durchlaufen, um bestimmte Spitzenpositionen zu erreichen und zu behalten. Beförderungen und Karrierepläne hängen davon ab, wie Kader die ihnen zugewiesenen Posten ausfüllen und ihre Aufgaben erledigen, ob sie Zielvorgaben erreichen, wie sie beurteilt werden und wie ihre Nachfolge geregelt ist. Kader müssen also ihre Regierungsfähigkeit und ihr politisches Geschick beweisen.

Diese Mischform aus elitärer Vetternwirtschaft und Meritokratie hat dafür gesorgt, dass die wirtschaftliche und politische Verwaltung der VR China relativ stabil und gleichzeitig ausgeklügelt, flexibel und effizient ist – trotz des Despotismus, der Korruption und des Versagens von Kadern. Spaltungen innerhalb der herrschenden Klasse aufgrund regionaler Differenzen, parteipolitischer Loyalitäten, divergierender Geschäftsinteressen und Generationsunterschieden führten immer wieder zu Konflikten. Der daraus resultierende Wettbewerb bot jedoch auch alternative Wahlmöglichkeiten oder Strategien und

43 Bruce J. Dickson: Red Capitalists in China. The Party, Private Entrepreneurs, and Prospects for Political Change, Cambridge 2003, S. 85.

diente schließlich der Stabilisierung des Regimes. Ein Beispiel für diesen Wettbewerb sind die Reibereien innerhalb der Parteiführung in den 1980er- und 1990er-Jahren zwischen sogenannten Reformern und Konservativen über Form, Ausmaß und Tempo der Reformen. Ein weiteres Beispiel sind die Konflikte zwischen der »Shanghai-Clique« (um Parteichef Jiang Zemin) und der »Clique der Kommunistischen Jugendliga« (um seinen Nachfolger Hu Jintao) in den 1990er- und 2000er-Jahren, die sich um die unterschiedliche Gewichtung von wachstumsfördernden und sozialpolitischen Maßnahmen drehten.

Harmonische sozialistische Gesellschaft

Die 2002 eingesetzte Führung der KPCh unter Hu Jintao befürchtete eine Destabilisierung ihrer Herrschaft durch die sozialen Spannungen und Kämpfe von Arbeiter:innen in Staatsbetrieben, Bäuerinnen und Bauern sowie Wanderarbeiter:innen. Die Zahl dieser Kämpfe hatte im Zuge der Reformen zugenommen. Den wirtschaftlichen Kurs des vorherigen Regimes, der vor allem auf die Anwerbung ausländischer Investitionen, die Förderung der Sonderwirtschaftszonen und die Unterstützung zentraler staatlicher Unternehmen zielte, setzte die neue Führung fort. Ton, Stil und Sprache der Regierungspolitik änderten sich hingegen. Die Parteiführung unter Hu schuf einen neuen rechtlichen Rahmen für die Beschwerden von Arbeiter:innen – nämlich »quasi-korporatistische Konsultationsmechanismen«.[44] Diese dienten der Vermittlung und Konfliktlösung und sollten sozialen Unmut fragmentieren und in staatlich kontrollierte rechtliche Verfahren leiten. Als Reaktion auf die Unzufriedenheit und Proteste unter Arbeiter:innen oder Bäuerinnen und Bauern versprach die zentrale Führung in Beijing, lokale Staatsbeamte zu überwachen, die für Abweichungen vom offiziellen Regierungskurs, Korruption oder Willkür verantwortlich gemacht wurden. Sie führte auch neue Vorschriften ein. So überarbeitete sie im Jahr 2005 das Unternehmensgesetz so, dass staatliche und private Unternehmen nun verpflichtet wurden, Angestellten- und Arbeiterkongresse zu installieren. Das Arbeitsvertragsgesetz 2008 präzisierte die arbeitsrechtlichen Vorgaben und sollte für eine bessere Durchsetzung der gesetzlichen Normen sorgen. Außerdem führte das Regime neue oder verbesserte Sozialversicherungsleistungen für Wanderarbeiter:innen ein und

44 Tobias ten Brink: Chinas Kapitalismus. Entstehung, Verlauf, Paradoxien, Frankfurt a. M. 2013, S. 281.

erhöhte regelmäßig die Mindestlöhne.[45] Ein neues Programm zum »Aufbau des neuen sozialistischen ländlichen Raums« sollte zudem Konflikte um Land, Steuern und Kadermissbrauch entschärfen. Auch offiziell erkannte das Regime die Notwendigkeit an, sich mit Umweltproblemen zu befassen, und es verstärkte seine Versuche, regionale Ungleichheiten zu beseitigen, etwa durch die Kampagne zur »Öffnung des Westens«.[46]

All diese Maßnahmen können als Zugeständnisse an die Kämpfe und den Druck von unten gesehen werden. Sie ähneln in diesem Sinne anderen historischen Beispielen für eine regulierende staatliche Politik, die laut Karl Polanyi als Reaktionen auf soziale Spannungen und Destabilisierung infolge von Deregulierung zu verstehen sind.[47] Hu Jintao selbst bezeichnete den neuen Kurs im Jahr 2005 als Aufbau einer »harmonischen sozialistischen Gesellschaft«. Dabei handelt es sich um eine eigentümliche Kombination aus einem konfuzianischen Konzept, nationalistischen Mythen und der Rhetorik der KPCh, mit dem das Ziel einer chinesischen Gesellschaft ohne soziale Konflikte beschrieben wird. Allen Bürger:innen käme die Verantwortung zu, die »harmonische sozialistische Gesellschaft« zu schaffen und zu hegen. Tatsächlich steht dahinter zum einen der Versuch, die Legitimität des Regimes ideologisch zu untermauern, und zum anderen eine Drohung gegen alle, die die Harmonie durch soziale Proteste stören.

Während das Regime begrenzte sozialpolitische Zugeständnisse machte und eine korporatistische Politik betrieb, wurden soziale Proteste weiterhin unterdrückt. Das Regime griff vor allem Formen des Widerstands und der Organisierung an, die über einzelne Unternehmen oder Stadtteile hinausgingen. Ins Visier genommen wurden insbesondere diejenigen, die es als »Aufwiegler:innen« oder »Rädelsführer:innen« identifizierte.[48]

45 Für eine kritische Diskussion des Arbeitsvertragsgesetzes siehe Zhang Lu: Arbeitskämpfe in Chinas Autofabriken, übersetzt und herausgegeben von Ralf Ruckus, Wien/Berlin 2018, S. 340–355; China Labour Bulletin (CLB): A Decade On, China's Labour Contract Law Has Failed to Deliver, CLB-Webseite, 28.12.2017, unter: https://tinyurl.com/yc25cn7w.

46 Das Regime versuchte, die Entwicklung in den westlichen Provinzen unter anderem durch Infrastrukturprojekte und die Anwerbung ausländischer Investitionen zu fördern. Weitere Informationen über die Kampagne zur »Öffnung des Westens« finden sich in Heike Holbig: The Emergence of the Campaign to Open Up the West. Ideological Formation, Central Decision-making and the Role of the Provinces, in: China Quarterly 178, 2004, S. 335–357.

47 Karl Polanyi: The Great Transformation. Politische und ökonomische Ursprünge von Gesellschaften und Wirtschaftssystemen [1944], Wien 1977, S. 169.

48 So wurden beispielsweise am Vorabend der Olympischen Spiele 2008 in Beijing mit sozialen Fragen beschäftigte NGOs, die als zu konfrontativ angesehen wurden, schärfer kontrolliert. Staatliche Stellen arbeiteten derweil mit anderen NGOs zusammen, die sie nicht für bedroh-

Innerhalb der KPCh-Führung gab es im Zuge der Wirtschaftskrise Ende der 2000er-Jahre neue Konflikte. Gerungen wurde um die richtige Strategie zur Entschärfung sozialer Spannungen und zur Förderung der wirtschaftlichen Entwicklung. Eine Fraktion um Bo Xilai, ehemaliger Handelsminister und späterer Parteiführer in Chongqing, stand hinter dem sogenannten Chongqing-Modell. Dieser Begriff beschreibt ein 2008 begonnenes lokales politisches Projekt, das von einigen innerhalb und außerhalb der KPCh als links und als Alternative zum neoliberalen Modell der Führungsspitze angesehen wurde. Die Bezeichnung »links« bezog sich vor allem darauf, dass Bo auch maoistische Folklore einsetzte, die Korruption bekämpfen wollte und bestimmte sozialpolitische Maßnahmen einleitete (darunter die Ausweitung des öffentlichen Wohnungsbaus). Tatsächlich unterschied sich die Politik von Bo Xilai nicht sonderlich von der Politik der Zentralregierung in Beijing. Er förderte in- und ausländische Investitionen, schuf günstige Bedingungen für die kapitalistische Entwicklung und suchte die Herrschaft des KPCh-Regimes zu stabilisieren. Dennoch fand das Chongqing-Modell viel Aufmerksamkeit und Unterstützung in der Bevölkerung, selbst unter älteren Linken und Neo-Maoist:innen.[49] Als vor 2012 die Nachfolge von Hu Jintao geregelt werden musste, wurde Bo Xilai gar als Kandidat genannt. Er geriet jedoch ins Abseits, nachdem er der Korruption beschuldigt worden und im Gefängnis gelandet war. Der Kreis um Xi Jinping – angeblich ein Kompromisskandidat und einer der »Prinzen« aus der Parteielite – setzte sich im Nachfolgestreit um die Parteiführung durch. Xi hatte von Bo gelernt und bediente sich nun ebenfalls maoistischer Mythen und Folklore sowie einer entschärften Form des Marxismus, um die Herrschaft der KPCh zu legitimieren.

WTO-Mitgliedschaft und weiterer Boom

Veränderungen fanden nicht nur innerhalb der politischen Führung statt, auch die Wirtschaft erlebte bedeutende Umbrüche. Vom Beginn der kapitalistischen Periode in den späten 1990er-Jahren bis

lich, sondern vielmehr für nützlich hielten – schließlich übernahmen sie soziale Aufgaben für den Staat. Ein Beispiel für die Zusammenarbeit von staatlichen Stellen und NGOs findet sich in Xu Bin: The Politics of Compassion. The Sichuan Earthquake and Civic Engagement in China, Stanford, CA 2017.

49 Siehe Wang Hui: The Rumour Machine. Wang Hui on the Dismissal of Bo Xilai, in: London Review of Books 9/2012, unter: https://tinyurl.com/b5bdpdvb; und Joseph Y. S. Cheng: The Use of Mao and the Chongqing Model, Hongkong 2015.

zur globalen Krise Ende der 2000er-Jahre sorgten mehrere Ereignisse für einen weiteren wirtschaftlichen Schub und führten zur stärkeren Integration in die kapitalistische Weltwirtschaft. In den Jahren 1997 und 1999 wurden Hongkong und Macau von ihren Kolonialmächten Großbritannien und Portugal an die VR China zurückgegeben. Dies beschleunigte den Aufstieg Hongkongs zu einem zentralen Finanzzentrum und machte die Stadt zum Knotenpunkt für den grenzüberschreitenden Handel und ausländische Investitionen in der VR China. Die Finanzkrise in Asien 1997/98 traf Indonesien, Südkorea, Thailand und andere sogenannte asiatische Tiger- und Pantherstaaten. Spekulationsblasen, instabile Währungen, fehlende Devisenreserven und spätere Kapitalflucht sowie ein massiver Anstieg der Verschuldung hatten tiefgreifende Auswirkungen in diesen Ländern. Die VR China war von der Krise weniger stark betroffen, vor allem weil das KPCh-Regime die internen Finanzmärkte weiterhin schützte und streng regulierte und weil es über ausreichende finanzielle Mittel verfügte, um einen Zusammenbruch zu verhindern. In gewisser Weise profitierte die VR China sogar von der Krise in anderen Teilen Asiens, da ausländische Investoren sensibler auf mögliche Verwerfungen in der Region reagierten und ihr wirtschaftliches Engagement in die VR China verlagerten.

Als sich die VR China Ende der 1990er-Jahre auf ihren Beitritt zur WTO im Jahr 2001 vorbereitete, war nicht klar, welche Auswirkungen der mit der Mitgliedschaft verbundene Abbau von Zollschranken und Einfuhrbestimmungen auf die Wirtschaft des Landes haben würde.[50] Wer erwartet hatte, dass das schnelle Wirtschaftswachstum und der Exportboom gebremst werden oder zum Stillstand kommen würden, wenn die Wirtschaft der VR China einem stärkeren globalen Wettbewerb ausgesetzt wird, wurde überrascht. Zwischen den frühen 2000er- und den frühen 2010er-Jahren wuchs das Bruttoinlandsprodukt (BIP) der VR China um etwa das Sechsfache (gemessen in aktuellen US-Dollar), während sich ihr Anteil am Welthandel mehr als verdoppelte (siehe *Tabelle 1* in der Einleitung). Das verarbeitende Gewerbe der VR China erlebte einen weiteren Aufschwung und zog mehr ausländische Investitionen an. Fabriken wurden sogar von asiatischen Nachbarstaaten in die Industriezentren der VR China verla-

50 Zum WTO-Beitritt der VR China und den vorangegangenen Verhandlungen siehe Sylvia Ostry/Alan S. Alexandroff/Rafael Gomez (Hrsg.): China and the Long March to Global Trade. The Accession of China to the World Trade Organization, London 2002.

gert, neue Investitionen von dort in die VR China umgeleitet. Gründe für die Verlagerung und Umleitung waren die niedrigen Arbeitskosten, die vom Staat bereitgestellte Infrastruktur und die von der KPCh garantierte Befriedung von Arbeitskonflikten.

Bis 2003 wurden etwa 200 von der Zentralregierung kontrollierte Sonderwirtschaftszonen oder Entwicklungszonen und 2000 weitere regional und lokal kontrollierte Zonen eingerichtet.[51] Die Exporte der VR China nahmen in den folgenden Jahren weiter zu. Ein Mechanismus, der diese Entwicklung bis in die 2010er-Jahre vorantrieb, trug den Spitznamen »Chimerica«: Ein großer Teil der in der VR China durch Konsumgüterexporte angehäuften US-Dollar-Reserven wurde zum Kauf von US-Staatsanleihen verwendet, die wiederum dazu beitrugen, Importe der USA von in der VR China produzierten Waren zu finanzieren. Alles in allem war der Boom der exportorientierten Wirtschaft in der VR China in den 2000er-Jahren historisch beispiellos. Bald darauf sollte die VR China jedoch von einer weiteren Krise erfasst werden.

Globale Finanzkrise und Konjunkturprogramm

Die globale Finanzkrise 2007/08 wurde damals als die schlimmste seit der Großen Depression in den 1930er-Jahren angesehen. Sie begann mit Problemen auf dem US-Hypothekenmarkt, massiven Spekulationen mit Finanzderivaten sowie der übermäßigen Risikobereitschaft und enormen Verschuldung der Banken. Einige Auslöser und Symptome der Krise hingen mit der in den 1970er-Jahren begonnenen Deregulierung der Finanzmärkte zusammen. Die eigentlichen Ursachen liegen jedoch in den Kämpfen der Arbeiterklasse um bessere Bedingungen und dem daraus resultierenden Rückgang der Profite. Dieser hatte überhaupt erst zur Finanzialisierung des Kapitals geführt.

Global gesehen brachte die Krise Ende der 2000er-Jahre zunächst Insolvenzen im Bankensektor und eine Kreditklemme. Es folgten eine schwere Rezession und ein Rückgang des Welthandels. Die US-Regierung und die Regierungen in anderen kapitalistischen Kernländern legten massive Konjunkturprogramme auf. Sie ordneten staatliche Rettungsmaßnahmen und sogar die Verstaatlichung von Finanzkonzernen und anderen Großunternehmen an (die zu groß waren, um zu scheitern) – eine Art »Sozialismus für die Reichen«. All dies ließ

51 Ten Brink: Chinas Kapitalismus, S. 178.

die Staatsverschuldung steil ansteigen und führte zu einer weiteren Runde staatlicher Sparmaßnahmen.[52] Arbeiterklassen auf der ganzen Welt hatten die Hauptlast der Folgen zu tragen. Zwangsversteigerungen und Zwangsräumungen, Arbeitslosigkeit, höhere Steuern und staatliche Abgaben sowie Kürzungen der Sozialleistungen drückten große Teile des globalen Proletariats unter die Armutsgrenze.[53]

Mit dem massiven Konjunkturpaket der VR China in den Jahren 2008/09 wurden die heimische Wirtschaft und bald darauf auch die Weltwirtschaft erfolgreich angekurbelt. Welthandel, Produktion und Wachstumsraten erholten sich. Global gesehen erwiesen sich die staatlichen Subventionen und Investitionen jedoch nur als vorübergehende Lösung. Strukturelle Probleme wie geringe Profitabilität, ein zu geringer Konsum, Finanzialisierung und Verschuldung blieben bestehen.[54]

In der VR China brachen zu Beginn der Krise vorübergehend die Exporte ein. Der abrupte Rückgang des Welthandels und der globalen Nachfrage führte zur Schließung vieler Unternehmen. Allein zwischen 2008 und Anfang 2009 verloren 25 Millionen Wanderarbeiter:innen ihren Arbeitsplatz, von denen viele vorübergehend in ihre Dörfer zurückkehrten. Da das Regime die VR China jedoch weitgehend von den globalen Finanzmärkten abgeschottet hatte, war das Land wieder einmal vor den schlimmsten Auswirkungen der Krise geschützt. Das Regime lenkte staatliche Mittel in strategische Sektoren, führte eine restriktivere Sozialpolitik ein und setzte die jährlichen Mindestlohnerhöhungen aus. Das massive Konjunkturpaket steigerte die Inlandsnachfrage durch Infrastruktur- und andere staatliche Investitionen, schuf neue Arbeitsplätze und setzte schließlich auch einen Aufschwung der Weltwirtschaft in Gang. Allerdings produzierte es auch eine Spirale aus neuen Schulden, Spekulationsblasen und verstärkten wirtschaftlichen Ungleichgewichten.

52 Ironischerweise war es das Mantra des Neoliberalismus, dass der Staat nicht in die Wirtschaft intervenieren sollte und diese sich selbst regulieren würde. Als die Krise dann zuschlug, wurde der Staat plötzlich als die einzige Instanz dargestellt, die die Welt retten könnte.

53 Die Krise Ende der 2000er-Jahre und die Sparmaßnahmen trugen dazu bei, eine weltweite Welle von Kämpfen auszulösen. Diese hielt bis 2012 an und umfasste Platzbesetzungen, die Occupy-Bewegung, die Aufstände in Nordafrika sowie etliche Streikwellen. Viele Bewegungen erkämpften zunächst Zugeständnisse. Als die Welle der Rebellion schließlich abebbte, fielen viele (politische und wirtschaftliche) Errungenschaften jedoch dem reaktionären Gegenangriff zum Opfer.

54 Phillip Inman: World Economy at Risk of Another Financial Crash, Says IMF, in: Guardian, 3.10.2018, unter: https://tinyurl.com/y5c4hyvj. Diese Probleme sorgten weiterhin für Instabilität und sollten auch beim Wirtschaftseinbruch im Zusammenhang mit der Covid-19-Pandemie ab 2020 eine Rolle spielen.

Anstrengungen zur Ausbalancierung der Wirtschaft

Derartige Ungleichgewichte waren für das Regime der KPCh kein neues Problem. Unterschiedliche »Entwicklungsniveaus« und Industrialisierungsgrade hatten zu einer räumlichen Segmentierung der VR China zwischen Ostküste, Zentrum und Westen geführt. Die Löhne unterschieden sich je nach Produktionsregime, Position in der Produktionskette, Sektor, Qualifikation, Geschlecht und Status (beispielsweise auf Grundlage des *hukou*, als Wanderarbeiter:in oder Arbeiter:in aus der Stadt).

Bereits in den frühen 2000er-Jahren begann das Regime mit Entwicklungsprojekten »in Richtung Westen« mit dem Ziel, in den Binnenprovinzen industrialisierte Zentren zu etablieren. Nach dem Beginn der Krise in den späten 2000er-Jahren wurden die Bemühungen um eine Neuausrichtung intensiviert. Das schloss Versuche ein, die wirtschaftliche Abhängigkeit von (öffentlichen) Investitionen und von Exporten zu verringern und der ungleichen Entwicklung von Stadt und Land sowie von östlichen und zentralen Provinzen entgegenzuwirken. Produktionseinheiten sollten nun in Niedriglohngebiete im Zentrum und im Westen der VR China verlagert werden, um den steigenden Löhnen und dem Arbeitskräftemangel an der Ostküste zu entkommen. Das Regime strebte auch eine wirtschaftliche Aufwertung an. Hightech-Maschinen sollten eingeführt, die Produktion stärker automatisiert und Industrien mit geringer Wertschöpfung gegen solche mit hoher Wertschöpfung ausgetauscht werden. So sollte gewährleistet werden, dass ein höherer Anteil des im Land geschaffenen Werts auch im Land bleibt. Private und staatliche Unternehmen sahen die Chance, durch Aufwertung und Verlagerung Kosten zu sparen, hielten sich also an die Politik der Ausbalancierung und Aufwertung.[55] All dies hatte erhebliche Auswirkungen auf die Bedingungen und Kämpfe der Wanderarbeiter:innen, deren Arbeitskraft hinter dem »Wirtschaftswunder« in der VR China stand.

55 Zu Verlagerung, Automatisierung und Modernisierung siehe Huang Yu/Naubahar Sharif: From »Labour Dividend« to »Robot Dividend«. Technological Change and Workers' Power in South China, in: Agrarian South. Journal of Political Economy 1/2017, S. 1–26, unter: https://tinyurl.com/y4atjrhq; Florian Butollo: The End of Cheap Labour. Industrial Transformation and »Social Upgrading« in China, Frankfurt a. M. 2014; Ralf Ruckus: Rezension zu Florian Butollo, The End of Cheap Labour. Industrial Transformation and »Social Upgrading« in China, in: Sozial.Geschichte Online 17, 2015, S. 135–148, unter: http://tinyurl.com/3wzz33cp.

Streiks: Kämpfe der Binnenmigrant:innen und das Ende der »billigen« Arbeit, 2003–2012

Der Wirtschaftsboom in der VR China seit den 1990er-Jahren basierte auf der Ausbeutung »billiger« Arbeitskräfte – den Wanderarbeiter:innen. Wiederholt reformierte das KPCh-Regime seine Migrationspolitik, um die Versorgung mit diesen Arbeitskräften zu gewährleisten. Die Wanderarbeiter:innen der ersten Welle lernten, mit dem Leben in der Stadt und dem neuen Arbeitsregime umzugehen. Ab Anfang der 2000er-Jahre organisierten sie mehr und mehr Kämpfe zur Verbesserung ihrer Arbeits- und Lebensbedingungen. Die Zahl der Wanderarbeiter:innen stieg stetig weiter, und die meisten Binnenmigrant:innen der zweiten Welle in den 2000er-Jahren wollten dauerhaft in der Stadt bleiben. Ihre Kämpfe gipfelten im Jahr 2010 in einer Streikwelle.

Die ersten Proteste

Die Klasse der Wanderarbeiter:innen formierte sich in mehreren Phasen. Die erste Generation kam in den 1980er- und 1990er-Jahren in die Städte. Diese Wanderarbeiter:innen erhielten die engen Beziehungen zu ihren Herkunftsdörfern. Sie planten dorthin zurückzukehren, sobald sie genug Geld verdient hatten. Ihre Unzufriedenheit mit den Bedingungen in der Stadt nahm derweil zu und führte schließlich zu Protesten. Auslöser für den Unmut waren ihr prekärer Aufenthalts- und Beschäftigungsstatus, schlechte Arbeitsbedingungen, die Willkür der Manager und das autoritäre Arbeitsregime, die sexistische und rassistische Arbeitsteilung sowie miserable Lebensbedingungen in den Wohnheimen. In den neuen Industriezonen des Perlflussdeltas, einem der wichtigsten Zielgebiete für ausländische Investitionen in der Konsumgüterindustrie, kam es bereits in den 1980er-Jahren zu Streiks.[56] 1993/94 wurde die Region mit den Industriestädten Shenzhen und Zhuhai von einer ersten Protestwelle getroffen. Wanderarbeiter:innen führten Arbeitsniederlegungen, Sitzstreiks und Demonstrationen durch, um Lohnerhöhungen und bessere Lebensbedingungen durchzusetzen.[57]

56 Chris Chan King-Chi: The Challenge of Labour in China. Strikes and the Changing Labour Regime in Global Factories, Dissertation, University of Warwick 2008, S. 99–100, unter: https://tinyurl.com/mtyffb4p.

57 Ebd., S. 108–114; siehe auch Qin Ling: Zwanzig Jahre Arbeiterwiderstand in Privatunternehmen an Chinas Ostküste, in: Hao Ren (Hrsg.): Streiks im Perlflussdelta. ArbeiterInnenwiderstand in Chinas Weltmarktfabriken, übersetzt und herausgegeben von Ralf Ruckus, Wien/Berlin 2014, S. 17–19.

Das Regime der KPCh reagierte auf diese frühen Proteste der Wanderarbeiter:innen – wie schon auf den Widerstand der Arbeiter:innen in den Staatsbetrieben – nicht nur mit Repression. Aus Angst vor einer Destabilisierung begann es auch, Arbeitskonflikte zu regulieren und Arbeiterrechte sowie Mindeststandards festzulegen. So wurde eine Reihe von Gesetzen beschlossen, darunter das Gewerkschaftsgesetz (1992), das Arbeitsgesetz (1995) und das Schlichtungsgesetz (1995). In den 1990er- und 2000er-Jahren ignorierten Unternehmen, die Wanderarbeiter:innen beschäftigten, diese Gesetze weitgehend, darunter die Vorschriften zu Mindestlöhnen, Arbeitsbedingungen, Gesundheits- und Arbeitsschutzfragen sowie Sozialversicherungen. Der Staat bemühte sich zudem kaum, die Gesetze und Vorschriften durchzusetzen.

Neue Formen der Binnenmigration

Der Einsatz und die Ausbeutung von Wanderarbeiter:innen war bereits in der sozialistischen Periode und in der Übergangsperiode ein wichtiger Wirtschaftsfaktor und spielt bis heute eine entscheidende Rolle. In den 1990er-Jahren, der letzten Phase des Übergangs unter dem KPCh-Führer Jiang Zemin, eröffnete die rapide industrielle Expansion der Landbevölkerung neue Möglichkeiten zur Abwanderung und Verbesserung ihrer Lebensbedingungen. In der Stadt erwartete sie jedoch ein prekäres proletarisches Leben am unteren Rand der Gesellschaft.

Die Reform des *hukou*-Systems erlaubte Landbewohner:innen, in die Städte zu ziehen, um dort zu arbeiten. In der Folge ging die Zahl der Zwangsrückführungen (oder sogenannten Repatriierungen) zurück.[58] In den 2000er-Jahren, als die gesamte Erwerbsbevölkerung um durchschnittlich zehn Millionen pro Jahr auf 779 Millionen 2009 anwuchs,[59] waren die Wanderarbeiter:innen die größte und am schnellsten wachsende Gruppe. Ende der 2000er-Jahre stellten sie »fast 80 Prozent aller Beschäftigten im Baugewerbe sowie im Berg- und Tagebau, 68 Prozent in der verarbeitenden Industrie und über

58 In den 2000er-Jahren wurden die *hukou*-Bestimmungen weiter angepasst, aber je nach Region unterschiedlich angewandt. Die Behörden der Großstädte setzten sie weitgehend durch, die in einigen Provinzen und kleineren Städten dagegen kaum oder nur teilweise.

59 »Die Anzahl der Erwerbstätigen in der Landwirtschaft sank bis Ende 2009 auf 297 Millionen Personen. [...] Im sekundären Sektor arbeiteten 2009 circa 216 Millionen, darunter etwa drei Viertel in der verarbeitenden Industrie und ein weiterer großer Teil in der Baubranche. Im tertiären Sektor, der den sekundären Sektor seit Mitte der 1990er-Jahre zahlenmäßig übertrifft, arbeiteten 2009 ungefähr 266 Millionen Menschen.« (ten Brink: Chinas Kapitalismus, S. 284)

50 Prozent im Dienstleistungssektor«.[60] Kathy Walker zufolge war die Zahl der Binnenmigrant:innen bis 2003 auf 150 Millionen angestiegen und umfasste viele Millionen Bäuerinnen und Bauern, die ihr Land durch illegale oder unzureichend entschädigte Enteignungen verloren hatten.[61] 2009 wurde die Gesamtzahl der Wanderarbeiter:innen auf etwa 230 Millionen geschätzt.[62] Etwa 70 Prozent von ihnen waren »im Osten Chinas beschäftigt. Zwei Drittel arbeiten in großen oder mittelgroßen Städten, und die Hälfte wanderte von einer Provinz in eine andere.«[63] Der Zustrom von Wanderarbeiter:innen ist auch für die steigende Urbanisierungsrate verantwortlich, die von 19,4 Prozent 1980 auf 43 Prozent 2005, 50 Prozent 2010, 57,3 Prozent 2015 und 65,2 Prozent 2022 stieg.[64]

Die Formen der Binnenmigration reichten von der saisonalen Wanderung über die zirkuläre Migration (hin und zurück oder von einem Ort zum anderen) bis hin zur Rückkehr in den Herkunftsort – etwa von migrantischen Frauen*, um ein Kind zu gebären oder sich um die Kinder zu kümmern, wenn sie eingeschult werden.[65] Wanderarbeiter:innen lebten in der Regel in provisorischen Unterkünften und beengten Verhältnissen, entweder in staatlichen oder privaten Wohnheimen oder in städtischen »Wanderarbeiterdörfern« – ein beschönigender Begriff für inner- oder vorstädtische Slums.

Die reformierten *hukou*-Gesetze ermöglichten es den Binnenmigrant:innen, auf legale Weise in die Städte zu ziehen. Sie hielten sie jedoch in einem unsicheren Aufenthaltsstatus, denn mit einem ländlichen *hukou* durften sie sich nicht dauerhaft in der Stadt niederlassen. Städtische Behörden diskriminierten die Wanderarbeiter:innen,

60 Leung Pak-Nang/Pun Ngai: The Radicalisation of the New Chinese Working Class. A Case Study of Collective Action in the Gemstone Industry, in: Third World Quarterly 3/2009, S. 552, unter: https://tinyurl.com/yxrqn2zo.

61 Walker: From Covert to Overt, S. 466.

62 International Labour Organization (ILO): Labour Migration in China and Mongolia, ILO-Webseite, 20.10.2020, unter: https://tinyurl.com/pv4n6d9x.

63 Ebd.

64 Statista: Degree of Urbanization in China from 1980 to 2022, statista.com, 28.2.2023, unter: https://tinyurl.com/2ekm8anw. Untersuchungen des Urbanisierungsprozesses in der VR China bieten Zhang Mei: China's Poor Regions. Rural-Urban Migration, Poverty, Economic Reform, and Urbanization, London 2003; Zhu Yu: China's Floating Population and Their Settlement Intention in the Cities. Beyond the Hukou Reform, in: Habitat International 1/2007, S. 65–76; Shahid Yusuf/Tony Saich (Hrsg.): China Urbanizes. Consequences, Strategies, and Policies, Washington, DC 2008.

65 Cindy C. Fan: China on the Move. Migration, the State, and the Household, London 2008, S. 124; siehe auch Rachel Murphy: How Migrant Labor Is Changing Rural China, Cambridge 2002, S. 25.

indem sie ihnen den Zugang zu bestimmten Sozialprogrammen und Institutionen verwehrten. Menschen mit städtischem *hukou* wiederum behandelten die Wanderarbeiter:innen als »Außenseiter« oder beschimpften sie als »rückständige Hinterwäldler«.

In den späten 2000er- und frühen 2010er-Jahren versiegte dann allmählich der Nachschub an Arbeitsmigrant:innen für die Sonderwirtschaftszonen und städtischen Zentren in den östlichen Provinzen. Das hatte verschiedene Gründe. Erstens hatte sich das Bevölkerungswachstum aufgrund der Ein-Kind-Politik verlangsamt, und steigende Einkommen und die Urbanisierung hatten zu niedrigeren Geburtenraten geführt. Die Auswirkungen waren in den späten 2000er-Jahren zu spüren, als weniger junge Menschen auf den Arbeitsmarkt drängten, das heißt auch weniger junge Binnenmigrant:innen aus ländlichen Gebieten. Zweitens war nach zwei Jahrzehnten massiver Land-Stadt-Wanderung der Arbeitskräfteüberschuss auf dem Land geschrumpft, und damit gab es weniger ländliche Arbeitskräfte, die in die Städte abwandern wollten. Drittens führte die Verlagerung von Fabriken in die zentralen und westlichen Provinzen dazu, dass Wanderarbeiter:innen nun Arbeitsplätze in der Nähe ihrer Herkunftsdörfer fanden und nicht mehr in die Industriezentren an der Ostküste ziehen mussten. Immer wieder waren nun nicht genügend Menschen bereit, in die Regionen entlang der Ostküste zu ziehen und dort angebotene Niedriglohnjobs anzunehmen. Der dadurch entstandene Arbeitskräftemangel und die anhaltenden Arbeitskämpfe trieben Löhne und Lohnstückkosten in die Höhe. Das »Billiglohnmodell« der VR China war in Gefahr.

Die zweite Generation und die Streikwelle von 2010

Die meisten Wanderarbeiter:innen, die in den 2000er-Jahren in die Städte zogen, hatten nicht vor, jemals wieder aufs Land zurückzukehren, um dort Landwirtschaft zu betreiben. Sie hatten aus den Erfahrungen ihrer Eltern, älteren Geschwister und Freund:innen der ersten Generation in den Städten gelernt und organisierten sich zunehmend.[66] Nach 2003 nahm die Zahl der Kämpfe von

66 Zum Generationswechsel siehe Zhu Yu: China's Floating Population and Their Settlement Intention in the Cities; Zhu Yu/Chen Wenzhe: The Settlement Intention of China's Floating Population in the Cities. Recent Changes and Multifaceted Individual-Level Determinants, in: Population, Space and Place 4/2010, S. 253–267.

Wanderarbeiter:innen deutlich zu.[67] Zunächst handelte es sich bei den meisten Protesten vor allem um defensive Kämpfe gegen Lohnrückstände, niedrige Löhne und schlechte Arbeitsbedingungen. Sie nahmen oft die Form »zellulärer Aktionen« an – kurze Proteste, die auf einen Betrieb beschränkt blieben.[68] Streiks waren nicht legal, aber die Arbeiter:innen organisierten wilde Streiks sowie andere Aktionen und entwickelten im Allgemeinen ein Gespür dafür, mit welcher Art von Widerstand sie durchkommen konnten.

Zunächst standen meist Herkunftsnetzwerke von Wanderarbeiter:innen aus einer bestimmten Region hinter der Organisierung von Protesten. Mitte und Ende der 2000er-Jahre bildeten die Wanderarbeiter:innen bei Auseinandersetzungen mit Betriebsleitungen und Staat jedoch oft Verbindungen, die auf ihrer gemeinsamen Interessenlage als Arbeiter:innen beruhten. Dennoch führte die staatliche Unterdrückung von Klassenorganisationen und offenen Debatten über Klassenkonflikte zu einer gewissen Sprachlosigkeit unter den Arbeiter:innen, das heißt, dem Fehlen einer Sprache, mit der sie ihre Ansprüche »als Klasse« ausdrücken könnten.[69]

Ab der zweiten Hälfte der 2000er-Jahre stellten die Wanderarbeiter:innen in ihren Kämpfen offensive Forderungen nach Verbesserungen, höheren Löhnen, besseren Arbeitsbedingungen und mehr Respekt seitens der Unternehmer und Manager. Die Arbeiter:innen verfügten nun über mehr Erfahrungen mit Arbeitsniederlegungen und über mehr Produktions- und Marktmacht, die durch regionalen Arbeitskräftemangel und neue Arbeitsgesetze begünstigt wurden.[70] 2010 führten der Einbruch der Exporte und der Beschäftigung sowie der Druck auf die Löhne im Zuge der globalen Krise zu den bislang spektakulärsten Protesten von Wanderarbeiter:innen. Der Streik in einer Autozulieferfabrik von Honda in Foshan, Guangdong, führte zu einer Welle von Arbeitsniederlegungen in anderen Automobilunternehmen und Branchen in Guang-

67 Jay Chen Chih-Jou: Growing Social Unrest and Emergent Protest Groups in China, in: Michael Hsiao Hsin-Huang/Lin Cheng-Yi (Hrsg.): Rise of China. Beijing's Strategies and Implications for the Asia-Pacific, New York 2009, S. 96–97.

68 Der Begriff »zellulärer Aktivismus« (*cellular activism*) stammt von Ching-Kwan Lee. Siehe Lee: Against the Law, S. x.

69 Pun Ngai/Chan King-Chi, Chris: Die Subsumtion des Klassendiskurses in China, in: Pun Ngai/Ching Kwan Lee u. a.: Aufbruch der zweiten Generation. Wanderarbeit, Gender und Klassenzusammensetzung in China, Berlin 2010, S. 258–276.

70 Siehe Chan King-Chi: The Challenge of Labour in China, S. 368; Manfred Elfstrom/Sarosh Kuruvilla: The Changing Nature of Labor Unrest in China, in: ILR Review 2/2014, S. 454, unter: https://tinyurl.com/mrybdcfc.

dong und anderen Teilen des Landes.[71] Die Beteiligten konnten im Zuge dieser Streikwelle erhebliche Lohnerhöhungen durchsetzen.[72]

Die Kämpfe der Wanderarbeiter:innen geschahen weitgehend »ohne Klassenorganisationen«,[73] denn das KPCh-Regime ließ die unabhängige Organisierung von Arbeiter:innen nicht zu. Die repressive Haltung des Regimes blockierte die Entwicklung einer organisierten Arbeiterbewegung, wie sie beispielsweise in Westeuropa entstand. Damit wurde jedoch auch die Entstehung offizieller reformistischer Gewerkschaftsvertretungen verhindert, die mit Kapitalisten und dem Regime Vereinbarungen oder »Deals« aushandeln und dafür sorgen, dass sich die Arbeiterkämpfe innerhalb vorgegebener Bahnen (wie etwa Tarifverhandlungen) bewegen.

In der VR China erkämpften sich Wanderarbeiter:innen ab den 1990er-Jahren etwa in Fabriken und auf Baustellen mehr Raum für wilde Streiks und ähnliche betriebliche Aktionen. Migrantische Proletarier:innen abseits von Fabriken und Baustellen verfügen über weniger Produktionsmacht und mussten andere Mittel einsetzen und öffentliche Räume nutzen, um ihre Ansprüche und ihre Wut zum Ausdruck zu bringen. In verschiedenen Teilen des Landes kam es regelmäßig zu gewalttätigen Unruhen, an denen manchmal Tausende von Menschen beteiligt waren. Ausgelöst wurden diese sozialen Ausbrüche häufig durch willkürliches oder aggressives Verhalten städtischer Beamter, der Polizei, von Stadtbewohner:innen oder Reichen gegenüber Binnenmigrant:innen, Bäuerinnen und Bauern oder städtischen Armen.[74]

71 Zu der Arbeitsniederlegung bei Honda, der Streikwelle, der Mobilisierung von Wanderarbeiter:innen und der zweifelhaften Rolle des ACGB bei der Eindämmung der Proteste siehe Eli Friedman: Insurgency Trap. Labor Politics in Postsocialist China, Ithaca, NY 2014, S. 140–153; Florian Butollo/Tobias ten Brink: Challenging the Automization of Discontent, in: Critical Asian Studies 3/2012, S. 419–440; FreundInnen von gongchao, »Sie haben das selbst organisiert!« Die Streikwelle von Mai bis Juli 2010 in China, in: Pun Ngai/Ching-Kwan Lee u. a.: Aufbruch der zweiten Generation. Wanderarbeit, Gender und Klassenzusammensetzung in China, Berlin 2010, S. 225–257, unter: https://tinyurl.com/yyq3y4lg; Lance Carter: Auto Industry Strikes in China, Insurgent Notes, 28.10.2010, unter: https://tinyurl.com/rkkxx37b.

72 Einem Bericht von Reuters zufolge »schnellte der durchschnittliche Monatslohn von Chinas 158 Millionen Wanderarbeiter:innen von 2010 bis 2011 um 21,2 Prozent auf 2049 Yuan. In den fünf Jahren von 2006 bis 2010 war der durchschnittliche Mindestlohn in China pro Jahr noch um 12,5 Prozent gestiegen.« (China Sets Target of Average 13 Percent Annual Minimum Wage Rise, Reuters, 8.2.2012, unter: https://tinyurl.com/3amb77ez)

73 Chris Chan King-Chi: Contesting Class Organization. Migrant Workers' Strikes in China's Pearl River Delta, 1978–2010, in: International Labor and Working-Class History 83, 2013, S. 132, unter: https://tinyurl.com/yyjces8z.

74 Ein Beispiel für solche Unruhen waren die in Zengcheng, Guangdong, im Juni 2011. Protestierende Wanderarbeiter:innen »zündeten Regierungsgebäude an, zerstörten Polizeifahrzeuge und stießen zu Tausenden mit der Bereitschaftspolizei zusammen«. Auslöser

Die Wanderarbeiter:innen erkannten die Kapitalisten zunehmend als ihre Ausbeuter, und (lokale) Behördenvertreter identifizierten sie als deren Komplizen. Sie waren in der Lage, alltägliche Kämpfe wie auch gelegentlich größere Proteste zu organisieren. Gleichzeitig schwächte »die Fähigkeit des Kapitals, die Produktion zu verlagern und auszulagern, [ihre] Markt-, Produktions- und Organisationsmacht«.[75] Die Wanderarbeiter:innen wurden auch weiterhin gespalten nach Alter, Geschlecht, Region und Art des Unternehmens, in dem sie angestellt waren. Auch das Stadt-Land-Gefälle spielte weiter eine Rolle und trennte Wanderarbeiter:innen von städtischen Arbeiter:innen. Das Regime konnte eine Explosion von Protesten verhindern, vor allem durch Repression und staatliche Mechanismen der Konfliktregelung. Gänzlich eindämmen oder verhindern konnte sie die Arbeiterproteste nicht.

Alltagskämpfe der migrantischen Frauen*

Seit den 1980er-Jahren wanderten mehr Männer* aus den Dörfern in die Städte ab, aber im Laufe der Zeit nahm der Anteil von Frauen* deutlich zu.[76] Die meisten dieser Binnenmigrantinnen waren jung, im späten Teenageralter oder in ihren Zwanzigern. Ein Grund für ihre Abwanderung war – wie für alle Binnenmigrant:innen – die Suche nach besseren Arbeitsmöglichkeiten. Viele von ihnen migrierten jedoch auch, um den patriarchalen Dorfstrukturen zu entkommen und mehr Kontrolle über ihr Leben zu erlangen.[77] In den Städten sahen sich die Frauen* jedoch mit einer geschlechtsspezifischen Arbeitsteilung konfrontiert. Die meisten fanden nur schlecht entlohnte Arbeitsplätze in Fabriken oder im Dienstleistungssektor. Millionen von ihnen arbeiteten als Hausangestellte in städtischen Haushalten, in anderen Pflegeberufen oder in der Sexindustrie.

---

der Unruhen war der Angriff von Sicherheitskräften auf einen Straßenverkäufer, aber auch andere Faktoren schürten die Wut vieler Demonstrant:innen, darunter »die schwelende Frustration über diverse soziale Probleme wie die galoppierende Inflation bei Lebensmittelpreisen und Wohnungen sowie die Korruption örtlicher Beamter«; siehe James Pomfret: Police Use Tear Gas to Quell Riot in Southern China, Reuters, 13.6.2011, unter: http://tinyurl.com/248x5wsy.

75 Chan King-Chi: The Challenge of Labour in China, S. 369.

76 Rachel Connelly/Kenneth Roberts/Zheng Zhenzhen: The Impact of Circular Migration on the Position of Married Women in Rural China, in: Feminist Economics 1/2010, S. 4.

77 Zur besonderen Situation der früh migrierenden Frauen* siehe Delia Davin: Migration, Women and Gender Issues in Contemporary China, in: Thomas Scharping (Hrsg.): Floating Population and Migration in China. The Impact of Economic Reforms, Hamburg 1997, S. 297–314; siehe auch Kapitel 3, Abschnitt 2 in diesem Buch über die Kohorte migrantischer Frauen* in der Übergangsperiode.

Die Binnenmigrantinnen wurden zudem diskriminiert und als »rückständig« und »minderwertig« verunglimpft.[78] Doch das Leben in den Städten als Lohnarbeiterinnen, die oft zusammen mit vielen anderen proletarischen Frauen* in Wohnheimen untergebracht waren, veränderte ihre Einstellungen. Sie beteiligten sich an den betrieblichen Kämpfen der Wanderarbeiter:innen, auch als Initiatorinnen, Organisatorinnen und Anführerinnen. Nach ihrer Rückkehr ins Dorf – ob diese vorübergehend war oder nicht – waren diese Wanderarbeiterinnen oft nicht mehr bereit, bestimmte patriarchale Gewohnheiten oder Strukturen zu akzeptieren. So waren beispielsweise arrangierte Ehen in ländlichen Familien bis in die 2000er-Jahre hinein üblich. Viele junge Frauen*, die das Leben in der Stadt kennengelernt hatten, weigerten sich jedoch, diese Praxis weiter zu akzeptieren.[79]

Weg von ihren Herkunftsdörfern verschafften sich viele Binnenmigrantinnen mehr Zeit und Raum für ihre eigenen Bedürfnisse und Interessen. Sie heirateten später und bekamen später Kinder. Sie entzogen sich der Kontrolle und dem Druck von Familienmitgliedern und experimentierten mit vorehelichen sexuellen Beziehungen. Doch auch wenn sie neue Räume eroberten und verteidigten, erlebten sie dennoch weiterhin Ausbeutung, Diskriminierung und sexualisierte Gewalt. Dies waren auch Reaktionen auf ihre neuen Ansprüche und Kämpfe.

Expansion: Die »neue Normalität« und der »Sprung nach außen«, 2012–2020

Als sich das Wirtschaftswachstum in den 2010er-Jahren verlangsamte, passte die neue Parteiführung unter Xi Jinping ihre Strategien an und erklärte die niedrigeren Wachstumsraten zur »neuen Normalität«. Mit der Umstrukturierung und Verlagerung von Industrien nahm die Zahl der Kämpfe von Wanderarbeiter:innen gegen Fabrikschließungen und Entlassungen zu. Auch auf dem Land setzte sich die Transformation mit dem weiteren Aufstieg des Agrarkapitals fort. Die anhaltende Anpassung patriarchaler Strukturen löste neue feministische Debatten und Formen von Widerstand aus. Angesichts dieser wirtschaftlichen, sozialen und politischen Herausforderungen versuchte das Regime, die Regierungsorgane zu konsolidieren und zu rationalisieren. Es ergriff neue Maßnahmen zur Bekämpfung der Korruption,

78 Yan Hairong: New Masters, New Servants. Migration, Development, and Women Workers in China, Durham, NC 2008, Kapitel 3.

79 Fan: China on the Move, S. 18.

verschärfte die Zensur, verstärkte die Überwachung und verlieh der Führungsspitze neue Befugnisse. Ab Mitte der 2010er-Jahre verstärkte es seine Bemühungen, die Wirtschaft zu modernisieren und wirtschaftliche Aktivitäten im Ausland durch die Belt-and-Road-Initiative (BRI) auszuweiten. Mit ihrem zunehmenden wirtschaftlichen Engagement in anderen Teilen der Welt und ihrer regionalen militärischen Aufrüstung drohte die VR China den USA ihren Rang als derzeitige Hegemonialmacht streitig zu machen. 2019 entstand in Hongkong eine Protestbewegung, die sich gegen die zunehmende Einmischung des KPCh-Regimes in die Belange Hongkongs richtete. Seit 1989 war das Regime nicht mehr in diesem Maße durch eine Massenbewegung herausgefordert worden. Die Bewegung in Hongkong, ihre Niederschlagung sowie die durch die Covid-19-Pandemie ab 2020 verursachten Probleme könnten Vorboten sein für weitere soziale, wirtschaftliche und politische Verwerfungen in den 2020er-Jahren.

Verschuldung, Konjunkturabschwächung und Blasenbildung

In den späten 2000er-Jahren gelang es der VR China, die Auswirkungen der weltweiten Krise durch ein massives Konjunkturprogramm abzufedern. Dieses Programm ließ jedoch die Verschuldung staatlicher Institutionen und Unternehmen ansteigen und führte zu Überproduktion und Spekulationsblasen. Die zunehmende Urbanisierung war mit enormen Investitionen in den Wohnungsbau verbunden sowie mit Immobilienblasen, die wiederholt zu platzen drohten. Das Regime der KPCh griff Mitte der 2010er-Jahre ein, um den Immobilienmarkt stärker zu regulieren. Als dieser sich vorübergehend abkühlte, wichen Anleger:innen auf den wachsenden Aktienmarkt aus und schufen dort eine weitere Blase, die 2015 platzte.[80]

Die Wachstumsrate des BIP fiel derweil von über 10 Prozent in den späten 2000er-Jahren auf unter 7 Prozent in den späten 2010er-Jahren und unter 5 Prozent Anfang der 2020er.[81] Das bisherige »China-

80 Die städtische Mittelklasse war von den Veränderungen auf dem Wohnungsmarkt besonders betroffen. Sie zählt zu den wichtigsten Unterstützer:innen des Regimes, da sie wirtschaftlich von den Reformen profitierte. Investitionen in Immobilien und steigende Immobilienpreise sind ein wichtiger Teil ihres Einkommens. Für eine kurze Darstellung der platzenden Blase(n) siehe Ralf Ruckus: China Crash – Der Umbau der Wirtschaft stockt, gongchao.org, 2.9.2015, unter: https://tinyurl.com/mvc6fk4r. Wie sich die veränderten Immobilienpreise auf die Legitimität des Regimes in der Mittelklasse auswirkten, erläutert He Huifeng: China's Middle Class Frets the »Good Times« Are Over amid Sliding House Prices, Stagnant Wages, in: South China Morning Post, 16.1.2020, unter: https://tinyurl.com/y4psudpb.

81 Nach Angaben der Weltbank lag die Wachstumsrate des BIP der VR China zwischen 2003 und 2011 nahe bei oder über 10 Prozent, sank jedoch und blieb seitdem unter 8 Prozent.

Modell«, das auf »billigen« Arbeitskräften und dem Export von geringwertigen Konsumgütern basiert, ist bereits seit einem Jahrzehnt kein Garant mehr für hohe Wachstumsraten und die Schaffung neuer Arbeitsplätze. In den 1990er- und 2000er-Jahren musste das Regime für materielle Verbesserungen sorgen, um seine Legitimität in der Bevölkerung zu erhalten. In den 2010er-Jahren versuchte es, die Menschen an die neue wirtschaftliche Situation zu gewöhnen.

Parteiführer Xi Jinping, seit 2012 an der Macht, bezeichnete die veränderte Lage als »neue Normalität«. Zudem versuchte das Regime, strukturelle Probleme durch die Konsolidierung und Ausbalancierung der Wirtschaft in den Griff zu bekommen. Überkapazitäten sollten abgebaut werden, insbesondere in staatlichen Unternehmen der Kohle- und Stahlindustrie.[82] Um den Anstieg der Verschuldung zu verlangsamen oder Schulden abzubauen, ohne Behörden und Unternehmen den Geldhahn abzudrehen, ergriff das Regime eine Reihe von Maßnahmen. Unter anderem schuf es neue Finanzierungsinstrumente für lokale Behörden, mit denen sie Geld für Investitionsprojekte aufnehmen können. Außerdem begann es, Kapitalexporte und Auslandsinvestitionen stärker zu kontrollieren, um größere Kapitalabflüsse zu verhindern.[83] Das Regime versuchte auch, die Inlandsnachfrage zu steigern und die Exportabhängigkeit zu reduzieren. Es förderte die Umstellung auf eine Produktion mit höherer Wertschöpfung und es bemühte sich, den Abstand zwischen Regionen mit unterschiedlichem Entwicklungsniveau durch Standortverlagerungen und Subventionen zu verringern. Diese Maßnahmen zeigten tatsächlich eine gewisse Wirkung, bis im Zuge der Covid-19-Pandemie ab 2020 das Wirtschaftswachstum weiter absackte, Unternehmenszusammenbrüche im aufgeblähten Immobiliensektor drohten und sich so die nächste große Krise ankündigte.

2019 lag sie bei 6 Prozent, 2020 bei 2,2 Prozent, 2021 bei 8,4 Prozent und 2022 bei 3 Prozent (GDP Growth, annual % – China, data.worldbank.org, 22.8.2023, unter: https://tinyurl.com/mr3ye59y).

82 Die verhängten Produktionsbeschränkungen führten zu Entlassungen und wiederholten Arbeiterkämpfen in diesen strategischen Sektoren; siehe Kevin Lin: Labour Protests in the State Sector. Back to the Nineties?, in: Made in China Journal 1/2016, S. 12–15, unter: https://tinyurl.com/3z4a63rw.

83 Die Kontrolle der Kapitalexporte führte in den späten 2010er-Jahren zu einem Rückgang der ausländischen Direktinvestitionen chinesischer Unternehmen; siehe China's 2019 FDI Up 5.8%, Outbound Investment Slumps, Reuters, 21.1.2020, unter: https://tinyurl.com/392jh9xv. Der Staat übernahm sogar die Kontrolle über mehrere Unternehmen, die zuvor massiv im Ausland investiert hatten.

Anhaltender Druck auf Binnenmigrant:innen, Bäuerinnen und Bauern

In den 2010er-Jahren sahen sich die Wanderarbeiter:innen mit neuen Problemen konfrontiert. Steigende Löhne in den Ostküstenprovinzen und regionaler Arbeitskräftemangel hatten dazu geführt, dass Produktionskapazitäten nicht mehr nur in chinesische Binnenprovinzen, sondern auch in andere Länder wie Bangladesch und Vietnam verlagert wurden.[84] Immer mehr Wanderarbeiter:innen wurden entlassen, da ihre Unternehmen umzogen, schlossen oder die Belegschaft reduzierten. Viele mussten auf andere Sektoren ausweichen, zum Beispiel die schlecht entlohnten Jobs im expandierenden Dienstleistungssektor, oder sie folgten dem Kapital, das seine Produktion verlagerte, und zogen ins Landesinnere.

Die Einkommen der Wanderarbeiter:innen stiegen nun langsamer als zuvor. In den 2000er- und Anfang der 2010er-Jahre hatten die staatlich festgelegten Mindestlöhne noch zweistellige Zuwachsraten aufgewiesen. Ab Mitte der 2010er-Jahre drosselte die Regierung die Erhöhungen.[85] Die *hukou*-Bestimmungen wurden derweil in vielen kleinen und mittelgroßen Städten weiter gelockert oder ganz abgeschafft, weil sie dort für die Regulierung der Land-Stadt-Migration nicht mehr gebraucht wurden. Das galt nicht für Großstädte wie Beijing oder Shenzhen. Dort wurden Migrant:innen sogar aus zentralen Stadtbezirken vertrieben, weil diese umstrukturiert und für Menschen mit höherem Einkommen erschlossen wurden.

Die Kämpfe der Wanderarbeiter:innen wurden wieder defensiver. Eli Friedman zufolge ging es dabei »zunehmend um ausstehende Löhne, Betriebsverlagerungen und Konkurse«.[86] Die Arbeiterproteste »folgten« jedoch auch der räumlichen Verlagerung des Kapitals und der Verlagerung in andere Sektoren. Im Laufe des Jahrzehnts nahm die Zahl (und der Anteil) der Kämpfe sowohl im Hinterland der VR China

84 Rahul Jacob: China Factories Eye Cheaper Labour Overseas, in: Financial Times, 8.11.2011, unter: https://tinyurl.com/bdhry3mn.

85 China's Workers are Saying Goodbye to Double-Digit Pay Raises, Bloomberg, 19.6.2017, unter: https://tinyurl.com/y5y9m43s. Der Durchschnittslohn der mehr als 250 Millionen Wanderarbeiter:innen in der VR China lag 2009 bei 1417 Yuan pro Monat, 2014 bei 2864 Yuan (Anstieg von etwa 100 Prozent), 2019 bei 3962 Yuan (Anstieg von weniger als 40 Prozent) und 2022 bei 4615 Yuan (Anstieg von etwas über 15 Prozent); siehe Average Monthly Income of Migrant Workers in China from 2009 to 2022, statista.com, 25.8.2023, unter: https://tinyurl.com/2t9cnn6u.

86 Eli Friedman: Marketizing China. Factory Relocations and Land Privatizations Have Put Chinese Migrant Workers on the Defensive, Jacobin, 9.9.2015, unter: https://tinyurl.com/f6h439cj.

als auch im Dienstleistungssektor zu.[87] Bereits seit den 1990er-Jahren waren mehr und mehr Wanderarbeiter:innen in die Städte gezogen. Viele waren nun bereits in ihren Vierzigern oder Fünfzigern oder noch älter. Ihnen ging es nun auch um Ansprüche auf Sozialleistungen, Renten und Entschädigungen. Der Streik bei dem Schuhhersteller Yue Yuen in Dongguan 2014 ist ein prominentes Beispiel für einen Kampf, bei dem Arbeiter:innen von ihrem Arbeitgeber die Zahlung aller Rentenversicherungsbeiträge einforderten.[88]

Zur gleichen Zeit trat eine neue Generation junger Wanderarbeiter:innen auf den Plan, die sich bemühte, den schlecht entlohnten, schmutzigen, langweiligen und gefährlichen Jobs zu entkommen. Diese jungen Leute träumten davon, eine Arbeit im Büro zu finden und auf dem Niveau der Mittelklasse konsumieren zu können. Die meisten konnten diesen Traum jedoch nicht verwirklichen und mussten sich mit anstrengenden und öden Jobs begnügen. Sie landeten zunehmend im Dienstleistungssektor und arbeiteten etwa als Wachschützer:innen oder in der Plattformökonomie.[89] Nicht zuletzt zeigen einige besondere Streiks, dass sich das Wissen und die Fähigkeiten, die für die Organisation von Arbeiterkämpfen erforderlich sind, weiterverbreiteten und Arbeiter:innen in der Lage waren, sich über die Grenzen eines Unternehmens oder einer Region hinaus zu koordinieren. Beispiele dafür sind die spektakulären und über mehrere Provinzen koordinierten Streiks von Kranführer:innen im April 2018 und von Lkw-Fahrer:innen im Juni desselben Jahres.[90]

Die Kluft zwischen Stadt und Land blieb bestehen und Bäuerinnen und Bauern standen immer wieder unter Druck. 2011 lebten in der

87 Für eine Erörterung dieser Entwicklung siehe Daniel Fuchs: Going West – Industrial Relocation and Migrant Labour Unrest in Chengdu and Chongqing, Dissertation, SOAS University of London 2019.

88 Friends of gongchao: The New Strikes in China, gongchao.org, 1.7.2014, unter: https://tinyurl.com/6tb3fam8.

89 Selbst die jungen Binnenmigrant:innen oder Stadtbewohner:innen, die einen Bürojob fanden, waren aufgrund der langen Arbeitszeiten, des hohen Drucks und der niedrigen Löhne zunehmend unzufrieden. Viele reagierten mit alltäglichen Formen des Widerstands am Arbeitsplatz, einer »stillen Rebellion«, indem sie »sich nicht mehr anstrengen, sich weigern, Überstunden zu machen, mittelmäßige Arbeit abliefern, häufig auf die Toilette gehen und sich dort lange aufhalten, mit ihren Handys spielen oder bei der Arbeit Romane lesen«; siehe Alice Yan: Young Employees Rebel against Chinese Work Ethic by Being Lazy, Refusing Overtime, and Hiding in the Toilets. They Call It »Touching Fish«, in: South China Morning Post, 3.1.2021, unter: https://tinyurl.com/599zk6fa.

90 Zu den Kranführer:innen siehe Wang Jiangsong: The Significance of Crane Operators across China Going on Strike, China Change, 7.5.2018, unter: https://tinyurl.com/y4jvgd23; zu den Lkw-Fahrer:innen siehe Tan Jiangying: Truckers on Strike and the Structural Contradictions of China's Logistics Industry, China Change, 15.6.2018, unter: https://tinyurl.com/yau54l76.

VR China zum ersten Mal in der Geschichte des Landes mehr Menschen in Städten als auf dem Land.[91] Bis 2018 stieg der Anteil der Stadtbevölkerung auf 60 Prozent.[92] Seitdem hat das Regime die Land-Stadt-Migration weiter gefördert. Sie will die Urbanisierungsrate erhöhen und angesichts der niedrigen Geburtenrate und der rasch alternden Bevölkerung das Angebot an Arbeitskräften für die städtische Industrie sicherstellen. Der Landraub der Parzellen von Bäuerinnen und Bauern wurde fortgesetzt. So soll der Bedarf an Bodenflächen für die Ausbreitung der Städte gedeckt, dem Agrarkapital Land zur Verfügung gestellt sowie den lokalen ländlichen Behörden eine Einkommensquelle gesichert werden. »2007 waren nur 5,2 Prozent des den dörflichen Haushalten zugewiesenen Ackerlandes formell an andere übertragen worden; 2016 war dieser Anteil auf über 35 Prozent gestiegen.« Mehr als 90 Prozent dieser Flächen wurden an »große Agrarunternehmen« übertragen, weniger als 10 Prozent waren für den Städtebau vorgesehen.[93]

Die ländlichen Haushalte, die das ihnen zugewiesene Land verloren, wurden häufig unter Druck gesetzt und gezwungen, die Übertragung zu akzeptieren. Bäuerinnen und Bauern organisierten dagegen Widerstand. »Umfang, Ausmaß und Intensität der Proteste im Zusammenhang mit Landenteignungen in den Dörfern [...] nahmen von Anfang der 2000er-Jahre bis 2014 kontinuierlich zu.«[94] Seit 2015 geht die Zahl der Bäuerinnen und Bauern, die sich gegen Landenteignungen wehren, zurück, obwohl die Ursachen dieser Konflikte ungelöst geblieben sind. Der Hauptgrund für den Rückgang ist die schärfere Unterdrückung sozialer Unruhen unter dem Regime von Xi Jinping. Demonstrant:innen, die gegen Landenteignung protestieren, werden zunehmend eingeschüchtert und verhaftet.

Das Regime trieb derweil weitere Reformen in der Landwirtschaft voran. Ende der 2010er-Jahre verfolgte die Führung der KPCh eine

91 Yeh/O'Brien/Ye Jingzhong: Rural Politics in Contemporary China, S. 915.

92 »Das ist immer noch niedriger als der Durchschnitt von 66 Prozent für alle Volkswirtschaften mit mittlerem Einkommen. Als solche betrachtet die Weltbank China. Und es ist noch weit entfernt von den 81 Prozent, die für Volkswirtschaften mit hohem Einkommen die Norm sind.« (Sharon Chen/Li Dandan: China Loosens Urban Residency Restrictions to Spur Growth. Xi Jinping's Overhaul of the Decades-Old Policy Will Drive a Move to Cities in the Country's Interior, Bloomberg, 14.1.2020, unter: https://tinyurl.com/y6zws8gs)

93 Luo Qiangqiang/Joel Andreas: Mobilizing Compliance. How the State Compels Village Households to Transfer Land to Large Farm Operators in China, in: Journal of Peasant Studies 6/2020, S. 1189.

94 Jay Chen Chih-Jou: Peasant Protests over Land Seizures in Rural China, in: Journal of Peasant Studies 6/2020, S. 1328.

Politik der »ländlichen Wiederbelebung«. Darunter fiel in einigen Regionen die Förderung des spezialisierten Anbaus von hochpreisigen Produkten, wie bestimmten Gemüsesorten, in anderen die weitere Entwicklung von Großbetrieben und einer »Landwirtschaft nach US-amerikanischem Vorbild«.[95] Es scheint nur noch eine Frage der Zeit zu sein, bis das Recht der Landbevölkerung auf die Zuweisung einer Parzelle abgeschafft wird.[96]

Verschärfte Kontrolle und Unterdrückung sozialer Kämpfe

In den letzten Jahren bemühte sich das Regime der KPCh verstärkt, soziale Mobilisierungen und Proteste zu kontrollieren. Sollte ein Protest eskalieren, schritten die örtlichen Behörden oder staatliche Instanzen auf Provinzebene ein. Ihre Kader sind in Techniken der Aufstandsbekämpfung geschult. Diese umfassen Repression, Zugeständnisse und Kooptierung. Die Kader sollen den Umfang und die Bedeutung der Unruhen einschätzen, »Rädelsführer:innen« identifizieren, Teilnehmer:innen einschüchtern und Unternehmer und Manager zu Zugeständnissen zwingen, wenn sich repressive Maßnahmen als unzureichend erweisen.[97]

Die Art der Unterdrückungsmaßnahmen gegen Protestierende oder Streikende hing von der Form ihrer Beteiligung ab. Wer lediglich an den gesetzlich nicht sanktionierten Streiks teilnahm, hatte in der Regel keine Repressalien zu befürchten (abgesehen von streikbedingten Lohneinbußen). Wer Proteste initiierte und organisierte und der Unternehmensleitung bekannt war, wurde meistens entlassen. Wenn sich Proteste über die Betriebsgrenzen hinweg ausbreiteten und zu Demonstrationen im öffentlichen Raum führten (beispielsweise vor Regierungsgebäuden), wurde die Polizei mobilisiert, und in manchen Fällen griff sie auch ein. Arbeiteraktivist:innen, die betriebs-, branchen- und regionsübergreifende Verbindungen herstellen und Aktionen koordinieren wollten oder sogar versuchten, alternative Gewerk-

95 Michael Standaert: Countryside Fit for a Superpower? Inside China's Colossal Rural Revamp, in: Guardian, 6.9.2020, unter: https://tinyurl.com/y5ex5fds.

96 Zu den Reformen auf dem Land in den 2010er-Jahren gehörte ein Programm zur Armutsbekämpfung. Mit einfachen Sozialmaßnahmen und ländlichen Subventionen wurden die Lebensbedingungen vieler armer Menschen in den Dörfern verbessert. Im Jahr 2020 musste Ministerpräsident Li Keqiang jedoch zugeben, dass 600 Millionen Menschen immer noch von knapp 1000 Yuan (etwa 125 Euro) im Monat leben müssen; siehe ebd.

97 Ching-Kwan Lee/Zhang Yonghong: The Power of Instability. Unraveling the Microfoundations of Bargained Authoritarianism in China, in: American Journal of Sociology 6/2013, S. 1475–1508.

schaftsstrukturen aufzubauen, mussten mit harten Strafen und auch einer längeren Inhaftierung rechnen.

Nach der Streikwelle 2010 sah es für kurze Zeit so aus, als wolle das Regime seine Politik ändern und zur Regulierung von Arbeitskonflikten mehr auf korporatistische Elemente setzen. Die staatlich kontrollierte Gewerkschaft ACGB bemühte sich verstärkt darum, Wanderarbeiter:innen aus staatlichen und privaten Unternehmen zu organisieren. Die ACGB-Sektionen lehnten Streiks nach wie vor ab und suchten sie zu verhindern. Kam es jedoch zu einem Arbeitskampf, verhandelte der ACGB in manchen Regionen mit der Unternehmensleitung, um eine weitere Eskalation zu vermeiden und den Konflikt beizulegen. Damals diskutierten KPCh- und ACGB-Kader in Guangdong und anderen Provinzen sogar die Einführung von Formen von Tarifverhandlungen zwischen Arbeitgebern und ACGB-Vertreter:innen, um Arbeiterproteste einzudämmen.

Die Parteizentrale und Kapitalgruppen waren jedoch gegen Tarifverhandlungen, sodass sie nicht eingeführt wurden.[98] Ab Mitte der 2010er-Jahre kriminalisierte und verfolgte das Regime zunehmend jegliche Form der (unabhängigen) Organisierung. Im Dezember 2015 wurden beispielsweise mehrere Organisator:innen von NGOs in Guangzhou verhaftet, nachdem einige von ihnen eine Streikaktion unterstützt hatten.[99]

Zu einer weiteren Eskalation kam es, als im Sommer 2018 Arbeiter:innen bei Jasic Technology, einem Hersteller von Schweißgeräten in Shenzhen, bessere Arbeitsbedingungen einforderten und versuchten, eine betriebliche Gewerkschaftssektion zu gründen. Nachdem einige Beschäftigte und Aktivist:innen festgenommen worden waren, veranstalteten Arbeiteraktivist:innen sowie junge studenti-

98 Eine Erörterung dieser offiziellen Debatten über Tarifverhandlungen findet sich in Chris Chan King-Chi/Elaine Hui Sio-leng: The Development of Collective Bargaining in China. From »Collective Bargaining by Riot« to »Party State-led Wage Bargaining«, in: China Quarterly 217, 2014, S. 221–242. Eine kritische Bewertung der ACGB-Reformen und der Hoffnung auf Tarifverhandlungen in der VR China findet sich in Frido Wenten: Gewerkschaftsreformen in China – Segen oder Fluch? Kontroverses zu Tarifverhandlungen und »zellulärem« Aktivismus, in: Sozial.Geschichte Online 20, 2017, S. 53–98, unter: https://tinyurl.com/ckzrk5wf.

99 Cao Yaxue: Chinese Authorities Orchestrate Surprise Raid of Labor NGOs in Guangdong, Arresting Leaders. Who the Activists Are, and Why the Government Is Striking Hard Against their NGOs, China Change, 10.12.2015, unter: https://tinyurl.com/mt2kt47n. NGOs, die Arbeiter:innen und ihre Proteste unterstützen, wurden seit den 1990er-Jahren vor allem in der Provinz Guangdong gegründet. Die Behörden duldeten diese NGOs zwar zeitweise, auch vor 2015 gingen sie jedoch immer wieder gegen sie vor. In der Regel wurden diese NGOs einfach zur Schließung gezwungen, wenn sie die Interessen lokaler Kapitalisten oder Kader gefährdeten.

sche Maoist:innen Straßenproteste und starteten eine Medienkampagne. Die Polizei schlug zurück und nahm erneut Dutzende Beteiligte fest. Seit diesen Vorkommnissen in Shenzhen erfassen und unterdrücken Sicherheitskräfte im ganzen Land linke Unterstützungsstrukturen für Arbeiter:innen.[100]

Ab 2020 litten Wanderarbeiter:innen und die arme städtische Bevölkerung dann enorm unter der Covid-19-Pandemie und den staatlichen Maßnahmen zu ihrer Eindämmung. Sie mussten mit Entlassungen, Lohnkürzungen und Lohnrückständen zurechtkommen.[101] Streiks und andere Formen von Arbeiterunruhen hielten an, sie waren jedoch nicht so weit verbreitet und weniger sichtbar als in den Vorjahren.[102] Erst 2023, nach dem Ende der offiziellen Null-Covid-Politik, nahm die Zahl der Arbeitskämpfe wieder zu.[103]

Auswirkungen des Übergangs auf Frauen* und feministische Diskurse

Der Übergang zum Kapitalismus wirkte sich in unterschiedlicher Weise auf das Leben der Frauen* in der VR China aus. Einerseits öffneten sich Räume und Möglichkeiten, die zuvor blockiert waren, andererseits entstanden neue Formen der sexistischen Diskriminierung und Gewalt. Das Ausmaß der erlittenen Gewalt, der Grad der Autonomie und die soziale Mobilität von Frauen* hingen entscheidend von ihrem Klassenhintergrund, ihrer regionalen Herkunft (Stadt oder Land) und ihrer »ethnischen« Zugehörigkeit (als Han oder »ethnische Minderheit«) ab.

Einige Frauen* aus der städtischen Mittelklasse hatten Zugang zu relativ guter Bildung, Gesundheitsversorgung und besseren Bürojobs. Das war zum Teil ein Ergebnis der Ein-Kind-Politik. Wurde in Familien mit mehreren Kindern früher der männliche Nachwuchs bevorzugt,

100 Zu den Vorkommnissen bei Jasic siehe Shannon Lee: Preliminary Thoughts on the Shenzhen Jasic Events, Shannon Lee's China Blog, 17.9.2018, unter: https://tinyurl.com/yc5xj7kj; Tian Miao: »Neue Allianzen« – Die Repression gegen ArbeiterInnen und Studierende in China, in: Express 8–9/2018, unter: https://tinyurl.com/y3r6lk74; Ralf Ruckus: Verhaftet, verhört, verschwunden, in: WOZ, 8.8.2019, unter: https://tinyurl.com/237xmu8k.

101 Cissy Zhou: Coronavirus: China's Migrant Workers Determined to Stay in Cities as Most See 'No hope' in Rural Hometowns, in: South China Morning Post, 1.9.2020, unter: https://tinyurl.com/y6cptph6; China Labour Bulletin (CLB): Minimum Wage Increases Stall under the Impact of Covid-19 Pandemic, clb.org.hk, 16.12.2020, unter: https://tinyurl.com/449yzra7.

102 Worker Study Room: Worker Organising under the Pandemic. Reflections from China, chuangcn.org, 21.7.2020, unter: https://tinyurl.com/yechuehb.

103 Zu den Entwicklungen der Streiks in der VR China siehe die »strike map« (Streikkarte) des China Labour Bulletin: https://maps.clb.org.hk.

investierten nun mehr städtische Familien mit einer Tochter in deren Erziehung und Ausbildung. Die meisten proletarischen Frauen* – ob sie auf dem Land wohnten, als Binnenmigrantinnen unterwegs waren, zu »Minderheiten« gezählt wurden oder aus ärmeren Gruppen in der Stadt kamen – wurden in Niedriglohnjobs in der Produktion, im Dienstleistungssektor oder in der Landwirtschaft gedrängt. Sie hatten deutlich weniger Kontrolle über ihr Leben und ihre Zukunft.

Die Führung der KPCh betrachtet Frauen* weiterhin in erster Linie als notwendige Ressource für die Reproduktion benötigter Arbeitskraft.[104] Mitte der 1990er-Jahre wurde die Ein-Kind-Politik teilweise gelockert, weil die in den 1960er-Jahren (nach dem »Großen Sprung«) geborene Generation der Babyboomer aus dem gebärfähigen Alter herausgewachsen war.[105] 2016 wurde die Ein-Kind-Politik dann in eine Zwei-Kind-Politik umgewandelt. Die niedrige und weiter rückläufige Geburtenrate hatte demografische Probleme für Staat und Wirtschaft geschaffen. Die Zahl der Neuzugänge auf dem Arbeitsmarkt sank etwa ab 2010, sodass ein zunehmender Arbeitskräftemangel drohte. Auch Anfang der 2020er-Jahre ist das Problem nicht gelöst. Während die Bevölkerung altert, hat der Staat zudem keine ausreichenden Mittel bereitgestellt oder angehäuft, um für die steigende Zahl von Rentner:innen aufkommen zu können. Seit 2021 dürfen verheiratete Paare nun drei Kinder haben. Die staatliche Geburtenkontrolle ist also weitgehend außer Kraft. Die meisten Frauen* wollen jedoch weniger oder kein Kind bekommen, und die Geburtenrate ist in den letzten Jahren weiter gesunken. Da die geringen Geburtenzahlen die wirtschaftliche Entwicklung gefährden, verlangen staatliche Vertreter nun von den Frauen*, mehr Kinder zu gebären.

Als Zugeständnis an die Frauen* und ihre Forderungen nach gleichen Rechten und besserem Schutz wurden derweil neue Gesetze erlassen, darunter 2015 eines gegen häusliche Gewalt. Weiterhin werden Frauen* jedoch als Menschen zweiter Klasse behandelt, im Rahmen der geschlechtsspezifischen Arbeitsteilung benachteiligt und der »Doppelbelastung« von nicht entlohnter Hausarbeit und Lohnarbeit aus-

104 Ralf Ruckus: Bevölkerungspolitik in China. Gebärstreik und Widerstand, in: WOZ, 23.1.2020, unter: https://tinyurl.com/56k2ju2t.

105 Zu diesem Zeitpunkt hatte die anhaltende Diskriminierung von Mädchen* und Frauen* bereits zu einer hohen Zahl von Abtreibungen weiblicher Föten geführt. Das Gleichgewicht zwischen den Geschlechtern verschob sich hin zu einer größeren Anzahl von Jungen*. Immerhin hatte das später den Nebeneffekt einer größeren Verhandlungsmacht von Frauen* auf dem Heiratsmarkt.

gesetzt. Die Erwerbsquote von Frauen* ist stetig gesunken, von rund 90 Prozent Ende der 1970er-Jahre auf 73 Prozent 1990, 71 Prozent 2000 und 61 Prozent 2022.[106] Frauen* gelten als minderwertiger im Vergleich zu Männern*, sie leiden unter Unterdrückung, Diskriminierung, Belästigung und häuslicher Gewalt. Auf dem Land ist ihre Situation noch prekärer. »Bei Heirat und Scheidung, bezüglich Land und Eigentum, bei der Arbeit und zu Hause – Gesetze und Bräuche diskriminieren Frauen und verschaffen ihnen eklatante wirtschaftliche Nachteile.«[107]

Der Feminismus in der VR China hat derweil im Verlauf der kapitalistischen Periode verschiedene diskursive, organisierte und widerständige Formen angenommen. In den 1990er-Jahren überließ das Regime Frauen*-NGOs bestimmte soziale Aufgaben auf lokaler Ebene, die der Staat nicht (ausreichend) sicherstellen konnte oder wollte. Seitdem gingen Frauengruppen und NGOs gegen häusliche Gewalt, sexuelle Belästigung, die Entführung und den Kauf oder Verkauf von Frauen* und Mädchen* und die Tötung von Mädchen* oder weiblichen Föten vor.[108] Die Führung der KPCh ließ diese Aktivitäten zu, solange sie patriarchale Positionen nicht ernsthaft untergruben oder die Parteiführung direkt herausforderten.

Seit den 1990er-Jahren existieren verschiedene Strömungen des Feminismus nebeneinander. Sozialistische Feministinnen, die der Partei nahestehen oder sich in akademischen Kreisen bewegen, beschränken sich meist auf die Diskussion von Frauenfragen und feministischen Strömungen in der VR China und im Ausland. In den 2010er-Jahren entstand eine neue Generation radikaler Feministinnen, viele von ihnen aktuelle oder ehemalige Studentinnen, die sich

106 Weltbank: Labor Force Participation Rate, Female (% of Female Population Ages 15+) (Modeled ILO Estimate) – data.worldbank.org, 15.4.2023, unter: https://tinyurl.com/j2h7y2sa.

107 Tania Branigan: For Richer, for Poorer. How China's Laws Put Women Second, in: Guardian, 24.2.2015, unter: https://tinyurl.com/y5dlcuxn. In den letzten Jahren hat die KPCh-Führung auch verstärkt versucht, das Sexualleben nicht nur von Frauen* zu kontrollieren. Dies geschieht im Rahmen ihrer Kampagne zur Eindämmung unkontrollierter sozialer Bewegungen, die sie mit »westlichen Einflüssen« in Verbindung bringt. Die Führung zensiert öffentliche Äußerungen und Medieninhalte, die »promiskuitives« Verhalten, homosexuelle Liebe oder Nacktheit zeigen. Dieses Vorgehen geht nicht nur auf den Konfuzianismus zurück, sondern auch auf die prüden und repressiven Moralvorstellungen und Vorschriften in der sozialistischen Periode.

108 »Diese Probleme sind nicht erst in der Zeit nach den Reformen aufgetreten, sondern haben tiefe historische Wurzeln. Neu ist, dass sie nach den Reformen öffentlich diskutiert werden und nicht mehr nur als privates Leid oder private Schande und als ›Überbleibsel des Feudalismus‹ betrachtet werden, die mit dem Fortschreiten des Sozialismus beseitigt werden.« (Louise Edwards: Issue-Based Politics. Feminism with Chinese Characteristics or the Return of Bourgeois Feminism?, in: David S. G. Goodman [Hrsg.]: The New Rich in China. Future Rulers, Present Lives, London 2008, S. 206)

an kleineren Straßenprotesten beteiligten oder die neuen Möglichkeiten der sozialen Medien nutzten, um sich gegen Sexismus und sexualisierte Gewalt auszusprechen. Sie organisierten öffentliche Aufklärungsaktionen (zum Beispiel gegen häusliche Gewalt) und beschränkten ihre Kampagnen meistens auf ein Thema, um direkte Konfrontationen mit dem Staat zu vermeiden. Einige von ihnen unterstützten auch andere soziale Kämpfe, wie zum Beispiel beim Streik von Straßenreiniger:innen in Guangzhou 2014.[109]

Als das KPCh-Regime aus Angst vor autonomen Organisations- und Protestformen Mitte der 2010er-Jahre einen Angriff auf NGOs startete, die sich mit sozialen Themen beschäftigten, verschärfte es auch die Repression gegen feministische Aktivistinnen. Insbesondere diejenigen, die öffentliche Kampagnen gegen Diskriminierung und Gewalt durchführten, gerieten ins Fadenkreuz. Darunter waren die »feministischen Fünf«, eine Gruppe junger Aktivistinnen, die 2015 eine öffentliche Aktion in Beijing vorbereiteten und verhaftet wurden. Seitdem erlebten weitere feministische Aktivistinnen Drohungen, Verhaftungen und Verhöre durch staatliche Organe.[110]

Neuen Auftrieb gab die Ende der 2010er-Jahre entstandene #MeToo-Bewegung. Sie deckte zunächst sexualisierte Gewalt gegen Frauen* in der US-amerikanischen Unterhaltungsindustrie auf und wurde schnell in anderen Bereichen der Gesellschaft und in anderen Ländern aufgegriffen. In der VR China befeuerte sie die bereits bestehende Debatte über sexuelle Belästigung und Sexismus, die in den sozialen Medien geführt wird. Vereinzelt gingen auch chinesische Frauen* gegen prominente Täter aus Wirtschaft und Politik vor. Der Bewegung stehen von Männern* getragene Allianzen im Staatsapparat, der KPCh und anderen Institutionen gegenüber. Bereits seit Langem verharmlosen oder vertuschen diese Allianzen die verbreiteten sexistischen Verhaltensweisen und Formen sexualisierter Gewalt.

Hoffnung auf eine Verbesserung des Lebens von Frauen* in der VR China macht, dass neben den feministischen Kampagnen, die wie

109 Yi Xi: New Foundations for Struggle and Solidarity. The Culmination of Development and Privatization on a Guangzhou Island, libcom.org, 7.10.2014, unter: https://tinyurl.com/437ptbx4.

110 Cao Yaxue: Detention of Five Chinese Feminist Activists at the Juncture of Beijing+20 – An Interview with Gender Scholar Wang Zheng, China Change, 11.4.2015, unter: https://tinyurl.com/y2w2w7sh. »Feministische Aktivist:innen wurden verhaftet und werden nun strafrechtlich verfolgt, nachdem sie angeblich Aufkleber mit Slogans verteilen wollten, die auf sexuelle Belästigung hinweisen.« (Tania Branigan: Five Chinese Feminists Held Over International Women's Day Plans, in: Guardian, 12.3.2015, unter: https://tinyurl.com/y5dwxyj2)

#MeToo Sexismus und patriarchale Strukturen angreifen, in den letzten Jahren eine weitere »soziale« Form des Feminismus entstanden ist. Während der politische Raum für eine Organisierung aufgrund der staatlichen Repression begrenzt ist, nutzt der »soziale« Feminismus die sozialen Medien, um zusammenzukommen und sich gegen Sexismus und sexualisierte Gewalt auszusprechen. Diese Form des Feminismus korreliert mit dem »politischen« und organisierten Feminismus, sie verwendet jedoch nicht unbedingt feministische Begriffe oder Parolen.

Darüber hinaus streben Frauen* im Alltag nach mehr Freiraum und größerer Autonomie, sie setzen den »Geburtenstreik« fort, wollen später heiraten, sich bei Bedarf scheiden lassen und später Kinder haben oder gar keine – all das vor dem Hintergrund anhaltender patriarchaler und staatlicher Zwänge.[111] Beide Feminismen, der »politische« und der »soziale«, haben patriarchale Gegenreaktionen hervorgerufen. Die Abhängigkeit des Regimes von der Kollaboration der Frauen* und ihrer nicht entlohnten Arbeit für die soziale Reproduktion verleiht den Frauen* jedoch eine gewisse strukturelle Verhandlungsmacht, die sie für die Durchsetzung ihrer Interessen einsetzen können.

Überwachung und Staatssicherheit

Das Regime unter der Führung von Xi Jinping steht vor neuen Herausforderungen, die es so in früheren Phasen in der Geschichte der VR China nicht gegeben hat. Das Land nimmt im globalen Rahmen eine bedeutendere ökonomische und geopolitische Stellung ein, gleichzeitig hat sich jedoch das wirtschaftliche Wachstum deutlich verlangsamt. Aufgrund der wirtschaftlichen, ökologischen und politischen Probleme hat das Regime weniger Raum, um auf Druck von unten mit materiellen Zugeständnissen reagieren zu können.

Das Xi-Regime hat sich bemüht, die Macht wieder im politischen Zentrum zu bündeln und die Kontrolle der KPCh über Wirtschaft und Gesellschaft erneut zu stärken. Während die Partei vor 2012 ein

111 »Ehebruch und Gewalt bringen chinesische Frauen dazu, die Scheidung zu fordern. Offiziellen Zahlen zufolge reichten Frauen im letzten Jahr in drei Vierteln aller Fälle die Scheidung ein.« (Liu Yujing: Cheating and Violence Have Chinese Women Calling for Divorce, in: South China Morning Post, 29.3.2018, unter: https://tinyurl.com/y3dnqhk2) Zu den verschiedenen Formen des Kampfs von Frauen* um mehr Raum und Autonomie siehe Angela Wu Xiao/Dong Yige: What Is Made-in-China Feminism(s)? Gender Discontent and Class Friction in Post-Socialist China, in: Critical Asian Studies 4/2019, S. 1–22, unter: https://tinyurl.com/yy5p6pw6.

gewisses Maß an innerparteilicher Debatte und Wettbewerb zuließ, hat sie seitdem versucht, jegliche Opposition gegen Xi Jinping und seine Anhänger:innen auszuschalten. Nachdem 2018 die Begrenzung der Präsidentschaft auf zwei Amtszeiten aufgehoben wurde, konnte Xi im Frühjahr 2023 eine dritte Amtszeit antreten. Kein KPCh-Führer seit Mao Zedong hat einen ähnlichen politischen Status erreicht. Die Stärkung der zentralen Führung soll helfen, aktuelle und künftige Krisen zu bewältigen, könnte jedoch auch die Flexibilität des Krisenmanagements der Partei einschränken. Diese Flexibilität beruhte bisher auf der Bewertung der Kader, deren Wettbewerb untereinander und regelmäßigen Wechseln in der Führung.[112]

Bereits seit Ende 2012 führt die neue KPCh-Führung gegen Kader auf allen Ebenen eine Antikorruptionskampagne durch. Diese erinnert an die maoistischen Kampagnen zur Bestrafung abtrünniger Kader. Die grassierende Korruption von Funktionären sowie deren Willkür, Arroganz und Zurschaustellung von Reichtum in der Öffentlichkeit hatte in den 2000er-Jahren immer wieder Zorn ausgelöst und die Legitimität des Regimes untergraben. Die Antikorruptionskampagne zielte zudem darauf ab, die Partei- und Staatsverwaltung effizienter zu gestalten. Schließlich gefährdeten Korruption und Veruntreuung auch die Versuche des Regimes, die Wirtschaft umzustrukturieren. Nicht zuletzt wurden auch abweichende Kader bestraft, egal ob sie korrupt waren oder einfach nur einer anderen Fraktion innerhalb der Partei angehörten, um sie und andere davon zu überzeugen, der offiziellen Parteilinie zu folgen.

Auch außerhalb der Partei wurden abweichende Meinungen und Kritik im Laufe der 2010er-Jahre zunehmend unterdrückt. Die Zahl der Razzien staatlicher Sicherheitskräfte ist seit 2015 gestiegen; sie treffen nicht mehr nur, wie oben erwähnt, feministische Aktivistinnen und NGOs, die Arbeiter:innen unterstützen, sondern auch Menschenrechtsanwält:innen und Umweltinitiativen. Um die Tätigkeit von NGOs im Allgemeinen stärker einzuschränken und zu kontrollieren, hat das Regime neue gesetzliche Regelungen geschaffen, und zwar in Form des Nationalen Sicherheitsgesetzes (2015), des Gesetzes zu Wohltätigkeitsorganisationen (2016) und des NGO-Gesetzes (2017).

112 Seit den 1990er-Jahren sorgte die regelmäßige Neubesetzung der Führungsspitze (etwa alle zehn Jahre) für einen Wettbewerb zwischen verschiedenen Gruppierungen nicht nur um Partei- und Regierungspositionen, sondern auch um die beste Strategie zur Führung des Landes. Nach dem Ende dieser regelmäßigen Neubesetzung der Führungsspitze stellt sich die Frage, ob der Wettbewerb auf dieser Ebene noch in diesem Sinne funktioniert.

Da in der VR China Onlinedienste auf Smartphones breit genutzt werden, konnten staatliche Organe neue Techniken der Kontrolle, Zensur und Bestrafung einsetzen. In den vergangenen Jahren hat die Regierung die Internetzensur und die Kameraüberwachung im öffentlichen Raum verschärft. 2020 führte sie ein bereits regional erprobtes Sozialkreditsystem ein, das dazu dient, das tägliche Verhalten der Menschen zu bewerten und abweichendes Verhalten zu bestrafen. Auch startete die Regierung ein Projekt namens *xueliang* (»scharfe Augen«), das an eine frühere Initiative der KPCh erinnert. In der sozialistischen Periode waren »die Städte aufgeteilt in Blöcke von sozialistischen Arbeitseinheiten, in denen der Zugang zu Lebensmittelrationen, Wohnungen und anderen Leistungen mithilfe örtlicher Informant:innen geregelt wurde. Heute ist das System der Blöcke wiederbelebt worden und beruht auf einem ausgedehnten Netz von ehrenamtlichen und teilzeitbeschäftigten Aufseher:innen«, die die Einhaltung von Vorschriften sicherstellen und abweichende Verhaltensweisen melden sollen.[113]

Das Regime gibt mehr Mittel für seinen Sicherheitsapparat aus als für sein Militär, was zeigt, wie wichtig ihm die interne Aufstandsbekämpfung und Polizeiarbeit sind. In Xinjiang hat das Regime in den vergangenen Jahren sogar eine Art panoptischen Staat installiert. Dieses äußerst repressive System, angeblich gegen die Ausbreitung islamistischen Terrors gerichtet, umfasst eine Reihe von Maßnahmen zur Unterwerfung der uigurischen Bevölkerung und anderer muslimischer Gruppen: die Aufnahme von DNA-Daten bestimmter Bevölkerungsgruppen, die obligatorische Installation von Spionage-Apps auf privaten Smartphones, eine umfassende Videoüberwachung, regelmäßige Straßenkontrollen und Leibesvisitationen, Masseninhaftierungen in Umerziehungslagern und Zwangsarbeit.[114] Die Unterdrückung in Xinjiang dient auch als Warnung für oppositionelle Bewegungen und Dissident:innen in anderen Regionen der VR China.

113 Louise Lucas/Emily Feng: Inside China's Surveillance State, in: Financial Times, 20.7.2018, unter: https://tinyurl.com/3emkat49.

114 Zu den Strategien des KPCh-Regimes in Xinjiang, mit denen es die Region den Anforderungen seiner Kolonialherrschaft und der kapitalistischen Ausbeutung entsprechend umstrukturiert, siehe unter anderem Darren Byler: Spirit Breaking. Uyghur Dispossession, Culture Work and Terror Capitalism in a Chinese Global City, Dissertation, University of Washington 2018, unter: https://tinyurl.com/5n8jx33n.

Expansion rund um den Globus

Zwei Faktoren führten nach 2012 zu einer entscheidenden Neuausrichtung der Wirtschaftspolitik des Regimes der KPCh. Zum einen geriet die Rolle der VR China im globalen Kapitalismus, »billige« Arbeitskräfte bereitzustellen und Konsumgüter mit geringer Wertschöpfung zu produzieren, zunehmend in Widerspruch zum wachsenden wirtschaftlichen (und politischen) Potenzial des Landes. Das rasante Wachstum machte die VR China bereits 2010 zur zweitgrößten Volkswirtschaft der Welt.[115] Finanzen, Lieferketten, Logistik, Vertrieb und auch Profite waren allerdings weitgehend in den Händen der kapitalistischen Kernstaaten geblieben. Zum Zweiten hatte das Regime interne Probleme nicht in den Griff bekommen, wie die Überproduktion, zu geringer Konsum, Abhängigkeit von staatlichen Investitionen und Subventionen sowie die Ansprüche und Kämpfe von Arbeiter:innen.

Das Regime unter Xi Jinping versuchte nun, diese Probleme durch größere politische Einflussnahme und eine wirtschaftliche Expansion im Ausland zu lösen. Dabei knüpfte sie an Pläne früherer Regierungen an, etwa an Jiang Zemins Strategie des »Hinausgehens« (*zouchuqu*) seit den späten 1990er-Jahren. Das Regime nutzte auch die Erfahrungen, die es mit anderen internationalen Initiativen gemacht hatte. Zu diesen gehörten das im Jahr 2000 ins Leben gerufene Forum on China-Africa Cooperation (FOCAC), die 2001 gegründete Shanghai Cooperation Organization (SCO), die 2009 begonnenen Koordinierungstreffen der größten Schwellenländer (den sogenannten BRICS-Staaten) und die Zusammenarbeit der VR China mit mittel- und osteuropäischen Ländern (China-CEEC, lange auch bekannt als 16+1) ab 2012.[116]

115 Bis Anfang der 2020er-Jahre sah es so aus, als könne die VR China die USA gemessen an der Wirtschaftsleistung in den späten 2020er-Jahren überholen. Danach sieht es heute (2023) nicht mehr aus, weil sich das Wirtschaftswachstum in der VR China seit Jahren deutlich verlangsamt hat; siehe Ruchir Sharma: China's Economy Will Not Overtake the US Until 2060, If Ever, in: Financial Times, 24.10.2022, unter: https://tinyurl.com/y4wpxcwk.

116 Die 16+1 wurden 2020 mit dem Beitritt Griechenlands zur Gruppe 17+1. 2021 und 2022 traten die baltischen Staaten Litauen, Estland und Lettland aus. Somit handelt es sich nunmehr um die Gruppe 14+1. Allerdings erklärte sich Tschechien 2023 zum nicht aktiven Mitglied. Die Gruppe war und ist Teil einer größer angelegten Strategie der Regierung der VR China, um Einfluss in Europa zu gewinnen. Abgesehen von ihren Versuchen der Einflussnahme in Osteuropa nutzte die chinesische Regierung auch die Eurokrise und die Schwächung von Staaten wie Griechenland, um Unternehmen und Infrastruktur zu kaufen, Märkte zu öffnen und den politischen Einfluss der VR China zu vergrößern. In den späten 2010er-Jahren führten die zunehmenden Investitionen staatlicher und privater Unternehmen aus der VR China in Europa, insbesondere in Infrastrukturprojekte wie Häfen und wichtige Industrieunternehmen (wie Automobilzulieferer in Deutschland), in etlichen Ländern zu einer Debatte über eine verstärkte chinesische Einflussnahme sowie über Maßnahmen zur Verschärfung der Kontrolle und zur möglichen Blockierung solcher Investitionen.

Das 2013 unter dem Namen Belt-and-Road-Initiative (BRI) ins Leben gerufene Programm ist ehrgeiziger. Es soll die VR China mit Ländern in Asien, Europa, Afrika und Lateinamerika durch eine globale, vom KPCh-Regime kontrollierte Handels- und Produktionsinfrastruktur verbinden. Unternehmen aus der VR China sollen neue Investitionsmöglichkeiten sowie Zugang zu Produktionsfaktoren im Ausland – Rohstoffe, Grund und Boden sowie Arbeitskräfte – erhalten. In den letzten Jahren ist es dem Regime gelungen, die Unterstützung von Ländern in aller Welt zu gewinnen. Die BRI, im Deutschen auch als Neue Seidenstraße bezeichnet, umfasst staatlich geförderte Projekte wie Straßen, Häfen, Eisenbahnlinien, Pipelines, Kraftwerke und Produktionsanlagen. Staatliche Fonds und unter anderem die neu gegründete Asian Infrastructure Investment Bank (AIIB) unter der Kontrolle der VR China stellen Geld bereit, meist für Kredite zur Realisierung von Projekten, die häufig von staatlichen Unternehmen der VR China und lokalen Partnern betrieben werden. Zwar sind in den letzten Jahren die Zahl der BRI-Projekte und die Investitionssummen zurückgegangen, aber mit fast einer Billion US-Dollar Investitionsvolumen bis 2022 haben sie in den letzten zehn Jahren zweifellos zum fortgesetzten wirtschaftlichen und geopolitischen Aufstieg der VR China beigetragen.

Die BRI-Strategie und insbesondere die den Partnerländern auferlegten Vertrags- und Kreditbedingungen haben der VR China den Vorwurf eingebracht, sie sei »neokolonialistisch« oder sogar »imperialistisch«. Einige groß angelegte Infrastrukturprojekte, wie neue Eisenbahnen und Häfen in asiatischen und afrikanischen Ländern, haben deren Regierungen angeblich in die »Schuldenfalle« der VR China getrieben.[117] So focht die Regierung von Malaysia die unterzeichneten Verträge für ein Infrastrukturprojekt im Rahmen der BRI erfolgreich an, und die Bedingungen wurden neu ausgehandelt. Die Regierung von Sri Lanka konnte ihre Schulden für ein Hafenprojekt hingegen nicht begleichen und musste Souveränitätsrechte für diesen Hafen an die VR China abtreten. Darüber hinaus haben die Investitionen der VR China im Rahmen von BRI-Projekten zur Vertreibung und Diskriminierung lokaler Bevölkerungen sowie zur Zerstörung der Umwelt geführt.[118]

117 Siehe z. B. Colby Smith: Belt and Road, or Debt Trap?, in: Financial Times, 24.7.2018, unter: https://tinyurl.com/yc6f2s3b; Jevans Nyabiage: Are Chinese Infrastructure Loans Putting Africa on the Debt-Trap Express?, in: South China Morning Post, 28.7.2019, unter: https://tinyurl.com/y5leeztj.

118 Wichtig zu erwähnen, dass die imperialistische Politik des KPCh-Regimes kollidiert mit den Interessen der Regime kapitalistischer Kernstaaten wie den USA oder der EU. Diese haben

Um der Kritik begegnen und die Interessen der VR China besser vertreten zu können, verstärkte das KPCh-Regime seine Soft-Power-Offensive im Ausland. Die Zentralabteilung Vereinigte Arbeitsfront (*United Front Work Department*) der KPCh arbeitet daran, die globalen Interessen der VR China zu fördern, in anderen Ländern die öffentliche Meinung zugunsten der VR China zu verändern und die BRI und das chinesische Modell als erfolgreiche Alternative zum »westlichen« oder US-amerikanischen Modell darzustellen.[119]

Militärische Macht und imperialistische Rivalität

Der Erfolg der globalen Expansion hängt nicht alleine von wirtschaftlichen, sondern auch von politischen, militärischen und geostrategischen Faktoren ab. Daher bemüht sich das KPCh-Regime auch um die militärische Aufrüstung. Bislang bleiben die militärischen Fähigkeiten der VR China noch weit hinter denen der USA mit ihren zahlreichen Stützpunkten in aller Welt, mobilen Kampftruppen und ihrer langjährigen Erfahrung mit militärischen Interventionen zurück. Die Militärstrategie der KPCh zielt unter anderem darauf ab, Investitionen, Personal und Lieferketten im Ausland und insbesondere entlang der Transportwege und Seerouten der BRI zu schützen. Aus diesem Grund hat das KPCh-Regime im vergangenen Jahrzehnt die Seestreitkräfte enorm aufgerüstet.

Die im Rahmen der BRI gebauten »zivilen« Häfen könnten auch von der Marine der VR China genutzt werden. Der erste Militärstützpunkt weit jenseits der Grenzen der VR China wurde in Dschibuti eröffnet. Die Militärstrategie zielt auch darauf ab, die Integrität des Landes zu wahren und potenzielle militärische Feinde abzuschrecken. Das KPCh-Regime betrachtet Taiwan im Einklang mit seiner Ein-China-Politik als Teil des chinesischen Hoheitsgebiets und versucht, seine Interessen durch eine starke militärische Präsenz rund um die Insel zu wahren. Zudem steht es mit mehreren Ländern im

ihre eigenen imperialistischen Methoden zur Kontrolle und Ausbeutung der Menschen in Ländern des Globalen Südens seit Jahrzehnten verfeinert und dafür unter anderem die von ihnen dominierten Organisationen wie die Weltbank oder den Internationalen Währungsfonds (IWF) eingesetzt.

119 Das Regime investiert auch in Soft-Power-Instrumente und -Organe, die in der Lage sind, seine Botschaften zu verbreiten. So sendet der offizielle internationale Fernsehsender CGTN eine ideologische Mischung aus Verweisen auf die konfuzianischen Traditionen des Landes, Mythen über das Heldentum von KPCh-Führern, der Verherrlichung der VR China und ihrer angeblich wohltätigen Rolle in den internationalen Beziehungen und nationalistischer Propaganda.

Konflikt um territoriale Ansprüche, darunter mit Indien in der Himalaia-Region und mit Japan um eine Inselgruppe in der Nähe von Taiwan. In den vergangenen Jahren hat die VR China außerdem mehrere Militärstützpunkte auf künstlichen Inseln im Südchinesischen Meer errichtet, dessen größten Teil sie als ihr Hoheitsgebiet beansprucht. Dies hat zu neuen Problemen geführt, sowohl mit den Regierungen der Nachbarstaaten als auch mit der Regierung der USA, der bis heute dominierenden Seemacht in der Region.[120]

Alles in allem haben die Versuche des KPCh-Regimes, regionale und globale Allianzen zu schaffen, sein wirtschaftliches Engagement in afrikanischen und lateinamerikanischen Ländern, seine zahlreichen Projekte im Rahmen der BRI sowie die von ihm betriebene militärische Aufrüstung Konflikte mit den Regimen in den USA und anderen westlichen Staaten geschürt. Eine weitere offene Herausforderung war das 2015 angekündigte Programm »Made in China 2025«, das der VR China helfen soll, innerhalb von zehn Jahren in den wichtigen Hightech-Sektoren global die Führung zu übernehmen.[121]

Das US-Regime versuchte derweil, die Position der USA als globale hegemoniale Supermacht zu verteidigen, und entschied sich, für diesen Zweck wirtschaftlichen Druck auszuüben. In den Jahren 2018 und 2019 führte die US-Regierung neue und höhere Zölle auf Einfuhren aus der VR China ein. So sollte die Führung der VR China gezwungen werden, den großen Handelsüberschuss mit den USA zu verringern, Handelsschranken abzubauen und den »Diebstahl« von westlichem technologischem Know-how einzustellen. Das KPCh-Regime reagierte mit der Verhängung eigener Zölle auf US-Waren, und der Konflikt eskalierte zu einem »Handelskrieg«. Dies könnte der Beginn einer neuen Polarisierung oder eines neuen Kalten Krieges sein. Anfang 2020 unterzeichneten beide Seiten ein Kompromissabkommen zur vorübergehenden und teilweisen Beilegung des Konfliktes. Das US-Regime hoffte, mit der Vereinbarung den Handelsüberschuss der

120 Walden Bello erörtert die Strategie der VR China im Südchinesischen Meer und deren Auswirkungen auf andere Länder in der Region; siehe Walden Bello: China. An Imperial Power in the Image of the West?, Bangkok 2019. In den 2010er-Jahren begann das KPCh-Regime auch damit, Soldat:innen für UN-Friedensmissionen abzustellen. Das verschaffte dem Militär der VR China nicht nur Erfahrung mit Auslandseinsätzen, sondern auch einen gewissen Einfluss in den Regionen, in denen sie stationiert sind; siehe Logan Pauley: China Takes the Lead in UN Peacekeeping. As the U.S. Backs Away, China Is Stepping Up Investment in UN Peacekeeping Operations, in: The Diplomat, 17.4.2018, unter: https://tinyurl.com/4tpauxe9.

121 Für eine kurze Darstellung von BRI und »Made in China 2025« siehe Ralf Ruckus: Pokerspiel um die globale Vorherrschaft, in: WOZ, 23.8.2018, unter: https://tinyurl.com/y3wz6fsz.

VR China gegenüber den USA entscheidend und dauerhaft zu verringern, dieses Ziel wurde (bisher) jedoch nicht erreicht.[122]

Die verschärfte Rivalität führte auch zu Auseinandersetzungen an anderen Fronten. Das Programm »Made in China 2025« und die Angriffe der US-Regierung auf chinesische Elektronikunternehmen wie ZTE und Huawei entfachten einen »Technologie-Krieg« (*tech war*) um Führungspositionen und Märkte. Die Sanktionen der US-Regierung gegen Staatsbeamte und Unternehmen der VR China im Zusammenhang mit den Unterdrückungsmaßnahmen des KPCh-Regimes in Hongkong, Tibet und Xinjiang sowie die militärische Aufrüstung im Südchinesischen Meer haben die chinesische Führung weiter provoziert und herausgefordert. Sie antwortete mit ähnlichen Sanktionen gegen politische Kreise in Europa und Nordamerika, die sie für »chinafeindlich« hält.

Zentrifugalkräfte könnten letztlich eine »Entkopplung« der Volkswirtschaften der VR China und der USA auslösen. Die globalen Produktions- und Lieferketten haben sich aufgrund der Auswirkungen der Zölle und Beschränkungen des »Handelskriegs« bereits verändert. 2022 führten Covid-19-Lockdowns in der VR China zu Produktionsausfällen und Lieferschwierigkeiten, sodass in anderen Weltregionen Teile für die Automobilfertigung oder Medikamente fehlten. Im selben Jahr gefährdeten Sanktionen gegen Russland aufgrund des Ukraine-Krieges die Öl- und Gasversorgung in Teilen Europas. Zudem verschärfte sich der Taiwan-Konflikt nach dem Besuch der Vorsitzenden des US-Repräsentantenhauses, Nancy Pelosi, und dem anschließenden massiven Militärmanöver der Volksbefreiungsarmee Chinas um Taiwan im August 2022. All dies befeuerte eine Diskussion über eine »gefährliche« Abhängigkeit der USA, der EU und anderer Länder von essenziellen Güterlieferungen aus der VR China und einen Aufbau entsprechender Produktionskapazitäten anderswo.[123]

122 Der Handelsüberschuss der VR China gegenüber den USA lag im Jahr der Zollerhöhungen 2018 bei 418 Mrd. US-Dollar, fiel bis 2020 auf 310 Mrd. US-Dollar, um dann bis 2022 wieder auf 383 Mrd. US-Dollar zu steigen; siehe United States Goods Trade Deficit with China from 2013 to 2022, statista.com, 8.2.2023, unter: https://tinyurl.com/yc4j5dfk.

123 Die Zuspitzung der Auseinandersetzung zwischen einem Block hinter den USA und einem hinter der VR China durch den Krieg in der Ukraine hat zudem zu einer neuen Welle der Aufrüstung und Militarisierung geführt. Damit hat sich die Gefahr weiterer Proxykriege oder auch eines »heißen« Krieges zwischen USA und VR China in naher Zukunft deutlich erhöht. Im Frühjahr 2023 verschob sich die Debatte über die wirtschaftliche Abhängigkeit, weil Vertreter:innen der Europäischen Union und in der Folge anderer Länder anstatt von »decoupling« (Entkopplung) nun von »de-risking« (Risikominderung) sprachen. Damit sind die Entflechtung und Verringerung der Abhängigkeit dieser Länder von der VR China in bestimmten strategischen Sektoren gemeint, während die Kooperation in anderen Sek-

Sollte es tatsächlich zu einer »Entkopplung« kommen, könnte dies die wirtschaftliche Entwicklung der VR China ernsthaft gefährden und eine schwere Krise auslösen, die das Land politisch und sozial destabilisiert. Die herrschende Klasse der USA – einschließlich ihrer politischen Vertreter:innen in der Republikanischen Partei und in der Demokratischen Partei – befürchtet hingegen, dass die USA in den kommenden Jahren ihre hegemoniale Stellung in globalen wirtschaftlichen und politischen Angelegenheiten verlieren könnten. Deswegen drängt sie die US-Regierung, sich dem Regime der VR China entgegenzustellen. Dieses soll gezwungen werden, die imperialistischen Bedingungen weiterhin zu akzeptieren, die die USA und ihre Verbündeten seit Jahrzehnten weltweit durchsetzen.

Die Krise um Hongkong

Die Rivalität zwischen der Regierung der VR China und dem US-Regime und seinen Verbündeten spitzte sich 2019 weiter zu. Ein Brennpunkt war Hongkong, Sonderverwaltungszone der VR China. Im Frühjahr 2019 entstand in Hongkong eine Massenbewegung gegen die zunehmenden Eingriffe des KPCh-Regimes in die Angelegenheiten der Stadt. Konkret ging es um ein Gesetz, das die Auslieferungen eines Verbrechens Verdächtiger aus Hongkong in die VR China ermöglicht hätte. Die heterogene Bewegung hatten keine ausgewiesenen Anführer:innen. Sie forderte, dass die begrenzte Autonomie Hongkongs beibehalten wird und die demokratischen Recht der Bevölkerung ausgeweitet werden. Die Mehrheit der Bevölkerung unterstützte die Bewegung, wie Demonstrationen mit bis zu zwei Millionen Teilnehmer:innen zeigten. Viele Menschen engagierten sich zudem in Basisinitiativen. Die gewalttätigen Angriffe auf Unternehmen der VR China, die Zusammenstöße zwischen dem »schwarzen Block« der meist jungen Demonstrant:innen und der Hongkonger Polizei sowie deren harte Repressionsmaßnahmen erregten weltweit Aufmerksamkeit. Die größte Blamage für das Regime waren die Unruhen am 1. Oktober 2020. Tausende Demonstrant:innen machten mit ihren Angriffen auf die Polizei in Hongkong weltweit Schlagzeilen, während die Führung der KPCh den 70. Jahrestag der Gründung der VR China mit einer großen Militärparade in Beijing feierte.[124]

toren weitergehen soll; siehe Kana Inagaki: G7 Prioritises »De-risking« China Links Over »Decoupling«, in: Financial Times, 19.5.2023, unter: https://tinyurl.com/45fy5hm9.

124 Für weitere Informationen zu dieser Bewegung siehe Ralf Ruckus: Außer Kontrolle – Hongkongs aufständische Bewegung und die Linke, nqch.org, 9.9.2019, unter: https://tinyurl.com/nwm3e6ds.

Hongkong ist ein Finanzzentrum mit einem besonderen politischen Status, einer eigenen Währung und einem kapitalfreundlichen Rechtssystem. Die Stadt fungiert als Knotenpunkt sowohl für Investitionen aus anderen Ländern in der VR China als auch für Investitionen aus der VR China in anderen Ländern. Führende Politiker:innen aus den USA, aus den kapitalistischen Kernstaaten der EU und aus anderen Ländern brachten ihre Unterstützung für die »Demokratie«-Bewegung in Hongkong zum Ausdruck. Die Führung der KPCh beschloss, die Protestbewegung um jeden Preis niederzuschlagen, auch wenn dies bedeutete, dass sie ausländische Regierungen weiter verprellte und die wirtschaftliche Rolle der Stadt gefährdete.

Ende 2019 ging die Hongkonger Polizei rigoros gegen die Bewegung vor. Sie nutzte die Maßnahmen zur Eindämmung der Covid-19-Pandemie ab Anfang 2020, um die Bewegung weiter zu schwächen. Im Juli 2020 beschloss die Hongkonger Regierung das Nationale Sicherheitsgesetz, das sie zur Verfolgung oppositioneller Kräfte einsetzt. Seither haben viele an der Protestbewegung Beteiligte die Stadt verlassen. Etliche Kritiker:innen des Einflusses der KPCh in Hongkong, unabhängige Gewerkschafter:innen und andere Aktivist:innen wurden verhaftet, viele andere eingeschüchtert.

Null-Covid-Strategie und Weißes-Papier-Bewegung

In Hongkong wurde der Aufstand unterdrückt, und in der VR China machte das KPCh-Regime oppositionelle Kräfte weitgehend mundtot. Der Unmut über die autoritäre Herrschaft dauert jedoch an. Wie brüchig der soziale Frieden bleibt, zeigen der Verlauf der Covid-19-Pandemie, die Gegenmaßnahmen der Regierung sowie die Reaktion von Teilen der Bevölkerung. Nach dem Ausbruch der Covid-19-Pandemie im Januar 2020 gelang es der Führung der KPCh noch innerhalb weniger Monate, die Ausbreitung des Coronavirus einzudämmen, indem sie Ausbruchsgebiete abriegelte und Lockdowns verhängte. Zwar führten diese Maßnahmen im ersten Quartal 2020 zu einem wirtschaftlichen Einbruch, es gelang dem Regime jedoch, die Wirtschaft im zweiten Quartal wieder anzukurbeln.[125]

125 Das KPCh-Regime griff auf ähnliche Maßnahmen zurück wie nach der Krise 2007–2008; siehe unter anderem China Returns to Old Construction Playbook to Boost Growth, Bloomberg, 6.9.2020, unter: https://tinyurl.com/y26n6pax. Diese Maßnahmen verschärfen die strukturellen Probleme wie Überproduktion, zu geringer Konsum und steigende Verschuldung. Die wirtschaftliche Bedeutung der VR China im globalen Rahmen hat sich seit der Krise Ende der 2000er-Jahre noch erheblich erhöht, sodass ein Kriseneinbruch im Land

Bis Anfang 2022 verfolgte die KPCh-Führung ihre »Null-Covid-Strategie«, einschließlich lokaler Lockdowns, rigider Quarantänemaßnahmen und umfassender digitaler Überwachungsmethoden. Effektiv war diese Strategie bis 2022. Ab dem Frühjahr 2022 kam es jedoch vermehrt zu Ausbrüchen, da die Maßnahmen gegen die ansteckendere Virusvariante Omikron weniger wirksam waren. Wochen- und monatelange Lockdowns in Millionenstädten wie Shanghai führten zu Protesten. Wanderarbeiter:innen hatten am meisten unter den Lockdownmaßnahmen zu leiden. Im Herbst 2022 demonstrierten Arbeiter:innen wiederholt gegen die Praxis, sie in Fabriken und Industriezonen einzusperren. In einem Fabrikkomplex des Elektronikherstellers Foxconn bei Zhengzhou kam es im November gar zu gewalttätigen Auseinandersetzungen zwischen wütenden Arbeiter:innen und Sicherheitskräften.[126] Ende November protestierten auch Teile der städtischen Bevölkerung gegen die Null-Covid-Strategie. In mehreren Städten des Landes demonstrierten Tausende, und ihre sogenannte Weißes-Papier-Bewegung wandte sich auch direkt gegen die KPCh-Führung.[127] Das Regime nahm die Null-Covid-Strategie kurz nach den Protesten Anfang Dezember 2022 zurück und überließ die Bevölkerung der Omikron-Infektionswelle. Diese erfasste bis Anfang 2023 Hunderte Millionen Menschen und führte zu einer hohen, von der Regierung nicht veröffentlichten Zahl von Toten.[128]

Die Proteste von Arbeiter:innen und die Weißes-Papier-Bewegung gegen die Null-Covid-Strategie im Herbst 2022 zeigen, dass die soziale Unzufriedenheit in der VR China weiter schwelt und in den kommenden Jahren noch explodieren könnte.

noch größere weltweite Auswirkungen haben wird; siehe Ralf Ruckus: Wirtschaftskrise in China. Nach Corona ist vor Corona, in: WOZ, 3.9.2020, unter: https://tinyurl.com/425pzyft.

126 Violent Protests Erupt at Apple's Main IPhone Plant in China, Bloomberg, 23.11.2022, unter: https://tinyurl.com/3rb4x4f4. Siehe auch Eli Friedman: Escape from the Closed Loop, in: Boston Review, 28.11.2022, unter: https://tinyurl.com/284t772u.

127 Teilnehmer:innen der Demonstrationen hielten weiße Papierbögen hoch, um gegen die Zensur und anderweitige Unterdrückung der Meinungsfreiheit zu protestieren. Zur Weißes-Papier-Bewegung siehe Ralf Ruckus: Demonstrationen in China. Von Marx und Engels inszeniert?, in: WOZ, 1.12.2022, unter: https://tinyurl.com/359bmzvz.

128 Die Regierung gab etwa 120 000 Tote für die gesamte Pandemieperiode an. Eine Untersuchung der Übersterblichkeit ergab jedoch fast zwei Millionen Tote allein im Dezember 2022 und Januar 2023; siehe Bernard Orr: Nearly 2 Million Excess Deaths Followed China's Sudden End of COVID Curbs, Study Says, Reuters, 25.8.2023, unter: https://tinyurl.com/3bp6t9uw.

»Eine Ratte wie ich« – Widerstand und Verweigerung der Jugend

Für die zunehmende Unzufriedenheit spielt auch die besondere Situation der Jugendlichen und jungen Erwachsenen eine bedeutende Rolle. Auch sie litten unter den Lockdowns und nahmen an den Protesten im November 2022 teil. Sie stehen jedoch bereits seit Jahren besonders unter Druck. Die Arbeitslosigkeit junger Menschen stieg zuletzt deutlich und lag im Juni 2023 bei über 21 Prozent.[129] Zahlreiche Hochschulabsolvent:innen finden keine Arbeit mehr oder landen in proletarischen Jobs. Selbst wer es in die begehrte IT-Branche schafft, leidet unter Arbeitsdruck, stagnierenden Löhnen und überlangen Arbeitszeiten. Bereits 2019 formierte sich dagegen Widerstand. In einer Online-Kampagne kritisierten IT-Beschäftigte »996« – Arbeit von 9 Uhr morgens bis 9 Uhr abends, 6 Tage die Woche.

Mehrere breite Online-Debatten der vergangenen drei Jahre zeigen, dass viele junge Leute sich mittlerweile verweigern. So markierten junge IT-Beschäftigte ihre tägliche Ausbeutung anhand von Selbstbeschreibungen als »Codierungsbauern« (*manong*) und »Überstundenhunde« (*jiabangou*) oder schlicht »prekäre Arbeiter:innen« (*dagongren*), die Bezeichnung für Wanderarbeiter:innen. In der Debatte ging es auch um »Involution« (*neijuan*), ein Begriff für das Hamsterrad, in dem die jungen Leute rennen und sich im Kreis drehen ohne voranzukommen. Als Reaktion auf »Involution« zeigten 2021 junge Leute, wie sie sich »hinlegen« (*tangping*), es also bei der Arbeit und anderswo ruhig angehen lassen oder schlicht nichts tun und sich so dem Leistungsdruck entziehen. 2022 diskutierten viele »wegrennen« (*runxue*), das sich auf das englische »run« bezieht und die Fluchtgedanken junger Leute nach den Covid-19-Lockdowns von Frühjahr bis Herbst 2022 in Shanghai und anderswo beschreibt. Dazu kam der Begriff »verrotten lassen« (*bailan*). Damit wird ausgedrückt, dass sowieso alles egal sei und man sich der schlechten Lage ergebe. 2023 erschienen dann Berichte junger Leute online, die mit »Eine Ratte wie ich« (*shu shu wo a*) anfingen, ein selbstironischer Bezug auf die eigene prekäre Situation als Arbeiter:in oder ländliche Migrant:in. Weiterhin tauchte der Begriff »dahintreiben« (*liulang*) auf, bei dem es in Reaktion auf die Lockdowns ums Losziehen und Herumreisen geht.

129 Damit hat sie sich seit 2018 verdoppelt. Siehe dazu Claire Fu und Daisuke Wakabayashi: Don't Be So Picky About a Job, China's College Graduates Are Told, in: New York Times, 8.8.2023, unter: https://tinyurl.com/5at7tfk2.

All diese Formen der Kritik, Verweigerung und Selbstironie werden von jungen Leuten in der VR China diskutiert. Sich tatsächlich zu verweigern, können sich jedoch vor allem jene aus der städtischen Mittelklasse leisten. Diejenigen aus ärmeren städtischen Schichten oder aus Wanderarbeiterfamilien haben dafür keine Rücklagen und müssen sich oft noch um Eltern und Großeltern kümmern. Die meisten landen in niedrig entlohnten Fabrik- oder Dienstleistungsjobs und kommen gerade so über die Runden. Selbst wer es auf die Universität schafft, hat es später schwer, eine angemessene Stelle zu finden. Viele sind desillusioniert. Möglicherweise erleben wir gerade die Entstehung einer Generation, die für die kapitalistischen Interessen »verloren» ist. Junge Wanderarbeiter:innen wehren sich schon lange gegen Ausbeutung und Arbeitsstress. Sollte das Regime nun die Unterstützung vieler junger Menschen aus der städtischen Mittelklasse verlieren, könnte sein Herrschaftsmodell tatsächlich »in eine Schieflage geraten«.[130]

Synopsis: Die Konsolidierung des Kapitalismus in der VR China

Die Übergangsperiode endete in der VR China in der zweiten Hälfte der 1990er-Jahre. Danach begann die Periode des Kapitalismus. Dieser hat bis heute mehrere Phasen durchlaufen. Zunächst kämpften Bäuerinnen und Bauern massenhaft gegen hohe Abgaben, Landraub und Korruption, während die Arbeiter:innen in Staatsbetrieben gegen Privatisierung, Umstrukturierung und ihre soziale Degradierung auf die Straße gingen. Der wirtschaftliche Aufstieg der »Fabrik der Welt« setzte sich fort, nachdem die VR China im Jahr 2001 der WTO beigetreten war. Bald darauf nahmen jedoch die Proteste von Wanderarbeiter:innen zu. Die neue KPCh-Führung unter Hu Jintao reagierte auf die Kämpfe von unten mit einer Reihe begrenzter sozialer Reformen und der Drohung mit der »harmonischen sozialistischen Gesellschaft«. Nachdem die Finanzkrise ab 2007 zu einem weltweiten Einbruch geführt hatte, legte das Regime ein massives staatliches Konjunkturprogramm auf, um die heimische und die Weltwirtschaft wieder anzukurbeln. Die VR China war nun nicht mehr nur die »Fabrik«, sondern der »Motor« der Weltwirtschaft.

Unterdessen erreichten die Kämpfe der Wanderarbeiter:innen in der Streikwelle 2010 ihren Höhepunkt, und die von ihnen erkämpf-

130 Ralf Ruckus: Jugendrebellion in China. »Eine Ratte wie ich«, in: WOZ, 26.10.2023, unter: http://tinyurl.com/3kyzsexk.

ten Lohnerhöhungen markierten das mögliche Ende des »Billiglohnmodells«. Nach 2012 musste die neue Führung unter Xi Jinping auf die Verlangsamung des Wirtschaftswachstums und die anhaltende soziale Unzufriedenheit reagieren. Sie wollte die Partei- und Staatsorgane konsolidieren und versuchte, Staats- und Parteikader mit einer Antikorruptionskampagne auf Linie zu bringen und zu disziplinieren. Überwachungs-, Kontroll- und Zensurtechnologien wurden nun massiv eingesetzt, um abweichendes Verhalten und soziale Opposition zu verhindern. Organisierter sozialer Widerstand, wie zum Beispiel feministischer Aktivismus oder die Unterstützung von Arbeiteraktionen, wurde ab Mitte der 2010er-Jahre rigoroser unterdrückt. Die Belt-and-Road-Initiative des KPCh-Regimes zum Aufbau globaler ökonomischer Strukturen unter der Kontrolle der VR China und sein Programm »Made in China 2025«, das der VR China die weltweite Führungsposition in Hochtechnologiesektoren einbringen soll, verdeutlichten die globalen Ambitionen des Regimes und verschärften die Rivalität mit der Hegemonialmacht USA.

Sowohl die sozialistische Periode bis Mitte der 1970er-Jahre als auch die Übergangsperiode bis Mitte der 1990er-Jahre endeten in neuen sozialen Spannungen und Kämpfen. In jüngster Zeit hat sich im Zuge der Krise, die auf die Covid-19-Pandemie in der VR China folgte, die soziale Ungleichheit erneut verschärft. Insbesondere Wanderarbeiter:innen sind mit Lohnrückständen, Lohnkürzungen, Arbeitslosigkeit und Armut konfrontiert. In jüngster Zeit wurden die massiven Proteste in Hongkong zwar ebenso unterdrückt wie die Proteste von Arbeiter:innen und die Weißes-Papier-Bewegung gegen die Null-Covid-Politik im Herbst 2022. Die Verweigerung, Unzufriedenheit, teils gar Wut, gerade unter jungen Arbeiter:innen, Studienabsolvent:innen und Arbeitslosen in der VR China könnte jedoch einen neuen Zyklus von Kämpfen einleiten und somit einen weiteren Wendepunkt in der Geschichte der VR China markieren.

Ob und wann es neue und dauerhafte soziale Proteste von unten geben wird, bleibt abzuwarten. Die verschärfte Kontrolle und autoritäre Herrschaft um den inneren Kreis von Parteiführer Xi Jinping hat das Regime unflexibler gemacht. Wird es weiterhin in der Lage sein, sozialen Unruhen mit einer Mischung aus Repression, Zugeständnissen und Kooptierung zu begegnen? Eine autoritäre Herrschaftsform erschwert die Kooptierung von Kritik, Protesten oder Bewegungen, und der wirtschaftliche Abschwung und die Krise könnten bedeuten, dass es nicht viel Spielraum für wirtschaftliche Zugeständnisse geben wird. Repression allein führt jedoch selten zu einer Lösung oder Entspannung und könnte die soziale Unzufriedenheit und Unruhe sogar noch steigern.

Schlussfolgerungen

Den real existierenden Sozialismus hinter sich lassen

Im vorliegenden Text habe ich eine erzählerische Matrix entworfen, um die Wendungen in der Geschichte der Volksrepublik China seit 1949 plastisch darzustellen. Perioden und Teilperioden dieser Geschichte zeigen ein historisches Muster. Dieses wird gebildet aus der wiederkehrenden Abfolge von sozialen Unruhen und Gegenmaßnahmen des Regimes. Sowohl Klassen- als auch Geschlechterverhältnisse stehen im Mittelpunkt meiner Betrachtung.

Im ersten Abschnitt der Schlussfolgerungen rekapituliere ich die beiden Konzepte »erzählerische Matrix« und »historisches Muster«, und ich komme auf die gegensätzlichen linken Positionen zur Geschichte der VR China zurück, die bereits im einleitenden Kapitel dargelegt wurden. Im zweiten Abschnitt beschreibe ich zwei Faktoren, die einen Systemwandel von unten heute möglich machen können: die zahlreichen Krisen, die das Regime der Kommunistischen Partei Chinas derzeit erlebt; und das historische Fenster, das sich durch die globale systemische Instabilität geöffnet hat. Im dritten Abschnitt erörtere ich einige politische Implikationen und Lehren für die Linke, die sich aus dem Verlauf des Sozialismus und des Übergangs zum Kapitalismus in der VR China ergeben. Im letzten Teil diskutiere ich Formen des Engagements in sozialen Kämpfen und Möglichkeiten der Unterstützung – in der VR China und anderswo.

Rekapitulation: Die Konzepte im Rückblick

In der Einleitung dieses Buches beschreibe ich mehrere linke Positionen zum historischen Werdegang der VR China seit 1949. Ich schlage Perspektiven vor, stelle Fragen und formuliere Hypothesen, die ich in den folgenden Kapiteln aufgreife. Ein Ergebnis meiner Untersuchung ist das historische Aufeinanderfolgen von vier Perioden mit einer Reihe von Teilperioden. Die Abfolge dieser Perioden und Teilperioden stelle ich in einer erzählerischen Matrix dar, die als Grundstruktur für die zentralen Kapitel des Buches dient. Im Folgenden greife ich die erzählerische Matrix, das dahinterstehende historische Muster sowie die linken Positionen zur Geschichte der VR China in umgekehrter Reihenfolge wieder auf. Ich stelle die Vorteile und Grenzen dieser Untersuchung heraus und diskutiere kritisch, was die Linke aus den Ergebnissen für künftige Untersuchungen und Aktionen lernen kann.

Erzählerische Matrix

Die in diesem Buch verwendete Matrix bildet die aufeinanderfolgenden Perioden ab, die sich aus dem wechselnden Antagonismus zwischen der herrschenden Klasse und den ausgebeuteten Klassen in der Geschichte der VR China seit 1949 ergeben (siehe die hier nochmals abgedruckte *Tabelle 3*). Sie zeigt die politischen, sozialen und wirtschaftlichen Entwicklungen in der sozialistischen und der kapitalistischen Periode sowie in den beiden Übergangsperioden. In der ersten Spalte sind Kontinuitäten, Formen und Praktiken aufgeführt, die sich graduell, aber nicht grundlegend veränderten: die Herrschaft der KPCh, der autoritäre Staat und Repression, die Abpressung von Mehrarbeit, die Hierarchie in den Betrieben und soziale Ausgrenzung, das Stadt-Land-Gefälle, das Migrationsregime sowie die patriarchale Ordnung und geschlechtsspezifische Unterdrückung. In der zweiten Spalte werden die Perioden dargestellt: Übergang zum Sozialismus, Sozialismus, Übergang zum Kapitalismus, Kapitalismus. Sie ergeben sich aus Umbrüchen in der sozialen und politischen Entwicklung des Landes. Die dritte und die vierte Spalte beschreiben die jeweiligen Teilperioden, also entweder eine Phase der Proteste »von unten« (kursiv gesetzt) oder eine Phase der Eindämmung und Reform »von oben« (nicht kursiv gesetzt).

Kontinuitäten und allmähliche Veränderungen	Umbrüche → Perioden	Muster/Zyklen = *Unruhe* → Eindämmung/ Reform	Beschreibung
Herrschaft der KPCh + autoritärer Staat + Abpressung von Mehrarbeit + Hierarchie in den Betrieben + Stadt-Land-Gefälle + Migrationsregime + patriarchale Ordnung	Übergang	1949–1956: Aufbau	neue Klassenspaltungen, maoistisches Patriarchat und Garnisonsstaat
	Sozialismus	1956–1957: Bruch	Streiks und offene Kritik
		1958–1965: Beschleunigung	»Großer Sprung nach vorn« und Säuberungen
		1966–1967: Rebellion	Kulturrevolution und radikale Kritik
		1968–1976: Restauration	Militärherrschaft und Fraktionskonflikte
	Übergang	1974–1980: Unmut	soziale Kämpfe und Demokratiebewegung
		1976–1989: Reform	Umbau und Krise
		1986–1989: Aufstand	Tian'anmen-Platz-Bewegung
		1989–1999: Fortführung	Niederschlagung 1989, Umstrukturierung und wirtschaftlicher Aufstieg
	Kapitalismus	1993–2005: Widerstand	Bauernrevolten und Aktionen der Arbeiter:innen staatlicher Betriebe
		2000–2010: Konsolidierung	harmonische Gesellschaft, Boom und Krise
		2003–2012: Streiks	migrantische Kämpfe und das Ende der »billigen« Lohnarbeit
		2012–2020: Expansion	das »neue Normal« und der »Sprung nach außen«

TABELLE 3 Erzählerische Matrix zur Geschichte der VR China in den letzten 70 Jahren

Diese Matrix soll helfen, die Dialektik von sozialen Unruhen und Gegenmaßnahmen des Regimes besser zu verstehen. Sie hat jedoch auch ihre Grenzen. So suggeriert beispielsweise die Einteilung der aufeinanderfolgenden Perioden (in der Tabelle von oben nach unten) eine geradlinige und klare historische Richtung, aber das ist eine Illusion. Insbesondere der lange Übergang vom Sozialismus zum Kapitalismus verlief nicht nur schrittweise und mit Unterbrechungen, sondern war auch ambivalent und widersprüchlich. Die Abfolge von je zwei Teilperioden in den Perioden Sozialismus, Übergang und Kapitalismus beschreibt historische Pendelschwünge von sozialen Protesten hin zu Eindämmung sowie Reformen und wieder zurück.[1] Viele dieser Teilperioden überschnitten sich jedoch. Die Unruhen von unten entstanden plötzlich oder auch langsam. Sie blieben unstet und unberechenbar und brauchten mitunter Jahre, um sich zu entwickeln und zu wachsen. Die Eindämmungsmaßnahmen und Reformen von oben wiederum kamen oft zeitlich versetzt und brauchten ebenfalls Jahre, um wirksam zu werden. Die Entwicklung ähnelt also weniger einer klaren und geraden als vielmehr einer gestrichelten und wellenförmigen Linie.

Die vorliegende Untersuchung umfasst weder die Geschichte Chinas vor der Gründung der VR China 1949 noch eine Prognose darüber, wie es in Zukunft weitergehen wird. Die Einbeziehung früherer Perioden – wie der kaiserlichen und der republikanischen Ära sowie des Aufstiegs der KPCh in den 1920er- und 1930er-Jahren – könnte Aufschluss darüber geben, ob es auch in diesen Perioden unterschiedliche Formen des Wechselspiels zwischen Protesten von unten und Eindämmung sowie Reformen von oben gab.

Es wäre auch interessant zu erörtern, ob wir heute in eine weitere Übergangs- oder sogar postkapitalistische Periode eintreten oder bereits eingetreten sind. Wenn diese neue Periode (wie die vorangegangenen) mit einer Welle von Protesten von unten beginnen sollte, könnten der Aufstand in Hongkong 2019 und der Widerstand gegen

1 Obwohl die Zeitabschnitte von kürzerer Dauer sind, ähnelt diese Abfolge dem von Karl Polanyi beschriebenen Pendel. Laut Polanyi schwingt das Pendel zwischen einer Phase der Regulierung und einer Phase der Deregulierung oder Entfesselung kapitalistischer Marktkräfte hin und her (auch als »Einbettung« und »Entbettung« bezeichnet); siehe Karl Polanyi: The Great Transformation. Politische und ökonomische Ursprünge von Gesellschaften und Wirtschaftssystemen [1944], Wien 1977. Im Gegensatz zu Polanyis Beschreibung wird das Pendel hier aus einer Perspektive »von unten« beschrieben. Es schwingt hin und her zwischen einer Phase der sozialen Unzufriedenheit und Proteste »von unten« und einer Phase der Gegenmaßnahmen und Reformen »von oben«.

die Null-Covid-Politik 2022 bereits Vorboten einer solchen neuen Welle sein. Kommt es tatsächlich zu einer neuen Welle von Unruhen, stellt sich die Frage, ob danach eine weitere Phase der Eindämmung folgen wird. Oder werden die Proteste weiter eskalieren und das Muster des Wechsels zwischen Protesten und Eindämmung und damit auch das Format der hier verwendeten Matrix sprengen? Warten wir es ab.

Historische Muster

In der VR China wurden Erfahrungen gemacht, die für künftige Versuche genutzt werden können, den Kapitalismus zu stürzen und eine ganz andere und bessere Version des »Sozialismus« zu schaffen. Zu diesem Zweck müssen wir die Muster des Klassenkampfs in der VR China verstehen, die besonderen Protestformen an verschiedenen Fronten (in der Produktion, der Reproduktion und anderen sozialen Bereichen) und die Gegenmaßnahmen der herrschenden Klasse und des Staates.

Die wiederholten Protestwellen von unten entstanden aus der Unzufriedenheit und der Wut über nicht eingehaltene Versprechen, Auswirkungen der Kollektivierung, Arbeitsdruck und Ausbeutung, Kaderwillkür und Korruption, soziale Ungleichheit und sexistische Diskriminierung. Zu den Forderungen der Demonstrant:innen gehörten Gleichheit, Würde, Demokratie, Freiheit und materielle Verbesserungen. An den Kämpfen waren unterschiedliche Protagonist:innen beteiligt: Arbeiter:innen, Binnenmigrant:innen, Bäuerinnen und Bauern, Student:innen und Frauen*. Die Kämpfe nahmen diverse Formen an zwischen einzelnen Ereignissen und größeren Zyklen oder Wellen. Es kamen verschiedene Mittel zum Einsatz wie Streiks, öffentliche Kritik, Untergrundliteratur, Demonstrationen und gewaltsame Aufstände. Auch wenn sie nicht im Mittelpunkt dieses Buches stehen, die alltäglichen und oft verdeckten Formen sozialen Widerstands, die »Waffen der Schwachen«, spielten ebenfalls eine wichtige Rolle.[2]

Die Überschriften der jeweils ersten und dritten Abschnitte in den Kapiteln 2 bis 4 stehen für die wechselnden Hintergründe und Formen des Kampfs, die in den jeweiligen Perioden entscheidend waren: Bruch, Rebellion, Unmut, Aufstand, Widerstand und Streiks. Die Kampagnen, *die in der sozialistischen Periode* die großen sozialen Proteste

2 Siehe James C. Scott: Weapons of the Weak. Everyday Forms of Peasant Resistance, New Haven, CT 1985.

auslösten und begleiteten, die Hundert-Blumen-Bewegung und die Kulturrevolution, wurden von oben lanciert und von (einem Teil) der KPCh-Führung unterstützt. Die Proteste stellten das Regime in beiden Fällen vor große Herausforderungen, weil es die Unzufriedenheit und Kritik von unten unterschätzt hatte und die Mobilisierungen außer Kontrolle gerieten. Die besondere Strategie des Maoismus, der wichtigsten politischen Ideologie der KPCh, spielt hier eine Rolle. Anders als in der Sowjetunion und in den sozialistischen Ländern Osteuropas, die sich am Stalinismus orientierten, setzte der Maoismus der KPCh häufig auf Massenmobilisierungen, um wirtschaftliche oder politische Ziele zu erreichen. Im Rahmen der von der Partei geleiteten Mobilisierungen wurde auch Kritik am sozialistischen Bürokratismus oder an den »Prokapitalist:innen« in der Parteiführung geäußert. Hier bestand das Risiko, dass Massenproteste und soziale Unruhen eskalieren und sich nicht nur gegen einzelne Bürokraten oder »Prokapitalist:innen«, sondern gegen das Regime an sich wenden. Das geschah Mitte der 1950er- und noch einmal Mitte der 1960er-Jahre.

Die Proteste *in der Übergangsperiode*, die 5.-April-Bewegung und die Demokratiemauer-Bewegung in der zweiten Hälfte der 1970er-Jahre sowie die Tian'anmen-Platz-Bewegung 1989, stellten das Regime wiederum vor große Herausforderungen. Obwohl zunächst als Bewegungen von unten entstanden, gewannen sie die Unterstützung bestimmter Gruppen in der Führung. Diese erkannten die Chance, die Bewegungen für die Zwecke ihrer Parteifraktion oder ihren Reformkurs zu vereinnahmen.

Die Proteste in *der kapitalistischen Periode* wurden wiederum jeweils von unten initiiert. Die Arbeiter:innen in den Staatsbetrieben sowie die Bäuerinnen und Bauern führten eher defensive Kämpfe zur Sicherung der sozialistischen »eisernen Reisschüssel« beziehungsweise bestimmter Garantien für die Landbevölkerung. Die Wanderarbeiter:innen führten dagegen eher offensive Kämpfe in Form von Streiks für materielle Verbesserungen wie auch für Anerkennung und Würde. Anders als bei den Protesten in den vorangegangenen Perioden blieben die Kämpfe in der kapitalistischen Periode weitgehend auf die sozioökonomische Ebene beschränkt und wurden nicht zu einer ernsthaften politischen Bedrohung für das Regime. Dahinter steht zum einen die zunehmende Kommodifizierung und Vermarktlichung großer Teile der Wirtschaft. Selbst staatliche Unternehmen wurden und werden größtenteils als gewinnorientierte Unternehmen geführt, die um Arbeitskräfte und Märkte konkurrieren. Zum anderen waren Politik und Wirtschaft nun stärker getrennt. Die sozialen Kämpfe richteten sich demzufolge hauptsächlich gegen die privaten und staatlich kontrollierten kapitalistischen Akteure sowie gegen lokale Staats- und Parteifunktionäre, nicht aber gegen die zentrale KPCh und die Staatsführung. Dies könnte sich nun ändern, da das derzeitige Regime die Rolle der Partei und des Staates in der Wirtschaft gestärkt und die Entscheidungsfindung (und die Verantwortlichkeiten) wieder zentralisiert hat. Somit ist das KPCh-Regime heute wieder direkt für Krisen und Verwerfungen verantwortlich zu machen. Zudem ist es heute weniger flexibel und anfälliger für Kritik und Aufstände von unten.

Die Überschriften der zweiten und vierten Abschnitte in den Kapiteln 2 bis 4 stehen für den Charakter der wechselnden Eindämmungsmaßnahmen und Reformen, die die Führung der KPCh zur Bewältigung der Proteste in den jeweiligen Perioden durchführte: Beschleunigung, Restauration, Reform, Fortführung, Konsolidierung und Expansion. Die Maßnahmen galten der Eindämmung, Kanalisierung oder Unterdrückung der Proteste und unterschieden sich in Umfang, Dauer und der Kombination von Repression, Zugeständnissen und Kooptierung.

Die *Repression* nahm verschiedene Formen an, wie Stigmatisierung, Ausgrenzung, »Umerziehung«, Landverschickung und Inhaftierung. Zu den umfangreicheren Maßnahmen gehörten die Anti-Rechts-Kampagne 1957, das staatliche Vorgehen gegen die Rebell:innen während und nach der Kulturrevolution sowie die Niederschlagung der Tian'anmen-Platz-Bewegung 1989. In den letzten beiden Fällen geriet das KPCh-Regime so sehr unter Druck, dass es um sein Überleben fürchten musste und das Militär zur Niederschlagung der Bewegungen einsetzte.

Gelegentlich machte das Regime gewisse *Zugeständnisse* und versuchte, die Unzufriedenheit in offizielle Konfliktlösungskanäle zu lenken, um Proteste zu befrieden. Beispiele für solche Zugeständnisse waren die Unterstützungszahlungen und Beschäftigungsprogramme für Arbeiter:innen in Staatsbetrieben in den späten 1990er- und frühen 2000er-Jahren sowie die Lohnerhöhungen für Wanderarbeiter:innen im Zuge der ersten Protestwellen ab Mitte der 2000er-Jahre.

Nicht zuletzt setzte das Regime zuweilen auf die *Kooptierung* von Forderungen und von Akteur:innen, die bereit waren, die Seiten zu wechseln. In dieser Weise konnte es Proteste schwächen und das gesamte System tatsächlich stabiler machen. Beispiele hierfür sind die Integration von Rebellenanführer:innen in die Leitung der KPCh während der Kulturrevolution in den späten 1960er-Jahren sowie die Übernahme von Reformforderungen, die während der Demokratiemauer-Bewegung in den späten 1970er-Jahren erhoben wurden, durch die Parteiführung unter Deng Xiaoping.

Auf die Eindämmungsmaßnahmen folgten regelmäßig Reformen von oben, das heißt größere Anstrengungen des Regimes, die sozialen oder politischen Wurzeln von Unzufriedenheit zu beseitigen und sowohl die Wirtschaft als auch die politischen Strukturen zu stabilisieren. Beispiele für solche Reformen sind die Mobilisierung der Arbeiter:innen, Bäuerinnen und Bauern für den »Großen Sprung nach vorn« Ende der 1950er-Jahre und der wirtschaftliche Umbau in der Zeit der »Reform und Öffnung« ab 1978. Ob die Reformen einen defensiven oder offensiven Charakter hatten – abzulesen an den Überschriften der Abschnitte –, hing von den Formen und Ergebnissen der Eindämmung, dem Stand der wirtschaftlichen Entwicklung und der Art der Krise sowie von globalen Faktoren ab. Im Inneren waren neue Klassenzusammensetzungen, Konflikte in der Führung und technologische Veränderungen entscheidend für die Ausgestaltung der Reformen in einer bestimmten Teilperiode. Auf globaler Ebene beeinflussten weltweite Wirtschaftskrisen, der Kalte Krieg, große Veränderungen in der weltweiten sozialistischen Bewegung und Aufstandswellen in verschiedenen Weltregionen den Verlauf der Reformen.

Linke Positionen

Im ersten Abschnitt der Einleitung beschreibe ich die Unterschiede zwischen linken Perspektiven oder Positionen zur Geschichte der VR China im Land selbst und anderswo (siehe die hier nochmals abgedruckte *Tabelle 2*). Diese Unterschiede bildeten den Anlass, besondere historische Muster in dieser Geschichte aufzuspüren und die erzählerische Matrix zu entwerfen, der die vorliegende Untersuchung folgt.

Der ersten linken Position zufolge ist die VR China von 1949 bis heute durchgängig sozialistisch geblieben. Ihre Vertreter:innen vertuschen die massiven sozialen, wirtschaftlichen und politischen Veränderungen der vergangenen Jahrzehnte. Dazu gehören die wiederholte

<table>
<tr><th>Positionen</th><th colspan="2">1949–1978</th><th colspan="2">1978–heute</th></tr>
<tr><td>1. – 1 System</td><td colspan="4">Sozialismus</td></tr>
<tr><td>2. – 1 System</td><td colspan="4">Kapitalismus</td></tr>
<tr><td>3. – 2 Systeme</td><td colspan="2">Sozialismus</td><td colspan="2">Kapitalismus</td></tr>
<tr><td>4. – 2 Systeme</td><td>Übergang</td><td>Sozialismus</td><td>Übergang</td><td>Kapitalismus</td></tr>
</table>

TABELLE 2 Positionen in der Linken zum politischen und wirtschaftlichen System der VR China von 1949 bis heute

Neuzusammensetzung der Arbeiterklasse sowie die verschiedenen Proteste von Arbeiter:innen, Bäuerinnen und Bauern, Frauen* und anderen gegen die Herrschaft der KPCh, gegen Ausbeutung, Sexismus und anderes mehr.

Für Befürworter:innen dieser ersten Position sind Staatseigentum an Produktionsmitteln, staatliche Wohlfahrt und die Einparteienherrschaft fälschlicherweise gleichbedeutend mit Sozialismus (oder sogar Kommunismus). Diese Ansicht wird von anderen Teilen der Linken zu Recht angefochten. Die Charakterisierung der VR China als sozialistisch nach dem Beginn der »Reform und Öffnung« 1978 oder gar nach der Umstrukturierung des Staatssektors Mitte der 1990er-Jahre ist irreführend. Die VR China ist eindeutig kapitalistisch, weist sie doch wichtige Merkmale auf, die kapitalistische Verhältnisse definieren und die alle seit den 1990er-Jahren offenbar vorhanden sind: der Klassengegensatz zwischen jenen, die die Produktionsmittel kontrollieren oder besitzen, und denen, die sie nicht besitzen; die Abschöpfung von Mehrwert und Ausbeutung; die Aneignung von Profiten durch die neu zusammengesetzte herrschende Klasse aus staatlichen und privaten Akteuren; und der breite Einsatz von (gesteuerten) Marktmechanismen in der Wirtschaft.

Der zweiten Position zufolge ist die VR China von 1949 bis heute durchgängig kapitalistisch oder staatskapitalistisch geblieben. Ihre Vertreter:innen begehen somit einen ähnlichen Fehler. Sie vertuschen die realen Umbrüche und Veränderungen, um für den gesamten Zeitraum nur eine systemische Beschreibung verwenden zu können. Der real existierende Sozialismus und der Kapitalismus haben in der Tat wesentliche Merkmale gemeinsam, beispielsweise die Abpressung und Akkumulation von Mehrwert, eine autoritäre Arbeitsorganisation und eine soziale Hierarchie. Wer die sozialistische Periode genauer in den Blick nimmt, wird jedoch Unterschiede im Vergleich zur kapitalistischen Periode erkennen, insbesondere die Existenz sozialistischer Planungsinstitutionen, die staatliche Allokation von Arbeitskräften und anderen Ressourcen sowie die spezifische Rolle der KPCh und der Staatsorgane gegenüber Arbeiter:innen, Bäuerinnen und Bauern, Migrant:innen und Frauen*. Es handelte sich nicht um Kapitalismus; gleichwohl war der real existierende Sozialismus in der VR China jedoch weit von dem entfernt, was eine klassenlose Gesellschaft ohne Ausbeutung und Unterdrückung ausmacht.

Der dritten Position der Linken zufolge war das System der VR China vor den Reformen ab 1978 eine Form des Sozialismus und wandelte sich gleich anschließend zum Kapitalismus. Während einige linke Verfechter:innen dieser Position (darunter viele Maoist:innen) den Sozialismus der VR China in den 1950er- und 1960er-Jahren positiv beschreiben, betrachten andere (darunter viele Trotzkist:innen) ihn als »degenerierte« Form des Sozialismus.

Ich schließe mich in der vorliegenden Untersuchung im Allgemeinen dieser dritten Position an, formuliere jedoch eine eigene Kritik am real existierenden Sozialismus und schlage darüber hinaus eine Variante oder vierte Position vor. Dieser vierten Position zufolge gab es zwei Übergangsperioden, eine in den frühen 1950er-Jahren (vor der sozialistischen Periode) und eine von Mitte der 1970er- bis Mitte der 1990er-Jahre (vor der kapitalistischen Periode). Ein Blick auf die Entwicklung in diesen Übergangsperioden zeigt, wie sich die wirtschaftlichen, sozialen und politischen Systeme allmählich veränderten, ohne dass die KPCh ihre Herrschaftsposition aufgab. Die Führung der Partei erwies sich vielmehr als äußerst flexibel und passte ihre sozialen, politischen und ideologischen Grundlagen an. So war sie in der Lage, sich jeweils auf neu zusammengesetzte Kräfte zu stützen, erst auf eine bäuerliche Armee, dann auf eine sozialistische und bürokratische herrschende Klasse und schließlich auf eine kapitalistische herrschende Klasse.

Anstelle des angestrebten revolutionären Übergangssystems (auf dem Weg zum Kommunismus) schuf der Sozialismus in der VR China in den 1950er- und 1960er-Jahren eine Klassengesellschaft. Um das

Land zu entwickeln (oder zu »modernisieren«), kombinierte das KPCh-Regime im Rahmen seiner Planwirtschaft Elemente, die auch den Kapitalismus auszeichnen. Warum der Übergang vom Sozialismus zum Kapitalismus stattfand, dazu haben die Protagonist:innen linker Positionen unterschiedliche Ansichten. Seit den 1960er-Jahren behaupteten verschiedene Generationen von Maoist:innen, dass sogenannte Prokapitalist:innen in der Parteiführung hinter dem Übergang stehen. Diese Position unterstellt die Existenz eines regelrechten Übergangsplans, der angeblich ab Mitte der 1960er- oder Ende der 1970er-Jahre durchgeführt worden sein soll. Es gibt jedoch keine plausiblen Belege, dass so ein Plan tatsächlich existierte. Indem die Verantwortung für den Übergang hauptsächlich abtrünnigen Parteiführer:innen zugeschoben wird, geraten zudem die strukturellen Faktoren aus dem Blick, die in der VR China und im globalen Kontext eine wichtige Rolle spielten. Der Weg, der in den 1950er-Jahren begann und ursprünglich vielleicht zum Kommunismus führen sollte, geriet zu einem Umweg, auf dem das Land grundlegend verändert und in das kapitalistische Weltsystem integriert wurde. Umweg und Übergang waren weder geplant noch zufällig. Vielmehr waren sie Ergebnis struktureller Elemente und diverser Formen, die das KPCh-Regime in den 1950er- und 1960er-Jahren annahm, sowie sozialer, politischer und wirtschaftlicher Triebkräfte. Diese machten den Übergang zum Kapitalismus in den folgenden Jahrzehnten möglich und wahrscheinlich (wenn auch nicht unvermeidlich).

Bewertung: Historische Chance

Erst im nächsten Abschnitt werde ich Strategien für soziale Bewegungen und die Linke erörtern, die beitragen könnten, Fehler der Vergangenheit zu vermeiden und einen Prozess in Gang zu setzen, der zur Abschaffung des Kapitalismus führt. Vorher gehe ich in diesem Abschnitt der Frage nach, ob die derzeitigen Bedingungen tatsächlich Anlass zur Hoffnung auf einen solchen Wandel geben. Im ersten Teil befasse ich mich mit den wirtschaftlichen, politischen, sozialen und ökologischen Krisen, die das Regime der KPCh zu destabilisieren drohen. Im zweiten Teil erläutere ich das aktuelle historische »Fenster«, das sich durch die globale systemische Instabilität geöffnet hat und die Chancen auf einen Wandel durch Kämpfe von unten vergrößert – in der VR China und darüber hinaus.

Krisen in der VR China

Die Führung der KPCh betont regelmäßig, dass es notwendig sei, die Stabilität des Regimes zu bewahren und Bedrohungen durch Wirtschaftskrisen oder soziale Umwälzungen abzuwenden. Aus linker Sicht eröffnet jedoch gerade die Instabilität des Regimes Möglichkeiten für Veränderungen – allerdings nur, wenn es gesellschaftliche Kräfte gibt, die die Instabilität zu nutzen und tatsächliche Verbesserungen durchzusetzen vermögen. Es folgt eine kurze Zusammenfassung von Faktoren und Entwicklungen, die darauf hindeuten, dass das Regime in der Tat nicht so stabil ist, wie die Parteiführung Menschen in der VR China und anderswo glauben machen will.

Erstens droht die wirtschaftliche Entwicklung der VR China schon seit einem Jahrzehnt zu stocken. Die Kämpfe der Arbeiter:innen konnten Lohnerhöhungen durchsetzen, die das »Billiglohnmodell« der VR China bereits ab der zweiten Hälfte der 2000er-Jahre gefährdeten. Das Regime hat versucht, die Wirtschaft zu modernisieren und auszubalancieren, insbesondere durch die Produktion von Gütern mit höherer Wertschöpfung und die Verringerung der Exportabhängigkeit. Beides war teilweise erfolgreich, aber sowohl die Profitabilität als auch die Wachstumsrate der Wirtschaft sind weiter gesunken.[3] Strukturelle Ungleichgewichte bestehen nach wie vor, insbesondere die starke Abhängigkeit von staatlichen Investitionen bei der Erzielung von Wirtschaftswachstum sowie Überakkumulation und geringer Konsum. Seit dem massiven Konjunkturprogramm des Regimes in Reaktion auf die Finanzkrise ab 2007 ist die Gesamtverschuldung immens gestiegen.[4] Strukturelle Probleme im Finanzsektor und im öffentlichen Steuersystem haben die Schuldenprobleme von Unternehmen sowie von Städten und Gemeinden verstärkt. Nach dem Ausbruch der Covid-19-Pandemie 2020 kam die Wirtschaftsentwicklung in der VR China weiter ins Stocken. Das Regime reagierte wieder mit massiver staatlicher Konjunkturförderung, was die strukturellen wirtschaftlichen Probleme nur weiter verschärft. Besonders schlecht sieht es für den immer wieder mit öffentlichen Geldern geförderten Bau-

3 Li Minqi: China and the 21st Century Crisis, London 2016, S. 79; Martin Wolf: The Future Might Not Belong to China, in: Financial Times, 1.1.2019, unter: https://tinyurl.com/2ptzataw.

4 Gabriel Wildau: China Struggling to Quit Its Debt Addiction, in: Financial Times, 25.3.2019, unter: https://tinyurl.com/yuxwhnzd; National Debt in Relation to Gross Domestic Product (GDP) in China from 2012 to 2022, statista.com, 12.4.2023, unter: https://tinyurl.com/y3ogorm4.

und Immobiliensektor aus, der ein Drittel der Wirtschaftsleistung des Landes ausmacht und wegen der Überschuldung chinesischer Wohnungsbaukonzerne seit Jahren immer wieder vor dem Kollaps steht.[5]

Zweitens hat das Regime in Reaktion auf die ökonomischen Probleme im eigenen Land versucht, seine Wirtschaftskapazitäten im Ausland auszubauen, zum Beispiel durch die 2013 gestartete Belt-and-Road-Initiative (BRI). Hier handelt es sich um den Versuch einer »räumlichen Lösung« (*spatial fix*) der Krise. Die wirtschaftlichen Resultate fallen gemischt aus. Einige BRI-Projekte wurden abgeschlossen, andere liegen auf Eis oder sind gescheitert. Während entsprechende Verträge mit verschuldeten Ländern neu verhandelt werden mussten, hat die chinesische Regierung die Kreditvergabe an ausländische Regierungen, an Staatsbanken und staatliche Unternehmen gebremst.[6] Der »Handelskrieg« mit den USA seit 2018 ist Symptom der verschärften wirtschaftlichen und politischen Rivalität zwischen dem alten Hegemon und dem neuen Herausforderer auf globaler Ebene und erhöht den wirtschaftlichen Druck auf die VR China. Mehrere globale Faktoren könnten die wirtschaftliche Entwicklung der VR China weiter gefährden und zu Rezession, Verschuldung, Konkursen, Arbeitslosigkeit und stagnierenden oder sinkenden Löhnen führen. Dazu gehören eine weitere Verschlechterung der Beziehungen zwischen der VR China und den USA, Gegenwind durch Regime anderer Länder, die um Gewinne und Ressourcen konkurrieren, die potenzielle (teilweise) Entkopplung unterschiedlicher Teile der Weltwirtschaft, eine Deglobalisierung oder die Neuformierung globaler Lieferketten.

Drittens sind »Billiglohnmodell« und Wirtschaft der VR China durch die demografische Entwicklung und den fehlenden Nachschub an Arbeitskräften gefährdet. Der wirtschaftliche Aufstieg des Landes basierte auf dem Angebot und der Reproduktion ländlicher Arbeitskräfte. Generationen von Arbeitsmigrant:innen zogen in Städte und Industriegebiete, um in Fabriken, auf Baustellen und in Niedriglohnjobs im Dienstleistungsbereich zu arbeiten. Seit zwei Jahrzehnten kommt es bereits zu regionalem Arbeitskräftemangel, weil nicht genügend Arbeiter:innen die schlechten Jobs in Fabriken oder

5 Chen Yawen: China Property Crisis Enters Dangerous Next Phase, Reuters, 14.7.2022, unter: https://tinyurl.com/yc5f48wm.

6 James Kynge/Jonathan Wheatley: China Pulls Back from the World. Rethinking Xi's »Project of the Century«, in: Financial Times, 11.12.2020, unter: https://tinyurl.com/33h2bw8c.

auf dem Bau annehmen wollen. Der Nachschub an Arbeitskräften ist seit den 2000er-Jahren allmählich versiegt, obwohl das Migrationsregime gelockert und die Ein-Kind-Politik abgeschafft wurde. Dahinter steht auch, dass zahlreiche Frauen* sich in den letzten Jahren in einer Art »Gebärstreik« befunden haben. Sie weigern sich, mehr als ein Kind großzuziehen, und ignorieren Aufforderungen der Parteiführung, ihre »patriotische Pflicht« zu erfüllen und mehr Kinder »für die Nation« zu gebären.[7] Dies droht zu einem anhaltenden Arbeitskräftemangel und zu Problemen zu führen, die durch die »Überalterung« der Bevölkerung entstehen. Es wird sich noch herausstellen, ob die Führung der KPCh mit ihren Versuchen, die Geburtenrate in die Höhe zu treiben, erfolgreich sein wird. Momentan ist es wahrscheinlicher, dass die antifeministischen (und Anti-LGBTIQ+-)Kampagnen des Regimes sowie seine konservative Familienpolitik zu weiterem Widerstand von Frauen* führen werden.

Viertens hat das 2012 an die Macht gekommene Regime unter Xi Jinping versucht, die Organe von Staat und Partei zu konsolidieren und die Kontrolle der Partei über Institutionen, Unternehmen und das öffentliche Leben zu stärken. Bisherige Konflikte in der Parteiführung scheinen erst einmal entschärft worden zu sein, weil es der Fraktion um Parteichef Xi Jinping gelingt, andere Fraktionen in Schach zu halten. Dabei half die umfassende Antikorruptionskampagne, die zur Bestrafung von Millionen von Staatsbediensteten geführt hat. Dysfunktionalität und Korruption in den Verwaltungsapparaten sind dennoch weiterhin allgegenwärtig. Unsicherheit und Unzufriedenheit unter Parteiführern machen zukünftige Machtkämpfe in der Führung wahrscheinlich, insbesondere wenn die Fraktion Xi Jinpings nicht in der Lage ist, wirtschaftliche und soziale Verwerfungen zu verhindern.[8]

Fünftens greift die KPCh-Führung unter Xi Jinping vor allem auf Repression zurück, um die Kontrolle im Land aufrechtzuerhalten. Sie hat öffentliche Äußerungen von Unzufriedenheit und Kritik schärfer zensiert und weiter kriminalisiert, was häufige Verhaftungen von Online-Aktivist:innen und Journalist:innen einschließt. Die im öffent-

7 Ralf Ruckus: Bevölkerungspolitik in China. Gebärstreik und Widerstand, in: WOZ, 23.1.2020, unter: https://tinyurl.com/56k2ju2t.

8 Der Aufstand in Hongkong 2019 führte beispielsweise zu Gerüchten über Führungskonflikte und Kritik an Xi Jinpings Umgang mit der dortigen Krise; siehe Tom Mitchell/Wong Sue-Lin/Nicolle Liu: How Hong Kong Defied Xi Jinping, in: Financial Times, 19.6.2019, unter: https://tinyurl.com/2p83kbd4.

lichen Raum und im Internet eingesetzten Kontrolltechnologien sowie das »Sozialkreditsystem« sind darauf ausgelegt, abweichendes Verhalten zu verfolgen und zu bestrafen.[9] Die Provinz Xinjiang diente der Parteiführung als Labor, um repressive Maßnahmen zu erproben. Dazu gehören die digitale und analoge Überwachung und die Masseninhaftierung uigurischer und anderer muslimischer Bevölkerungsteile in der Region. Einige dieser Maßnahmen werden auch in anderen Provinzen und in Hongkong zunehmend umgesetzt.[10] All dies zeigt das Ende des »pragmatischen Autoritarismus«, der hinter den Bemühungen früherer KPCh-Regime um die Eindämmung von Unzufriedenheit und die Sicherung der Stabilität stand. Die Fähigkeit des Regimes, bei der Kontrolle von Protesten flexibel vorzugehen, ist gelinde gesagt beeinträchtigt – also die Fähigkeit, seine Strategie anzupassen und verschiedene Formen der Führung oder angemessene Kombinationen von Repression, Zugeständnissen und Kooptierung einzusetzen.

Sechstens könnte die zuletzt verschärfte Repression zu weiterer Entfremdung und Wut führen. Auch in den letzten Jahren waren unterschiedliche Akteur:innen an sozialen Kämpfen beteiligt. Wanderarbeiter:innen streikten regelmäßig, wenn auch nicht so häufig und sichtbar wie in den späten 2000er- und frühen 2010er-Jahren. Während der Covid-19-Pandemie hatten sie die schwerste Last zu tragen, vor allem in Form von Lohneinbußen und Entlassungen. Weiterhin fordern sie jedoch einen größeren Anteil an dem von ihnen produzierten Reichtum, und inzwischen haben sie Erfahrungen mit Organisierung und Kampf gesammelt. Die Zahl der Bäuerinnen und Bauern ist derweil weiter zurückgegangen. Sie leben weiterhin unter Bedingungen, die noch schwieriger sind als in den Städten. Korruption, Landnahme und Landraub, die sich ausbreitende Agrarindustrie und die Bedrohung ihrer Lebensgrundlage durch Umweltverschmutzung könnten auf lokaler Ebene weitere Bauernrevolten gegen das Regime hervorbringen. Die niedrigeren Wachstumsraten der letz-

9 Die Überwachung und Zensur im Internet und die Einsätze der Staatssicherheit gegen (potenziell) regimekritisches Verhalten haben deutlich Wirkung gezeigt. Ob das Sozialkreditsystem in absehbarer Zukunft als umfassendes Kontrollsystem funktionieren wird, ist allerdings zu bezweifeln; siehe das Kapitel »Mythbusters: Anatomy of Social Credit Scoring« in Vincent Brussee: Social Credit. The Warring States of China's Emerging Data Empire, Singapur 2023.

10 Die Ziele und Formen der Unterdrückung in Xinjiang zeugen auch von den zunehmend rassistischen Tendenzen und den Vorstellungen von einer Han-Überlegenheit in der KPCh-Führung.

ten Jahre und die Auswirkungen der globalen Krise seit 2020 – darunter Konkurse, Arbeitslosigkeit und Lohnrückstände – dürften die Lebensbedingungen vieler Menschen weiter verschlechtern. Das gilt besonders für die Jungen. Die Jugendarbeitslosigkeit ist hoch, viele finden trotz Universitätsabschluss keine angemessene Stelle, und proletarische Jugendliche landen meist in niedrig entlohnten Fabrik- und Dienstleistungsjobs. Ein Teil der jungen Leute diskutiert seit Jahren in den sozialen Medien darüber, wie man langsam arbeiten oder aussteigen und so dem Hamsterrad und dem Arbeitsstress entkommen kann. Wenn innere oder globale Krisen die Lebensgrundlagen der Arbeiter:innen, Bäuerinnen und Bauern – und auch von Student:innen und jungen Leuten allgemein – in der VR China über einen längeren Zeitraum hinweg gefährden und die KPCh-Führung nicht in der Lage sein sollte, soziale Verbesserungen herbeizuführen, könnten dem Regime schwere Zeiten bevorstehen.

Siebtens hat die VR China mit immensen Umweltproblemen zu kämpfen. Diese sind Folge der Ausweitung der industriellen Produktion, des Bausektors und der Energieerzeugung, der raschen Verstädterung, der massiven Zunahme des motorisierten Verkehrs und des Fehlens wirksamer Umweltvorschriften und -kontrollen. Zu den Umweltbelastungen gehören die Verschmutzung und Verseuchung von Wasser, Boden und Luft sowie Pandemien und die Ausbreitung von Krankheiten im Zusammenhang mit der industriellen Landwirtschaft und der Fleischproduktion. Das Regime der KPCh ist sich der Gefahren bewusst und steht unter Druck, weil auch Gesundheit und Lebensqualität der städtischen Mittelklasse – der Hauptstütze der KPCh-Herrschaft – gefährdet sind. Dennoch ist das Regime nicht in der Lage, die Umweltprobleme zu lösen, obwohl die Parteiführung ständig von »grüner Entwicklung« spricht.[11]

Alle diese Faktoren und Entwicklungen zusammengenommen stellen eine zunehmende Herausforderung für die KPCh-Führung dar. Vorhersagen sind schwer zu treffen, aber es lassen sich drei mögliche Szenarien beschreiben. Erstens könnte das Regime gestärkt aus den gegenwärtigen Krisen und Konflikten hervorgehen und den Status quo der KPCh-Herrschaft mehr oder weniger aufrechterhalten. Zweitens könnte es geschwächt werden und schließlich angesichts

11 Siehe Chiara Piovani: The »Greening« of China. Progress, Limitations, and Contradictions, in: Journal of Contemporary Asia 1/2017, S. 93–115; Richard Smith, China's Engine of Environmental Collapse, London 2020.

der wirtschaftlichen Turbulenzen, der räumlichen Segmentierung (oder »Balkanisierung« des Landes) und der Konflikte in der Führung implodieren. In diesem Fall könnte der derzeitige Kapitalismus der VR China von einem noch schlimmeren System abgelöst werden. Drittens könnte es Arbeiter:innen, Bäuerinnen und Bauern, Migrant:innen und Frauen* gelingen, soziale Aufstände von unten zu organisieren und zusammenzubringen, sodass das Regime kollabiert. In diesem Fall könnte es eine Chance geben, den Kapitalismus zu überwinden und bessere wirtschaftliche, politische und soziale Strukturen und Beziehungen aufzubauen.[12]

Fenster der Instabilität

Es bleibt unmöglich, den Kapitalismus in einem einzigen Land abzuschaffen, denn er ist ein komplexes, asymmetrisches und weltumspannendes System. Für die Linke in der VR China und anderswo ist es deswegen von entscheidender Bedeutung, sich nicht nur auf die inneren Angelegenheiten eines Landes zu fokussieren, sondern auch den Zustand und die Entwicklung des kapitalistischen Weltsystems im Blick zu haben.

In der jüngsten Vergangenheit hat sich dieses System verändert und ist instabil geworden. Das ist nicht neu. Die Geschichte des Kapitalismus zeigt, dass auf eine Periode der Systemstabilität unter einer bestimmten Hegemonialmacht wie Großbritannien eine Periode der Systemkrise und Instabilität folgte, in der aufstrebende Mächte die Ablösung der Hegemonialmacht anstrebten.[13] In jüngeren Perioden der Instabilität hatten Bewegungen von unten wesentlich bessere Chancen, Veränderungen herbeizuführen oder durchzusetzen als in Zeiten der systemischen Stabilität. In den 1930er-Jahren zum Beispiel konnten die Arbeiterklassen in der aufstrebenden Weltmacht USA die durch Wirtschaftskrisen und geopolitische Verwerfungen entstandene systemische Instabilität nutzen, um dem US-Kapital und dem Staat wichtige Zugeständnisse abzuringen. Die britische Hegemonie endete schließlich mit dem Zweiten Weltkrieg, und es folgte die Kon-

12 Das Szenario eines möglichen Zusammenbruchs der VR China in den frühen 2020er-Jahren aufgrund wirtschaftlicher, sozialer und politischer Krisen wird beschrieben in Li Minqi: China and the 21st Century Crisis. Eine Kritik dieser Position bietet Ralf Ruckus: Chinese Capitalism in Crisis, Part 2: Li Minqi on the Forthcoming Collapse of China's Economy and the Capitalist World System, in: Sozial.Geschichte Online 19, 2016, S. 115–149, unter: https://tinyurl.com/y5yjz35l.

13 Siehe unter anderem Giovanni Arrighi: The Long Twentieth Century. Money, Power, and the Origins of Our Times, London 1994.

frontation zwischen dem »Westen« unter Führung der USA und dem »Osten« unter Führung der Sowjetunion. In der Phase des Kalten Krieges von den 1950er- bis zu den 1970er-Jahren kam es global zu sozialen (und teilweise revolutionären) Kämpfen – von Arbeiter- und Bauernbewegungen im Globalen Norden bis hin zu Streiks, Aufständen und antikolonialen Kämpfen im Globalen Süden. Sie zwangen die kapitalistischen und sozialistischen Regime zu erheblichen wirtschaftlichen Zugeständnissen und zur Ausweitung von Sozialprogrammen, die in vielen Ländern dem in den USA seit den 1930er-Jahren entwickelten keynesianischen Modell ähnelten. Die Regime versuchten auch, die Anführer:innen solcher Bewegungen und Kämpfe zu kooptieren, um die Proteste von unten zu schwächen und zu neutralisieren. In den meisten Fällen gingen wirtschaftliche Zugeständnisse und die Kooptierung von Anführer:innen Hand in Hand mit der Unterdrückung sozialer und politischer Kämpfe, die weiterhin eine Bedrohung sowohl für die kapitalistische oder die sozialistische Herrschaft darstellten.[14]

In der zweiten Hälfte des 20. Jahrhunderts schien es zu verschiedenen Zeiten so, als könne der sozialistische Block um die Sowjetunion, das vereinigte Europa oder Japan die USA als globale Hegemonialmacht herausfordern. In den 1990er-Jahren entwickelte sich die VR China dann jedoch zum Zentrum der globalen Produktion (oder zur »Fabrik der Welt«) und stieg in der Folge weiter auf zu einer wirtschaftlichen und politischen Weltmacht, die mit den USA konkurriert. Das zeigte sich spätestens während und nach der weltweiten Krise Ende der 2000er- und Anfang der 2010er-Jahre. Diese Krise begann 2007/08 mit finanziellen Einbrüchen in den USA und anderen Ländern, auf die eine globale Rezession sowie eine weltweite Welle sozialer Proteste und Aufstände zwischen 2010 und 2012 folgten.

In der VR China hatten sich derweil die Klassenbeziehungen verändert und soziale Konflikte spitzten sich auch hier zu. Die Streiks von Wanderarbeiter:innen gefährdeten das »Billiglohnmodell« in

14 Bemerkenswerterweise fielen in der zweiten Hälfte des 20. Jahrhunderts große Umbrüche in der VR China mit weitreichenden wirtschaftlichen, politischen und sozialen Veränderungen in der übrigen Welt zusammen. So fand die Kulturrevolution, die mittelfristig den systemischen Übergang in der VR China auslöste, zeitgleich mit weltweiten sozialen Umwälzungen der späten 1960er- und frühen 1970er-Jahre statt. Außerdem verlief die Implosion des Ostblocks unter dem Druck der Massenbewegungen in den späten 1980er- und 1990er-Jahren parallel zur Tian'anmen-Platz-Bewegung und ihrer Niederschlagung 1989 und dem anschließenden endgültigen Übergang der VR China zum Kapitalismus Mitte des darauffolgenden Jahrzehnts.

der Exportwirtschaft und zeigten, welch wichtige Rolle die Wanderarbeiterklasse der VR China inzwischen für den globalen Kapitalismus spielte. Während der gesamten 2010er-Jahre blieb die weltweite politische und wirtschaftliche Entwicklung volatil. Die verschiedenen Krisen rund um den Ausbruch der Covid-19-Pandemie verschärften auch die Konfrontation zwischen den Regimen in den USA und der VR China.[15] Möglicherweise ist ein neuer historischer Wendepunkt erreicht, vergleichbar mit der Großen Depression, dem Zweiten Weltkrieg und der Etablierung der US-Hegemonie in den 1930er- und 1940er-Jahren oder mit dem Ende des Kalten Krieges und dem Zerfall des Ostblocks in den späten 1980er- und frühen 1990er-Jahren.

Während frühere Auseinandersetzungen um die globale Hegemonie mit der Übernahme der Führungsrolle durch ein Land endeten, wird die im Entstehen begriffene neue Weltordnung möglicherweise nicht von einem kapitalistischen Kernland wie den USA oder einem Konkurrenten wie der VR China dominiert werden. Es ist auch möglich, dass die neue Weltordnung multipolar sein wird und Allianzen um die alte Hegemonialmacht USA, die EU, die VR China und Indien um die Vorherrschaft kämpfen.[16] Darüber hinaus wird es wahrscheinlich zu weiteren Wirtschaftskrisen kommen sowie zu Umweltkatastrophen, Auseinandersetzungen um Ressourcen, Massenbewegungen von Geflüchteten und anderen Migrant:innen, sozialen Aufständen und autoritären Gegenmaßnahmen. Dazu könnten auch verstärkte Überwachung und Repression, nationalistische, rassistische oder rechtsgerichtete Bewegungen sowie die Zunahme militärischer Konflikte kommen. Am Ende einer solchen Entwicklung könnte das kapitalistische Weltsystem, so wie wir es kennen, durchaus zusammenbrechen.[17]

Aus linker Sicht ist in dem Zusammenhang die entscheidende Frage, ob die neue Welt(un)ordnung weiterhin kapitalistisch, unterdrückend und zerstörerisch sein wird oder nicht. Das wird von der Entwicklung der sozialen und politischen Kämpfe von unten abhängen, von ihrer Stärke, ihrer Ausrichtung und ihrer Fähigkeit, noch

15 Alan Crawford: A New World Order for the Coronavirus Era Is Emerging, Bloomberg, 10.7.2020, unter: https://tinyurl.com/y4qpa87o.

16 Jörg Lau: Donald gegen den Drachen, Zeit Online, 19.5.2020, unter: https://tinyurl.com/3j6patdx.

17 Li Minqi sagt nicht nur den Zusammenbruch der VR China in den 2020er-Jahren voraus, sondern auch den des kapitalistischen Weltsystems einige Jahre später; siehe Li Minqi: China and the 21st Century Crisis; Ruckus: Chinese Capitalism in Crisis, Part 2.

bestehende Grenzen zu überwinden. Mitte und Ende 2019 fand weltweit eine Reihe von sozialen Kämpfen statt, vor allem in Ländern Lateinamerikas und verschiedenen Teilen Asiens (einschließlich Hongkong).[18] Die Covid-19-Pandemie unterbrach diesen Zyklus von Kämpfen nur kurzzeitig und bereitete den Boden für weitere Bewegungen seit 2020. Sowohl die mit der Pandemie zusammenhängende wirtschaftliche Krise und ihre Symptome wie gestiegene Arbeitslosigkeit und Inflation, als auch die autoritäre, rassistische oder korrupte Staatsführung, mit der viele Regime soziale Unruhen verhindern, spalten oder eindämmen wollen, führten zu einer Welle von Massenkämpfen in vielen Teilen der Welt.[19]

Die durch die verschiedenen Ausprägungen des Kapitalismus verursachten sozialen Spannungen lösen also weiterhin Protestwellen aus. Die jüngsten Bewegungen ließen bisher jedoch nicht erkennen, dass sie sich tatsächlich zusammenschließen und eine kohärente globale Klassenbewegung schaffen könnten.[20] Die systemische Instabilität sowohl in der VR China als auch weltweit, die neuen sozialen Revolten und die ins Wanken geratene Legitimität der kapitalistischen Wirtschaft und der Staatsführungen weltweit eröffnen neue Möglichkeiten und Perspektiven für grundlegende Veränderungen. Doch es mangelt an Zusammenhalt und der Ermächtigung sozialer Kämpfe über Grenzen hinweg. Das ist die größte Herausforderung für die Bewegungen selbst ebenso wie für eine globale Linke, die sich für die Beendigung kapitalistischer Ausbeutung, sexistischer und rassistischer Diskriminierung und anderer Formen der Unterdrückung einsetzt.

Um dieser Herausforderung entgegentreten zu können, muss sich die politische Linke sowohl im Globalen Süden als auch im Globalen Norden mit ihrer Vergangenheit auseinandersetzen. Beide großen

18 Jack Shenker: This Wave of Global Protest Is Being Led by the Children of the Financial Crash, in: The Guardian, 29.10.2019, unter: https://tinyurl.com/yy76gfw8; Anna Jikhareva: Die Kinder der Krise, in: WOZ, 14.11.2019, unter: https://tinyurl.com/2vdfpf3y; Joseph Choonara: A New Cycle of Revolt, in: International Socialism 165, 2019, unter: https://tinyurl.com/yc5w285u; Noah Smith: Global Youth Protests at Risk of Spreading to China, Bloomberg, 5.1.2020, unter: https://tinyurl.com/y5ammd3d.

19 Dazu kommen Bewegungen gegen Umweltzerstörungen und Klimaveränderungen sowie Mobilisierungen zur Unterstützung von Migrant:innen, die aus sozialen, ökologischen, wirtschaftlichen oder politischen Gründen ihre Herkunftsregionen verlassen.

20 Das soll nicht heißen, dass die Kämpfe nicht miteinander verbunden waren. Protestierende haben kommuniziert, die Kämpfe sind zirkuliert und haben Nachahmer:innen (oder *copycats*) hervorgebracht. Der Punkt ist hier, dass sie zu keinen kohärenten Mobilisierungen in verschiedenen Teilen der Welt geführt haben und nicht zu einer globalen Klassenbewegung geworden sind.

Erzählungen der Linken – die Sozialdemokratie und der Marxismus-Leninismus (einschließlich des Maoismus) – sind gescheitert und haben in den letzten Jahrzehnten in historische Sackgassen geführt. In der VR China und anderswo kann die Linke jedoch aus dem Scheitern der sozialistischen Bewegungen und des real existierenden Sozialismus lernen und diese Lehren nutzen, um eine alternative Strategie zum Sturz des derzeitigen Systems zu finden.

Folgerungen: Lehren für die Linke

In diesem Abschnitt plädiere ich für eine analytische und organisatorische Neuausrichtung linker Politik. Im ersten Teil erörtere ich knapp die Faktoren, die zum Scheitern des »chinesischen Sozialismus« führten. Meiner Meinung nach wird ohne soziale Bewegungen von unten kein entscheidender gesellschaftlicher Wandel stattfinden. Die Linke kann in einem solchen Wandlungsprozess als Katalysator wirken. Im zweiten Teil fordere ich eine Abkehr von den beiden großen, an der versprochenen Transformation gescheiterten Erzählungen der Linken im 20. Jahrhundert, vom Marxismus-Leninismus und von der Sozialdemokratie. Im dritten Teil schlage ich Elemente eines alternativen linken Ansatzes vor, der sich auf soziale Kämpfe bezieht und so einen historischen Wandel anstrebt. Dabei berücksichtige ich die Lehren, die wir aus der Entwicklung der VR China und der KPCh ziehen können, und kombiniere sie mit Erfahrungen der jüngsten sozialen Bewegungen in anderen Ländern. Im vierten Teil schlage ich konkrete Strategien vor, die linke Akteur:innen zur Unterstützung sozialer Kämpfe und Organisierung in der VR China und anderswo verfolgen können.

Zurückblicken und vorausschauen

Wie wir im letzten Abschnitt gesehen haben, ist das Regime der KPCh nicht so stabil, wie es uns glauben machen will. Zudem haben soziale Bewegungen von unten aufgrund der globalen systemischen Instabilität derzeit zumindest die Chance, die kapitalistischen Verhältnisse zu verändern oder gar abzuschaffen. Was bedeutet das nun für die Linke? Welche Strategien bieten sich an, will sie einen solchen Wandel vorantreiben? Die Entwicklung der Herrschaft der KPCh in der VR China seit der Übergangsperiode in den frühen 1950er-Jahren und der sozialistischen Periode danach bietet wichtige Hinweise. Die KPCh errichtete eine ausbeuterische sozialistische Wirtschaft, die zentrale Elemente des vorherigen Systems übernahm. Sie hat Formen und Strukturen der Ausgrenzung, Diskriminierung und Gewalt verändert, jedoch nicht abgeschafft. Zudem hat sie ein unterdrückerisches System aufgebaut, auch um gegen soziale Kämpfe und linke politische Opposition vorzugehen. Die KPCh als Organisation reproduzierte hierarchische und autoritäre Strukturen, und ihre Kader bildeten den Kern der sozialistischen herrschenden Klasse. Jegliche »revolutionäre Nostalgie« in Bezug auf die sozialistische Periode in der VR China ist daher unangebracht. Von den 1970er- bis zu den 1990er-Jahren befand sich das Land in einer Übergangsperiode, und die Periode seit den 1990er-Jahren hatte mit Sozialismus nichts mehr zu tun. Die Behauptung des Regimes, die VR China sei auch heute noch sozialistisch, kann als Verhöhnung der proletarischen Bewegungen und linken Aktivist:innen verstanden werden, die sich jahrzehntelang gegen Ausbeutung und Unterdrückung im Land gewehrt haben.

Die Linke kann nun Lehren aus den Erfahrungen in der VR China ziehen. Sie sollte zunächst verstehen, dass sie als organisierte politische Linke nicht selbst die Hauptkraft ist, die einen bedeutenden oder revolutionären Wandel bewirken kann. Ein Blick auf die Geschichte linker Organisationen in verschiedenen Kontexten des globalen Kapitalismus macht deutlich, dass wesentliche materielle Verbesserungen oder grundlegende Veränderungen ohne große soziale Bewegungen und starken Druck von unten nicht zu erwarten sind. Solche Bewegungen und ihre Ermächtigung sind nicht das Ergebnis »optimaler« linker Organisierung oder »Führung«, sondern hängen vielmehr von etlichen wirtschaftlichen, sozialen und politischen Faktoren ab.

In der VR China haben solche Faktoren zeitweise große und mächtige soziale Bewegungen hervorgebracht. Diese hatten ihre eigenen Grenzen, sowohl politisch als auch organisatorisch. Auch waren sie nicht in der Lage, den Eindämmungsmaßnahmen oder der Kooptierung, den Zugeständnissen und der Repression von oben lange zu widerstehen. Keine Bewegung oder breitere linke Mobilisierung führte zu tiefgreifenden und dauerhaften Veränderungen, die über den sozialistischen oder kapitalistischen Rahmen hinausgingen.

Das könnte sich jedoch ändern, und eine organisierte politische Linke sollte innerhalb der Bewegungen als Katalysator fungieren, ihre progressiven Elemente unterstützen und ihnen zum Erfolg verhelfen, in der VR China und anderswo. Will die Linke eine solche Rolle als

Katalysator bei der Überwindung des Kapitalismus spielen, muss sie Handlungsmöglichkeiten und Chancen für einen revolutionären Prozess erforschen. Revolutionär ist hier nicht gemeint im Sinne eines Putsches und der Übernahme der politischen Macht von oben, sondern in der Form der Zerstörung kapitalistischer, patriarchaler und anderer unterdrückerischer Verhältnisse, Strukturen und Praktiken und der Etablierung neuer Formen von Produktion, Reproduktion, Organisierung und Gesellschaftlichkeit.

Das Scheitern der großen linken Erzählungen

Aus den sozialen Kämpfen und der politischen Organisierung in der zweiten Hälfte des 19. und zu Beginn des 20. Jahrhunderts entstanden als wirkungsmächtigste linke Strömungen der Marxismus-Leninismus (einschließlich des späteren Maoismus) und die Sozialdemokratie. Die politischen Strategien und Ziele dieser beiden Strömungen unterscheiden sich, bestimmte Merkmale haben sie jedoch gemein. Die Organisationen beider Strömungen waren und sind hierarchisch aufgebaut, und sie brachten Partei- und Gewerkschaftsaristokratien hervor. Zudem passten sie beide ihre ursprünglich kämpferischen oder sogar subversiven Strategien an, wenn sie an die Macht kamen. Beide sind gescheitert, haben sie den Kapitalismus doch nicht zerstört oder überwunden, wie zuvor versprochen. Gewiss trugen zu diesem Scheitern auch kapitalistische Kräfte sowie rechte und liberale politische Gruppen bei, die den kapitalistischen Status quo verteidigten. Die Linke muss jedoch die Veränderung und Anpassung beider Strömungen »an der Macht« und die dahinterstehenden Widersprüche analysieren, will sie die strategischen Fehler und ein weiteres Scheitern in Zukunft vermeiden.

Das marxistisch-leninistische Modell wurde meist von sozialistischen oder kommunistischen Parteien in peripheren und halbperipheren Staaten umgesetzt. Diese Parteien versuchten, eine nachholende Entwicklung einzuleiten, oft in Form einer »Entwicklungsdiktatur«. Auch die KPCh bezog sich auf die marxistisch-leninistische Geschichtsauffassung, wonach der Sozialismus eine Übergangsphase zwischen Kapitalismus und Kommunismus sein soll – eine Phase, in der kapitalistische Strukturen zerstört und ersetzt und die Voraussetzungen für eine kommunistische Gesellschaft geschaffen werden. Vertreter:innen der verschiedenen Versionen des Marxismus-Leninismus ignorieren oder verkennen jedoch, dass dieser Prozess durch

Konflikte oder Misserfolge gestoppt und umgekehrt werden kann (und wurde). Tatsächlich geriet die KPCh in eine solche Sackgasse – nicht zufällig, sondern aufgrund der inneren Widersprüche des sozialistischen Aufbaus im Land.

Der Sozialismus der KPCh war kein System und keine Gesellschaft unter der Kontrolle der Arbeiter:innen, Bäuerinnen und Bauern. Das kapitalistische Klassensystem und alle Formen der Unterdrückung sollten zerstört und durch ein System ersetzt werden, das auf Kollektivität und Gleichheit beruht, aber dieses revolutionäre Versprechen wurde nicht eingelöst. Stattdessen entstand eine neue Klassenherrschaft, die auf wirtschaftlicher Ausbeutung, staatlicher Unterdrückung, patriarchaler Diskriminierung und sozialer Ausgrenzung beruhte. Die besondere Ausprägung des Marxismus-Leninismus, der Maoismus, sollte das Land zwar zum Kommunismus führen, tatsächlich schuf er jedoch die Bedingungen für einen Übergang zum Kapitalismus.

Die Variante des Sozialismus in der Sowjetunion und anderen osteuropäischen Ländern wies ähnliche zentrale Merkmale auf wie die maoistische Variante – besondere Formen der Klassenherrschaft, einen autoritären Staat und patriarchale Verhältnisse. Im Gegensatz zur VR China geriet die sowjetische Variante Ende der 1980er-Jahre nicht nur ins Wanken, die kommunistischen Parteien verloren auch ihre Stellung und Macht. Nach ihrem Niedergang wurden kapitalistische Verhältnisse und eine neue Klassenherrschaft etabliert. Teile der alten sozialistischen herrschenden Klasse bildeten die Basis der neuen Kapitalistenklasse. Diese bewerkstelligte die Integration der ehemals sozialistischen Länder in den globalen Kapitalismus.

Die Sozialdemokratie, das andere große linke Narrativ des 20. Jahrhunderts, wurde hauptsächlich von sozialistischen oder sozialdemokratischen Parteien in kapitalistischen Kernländern propagiert. In diesen Ländern konnten die herrschenden Klassen es sich leisten, den produzierten Reichtum mit einem bestimmten Teil der Bevölkerung zu teilen. So konnten sie auch eine demokratische Mitsprache gewähren, was die soziale und politische Stabilität noch erhöhte.

Auch die historische Bilanz der Sozialdemokratie sieht nicht gut aus. Schließlich wurden die sozialdemokratischen Kräfte in vielen Ländern, beispielsweise in Europa, erfolgreich in die kapitalistische herrschende Klasse integriert. Keynesianisches Krisenmanagement, sozialstaatliche Reformen und eine liberale repräsentative Demokratie haben nicht dazu beigetragen, die kapitalistische Ausbeutung zu überwinden. Stattdessen stärkten sie Strukturen und Mechanismen der kapitalistischen Ausbeutung, der Klassenherrschaft und der globalen imperialistischen Ordnung. Sie trugen auch dazu bei, soziale Bewegungen und Widerstand zu kontrollieren oder zu kooptieren und die dahinterstehenden radikalen politischen Kräfte zu unterdrücken.

Dem sozialdemokratischen Narrativ zufolge hätte die VR China sich in den vergangenen Jahrzehnten anders entwickeln müssen. Der wirtschaftliche Aufstieg, die Industrialisierung, die Verstädterung und steigende Einkommen für einen Teil der Bevölkerung hätten zu politischen Reformen und zur Einrichtung »demokratischer« Institutionen führen sollen. Eine ähnliche Entwicklung hatte es Mitte des 20. Jahrhunderts in weiten Teilen Westeuropas und später auch in Ländern wie Südkorea und Brasilien gegeben. Demokratische Kräfte innerhalb und außerhalb der VR China hofften auf einen solchen Verlauf, insbesondere in den 1980er-Jahren, als die offiziellen Reformen begannen, in den 1990er-Jahren, als die Reformen fortgeführt wurden, und in den 2000er-Jahren, als die VR China der WTO beitrat. Zeitweise schienen sogar Teile der KPCh-Führung mit einer Demokratisierung zu sympathisieren. Eine politische Entwicklung hin zu einer sozial(istisch)en Demokratie hat in der VR China jedoch nicht stattgefunden und ist zum jetzigen Zeitpunkt auch in Zukunft nicht zu erwarten. Selbst wenn es dazu käme, würde eine Demokratisierung nicht zu einer Überwindung des Kapitalismus führen, sondern bestenfalls zu einer Art grünem Kapitalismus, wie er von sozialdemokratischen Teilen der herrschenden Klassen in den kapitalistischen Kernländern (einschließlich der USA und der EU) vorgeschlagen wird.

Kurzum, sowohl der Maoismus und andere Formen des Marxismus-Leninismus als auch die Sozialdemokratie haben bei der Überwindung des Kapitalismus versagt. Die globale Linke sollte alternative Strategien für einen tiefgreifenden sozialen Wandel finden, und sie muss jene gesellschaftlichen Kräfte stärken, die diesen Wandel auch herbeiführen können.

Zentrale Elemente linker Politik

Die Strukturen und Handlungsformen, die das sozialistische Projekt in der VR China scheitern ließen, habe ich oben zusammengefasst: die repressive Staatsform, die Fortsetzung der Ausbeutung, die sexistische Arbeitsteilung, die Diskriminierung der Binnenmigrant:innen, die hierarchische und autoritäre Struktur der Institutionen und Organisationen, der Nationalismus und mehr. Ein alternativer linker Ansatz, der diese unzulänglichen Formen vermeidet, muss ein breites Spektrum von Themen berücksichtigen: Ökonomie, Ökologie, Politik, Inklusion/Ausgrenzung sowie Organisierung und Kampf. Es folgt eine kurze Auflistung zentraler Elemente linker Politik – einer Politik, die versucht, die Fehler der Vergangenheit zu vermeiden und das Ziel der Überwindung aller Formen von Ausbeutung und Unterdrückung im Auge zu behalten. Dabei geht es nicht darum, abstrakte Ideen zu entwickeln, sondern (kritisch) Handlungsweisen aufzugreifen, die in der einen oder anderen Form bereits in jüngeren Bewegungen entwickelt oder angewandt wurden.

Kapitalismus abschaffen

Ein neuer linker Anlauf sollte den Marxismus-Leninismus und die Sozialdemokratie hinter sich lassen und weder eine Form des real existierenden Sozialismus noch einen gezähmten oder grünen Kapitalismus anstreben. Vielmehr sollte er die endgültige Abschaffung von Ausbeutung und staatlicher Unterdrückung zum Ziel haben. Konkret bedeutet das die Abschaffung von Privateigentum an Produktionsmitteln, Kapitalakkumulation und -aneignung, kapitalistischer Technologie, der hierarchischen Organisation von Arbeit und Gesellschaft sowie aller Formen von Ausgrenzung und Diskriminierung.

Zahlreiche Proteste, Streiks und Platzbesetzungen im Gefolge der globalen Finanzkrise Ende der 2000er- und Anfang der 2010er-Jahre wandten sich gegen Ausbeutung, autoritäre staatliche Herrschaft, Korruption, Sexismus, Ausgrenzung oder Unterdrückung. Sie sind Teil einer neuen Ära globaler Massenkämpfe, die in den frühen 2000er-Jahren begann und in jüngerer Zeit fortgesetzt wurde. Solche Ausbrüche gab es unter anderem 2019 in Chile, Frankreich, Hongkong, im Irak und im Libanon, 2020 in Ägypten, Belarus, Indonesien, Mexiko, Polen und den USA, 2021 in Indien, Kolumbien, Kuba, Myanmar, Südafrika, Sudan, Thailand und Tunesien, 2022 in Ecuador, im Iran, in Kasachstan und in Sri Lanka und 2023 in Israel und Frankreich. Einige dieser Bewegungen entstanden von unten und selbstorganisiert, und manche blieben sogar praktisch »ohne Anführer:innen«. Die meisten werden jedoch immer noch von reformistischen Ideen beherrscht oder haben nicht mit sozialdemokratischen oder marxistisch-leninistischen Konzepten gebrochen.

Für Nachhaltigkeit sorgen

Kapitalismus und Sozialismus stehen für unterschiedliche Formen des Produktivismus und das Streben nach endlosem Wirtschaftswachstum. Beide haben zu immenser Umweltzerstörung und der Verschwendung von Naturressourcen geführt. Heute muss die Wirtschaft umgestaltet und auf Nachhaltigkeit ausgerichtet werden, sodass ökologische Krisen und Katastrophen verhindert werden können. Dies kann nicht mit einem grünen Kapitalismus erreicht werden. Dieser nutzt vermeintlich umweltfreundliche Technologien, wie sie derzeit für Elektrofahrzeuge oder Solarenergie eingesetzt werden. Dabei werden jedoch imperialistische Strukturen der Rohstoffgewinnung und Ausbeutung von Arbeitskraft im Globalen Süden erhalten, und es geht weiterhin darum, kapitalistisches Wachstum zu garantieren.

Ökologische Bewegungen in Ost und West haben seit den 1970er- und 1980er-Jahren auf die Risiken des Produktivismus für die Umwelt hingewiesen. In jüngerer Zeit haben weltweite Bewegungen gegen den Klimawandel ein Ende der Umweltzerstörung gefordert. Solche Bewegungen sind in den vergangenen Jahrzehnten jedoch regelmäßig befriedet und kooptiert worden. »Grüne« Parteien und Programme spielen für strukturelle und technologische Reformen der kapitalistischen Produktion Anfang des 21. Jahrhunderts eine ähnliche Rolle wie sozialdemokratische Parteien und Programme Mitte des 20. Jahrhunderts. Es bleibt daher abzuwarten, ob die derzeitigen Mobilisierungen eine antikapitalistische Agenda entwickeln und aufrechterhalten können.

Über staatliche Macht hinausgehen

Beide linken großen Erzählungen gingen davon aus, dass der Kapitalismus allein durch Übernahme der Staatsmacht kontrolliert und später abgeschafft werden kann. Stattdessen haben linke Regierungen jedoch mehr oder weniger autoritäre und repressive staatliche Regime etabliert. Diese Regime stabilisierten die sozialistische oder kapitalistische Ordnung und sicherten die Position der herrschenden Klassen.

Um den autoritären und repressiven Staat abzuschaffen oder zu ersetzen, sollten alternative Strukturen auf der Grundlage von kollektiven, egalitären und antiautoritären Formen der Entscheidungsfindung und Verwaltung aufgebaut werden. Die neuen Verwaltungsorgane müssen auch mit konterrevolutionären Kräften und arbeiterfeindlichen, sexistischen und rassistischen Akteur:innen oder Bewegungen umgehen lernen. Die Geschichte hat gezeigt, dass autoritäre sozialistische Formen des Umgangs mit diesen Kräften und Akteur:innen zu neuen Formen der Unterdrückung und Ausbeutung führen können. Neue revolutionäre Ansätze müssen andere Strategien hervorbringen, um sich gegen die Verteidiger der alten Klassenhierarchie zu wehren und gleichzeitig die Entwicklung einer neuen Klassenhierarchie zu vermeiden.

Die Protagonist:innen linker Initiativen und sozialer Bewegungen sind linken Regierungen und sozialistischen Staatsapparaten wiederholt mit Misstrauen und Kritik begegnet, insbesondere nach der Gründung der Sowjetunion in den 1920er-Jahren, nach der Niederschlagung der Aufstände in Ungarn und Polen Mitte der 1950er-Jahre, während der Kulturrevolution in der VR China und der 1968er-Bewegung in anderen Ländern sowie nach der Konsolidierung linker Regime in postkolonialen Ländern des Globalen Südens. Für viele linke Initiativen, Bewegungen und Parteien ist die Übernahme der Staatsmacht jedoch nach wie vor ein zentrales Ziel.

Über repräsentative Demokratie hinausgehen

Wenn linke Kräfte autoritäre (sozialistische oder nichtsozialistische) Regime kritisieren oder ihnen entgegentreten, stellen sie häufig die »westliche« oder repräsentative Demokratie als bessere Alternative dar. Die westliche Demokratie, die es vor allem in Ländern des Globalen Nordens gibt, ist eine Form kapitalistischer Herrschaft, die denjenigen bürgerliche Freiheiten gewährt, die einen bestimmten staatsbürgerlichen Status besitzen. Wenn Bewegungen den Kapitalismus überwinden wollen, müssen sie für die Ermächtigung sozialer Akteure von unten sowie für ein egalitäres politisches und wirtschaftliches System kämpfen, das es den Menschen ermöglicht, ihr Leben gemeinschaftlich zu kontrollieren – sowohl im Globalen Süden als auch im Globalen Norden.[21]

Die Grenzen der repräsentativen Demokratie sind kritisiert worden, seit sie zu Beginn des 20. Jahrhunderts zu einer wichtigen politischen Form kapitalistischer Herrschaft wurden. Hinter der Kritik standen beispielsweise anarchistische und feministische Gruppen, verschiedene Basisbewegungen in den 1960er- und 1970er-Jahren

21 Ebenso problematisch wie die Debatte um die »westliche« Demokratie ist der bürgerliche Diskurs über Menschenrechte, weil liberale und rechte Kräfte meist »normale« (in Absetzung von »extremen«) Formen sozialer Ungleichheit und kapitalistischer Ausbeutung verteidigen und nicht als Verstöße gegen Menschenrechte sehen.

und in den frühen 2010er-Jahren die Platzbesetzungsbewegungen mit ihren Formen der direkten Demokratie. Gerade wenn Bewegungen sich gegen autoritäre Regime zur Wehr setzen müssen, erscheint ihnen die repräsentative Demokratie als bessere Alternative oder ein Schritt in die richtige Richtung. Letztendlich bietet sie nur einer begrenzten Anzahl von Menschen (meist im Globalen Norden) eingeschränkte Beteiligungsrechte und stärkt und legitimiert eine globale kapitalistische und imperialistische Ordnung, in der die Mehrheit der Menschen weiterhin unter autoritären Regimen lebt.

Nationale Grenzen niederreißen

Die großen Erzählungen, der Marxismus-Leninismus und die Sozialdemokratie, haben zur Gründung von »Internationale« genannter Vereinigungen (bestehend aus sozialistischen, sozialdemokratischen oder kommunistischen Parteien) beigetragen und bedienen sich einer internationalistischen Sprache. Tatsächlich basieren diese Erzählungen jedoch auf nationalistischen Vorstellungen von Staatsbürgerschaft, nationaler Entwicklung und politischen, wirtschaftlichen und sozialen Institutionen innerhalb etablierter nationaler Grenzen. Was wir brauchen, ist ein globales Konzept des sozialen und politischen Kampfes, mithilfe dessen die nationalen Grenzen, die den sozialen Widerstand spalten und kapitalistische Interessen schützen, überwunden und endlich niedergerissen werden können.

Im 20. Jahrhundert haben Versuche, Solidarität über Grenzen hinweg aufzubauen, antikoloniale Debatten und Kämpfe bestimmt. Solche Versuche prägten auch die sogenannte Antiglobalisierungsbewegung in den 2000er-Jahren sowie Bewegungen und Aufstände der frühen 2010er-Jahre. Viele linke Debatten, Bewegungen und Organisationen konzentrieren sich dennoch weiterhin auf »ihren« Nationalstaat oder fördern sogar eine Form des linken Nationalismus.

Rassistische Ausgrenzung beenden

Sozialistische Staaten sowie kapitalistische Staaten unter sozialdemokratischen Regierungen haben sich das nationale Staatsbürgerschaftsrecht sowie »ethnische«, kulturelle und Klassenunterschiede zunutze gemacht, um rassistische Migrationsregime zu errichten. Solche Regime umfassen Maßnahmen und Handlungsweisen, die ländliche Migrant:innen oder Migrant:innen aus anderen Staaten isolieren, ausschließen oder unterdrücken, ihnen Ressourcen entziehen, sie ausbeuten, bestrafen und ausweisen. Auch bestimmte Bewegungen von unten haben rassistische Forderungen gestellt, um andere aufgrund äußerer Merkmale, Herkunft, Kultur, Religion oder Staatsbürgerschaft von bestimmten Rechten oder Leistungen auszuschließen.

Weltweit spielen Migrant:innen – ob sie gewaltsam vertrieben oder sich wegen Armut oder anderer Faktoren zur Migration entschieden haben – seit Langem eine wichtige Rolle bei der Formierung von Arbeiterklassen, beispielsweise im späten 19. Jahrhundert in den USA und im späten 20. Jahrhundert in der VR China. Menschen of Color stehen an vorderster Front im Kampf gegen Diskriminierung und für Inklusion, in letzter Zeit etwa im Rahmen der Black-Lives-Matter-Bewegung. Die antirassistischen Kämpfe konnten bisher jedoch nicht verhindern, dass Rassismus auch heute noch etliche linke soziale Mobilisierungen durchzieht und tatsächliche Emanzipation verhindert.

Sexistische Diskriminierung beenden

Weder sozialistische noch sozialdemokratische Parteien oder Regime haben alle Formen patriarchaler Unterdrückung beseitigt. Seit dem 19. Jahrhundert machten sie lediglich Zugeständnisse, wenn sie unter dem Druck von Frauen*- oder LGBTIQ+-Kämpfen standen. Vor allem passten sie patriarchale Strukturen und Praktiken jedoch in einer Weise an, die den Bedürfnissen der sozialistischen oder kapitalistischen Wirtschaft entsprach. So wurde Frauen* (zuweilen vorübergehend) Lohnarbeit zugewiesen, wo sie in erster Linie als prekäre, schlecht entlohnte Arbeitskräfte ausgebeutet wurden. Gleichzeitig mussten sie ohne Lohn gesellschaftlich notwendige Reproduktionsarbeit leisten.

Eine zukünftige Gesellschaft muss die Formen und die Verteilung der sozialen Reproduktion neu organisieren und die sexistische Diskriminierung und Unterdrückung beenden. Seit den 1960er- und 1970er-Jahren haben Bewegungen von Frauen* in vielen Teilen der Welt auf eine Veränderung der Geschlechterverhältnisse gedrängt. Doch die feministische Revolution ist noch lange nicht abgeschlossen. Viele soziale Bewegungen und linke Initiativen reproduzieren zudem noch immer die sexistische Arbeitsteilung und andere Elemente der patriarchalen und heteronormativen Ordnung.

Hierarchische Strukturen abschaffen

Seit Langem sind die meisten linken Organisationen – wie linke Gewerkschaften, politische Parteien und NGOs – hierarchisch organisiert. Sie reproduzieren ungleiche Verhältnisse, wie jene zwischen Chefs und Arbeiter:innen oder zwischen Lehrer:innen und Schüler:innen, und manchmal auch rassistische und/oder sexistische Spaltungen. Diese autoritäre Praxis korrespondiert häufig mit einer weiteren hierarchischen Anordnung, in der angeblich gebildete, professionelle und aufgeklärte Vertreter:innen einer linken Organisation angeblich ungebildeten, laienhaften, unwissenden Zielgruppen oder Zuschauer:innen gegenüberstehen. Führungspositionen, Privilegien und höhere Einkommen der Leitung der politischen Organisation werden mit Hinweis auf die politischen Ziele oder organisatorische Notwendigkeiten gerechtfertigt.

Seit dem 19. Jahrhundert kämpfen die Mitglieder linker Organisationen für gleichberechtigte Teilhabe und Entscheidungsfindung und gegen autoritäre und korrupte Führungen. In jüngerer Zeit haben der verbesserte Zugang zu Bildungsmöglichkeiten und Kommunikationstechnologien sowie die Erfahrungen von Kollektivität, Kooperation und Austausch dazu geführt, dass Basisinitiativen zentralisierte und hierarchische Strukturen zunehmend überwinden. Das passierte in der ökologischen Bewegung, im Rahmen von wilden Streiks, in feministischen Bewegungen und in antirassistischen Mobilisierungen. Dennoch werden in sozialen Bewegungen von unten weiterhin Konzepte hierarchischer linker Organisierung sowie Führungsmythen propagiert, vor allem von denen, die selbst an der Spitze stehen wollen.

Kooptierung verhindern

Akteur:innen verschiedener linker Strömungen haben lange für materielle Verbesserungen und die Abschaffung kapitalistischer Ausbeutung und sexistischer Unterdrückung gekämpft. Viele von ihnen wurden zum Schweigen gebracht (durch Repression), gaben auf (nach Zugeständnissen der Gegenseite) oder schlossen sich der anderen Seite an (durch Kapitulation oder Kooptierung).

Kooptierung untergräbt und schwächt soziale Bewegungen oder linke Organisationen. Zum einen werden Aktivist:innen oder Anführer:innen selbst gezwungen, bestochen oder verleitet, die Seite zu wechseln. Zum anderen werden ihre Erfahrungen genutzt, um Strukturen und Praktiken des Regimes anzupassen und so weiteren Widerstand von unten und eine Destabilisierung zu vermeiden.[22]

22 Eine Analyse der verschiedenen Arten formellen Zwangs und informeller oder versteckter Mechanismen der politischen Kontrolle durch das KPCh-Regime, beispielsweise durch

Soziale Bewegungen brauchen eine Strategie, um Kooptierung einzuschränken oder zu verhindern. Beispielsweise können kollektive Formen der Entscheidungsfindung und ständigen Kontrolle durch die Basis helfen. Diejenigen, die kooptiert werden könnten, sollten zudem von zentralen Funktionen in Bewegungen und Organisationen ferngehalten werden. In vielen sozialen Bewegungen rund um den Globus wurden Versuche unternommen, Kooptierung zu verhindern, aber sie funktioniert immer noch als wichtiges Instrument der herrschenden Klasse zur Unterdrückung sozialer Unruhen.[23]

Alle diese politischen und strategischen Elemente linker Politikausrichtung stehen im Widerspruch zur Politik linker Strömungen, die den Kapitalismus reformieren wollen, die versuchen, kapitalistische Staatsstrukturen zu unterwandern, um sie von innen heraus zu verändern, oder die versuchen, die Staatsmacht durch einen Putsch an der Spitze zu übernehmen.

Elemente einer linken Strategie

Wie lassen sich die oben beschriebenen Elemente linker Politik in einer konkreten Strategie für Veränderungen auf lokaler und globaler Ebene umsetzen? Zwei Handlungsformen sind hier von entscheidender Bedeutung, deren Spuren sich in der Geschichte revolutionärer Politik in China und anderswo finden lassen: die Analyse von Prozessen der Klassenneuzusammensetzung aus der Perspektive von Proletarier:innen und anderen Unterdrückten; und Formen der Organisierung von unten, die die Spaltung zwischen Proletarier:innen, Aktivist:innen und sogenannten Intellektuellen aufbrechen.[24]

die »Kultivierung der Zivilgesellschaft«, die »Kooptierung lokaler Anführer:innen« oder »Unterwanderung« bietet Daniel C. Mattingly: The Art of Political Control in China, Cambridge 2020. Für eine allgemeinere Erörterung der Entwicklung sozialer Bewegungen und des Aktivismus sowie deren Kooptation und Befriedung siehe Francis Fox Piven/Richard Cloward: Aufstand der Armen, Frankfurt a. M. 1986; Michael Bruch/Wolfram Schaffar/Peter Scheiffele (Hrsg.): Organisation und Kritik, Münster 2011.

23 Protagonist:innen beider linken großen Erzählungen und Strömungen sind von herrschenden Klassen sowohl in sozialistischen als auch in kapitalistischen Systemen kooptiert worden. Oft ist es auch ihre Herkunft aus dem Bürgertum, dem Bildungs- oder dem Kleinbürgertum, die ihre (erneute) Eingliederung in die Klasse ihrer Herkunft und eine Karriere in politischen Organisationen oder Unternehmen ermöglicht. Ihre Erfahrungen als Aktivist:innen oder Anführer:innen in linken oder sozialen Bewegungen sind oft ihr Kapital, das sie für ihre persönlichen Interessen einsetzen, und insofern entscheidend für ihre Integration.

24 Ein Konzept, das Analyse und Organisierung in dieser Weise verbindet, wurde in den 1960er-Jahren in Italien entwickelt und als *conricerca* bezeichnet. Später wurde es auch in anderen Teilen der Welt eingesetzt. Im Deutschen wird der Begriff oft mit »militante Unter-

In den folgenden Abschnitten erörtere ich konkrete Elemente einer linken Analyse- und Organisierungsstrategie. Manche Leser:innen mögen einige dieser Elemente bereits in ihre politische Strategie integriert haben, andere können sie als Inspiration für neue Versuche nehmen. Ein Schwerpunkt liegt auf der Solidarität und Unterstützung der Bewegungen in der VR China.

Lokal und global handeln

Die Abschaffung des Kapitalismus kann nur gelingen, wenn sie auf globaler Ebene stattfindet. Linke Aktivist:innen außerhalb der VR China sollten die sozialen Konflikte in der VR China in ihre Perspektive und Analyse einbeziehen und sich insbesondere mit den Erfahrungen von Arbeiter:innen, dem Kampf von Frauen* und dem Widerstand von ländlichen Migrant:innen dort befassen. Gleichzeitig gilt es, sich auch weiterhin an lokalen oder regionalen Kämpfen in den eigenen Regionen zu beteiligen. Diejenigen, die innerhalb der VR China aktiv sind, sollten auch woanders nach Inspiration und Unterstützung suchen.

Schluss mit nationalistischen Diskursen

In den USA und in der EU beschwören politische Kräfte von rechts und links eine Art »gelbe Gefahr«, um so gegen den Einfluss der VR China im Ausland zu mobilisieren und die nationalen Belange »ihres« Landes zu unterstützen. Währenddessen stellen sich andere Teile der Linken auf die Seite des KPCh-Regimes und ignorieren dessen Unterdrückung sozialer Proteste in der VR China sowie dessen Versuche, ein eigenes imperialistisches System zu errichten. Beide Formen der Unterstützung für imperialistische Mächte, ob sie sich hinter die »alten« Hegemonialmächte USA und EU stellen oder die »neue« Großmacht VR China stärken wollen, schwächen die Kämpfe der sozialen Bewegungen und Arbeiterklassen. Linke Initiativen sollten nationalistische Diskurse bekämpfen und die Formierung einer globalen Klassenbewegung von unten anstreben.

suchung« übersetzt. Siehe Raniero Panzieri: Socialist Uses of Workers' Inquiry [1965], eipcp.net, April 2006, unter: https://tinyurl.com/bdhm3246; Emiliana Armano/Devi Sacchetto/Steve Wright: Coresearch and Counter-Research. Romano Alquati's Itinerary Within and Beyond Italian Radical Political Thought, in: Viewpoint Magazine, 27.9.2013, unter: https://tinyurl.com/y3ldp65f; Christian Frings: Militante Untersuchung, in: Ulrich Brand/Bettina Lösch/Benjamin Opratko/Stefan Thimmel (Hrsg.): ABC der Alternativen 2.0. Von Alltagskultur bis Zivilgesellschaft, Hamburg 2012, S. 166–167.

Gegen linke Mystifizierungen

Die unter Linken weitverbreitete Mystifizierung und Verherrlichung vergangener oder aktueller Bewegungen führt zu verdrehten Vorstellungen von Kämpfen, Organisationen und Personen. Irreführende Ideologie oder Propaganda, zum Beispiel über den »großen Führer« Mao Zedong oder die »Diktatur des Proletariats«, erzeugen Verwirrung und Misstrauen und machen die Bewegungen politisch angreifbar. Die Linke braucht eine offene Diskussion über die Stärken und Schwächen sozialer Revolten und des kollektiven Widerstands, also über die Möglichkeiten und Grenzen ihrer organisatorischen Zusammenhänge, ihrer Analyse und Ausrichtung sowie ihres tatsächlichen Einflusses oder ihrer Macht – nicht nur in Bezug auf die VR China.

Ohne Hierarchien organisieren

Soziale Kämpfe und linke Initiativen brauchen eine kollektive Organisierung ohne Hierarchien, um eine Kluft zwischen Mitgliedschaft und Führung sowie den »Ausverkauf« sozialer Bewegungen durch ihre »Anführer:innen« zu verhindern. Diese Form der Organisierung steht im Gegensatz zu den traditionellen Hierarchien in Gewerkschaften, Parteien oder NGOs. Die hierarchische Form der Organisierung trägt zur Kooptierung, Integration und Befriedung sozialen Widerstands bei und gefährdet oder verhindert oft die Selbstermächtigung sozialer Akteur:innen.

Die Kontrolle muss bei der Basis bleiben

In der VR China und anderswo sind es oft »Fachleute« wie Gewerkschaftsbürokrat:innen, NGO-Mitarbeiter:innen, professionelle »Organizer«, Akademiker:innen und Journalist:innen, die die Form und Richtung sozialer Kämpfe bestimmen (oder es zumindest versuchen). Diese Form des Paternalismus muss überwunden werden. Linke Organisierung muss in den Händen proletarischer sozialer Akteur:innen liegen, wie in denen von Arbeiter:innen, Frauen*, Migrant:innen, Student:innen oder Rentner:innen, die in den sozialen Auseinandersetzungen tatsächlich an vorderster Front stehen. In Kämpfen sowie in der Berichterstattung über oder der Analyse von diesen Kämpfen sollten sie für sich selbst sprechen.[25]

25 Das heißt nicht, dass Gewerkschafts- oder NGO-Mitarbeiter:innen, professionelle »Organizer«, Journalist:innen und Akademiker:innen, die mit sozialen Bewegungen oder Kämpfen sympathisieren, diese nicht unterstützen sollten. Sie sollten lediglich weder eine führende

Ermächtigende Solidarität organisieren
Das Ziel von Solidaritätsaktionen sollte nicht darin bestehen, bestimmte Bewegungen oder soziale Akteur:innen zu vertreten, sondern deren Selbstermächtigung zu befördern.[26] In Bezug auf soziale Kämpfe in der VR China kann dies verschiedene Formen annehmen: Verbindungen mit und zwischen sozialen Aktivist:innen in der VR China und anderswo herstellen; die Stimmen oppositioneller Kräfte in betrieblichen Konflikten, feministischen Kämpfen oder anderen sozialen Auseinandersetzungen verstärken; diejenigen unterstützen, die staatlicher Verfolgung und anderen Formen der Unterdrückung ausgesetzt sind; die Beteiligung und den Einfluss der VR China oder der KPCh in Institutionen vor Ort (wie Unternehmen oder Universitäten) hinterfragen und kritisieren; Ressourcen in Form von Know-how, Geld, Technologien, Übersetzungen und Veröffentlichungsmöglichkeiten bereitstellen. Letzteres ist besonders wichtig in Ländern wie der VR China, wo Bewegungen und Initiativen mit Unterdrückung und Zensur durch ein autoritäres Regime zurechtkommen müssen und aufgrund niedriger Einkommen und anderer Faktoren über weniger Ressourcen verfügen, um sich organisieren und handeln zu können.

Dies sind konzeptionelle Ideen und mögliche Leitprinzipien für linke Organisierung und Intervention in sozialen Kämpfen in der VR China und anderswo. Sie sollen helfen, linke Handlungsweisen zu entwickeln, die Herrschaftsverhältnisse tatsächlich aufheben können und sie nicht bestätigen, die kollektiv sind und nicht hierarchisch und die langfristig effektiv sind und nicht bloß kurzfristig wirken. Kurzum, »[s]tatt die rechten ›linken‹ Reparaturwerkzeuge für auseinanderfallende kapitalistische Sozialstrukturen zu schaffen und die Zahnräder der Schlichtung und Befriedung sozialer Kämpfe zu fetten oder gar dem Mythos vom ›Arbeiterstaat‹ neues Leben einzuhauchen, sollte die Linke weiter Prozesse der Klassen(neu-)zusammensetzung unterstützen, indem sie die Zensur unterläuft, mehr Informationen über die Kämpfe in [der VR] China und darüber hinaus verbreitet und ihre

Rolle übernehmen noch über die Ziele, Formen, Mittel oder Zwecke dieser Kämpfe entscheiden – es sei denn, der Kampf betrifft soziale Konflikte innerhalb von NGOs, Gewerkschaften, »Organizing«-Initiativen, Medien oder Universitäten. Sie sollten ferner ihr Engagement nicht mit beruflichen oder geschäftlichen Angelegenheiten vermischen.

26 Zu Problemen mit dem »Fetisch« der Repräsentation in sozialen Kämpfen siehe friends of gongchao: Against the Fetish of Representation – Class Struggle in China Beyond the Leftist Grand Narrative, gongchao.org, 5.4.2013, unter: https://tinyurl.com/mvmrdrp2.

konstruktive Rolle in den Grenzen des Kapitalismus aufgibt und stattdessen Werkzeuge destruktiver Kritik entwickelt. Diese Form der Kritik muss durch die staatliche Propaganda wie auch den Nebel blicken, der die kapitalistische Ausbeutung umgibt, und sie muss Licht auf die Kämpfe werfen, die Perspektiven jenseits des Kapitalismus eröffnen können.«[27]

27 Freund:innen von gongchao: Linke Sackgasse versus destruktive Kritik – Chinas Aufstandsbekämpfungsstrategien und mögliche Antworten, gongchao.org, 1.6.2012, unter: https://tinyurl.com/4ab2cx5r.

Epilog

Das Regime der Kommunistischen Partei Chinas hat in den Jahren seit der Gründung der Volksrepublik China 1949 eine komplexe Struktur von Partei- und Staatsorganen aufgebaut. Es war in der Lage, diese Struktur nach Veränderungen und Herausforderungen anzupassen und schließlich sogar – am Ende des »kommunistischen Weges« – den Übergang zum Kapitalismus zu meistern. Das Regime hat bewiesen, dass es mit sozialen und politischen Unruhen umgehen und dabei ein gewisses Maß an Unterstützung in der Bevölkerung bewahren konnte.

In den vergangenen Jahrzehnten konnten wir jedoch beobachten, wie andere scheinbar stabile Regime nach Massenaufständen und Revolten zusammenbrachen, wie in den späten 1980er-Jahren in Osteuropa oder in den frühen 2010er-Jahren in Nordafrika. Das Regime der KPCh selbst ist heute nicht so stabil, wie es oft dargestellt wird. Eskalierende Wirtschaftskrisen und Fehler des Regimes könnten seine Legitimität weiter schwächen, und Konflikte in den Betrieben, Kämpfe von Frauen* und die Proteste von Binnenmigrant:innen könnten seine Herrschaft gefährden.

Es bleibt daher abzuwarten, ob der Kapitalismus in der VR China überleben wird. Solange das der Fall ist, wird es auch weiterhin um eine mögliche revolutionäre Entwicklung gehen – Revolution gedacht als Prozess, in dessen Verlauf eine Gesellschaft entsteht, die die Menschen selbst kontrollieren und die ihre Bedürfnisse deckt und nicht der Profit- und Reichtumsvermehrung der herrschenden Klasse dient.

In der vorliegenden Untersuchung konzentriere ich mich auf die Entwicklung der VR China, doch jede Debatte über Revolution muss sich mit der Entstehung und Zusammensetzung einer globalen Arbeiterklasse befassen. In verschiedenen Teilen der Welt haben sich immer wieder Zyklen massenhafter sozialer Kämpfe entwickelt, auch in den vergangenen Jahren. Ob von Migrant:innen, städtischen Arbeiter:innen, Bäuerinnen und Bauern, Student:innen oder Frauen* organisiert – viele dieser sozialen Kämpfe fanden gleichzeitig statt, waren aber nicht wirklich »global«. Vielmehr bleiben sie oft getrennt, entlang der Grenzen zwischen dem Globalen Norden und dem Globalen Süden, durch Staatsgrenzen, Migrationsregime und Arbeitsmärkte, Sexismus oder Rassismus. Diese Spaltungen müssen überwunden werden. Es ist eine der Aufgaben linker Organisierung, Ressourcen bereitzustellen und Brücken zu bauen, sodass sich Kämpfe über Spaltungen und Grenzen hinweg verbinden und schließlich global werden können.

Für den Erfolg jeder neuen revolutionären Anstrengung ist entscheidend, ob ihre Protagonist:innen aus den Fehlern früherer Versuche lernen oder nicht. Ich habe die Konflikte und Widersprüche in den Perioden des Sozialismus, des Übergangs und des Kapitalismus in der VR China dargestellt und analysiert. In den Schlussfolgerungen habe ich Elemente einer alternativen Strategie zur Vorbereitung eines neuen revolutionären Versuchs erörtert. Wenn Darstellung und Analyse des Buches eine breitere Debatte in dieser Richtung auslösen können, war es den Kopfschmerz, die Zeit und die Energie wert. Kontroversen, Kommentare, Rezensionen und Material zu dem Buch sind auf der Website gongchao.org dokumentiert.[1]

Eine weitere Publikation, in der ich die hier dargelegten historischen Fäden aufgreife, ist bereits erschienen. Unter dem Titel »Die Linke in China. Eine Einführung« zeichnet sie die wichtigsten sozialen Aufstände und Bewegungen in der VR China seit den 1950er-Jahren nach und analysiert die von diesen Kämpfen inspirierten linken politischen Gruppen und ihre Handlungsweisen.[2]

Beide Bücher und die Website gongchao.org sollen eine kritische Debatte über die Geschichte und die Zukunft der revolutionären Politik in der VR China und darüber hinaus anstoßen. Alle Leser:innen sind herzlich eingeladen mitzudiskutieren!

1 Material zu diesem Buch steht zur Verfügung unter https://www.gongchao.org/de/der-kommunistische-weg-in-den-kapitalismus und (Englisch) unter https://www.gongchao.org/en/the-communist-road-to-capitalism.

2 Material zu Ralf Ruckus: Die Linke in China. Eine Einführung, Wien/Berlin 2023, ist dokumentiert unter https://www.gongchao.org/de/die-linke-in-china und (Englisch) unter https://www.gongchao.org/en/the-left-in-china. Für weitere Informationen siehe den Blog https://nqch.org.

Anhang

Weitere Lektüre

Die folgende Liste von Websites und Büchern bietet eine knappe Auswahl für Leser:innen, die sich eingehender mit der Geschichte der VR China und insbesondere mit den Kämpfen von unten befassen möchten. Weiteres Material, auch zu konkreteren Themen, findet sich in der zitierten Literatur (siehe unten).

Ausgewählte Websites

https://www.gongchao.org
https://nqch.org
http://chuangcn.org/blog
https://lausancollective.com
https://madeinchinajournal.com
https://maps.clb.org.hk

Ausgewählte Bücher

Andreas, Joel: Disenfranchised. The Rise and Fall of Industrial Citizenship in China, Oxford 2019.

Barlow, Tani E.: The Question of Women in Chinese Feminism, Durham/London 2004.

Friedman, Eli: Insurgency Trap. Labor Politics in Postsocialist China, Ithaca, NY 2014.

Hao Ren (Hrsg.): Streiks im Perlflussdelta. ArbeiterInnenwiderstand in Chinas Weltmarktfabriken, übersetzt und herausgegeben von Ralf Ruckus, Wien/Berlin 2014.

Hershatter, Gail: Women in China's Long Twentieth Century, Berkeley, CA 2007.

Lee, Ching-Kwan: Against the Law. Labor Protests in China's Rustbelt and Sunbelt, Berkeley, CA 2007.

Lu Ping (Hrsg.): A Moment of Truth: Workers' Participation in China's 1989 Democracy Movement and the Emergence of Independent Unions, Hongkong 1990.

Meisner, Maurice: Mao's China and After. A History of the People's Republic, 3., überarbeitete Aufl., New York 1999.

Pun Ngai: Made in China. Women Factory Workers in a Global Workplace, Durham, NC 2005.

Ruckus, Ralf: Die Linke in China. Eine Einführung, Wien/Berlin 2023.

Sheehan, Jackie: Chinese Workers. A New History, London 1998.

Wu Yiching: Die andere Kulturrevolution. 1966–1969: Der Anfang vom Ende des chinesischen Sozialismus, übersetzt und herausgegeben von Ralf Ruckus, Wien/Berlin 2019.

Literatur

Ahlers, Anna L.: Rural Policy Implementation in Contemporary China. New Socialist Countryside, London 2014.

Akamatsu, Kaname: A Historical Pattern of Economic Growth in Developing Countries, in: Journal of Developing Economies 1/1962, S. 3–25, unter: https://tinyurl.com/4yfesy9x.

Andors, Stephen: The Dynamics of Mass Campaigns in Chinese Industry. Initiators, Leaders, and Participants in the Great Leap Forward, the Cultural Revolution, and the Campaign to Criticize Lin Biao and Confucius, in: Critical Asian Studies 4/1976, S. 37–46.

Andreas, Joel: Rise of the Red Engineers. The Cultural Revolution and the Origins of China's New Class, Stanford, CA 2009.

— Reconfiguring China's Class Order After the 1949 Revolution, in: Guo Yingjie (Hrsg.): Handbook on Class and Social Stratification in China, Cheltenham 2016, S. 21–43.

— Disenfranchised. The Rise and Fall of Industrial Citizenship in China, Oxford 2019.

Appleton, Simon/Knight, John/Song Lina/Xia Qingjie: Labor Retrenchment in China. Determinants and Consequences, in: China Economic Review 2–3/2002, S. 252–275, unter: https://tinyurl.com/yk27jkrt.

Armano, Emiliana/Sacchetto, Devi/Wright, Steve: Coresearch and Counter-Research. Romano Alquati's Itinerary Within and Beyond Italian Radical Political Thought, in: Viewpoint Magazine, 27.9.2013, unter: https://tinyurl.com/y3ldp65f.

Arrighi, Giovanni: The Long Twentieth Century. Money, Power, and the Origins of Our Times, London 1994.

Bao Hongwei: Queer Comrades. Gay Identity and Tongzhi Activism in Postsocialist China, Kopenhagen 2018.

Batson, Andrew: China's Security Fears and the Cold War Economy, in: Andrew Batson's Blog, 6.7.2020, unter: https://tinyurl.com/bdhr9rdr.

Baum, Richard: Prelude to Revolution. Mao, the Party, and the Peasant Question 1962–66, New York 1975.

Baum, Richard/Teiwes, Frederick C.: Ssu-Ch'ing. The Socialist Education Movement of 1962–1966, Berkeley, CA 1968.

BBC: Tian'anmen Square Protest Death Toll »Was 10,000«, BBC News, 23.12.2017, unter: https://tinyurl.com/ycknwj42.

Beja, Jean-Philippe (Hrsg.): The Impact of China's 1989 Tiananmen Massacre, London 2011.

Bello, Walden: China. An Imperial Power in the Image of the West?, Bangkok 2019.

Benton, Gregor (Hrsg.): Wild Lilies, Poisonous Weeds. Dissident Voices from People's China, London 1982.

Benton, Gregor/Hunter, Alan (Hrsg.): Wild Lily, Prairie Fire. China's Road to Democracy, Yan'an to Tian'anmen, 1942–1989, Princeton, NJ 1995.

Bernstein, Thomas P.: Farmer Discontent and Regime Responses, in: Merle Goldman/Roderick MacFarquhar (Hrsg.): The Paradox of China's Post-Mao Reforms, Cambridge 1999, S. 197–219.

Bernstein, Thomas P./Lu Xiaobo: Taxation without Representation in Contemporary Rural China, Cambridge 2003.

Blecher, Marc: Peasant Labour for Urban Industry. Temporary Contract Labour, Urban-Rural Balance and Class Relations in a Chinese County, in: World Development 8/1983, S. 731–45.

— Inequality and Socialism in Rural China. A Conceptual Note, in: World Development 1/1985, S. 115–121.

Bloomberg: China's Workers Are Saying Goodbye to Double-Digit Pay Raises, 19.6.2017, unter: https://tinyurl.com/y5y9m43s.

— China Returns to Old Construction Playbook to Boost Growth, 6.9.2020, unter: https://tinyurl.com/y26n6pax.

— Violent Protests Erupt at Apple's Main iPhone Plant in China, 23.11.2022, unter: https://tinyurl.com/3rb4x4f4.

Borchard, Dagmar: Auswirkungen der Arbeitsgesetzgebung der 80er Jahre auf die Frauenarbeit, in: Cheng Ying/Bettina Gransow/Mechthild Leutner (Hrsg.): Frauenstudien. Beiträge der Berliner China-Tagung 1991, München 1992, S. 191–212.

Bradsher, Henry S.: China. The Radical Offensive, in: Asian Survey 11/1973, S. 989–1009.

Brandt, Loren/Hsieh Chang-Tai/Zhu Xiaodong: Growth and Structural Transformation in China, in: Loren Brandt/Thomas Rawski (Hrsg.): China's Great Economic Transformation, Cambridge 2008, S. 638–728.

Brandt, Loren/Ma Debin/Rawski, Thomas: Industrialization in China, Diskussionspaper Nr. 10096, Forschungsinstitut zur Zukunft der Arbeit, Bonn, Juli 2016, unter: http://ftp.iza.org/dp10096.pdf.

Branigan, Tania: For Richer, for Poorer. How China's Laws Put Women Second, in: Guardian, 24.2.2015, unter: https://tinyurl.com/y5dlcuxn.

— Five Chinese Feminists Held Over International Women's Day Plans, in: Guardian, 12.3.2015, unter: https://tinyurl.com/y5dwxyj2.

Breslin, Shaun: Capitalism with Chinese Characteristics. The Public, the Private and the International, in: Asia Research Centre, Warwick University, Working Paper Nr. 104, Juni 2004.

Brook, Timothy: Quelling the People. The Military Suppression of the Beijing Democracy Movement, Oxford 1992.

Bruch, Michael/Schaffar, Wolfram/Scheiffele, Peter (Hrsg.): Organisation und Kritik, Münster 2011.

Brussee, Vincent: Social Credit. The Warring States of China's Emerging Data Empire, Singapur 2023.

Burns, John P.: Chinese Peasant Interest Articulation, in: David S. G. Goodman (Hrsg.): Groups and Politics in the People's Republic of China, Cardiff 1984, S. 126–151.

Butollo, Florian: The End of Cheap Labour. Industrial Transformation and »Social Upgrading« in China, Frankfurt a. M. 2014.

Butollo, Florian/ten Brink, Tobias: Challenging the Automization of Discontent, in: Critical Asian Studies 3/2012, S. 419–440.

Byler, Darren: Spirit Breaking. Uyghur Dispossession, Culture Work and Terror Capitalism in a Chinese Global City, Dissertation, University of Washington 2018, unter: https://tinyurl.com/5n8jx33n.

Byrd, William A./Lin Qingsong (Hrsg.): China's Rural Industry. Structure, Development, and Reform, Oxford 1990.

Cai Yongshun: State and Laid-Off Workers in Reform China. The Silence and Collective Action of the Retrenched, London 2006.

— Disruptive Collective Action in the Reform Era, in: Kevin J. O'Brien (Hrsg.): Popular Protest in China, Cambridge 2008, S. 163–178.

Cao Desheng: Xi Urges CPC Members to Maintain Long March Spirit, Rejuvenate Nation, in: China Daily, 19.8.2019, unter: https://tinyurl.com/6kp2bszd.

Cao Yaxue: Detention of Five Chinese Feminist Activists at the Juncture of Beijing+20 – An Interview with Gender Scholar Wang Zheng, China Change, 11.4.2015, unter: https://tinyurl.com/y2w2w7sh.

— Chinese Authorities Orchestrate Surprise Raid of Labor NGOs in Guangdong, Arresting Leaders. Who the Activists Are, and Why the Government Is Striking Hard against Their NGOs, China Change, 10.12.2015, unter: https://tinyurl.com/mt2kt47n.

Carter, Lance: Auto Industry Strikes in China, Insurgent Notes, 28.10.2010, unter: https://tinyurl.com/rkkxx37b.

Chan, Anita: Rural Chinese Women and the Socialist Revolution. An Inquiry into the Economics of Sexism, in: Journal of Contemporary Asia 2/1974, S. 197–208.

— Children of Mao. Personality Development and Political Activism in the Red Guard Generation, London 1985.

— Revolution or Corporatism? Workers and Trade Unions in Post-Mao China, in: Australian Journal of Chinese Affairs 29, 1993, S. 31–61.

Chan, Anita/Rosen, Stanley/Unger, Jonathan (Hrsg.): On Socialist Democracy and the Chinese Legal System. The Li Yizhe Debates, Armonk, NY 1985.

Chan King-Chi, Chris: The Challenge of Labour in China. Strikes and the Changing Labour Regime in Global Factories, Dissertation, University of Warwick 2008, unter: https://tinyurl.com/mtyffb4p.

— Contesting Class Organization. Migrant Workers' Strikes in China's Pearl River Delta, 1978–2010, in: International Labor and Working-Class History 83, 2013, S. 112–136, unter: https://tinyurl.com/yyjces8z.

Chan King-Chi, Chris/Hui Sio-Ieng, Elaine: The Development of Collective Bargaining in China. From »Collective Bargaining by Riot« to »Party State-led Wage Bargaining«, in: China Quarterly 217, 2014, S. 221–242.

Chang, Gordon: The Coming Collapse of China, London 2002.

Chen, Sharon/Li Dandan: China Loosens Urban Residency Restrictions to Spur Growth. Xi Jinping's Overhaul of the Decades-Old Policy Will Drive a Move to Cities in the Country's Interior, Bloomberg, 14.1.2020, unter: https://tinyurl.com/y6zws8gs.

Chen Chih-Jou, Jay: Growing Social Unrest and Emergent Protest Groups in China, in: Michael Hsiao Hsin-Huang/Lin Cheng-Yi (Hrsg.): Rise of China. Beijing's Strategies and Implications for the Asia-Pacific, New York 2009, S. 87–106.

— Peasant Protests Over Land Seizures in Rural China, in: Journal of Peasant Studies 6/2020, S. 1327–1347.

Chen Erjin: China. Crossroads Socialism. An Unofficial Manifesto for Proletarian Democracy, London 1984.

Chen Ruoxi: Democracy Wall and the Unofficial Journals, Berkeley, CA 1982.

Chen Ya-Chen: The Many Dimensions of Chinese Feminism, New York 2011.

Chen Yawen: China Property Crisis Enters Dangerous Next Phase, Reuters, 14.7.2022, unter: https://tinyurl.com/yc5f48wm.

Cheng, Joseph Y. S. (Hrsg.): The Use of Mao and the Chongqing Model, Hongkong 2015.

Cheng Chu-Yuan: Communist China's Economy, 1949–1962, South Orange, NJ 1963.

Chi Hsin: The Case of the Gang of Four, Hongkong 1977.

China Labour Bulletin (CLB): A Decade On, China's Labour Contract Law Has Failed to Deliver, CLB-Webseite, 28.12.2017, unter: https://tinyurl.com/yc25cn7w.

— Strike Map, maps.clb.org.hk, 13.11.2020, unter: https://maps.clb.org.hk.

— Minimum Wage Increases Stall Under the Impact of Covid-19 Pandemic, clb.org.hk, 16.12.2020, unter: https://tinyurl.com/449yzra7.

Chinese Communist Party: Resolution on Certain Questions in the History of Our Party Since the Founding of the People's Republic of China, adopted by the Sixth Plenary Session of the Eleventh Central Committee of the Chinese Communist Party, 27.6.1981, unter: https://tinyurl.com/4fh6c8jw.

Choonara, Joseph: A New Cycle of Revolt, in: International Socialism 165, 2019, unter: https://tinyurl.com/yc5w285u.

Connelly, Rachel/Roberts, Kenneth/Zheng Zhenzhen: The Impact of Circular Migration on the Position of Married Women in Rural China, in: Feminist Economics 1/2010, S. 3–41.

Cook, Alexander C.: The Cultural Revolution on Trial. Mao and the Gang of Four, Cambridge 2016.

Crawford, Alan: A New World Order for the Coronavirus Era Is Emerging, Bloomberg, 10.7.2020, unter: https://tinyurl.com/y4qpa87o.

Dai Jinhua: Class and Gender, in: ARENA (Hrsg.): China Reflected, Hongkong 2003, S. 138–151, unter: https://tinyurl.com/64nxwmbu.

Danna, Raffaele: The Making of China's Economic Reforms: Interview with Isabella Weber, Pandora Rivista, 11.6.2019, unter: https://tinyurl.com/mphnweh6.

Davin, Delia: Women in Liberated Areas, in: Marilyn B. Young (Hrsg.): Women in China. Studies in Social Change and Feminism, Ann Arbor, MI 1973, S. 73–91.

— Woman-Work. Women and the Party in Revolutionary China, Oxford 1979.

— Migration, Women and Gender Issues in Contemporary China, in: Thomas Scharping (Hrsg.): Floating Population and Migration in China. The Impact of Economic Reforms, Hamburg 1997, S. 297–314.

Day, Alexander F.: Gender and the Collectivization of Rural Labor, in: The PRC History Review 1/2014, S. 3–5, unter: https://tinyurl.com/2uxb94jm.

Day, Alexander F./Schneider, Mindi: The End of Alternatives? Capitalist Transformation, Rural Activism and the Politics of Possibility in China, in: Journal of Peasant Studies 7/2018, S. 1–25.

DeMare, Brian: Land Wars. The Story of China's Agrarian Revolution, Stanford 2019.

Dickson, Bruce J.: Red Capitalists in China. The Party, Private Entrepreneurs, and Prospects for Political Change, Cambridge 2003.

— Wealth into Power. The Communist Party's Embrace of China's Private Sector, Cambridge 2008.

Dikötter, Frank: Mao's Great Famine. The History of China's Most Devastating Catastrophe 1958–1962, New York 2010.

Dillon, Michael: China's Rulers. The Fifth Generation Takes Power (2012–13), London 2012.

Dirlik, Arif: The Third World, in: Carole Fink/Philipp Gassert/Detlef Junker (Hrsg.): 1968. The World Transformed, Cambridge 1998, S. 295–317.

Dittmer, Lowell: Bases of Power in Chinese Politics. A Theory and an Analysis of the Fall of the »Gang of Four«, in: World Politics 1/1978, S. 26–60.

— China's Continuous Revolution. The Post-Liberation Epoch 1949–1981, Berkeley, CA 1989.

Drucker, Peter F.: Das Großunternehmen. Sinn, Arbeitsweise und Zielsetzung in unserer Zeit, Düsseldorf 1966.

Eckstein, Alexander: China's Economic Revolution, Cambridge 1977.

Edwards, Louise: Issue-Based Politics: Feminism with Chinese Characteristics or the Return of Bourgeois Feminism?, in: David S. G. Goodman (Hrsg.): The New Rich in China. Future Rulers, Present Lives, London 2008, S. 201–212.

Elfstrom, Manfred/Kuruvilla, Sarosh: The Changing Nature of Labor Unrest in China, in: ILR Review 2/2014, S. 453–480, unter: https://tinyurl.com/mrybdcfc.

Elsenhans, Hartmut: Staatsklassen, in: Manfred Schulz (Hrsg.): Entwicklung. Die Perspektive der Entwicklungssoziologie, Wiesbaden 1997, S. 161–185.

Fan, Cindy C.: China on the Move. Migration, the State, and the Household, London 2008.

Federici, Silvia: Revolution at Point Zero. Housework, Reproduction, and Feminist Struggle, Oakland, CA 2012.

Forster, Keith: Rebellion and Factionalism in a Chinese Province: Zhejiang, 1966–1976, Armonk, NY/London 1990.

Frazier, Mark W.: The Making of the Chinese Industrial Workplace. State, Revolution, and Labor Management, Cambridge 2004.

Friedman, Eli: Insurgency Trap. Labor Politics in Postsocialist China, Ithaca, NY 2014.

— Marketizing China. Factory Relocations and Land Privatizations Have Put Chinese Migrant Workers on the Defensive, Jacobin, 9.9.2015, unter: https://tinyurl.com/f6h439cj.

— Escape from the Closed Loop, in: Boston Review, 28.11.2022, unter: https://tinyurl.com/284t772u.

Frings, Christian: Militante Untersuchung, in: Ulrich Brand/Bettina Lösch/Benjamin Opratko/Stefan Thimmel (Hrsg.): ABC der Alternativen 2.0. Von Alltagskultur bis Zivilgesellschaft, Hamburg 2012, S. 166–167.

Fu, Claire/Daisuke Wakabayashi: Don't Be So Picky About a Job, China's College Graduates Are Told, in: New York Times, 8.8.2023, unter: https://tinyurl.com/5at7tfk2.

Fuchs, Daniel: Going West – Industrial Relocation and Migrant Labour Unrest in Chengdu and Chongqing, Dissertation, SOAS University of London 2019.

Gao Wangling: A Study of Chinese Peasant »Counter-Action«, in: Kimberley Ens Manning/Felix Wemheuer (Hrsg.): Eating Bitterness. New Perspectives on China's Great Leap Forward and Famine, Vancouver 2011, S. 272–294.

Gao Xiaoxian: China's Modernization and Changes in the Social Status of Rural Women, in: Christina K. Gilmartin/Gail Hershatter/Lisa Rofel/Tyrene White (Hrsg.): Engendering China. Women, Culture, and the State, Cambridge 1994, S. 80–97.

Gipouloux, Francois: Les cent fleurs à l'usine. Agitation ouvrière et crise du modèle soviétique en China, 1956–1957, Paris 1986.

Gladney, Dru C.: Representing Nationality in China: Refiguring Majority/Minority Identities, in: Journal of Asian Studies 1/1994, S. 92–123, unter: https://tinyurl.com/bdnepwy5.

Goldberg, Jörg: Die Emanzipation des Südens. Die Neuerfindung des Kapitalismus aus Tradition und Weltmarkt, Köln 2015.

Goldman, Merle: Literary Dissent in Communist China, Cambridge, MA 1967.

— The Party and the Intellectuals, in: Roderick MacFarquhar/John K. Fairbank (Hrsg.): The Cambridge History of China, Band 14, Teil 1: The Emergence of Revolutionary China 1949–1965, Cambridge, MA 1987, S. 218–258.

gongchao, FreundInnen von: »Sie haben das selbst organisiert!« Die Streikwelle von Mai bis Juli 2010 in China, in: Pun Ngai/Ching-Kwan Lee u. a.: Aufbruch der zweiten Generation. Wanderarbeit, Gender und Klassenzusammensetzung in China, Berlin 2010, S. 225–257, unter: https://tinyurl.com/yyq3y4lg.

— Linke Sackgasse versus destruktive Kritik – Chinas Aufstandsbekämpfungsstrategien und mögliche Antworten, gongchao.org, 1.6.2012, unter: https://tinyurl.com/4ab2cx5r.

gongchao, friends of: Against the Fetish of Representation – Class Struggle in China Beyond the Leftist Grand Narrative, gongchao.org, 5.4.2013, unter: https://tinyurl.com/mvmrdrp2.

— The New Strikes in China, gongchao.org, 1.7.2014, unter: https://tinyurl.com/6tb3fam8.

Greenhalgh, Susan/Winckler, Edwin A.: Governing China's Population. From Leninist to Neoliberal Biopolitics, Stanford, CA 2005.

Gu, Edward/Goldman, Merle (Hrsg.): Chinese Intellectuals between State and Market, London 2004.

Gürel, Burak: Changing Relations of Production in Chinese Agriculture from Decollectivization to Capitalism, in: McGill Sociological Review 4/2014, S. 67–92, unter: https://tinyurl.com/3naddaan.

Han Minzhu/Hua Sheng (Hrsg.): Cries for Democracy. Writings and Speeches from the Chinese Democracy Movement, Princeton, NJ 1990.

Hao Ren (Hrsg.): Streiks im Perlflussdelta. ArbeiterInnenwiderstand in Chinas Weltmarktfabriken, übersetzt und herausgegeben von Ralf Ruckus, Wien/Berlin 2014.

Harper, Paul: Workers' Participation in Management in Communist China, in: Studies in Comparative Communism 3–4/1971, S. 111–140.

Hart-Landsberg, Martin/Burkett, Paul: China and Socialism. Market Reforms and Class Struggle, New York 2005.

Hassard, John/Sheehan, Jackie/Zhou Meixiang/Terpstra-Tong, Jane/Morris, Jonathan: China's State Enterprise Reform. From Marx to the Market, London 2007.

He Huifeng: China's Middle Class Frets the »Good Times« Are Over amid Sliding House Prices, Stagnant Wages, in: South China Morning Post, 16.1.2020, unter: https://tinyurl.com/y4psudpb.

Heilmann, Sebastian: The Social Context of Mobilization in China. Factions, Work Units and Activists during the 1976 April Fifth Movement, in: China Information 3/1993, S. 1–19.

— Sozialer Protest in der VR China. Die Bewegung vom 5. April 1976 und die Gegen-Kulturrevolution der siebziger Jahre, Hamburg 1994.

Hershatter, Gail: Forget Remembering. Rural Women's Narratives of China's Collective Past, in: Ching-Kwan Lee/Yang Guobin (Hrsg.): Re-envisioning the Chinese Revolution. The Politics and Poetics of Collective Memories in Reform China, Stanford, CA 2007, S. 69–92.

— Women in China's Long Twentieth Century, Berkeley, CA 2007.

— The Gender of Memory. Rural Women and China's Collective Past, Berkeley, CA 2011.

Ho Wing-Wah, Loretta: Gay and Lesbian Subculture in Urban China, London 2010.

Holbig, Heike: The Emergence of the Campaign to Open Up the West. Ideological Formation, Central Decision-making and the Role of the Provinces, in: China Quarterly 178, 2004, S. 335–57.

Honig, Emily: Maoist Mappings of Gender. Reassessing the Red Guards, in: Susan Brownell/Jeffrey N. Wasserstrom (Hrsg.): Chinese Femininities/Chinese Masculinities: A Reader, Berkeley, CA 2002, S. 255–268.

Hore, Charlie: The Road to Tiananmen Square, London 1991.

Howard, Pat: Rice Bowls and Job Security. The Urban Contract Labour System, in: Australian Journal of Chinese Affairs 25, 1991, S. 93–114.

Howe, Christopher: Labour Organization and Incentives in Industry, Before and After the Cultural Revolution, in: Stuart R. Schram (Hrsg.): Authority Participation and Cultural Change in China, Cambridge 1973, S. 233–256.

Huang, Philip C.: The Peasant Family and Rural Development in the Yangzi Delta, 1350–1988, Stanford, CA 1988.

Huang Yu/Sharif, Naubahar: From »Labour Dividend« to »Robot Dividend«. Technological Change and Workers' Power in South China, in: Agrarian South. Journal of Political Economy 1/2017, S. 1–26, unter: https://tinyurl.com/y4atjrhq.

Human Rights Watch: Paying the Price. Worker Unrest in Northeast China, Refworld, UNHCR, 2.8.2002, unter: https://tinyurl.com/y6ee29wa.

Inagaki, Kana: G7 Prioritises »De-risking« China Links over »Decoupling«, in: Financial Times, 19.5.2023, unter: https://tinyurl.com/45fy5hm9.

Inman, Phillip: World Economy at Risk of Another Financial Crash, Says IMF, in: Guardian, 3.10.2018, unter: https://tinyurl.com/y5c4hyvj.

International Labour Organization (ILO): Labour Migration in China and Mongolia, ILO-Webseite, 20.10.2020, unter: https://tinyurl.com/pv4n6d9x.

Jacka, Tamara: Women's Work in Rural China. Change and Continuity in an Era of Reform, Cambridge 1997.

Jacob, Rahul: China Factories Eye Cheaper Labour Overseas, in: Financial Times, 8.11.2011, unter: https://tinyurl.com/bdhry3mn.

Jian Yuan: Why Were the Chinese Workers Not Mobilized Successfully in the 1989 Democracy Movement?, in: Lu Ping (Hrsg.): A Moment of Truth. Workers' Participation in China's 1989 Democracy Movement and the Emergence of Independent Unions, Hongkong 1990, S. 133–143.

Jikhareva, Anna: Die Kinder der Krise, in: WOZ, 14.11.2019, unter: https://tinyurl.com/2vdfpf3y.

Jin Qiu: The Culture of Power. The Lin Biao Incident in the Cultural Revolution, Stanford, CA 1999.

Johnson, Ian: Jeremy Brown on the Cultural Revolution at the Grass Roots, in: New York Times, 10.5.2016, unter: http://nyti.ms/1T7iMnl.

Johnson, Kay Ann: Women, the Family and Peasant Revolution in China, Chicago, IL 1983.

Karl, Rebecca E.: Mao Zedong and China in the Twentieth-Century World, Durham, NC 2010.

Keith, Ronald C.: China from the Inside Out. Fitting the People's Republic into the World, London 2009.

Kenney, Padriac: Rebuilding Poland. Workers and Communists 1945–1950, Ithaca, NY/London 1997.

Kernen, Antoine: The Reemergence of Street Protests. State Workers Challenge the Chinese State, in: Thomas B. Gold/William Hurst/ Won Jaeyoun/Li Qiang (Hrsg.): Laid-Off Workers in a Workers' State. Unemployment with Chinese Characteristics, New York 2009, S. 225–244.

Kerns, Anna: Who Will Shout if Not Us? Student Activists and the Tiananmen Square Protest, China, 1989, Minneapolis, MN 2011.

Kirkby, R. J. R.: Urbanization in China. Town and Country in a Developing Economy, 1949–2000 AD, London 1988.

Klein, Donald W./Hager, Lois B.: The Ninth Central Committee, in: China Quarterly 45, 1971, S. 37–56.

Korzec, Michael: Labour and the Failure of Reform in China, New York 1992.

Kraus, Richard C.: The Cultural Revolution. A Very Short Introduction, Oxford 2012.

Kwong, Julia: The 1986 Student Demonstrations in China. A Democratic Movement?, in: Asian Survey 9/1988, S. 970–985.

Kynge, James/Wheatley, Jonathan: China Pulls Back from the World. Rethinking Xi's »Project of the Century«, in: Financial Times, 11.12.2020, unter: https://tinyurl.com/33h2bw8c.

Laba, Roman: The Roots of Solidarity. A Political Sociology of Poland's Working-Class Democratization, Princeton, NJ 1991.

Lagerkvist, Johan: The Wukan Uprising and Chinese State-Society Relations. Toward »Shadow Civil Society«?, in: International Journal of China Studies 3/2012, S. 345–361, unter: https://tinyurl.com/ y5rs8wp7.

Landsberger, Stefan: The Deification of Mao. Religious Imagery and Practices during the Cultural Revolution and Beyond, in: Chong Woei-Lien (Hrsg.): China's Great Proletarian Cultural Revolution. Master Narratives and Post-Mao Counternarratives, Lanham, MD 2002, S. 139–184.

Lau, Jörg: Donald gegen den Drachen. Der Konflikt zwischen Washington und Beijing ist kein neuer Kalter Krieg, Zeit Online, 19.5.2020, unter: https://tinyurl.com/3j6patdx.

Lee, Ching-Kwan: Gender and the South China Miracle. Two Worlds of Factory Women, Berkeley, CA 1998.

— Against the Law. Labor Protests in China's Rustbelt and Sunbelt, Berkeley, CA 2007.

— Pathways of Labor Activism, in: Elizabeth J. Perry/Mark Selden (Hrsg.): Chinese Society. Change, Conflict and Resistance, 3. Aufl., New York 2010, S. 57–79.

Lee, Ching-Kwan/Zhang Yonghong: The Power of Instability. Unraveling the Microfoundations of Bargained Authoritarianism in China, in: American Journal of Sociology 6/2013, S. 1475–1508.

Lee, Shannon: Preliminary Thoughts on the Shenzhen Jasic Events, Shannon Lee's China Blog, 17.9.2018, unter: https://tinyurl.com/yc5xj7kj.

Lee Hong-Yong: From Revolutionary Cadres to Party Technocrats in Socialist China, Berkeley, CA 1991.

Lee Nan-Shong, Peter: The Informal Politics of Leadership Succession in Post-Mao China, in: Lowell Dittmer/Haruhiro Fukui/Peter Lee Nan-Shong (Hrsg.): Informal Politics in East Asia, Cambridge 2000, S. 165–182.

Leese, Daniel: Die Chinesische Kulturrevolution, 1976–1976, München 2016.

— Kulturrevolution in China. Ursachen, Verlauf und Folgen, in: Aus Politik und Zeitgeschichte 23/2016, S. 3–10.

Leijonhufvud, Goran: Going against the Tide. On Dissenter and Big-Character Posters in China, Kopenhagen 1990.

Leith, Luzette: Chinese Women in the Early Communist Movement, in: Marilyn B. Young (Hrsg.): Women in China. Studies in Social Change and Feminism, Ann Arbor, MI 1973, S. 47–71.

Leung Pak-Nang/Pun Ngai: The Radicalisation of the New Chinese Working Class. A Case Study of Collective Action in the Gemstone Industry, in: Third World Quarterly 3/2009, S. 551–565, unter: https://tinyurl.com/yxrqn2zo.

Li Lianjiang: Driven to Protest. China's Rural Unrest, in: Current History 692, 2006, S. 250–254.

Li Lianjiang/O'Brien, Kevin J.: Protest Leadership in Rural China, in: Peter Hays Gries/Stanley Rosen (Hrsg.): Chinese Politics. State, Society and the Market, London 2010, S. 85–108.

Li Minqi: China and the 21st Century Crisis, London 2016.

Li Xing: The Chinese Cultural Revolution Revisited, in: The China Review 1/2001, S. 137–165, unter: https://tinyurl.com/bdapdrss.

Liang Hong: Beijing Workers' Autonomous Union. Origin and Activities, in: Lu Ping (Hrsg.): A Moment of Truth. Workers' Participation in China's 1989 Democracy Movement and the Emergence of Independent Unions, Hongkong 1990, S. 1–12.

Liao Yiwu: Die Kugel und das Opium. Leben und Tod am Platz des Himmlischen Friedens, Frankfurt a. M. 2014.

Lim, Louisa: The People's Republic of Amnesia. Tian'anmen Revisited, New York 2014.

Lin, Kevin: Labour Protests in the State Sector. Back to the Nineties?, in: Made in China Journal 1/2016, S. 12–15, unter: https://tinyurl.com/3z4a63rw.

Lionnet, Philippe: Anpassungen der Wirtschaftspolitik in der Volksrepublik China: die Scharnierjahre 1974/1975, in: Ulrich Mahlert et al. (Hrsg.): Jahrbuch Historische Kommunismusforschung, Berlin 2020, S. 155–171.

Lipinsky, Astrid: Der Chinesische Frauenverband. Eine kommunistische Massenorganisation unter marktwirtschaftlichen Bedingungen, Berlin 2006.

Liu Jieyu: Gender and Work in Urban China. Women Workers of the Unlucky Generation, London 2007.

Liu Yujing: Cheating and Violence Have Chinese Women Calling for Divorce, in: South China Morning Post, 29.3.2018, unter: https://tinyurl.com/y3dnqhk2.

Lucas, Louise/Feng, Emily: Inside China's Surveillance State, in: Financial Times, 20.7.2018, unter: https://tinyurl.com/3emkat49.

Luo Qiangqiang/Andreas, Joel: Mobilizing Compliance. How the State Compels Village Households to Transfer Land to Large Farm Operators in China, in: The Journal of Peasant Studies, 6/2020, S. 1189–1210.

MacFarquhar, Roderick: The Hundred Flowers Campaign and the Chinese Intellectuals, New York 1974.

Manning, Kimberley Ens: Communes, Canteens, and Creches. The Gendered Politics of Remembering the Great Leap Forward, in: Ching-Kwan Lee/Yang Guobin (Hrsg.): Re-envisioning the Chinese Revolution. The Politics and Poetics of Collective Memories in Reform China, Stanford, CA 2007, S. 93–118.

Masi, Edoarda: China Winter. Workers, Mandarins, and the Purge of the Gang of Four, New York 1982.

Mattingly, Daniel C.: The Art of Political Control in China, Cambridge 2020.

Mehnert, Klaus: Peking und die Neue Linke. In China und im Ausland, Stuttgart 1969.

Meisner, Maurice: Marx, Mao and Deng on the Division of Labor in History, in: Arif Dirlik/Maurice Meisner (Hrsg.): Marxism and the Chinese Experience, Armonk, NY 1989, S. 79–116.

— Mao's China and After. A History of the People's Republic, 3., überarbeitete Aufl., New York 1999.

Meyskens, Covell: Mao's Third Front. The Militarization of Cold War China, Cambridge 2020.

Mitchell, Tom/Wong Sue-Lin/Nicolle Liu: How Hong Kong Defied Xi Jinping, in: Financial Times, 19.6.2019, unter: https://tinyurl.com/2p83kbd4.

Murck, Alfreda (Hrsg.): Maos Mango. Massenkult der Kulturrevolution, Zürich 2013.

Murphy, Rachel: How Migrant Labor Is Changing Rural China, Cambridge 2002.

Nakajima, Mineo: Foreign Relations. From the Korean War to the Bandung Line, in: Roderick MacFarquhar/John K. Fairbank (Hrsg.): The Cambridge History of China, Band 14, Teil 1: The Emergence of Revolutionary China, 1949–1965, Cambridge 1987, S. 259–289.

Nathan, Andrew J.: Chinese Democracy, Berkeley, CA 1985.

Naughton, Barry: The Third Front. Defence Industrialization in the Chinese Interior, in: China Quarterly 115, 1988, S. 351–386.

— Growing Out of the Plan. Chinese Economic Reform, 1978–1993, Cambridge 1996.

— The Chinese Economy. Adaptation and Growth, 2. Aufl., Cambridge 2018.

Nguyen, Minh T. N./Locke, Catherine: Rural-Urban Migration in Vietnam and China. Gendered Householding, Production of Space and the State, in: Journal of Peasant Studies 5/2014, S. 855–876.

Nolan, Peter: The Political Economy of Collective Farms. An Analysis of China's Post-Mao Rural Reforms, Boulder, CO 1988.

Nyabiage, Jevans: Are Chinese Infrastructure Loans Putting Africa on the Debt-Trap Express?, in: South China Morning Post, 18.7.2019, unter: https://tinyurl.com/y5leeztj.

O'Brien, Kevin J.: Rightful Resistance Revisited, in: Journal of Peasant Studies 6/2013, S. 1051–1062.

O'Brien, Kevin J./Li Lianjiang: Rightful Resistance in Rural China, Cambridge 2006.

Oksenberg, Michel/Sullivan, Lawrence R./Lambert, Marc (Hrsg.): Beijing Spring, 1989. Confrontation and Conflict. The Basic Documents, Armonk, NY 1990.

Orr, Bernard: Nearly 2 Million Excess Deaths Followed China's Sudden End of COVID Curbs, Study Says, Reuters, 25.8.2023, unter: https://tinyurl.com/3bp6t9uw.

Ostry, Sylvia/Alexandroff, Alan S./Gomez, Rafael (Hrsg.): China and the Long March to Global Trade. The Accession of China to the World Trade Organization, London 2002.

Oy, Gottfried/Schneider, Christoph: Destruktion und Intervention – von den Möglichkeiten der Geschichtspolitik, in: Sozial.Geschichte Online 14, 2014, S. 97–119, unter: https://tinyurl.com/y249lhb8.

Panzieri, Raniero: The Capitalist Use of Machinery: Marx versus the »Objectivists« (1961), in: Phil Slater (Hrsg.): Outlines of a Critique of Technology, London 1980, S. 44–68.

— Socialist Uses of Workers' Inquiry [1965], eipcp.net, April 2006, unter: https://tinyurl.com/bdhm3246.

Pauley, Logan: China Takes the Lead in UN Peacekeeping. As the U.S. Backs Away, China Is Stepping Up Investment in UN Peacekeeping Operations, in: The Diplomat, 17.4.2018, unter: https://tinyurl.com/4tpauxe9.

Perry, Elizabeth J.: Shanghai's Strike Wave of 1957, in: China Quarterly 137, 1994, S. 1–27.

— Crime, Corruption, and Contention, in: Merle Goldman/Roderick MacFarquhar (Hrsg.): The Paradox of China's Post-Mao Reforms, Cambridge 1999, S. 308–329.

— Challenging the Mandate of Heaven. Social Protest and State Power in China, Armonk, NY 2002.

— »To Rebel Is Justified«. Cultural Revolution Influences on Contemporary Chinese Protest, in: Kam-yee Law (Hrsg.): The Chinese Cultural Revolution Reconsidered. Beyond Purge and Holocaust, Basingstoke 2003, S. 262–281.

— From Mass Campaigns to Managed Campaigns. Constructing a New Socialist Countryside, in: Sebastian Heilmann/Elizabeth J. Perry (Hrsg.): Mao's Invisible Hand. The Political Foundations of Adaptive Governance in China, Cambridge 2011, S. 30–61.

Perry, Elizabeth J./Li Xun: Proletarian Power. Shanghai in the Cultural Revolution, Boulder, CO 1997.

Piovani, Chiara: The »Greening« of China. Progress, Limitations, and Contradictions, in: Journal of Contemporary Asia 1/2017, S. 93–115.

Piven, Francis Fox/Cloward, Richard: Aufstand der Armen, Frankfurt a. M. 1986.

Polanyi, Karl: The Great Transformation. Politische und ökonomische Ursprünge von Gesellschaften und Wirtschaftssystemen [1944], Wien 1977.

Pomfret, James: Police Use Tear Gas to Quell Riot in Southern China, Reuters, 13.6.2011, unter: http://tinyurl.com/248x5wsy.

Pun Ngai: Made in China. Women Factory Workers in a Global Workplace, Durham, NC 2005.

— Gendering the Dormitory Labor System. Production, Reproduction, and Migrant Labor in South China, in: Feminist Economics 3–4/2007, S. 239–258.

Pun Ngai/Chan King-Chi, Chris: Die Subsumtion des Klassendiskurses in China, in: Pun Ngai/Ching Kwan Lee u. a.: Aufbruch der zweiten Generation. Wanderarbeit, Gender und Klassenzusammensetzung in China, Berlin 2010, S. 258–276.

Pun Ngai/Smith, Chris: Putting Transnational Labour Process in Its Place. The Dormitory Labour Regime in Post-Socialist China, in: Work, Employment and Society 1/2007, S. 27–45.

Qin Ling: Zwanzig Jahre Arbeiterwiderstand in Privatunternehmen an Chinas Ostküste, in: Hao Ren (Hrsg.): Streiks im Perlflussdelta. ArbeiterInnenwiderstand in Chinas Weltmarktfabriken, übersetzt und herausgegeben von Ralf Ruckus, Wien/Berlin 2014, S. 12–42

Reuters: China Sets Target of Average 13 Percent Annual Minimum Wage Rise, 8.2.2012, unter: https://tinyurl.com/3amb77ez.

— China's 2019 FDI Up 5.8%, Outbound Investment Slumps, 21.1.2020, unter: https://tinyurl.com/392jh9xv.

Riskin, Carl: China's Political Economy. The Quest for Development Since 1949, Oxford 1987.

Rofel, Lisa: Liberation Nostalgia and a Yearning for Modernity, in: Christina K. Gilmartin/Gail Hershatter/Lisa Rofel/Tyrene White (Hrsg.): Engendering China. Women, Culture, and the State, Cambridge 1994, S. 226–249.

— Other Modernities. Gendered Yearnings in China after Socialism, Berkeley, CA 1999.

Rošker, Jana: Die Geschichte eines Traumes. Frauen und Frauenproblematik der chinesischen anarchistischen Bewegung an der Schwelle des 20. Jahrhunderts, in: Cheng Ying/Bettina Gransow/Mechthild Leutner (Hrsg.): Frauenstudien. Beiträge der Berliner China-Tagung 1991, München 1992, S. 131–141.

Ruckus, Ralf: Rezension zu Florian Butollo, The End of Cheap Labour. Industrial Transformation and »Social Upgrading« in China, in: Sozial.Geschichte Online, 17, 2015, S. 135–48, unter: http://tinyurl.com/3wzz33cp.

— China Crash – Der Umbau der Wirtschaft stockt, gongchao.org, 2.9.2015, unter: https://tinyurl.com/mvc6fk4r.

— Chinese Capitalism in Crisis, Part 2: Li Minqi on the Forthcoming Collapse of China's Economy and the Capitalist World System, in: Sozial.Geschichte Online 19, 2016, S. 115–149, unter: https://tinyurl.com/y5yjz35l.

— Pokerspiel um die globale Vorherrschaft, in: WOZ, 23.8.2018, unter: https://tinyurl.com/y3wz6fsz.

— Verhaftet, verhört, verschwunden, in: WOZ, 8.8.2019, unter: https://tinyurl.com/237xmu8k.

— Außer Kontrolle – Hongkongs aufständische Bewegung und die Linke, nqch.org, 9.9.2019, unter: https://tinyurl.com/nwm3e6ds.

— Bevölkerungspolitik in China. Gebärstreik und Widerstand, in: WOZ, 23.1.2020, unter: https://tinyurl.com/56k2ju2t.

— Wirtschaftskrise in China. Nach Corona ist vor Corona, in: WOZ, 3.9.2020, unter: https://tinyurl.com/425pzyft.

— Demonstrationen in China. Von Marx und Engels inszeniert?, in: WOZ, 1.12.2022, unter: https://tinyurl.com/359bmzvz.

— Jugendrebellion in China. »Eine Ratte wie ich«, in: WOZ, 26.10.2023, unter: http://tinyurl.com/3kyzsexk.

— Die Linke in China. Eine Einführung, Wien/Berlin 2023.

Russo, Alessandro: The Probable Defeat. Preliminary Notes on the Chinese Cultural Revolution, in: Positions 1/1998, S. 179–202.

— How Did the Cultural Revolution End? – The Last Dispute between Mao Zedong and Deng Xiaoping, 1975, in: Modern China 3/2013, S. 239–279.

Saich, Tony: When Worlds Collide. The Beijing People's Movement of 1989, in: Tony Saich (Hrsg.): The Chinese People's Movement. Perspectives on Spring 1989, Armonk, NY 1990, S. 25–49.

Salaff, Janet/Merkle, Judith: Women and Revolution. The Lessons of the Soviet Union and China, in: Marilyn B. Young (Hrsg.): Women in China. Studies in Social Change and Feminism, Ann Arbor, MI 1973, S. 145–177.

Sargeson, Sally: The Demise of China's Peasantry as a Class, in: Asia-Pacific Journal/Japan Focus 1/2016, S. 1–22, unter: https://tinyurl.com/2bj2kaj5.

Scharping, Thomas: Birth Control in China 1949–2000. Population Policy and Demographic Development, London 2003.

Schling, Hannah: Gender, Temporality, and the Reproduction of Labour Power. Women Migrant Workers in South China, in: Sozial. Geschichte Online 14, 2014, S. 42–61, unter: https://tinyurl.com/y2hkrlq7.

Scott, James C.: Weapons of the Weak. Everyday Forms of Peasant Resistance, New Haven, CT 1985.

Selden, Mark (Hrsg.): The People's Republic of China. A Documentary History of Revolutionary Change, New York 1979.

— The Political Economy of Chinese Socialism, Armonk, NY 1988.

Selden, Mark/Perry, Elizabeth J.: Reform, Conflict and Resistance in Contemporary China, in: Elizabeth J. Perry/Mark Selden (Hrsg.): Chinese Society. Change, Conflict and Resistance, 3. Aufl., New York 2010, S. 1–30.

Sharma, Ruchir: China's Economy Will Not Overtake the US Until 2060, If Ever, in: Financial Times, 24.10.2022, unter: https://tinyurl.com/y4wpxcwk.

Sheehan, Jackie: Chinese Workers. A New History, London 1998.

Shenker, Jack: This Wave of Global Protest Is Being Led by the Children of the Financial Crash, in: The Guardian, 29.10.2019, unter: https://tinyurl.com/yy76gfw8.

Shepherd, Christian: No Regrets: Xi Says Marxism Still »Totally Correct« for China, in: Reuters, 4.5.2018, unter: https://tinyurl.com/y4d5v5rj.

Shue, Vivienne: Peasant China in Transition. The Dynamics of Development toward Socialism, 1949–1956, Berkeley, CA 1980.

Sicular, Terry: Grain Pricing. A Key Link in Chinese Economic Policy, in: Modern China 4/1988, S. 451–486.

Silver, Beverly J.: Forces of Labor. Arbeiterbewegungen und Globalisierung seit 1870, Berlin 2005.

Smith, Colby: Belt and Road, or Debt Trap?, in: Financial Times, 24.7.2018, unter: https://tinyurl.com/yc6f2s3b.

Smith, Noah: Global Youth Protests at Risk of Spreading to China, Bloomberg, 5.1.2020, unter: https://tinyurl.com/y5ammd3d.

Smith, Richard: China's Engine of Environmental Collapse, London 2020.

So, Alvin: Peasant Conflict and the Local Predatory State in the Chinese Countryside, in: Journal of Peasant Studies 3–4/2007, S. 560–581.

— Class and Class Conflict in Post-Socialist China, Hongkong 2013.

Solinger, Dorothy J.: Contesting Citizenship in Urban China. Peasant Migrants, the State, and the Logic of the Market, Berkeley, CA 1999.

Song Yongyi: The Hidden History. Liu Shaoqi's Unique Contribution to the Cultural Revolution (auf Chinesisch), in: Modern China Studies 3/2006, unter: https://tinyurl.com/4cjc3umr.

— Chronology of Mass Killings during the Chinese Cultural Revolution (1966–1976), in: SciencesPo, 25.8.2011, unter: https://tinyurl.com/y639fnzq.

Spakowski, Nicola: »Mit Mut an die Front«. Die militärische Beteiligung von Frauen in der kommunistischen Revolution Chinas (1925–1949), Köln 2009.

Standaert, Michael: Countryside Fit for a Superpower? Inside China's Colossal Rural Revamp, in: Guardian, 6.9.2020, unter: https://tinyurl.com/y5ex5fds.

Statista: United States Goods Trade Deficit with China from 2013 to 2022, 8.2.2023, unter: https://tinyurl.com/yc4j5dfk.

— Degree of Urbanization in China from 1980 to 2022, statista.com, 28.2.2023, unter: https://tinyurl.com/2ekm8anw.

— National Debt in Relation to Gross Domestic Product (GDP) in China from 2012 to 2022, 14.4.2023, unter: https://tinyurl.com/y3ogorm4.

— Average Monthly Income of Migrant Workers in China from 2009 to 2022, statista.com, 25.8.2023, unter: https://tinyurl.com/2t9cnn6u.

Sugihara, Kaoru: The East Asian Path of Economic Development. A Long-Term Perspective, in: Giovanni Arrighi/Takeshi Hamashita/Mark Selden (Hrsg.): The Resurgence of East Asia. 500, 150 and 50 Year Perspectives, London 2003, S. 78–123.

Tan Jiangying: Truckers on Strike and the Structural Contradictions of China's Logistics Industry, China Change, 15.6.2018, unter: https://tinyurl.com/yau54l76.

Teiwes, Frederick C.: Establishment and Consolidation of the New Regime, 1949–1957, in: Roderick MacFarquhar/John K. Fairbank (Hrsg.): The Cambridge History of China, Band 14, Teil 2, Cambridge 1987, S. 51–143.

Teiwes, Frederick C./Sun, Warren: The End of the Maoist Era. Chinese Politics during the Twilight of the Cultural Revolution, 1972–1976, Armonk, NY 2007.

ten Brink, Tobias: Chinas Kapitalismus. Entstehung, Verlauf, Paradoxien, Frankfurt a. M. 2013.

ter Haar, Barend J.: China's Inner Demons. The Political Impact of the Demonological Paradigm, in: Chong Woei-Lien (Hrsg.): China's Great Proletarian Cultural Revolution. Master Narratives and Post-Mao Counternarratives, Lanham, MD 2002, S. 27–68.

Thornton, Patricia: Comrades and Collectives in Arms. Tax Resistance, Evasion, and Avoidance Strategies in Post-Mao China, in: Peter Hays Gries/Stanley Rosen: State and Society in 21st-Century China. Crisis, Contention, and Legitimation, New York 2004, S. 87–104.

Tian Miao: »Neue Allianzen« – Die Repression gegen ArbeiterInnen und Studierende in China, in: Express 8–9/2018, unter: https://tinyurl.com/y3r6lk74.

Unger, Jonathan: The Transformation of Rural China, Armonk, NY 2002.

Volkszeitung: Gemeinsame Bekanntmachung der All-Chinesischen Frauenvereinigung und der Dreizehn Arbeitseinheiten zur Feier des Frauentags am 8. März (in Chinesisch), in: Volkszeitung (*renmin ribao*), 10.2.1956, unter: https://tinyurl.com/2p89sd7a.

Walder, Andrew G.: Workers, Managers and the State. The Reform Era and the Political Crisis of 1989, in: China Quarterly 127, 1991, S. 467–492.

— (Hrsg.): China's Transitional Economy, Oxford 1996.

— The Chinese Cultural Revolution in the Factories. Party-State Structures and Patterns of Conflict, in: Elizabeth J. Perry (Hrsg.): Putting Class in Its Place. Worker Identities in East Asia, Berkeley, CA 1996, S. 167–98.

— China under Mao. A Revolution Derailed, Cambridge 2015.

Walker, Kathy L.: »Gangster Capitalism« and Peasant Protest in China. The Last Twenty Years, in: Journal of Peasant Studies 1/2006, S. 1–33.

— From Covert to Overt. Everyday Peasant Politics in China and the Implications for Transnational Agrarian Movements, in: Journal of Agrarian Change 2–3/2008, S. 462–488.

Wang Fei-Ling: Conflict, Resistance and the Transformation of the Hukou System, in: Elizabeth J. Perry/Mark Selden (Hrsg.): Chinese Society. Change, Conflict and Resistance, 3. Aufl., New York 2010, S. 80–100.

Wang Feng: Boundaries and Categories. Rising Inequality in Post-Socialist Urban China, Stanford, CA 2008.

Wang Hui: The Rumour Machine. Wang Hui on the Dismissal of Bo Xilai, in: London Review of Books 9/2012, S. 13–14, unter: https://tinyurl.com/b5bdpdvb.

Wang Jiangsong: The Significance of Crane Operators across China Going on Strike, China Change, 7.5.2018, unter: https://tinyurl.com/y4jvgd23.

Wang Rongfeng: Folgen der Kulturrevolution. Frauen der »verlorenen Generation«, in: Cheng Ying/Bettina Gransow/Mechthild Leutner (Hrsg.): Frauenstudien. Beiträge der Berliner China-Tagung 1991, München 1992, S. 213–218.

Wang Shaoguang: Deng Xiaoping's Reforms and the Chinese Workers' Participation in the Protest Movement of 1989, in: Paul Zarembka (Hrsg.): Research in Political Economy, Band 13, London 1992, S. 163–197.
— From a Pillar of Continuity to a Force for Change. Chinese Workers in the Movement, in: Roger V. Des Forges/Luo Ning/Wu Yen-Bo (Hrsg.): Chinese Democracy and the Crisis of 1989. Chinese and American Reflections, Albany, NY 1993, S. 177–190.
— Failure of Charisma. The Cultural Revolution in Wuhan, Oxford 1995.

Wang Zheng: Gender, Employment and Women's Resistance, in: Elizabeth J. Perry/Mark Selden (Hrsg.): Chinese Society. Change, Conflict and Resistance, 2. Aufl., New York 2003, S. 158–182.
— Dilemmas of Inside Agitators. Chinese State Feminists in 1957, in: China Quarterly 188, 2006, S. 913–932.

Wei Jingsheng: The Fifth Modernization, weijingsheng.org, 1979, unter: https://tinyurl.com/3xy5ftu2.

Weltbank: Labor Force Participation Rate, Female (% of Female Population Ages 15+) (Modeled ILO Estimate) – China, data.worldbank.org, 25.4.2023, unter: https://tinyurl.com/j2h7y2sa.
— GDP Growth (Annual %) – China, data.worldbank.org, 22.8.2023, unter: https://tinyurl.com/mr3ye59y.

Wemheuer, Felix: Steinnudeln. Ländliche Erinnerungen und staatliche Vergangenheitsbewältigung der »Großen Sprung«-Hungersnot in der chinesischen Provinz Henan, Frankfurt a. M. 2007.
— Collectivization and Famine, in: Stephen A. Smith (Hrsg.): The Oxford Handbook of the History of Communism, New York/Oxford 2014, S. 407–423.

Wenten, Frido: Gewerkschaftsreformen in China – Segen oder Fluch? Kontroverses zu Tarifverhandlungen und »zellulärem« Aktivismus, in: Sozial.Geschichte Online 20, 2017, S. 53–98, unter: https://tinyurl.com/ckzrk5wf.

White, Lynn T.: Workers' Politics in Shanghai, in: Journal of Asian Studies 1/1976, S. 99–116.

White, Tyrene: The Origins of China's Birth Planning Policy, in: Christina K. Gilmartin/Gail Hershatter/Lisa Rofel/Tyrene White (Hrsg.): Engendering China. Women, Culture, and the State, Cambridge 1994, S. 210–278.

Whyte, Martin K.: Corrective Labor Camps in China, in: Asian Survey 3/1973, S. 253–269.

Whyte, Martin K./Wang Feng/Yong Cai: Challenging Myths About China's One-Child Policy, in: China Journal 74, 2015, S. 144–159, unter: https://tinyurl.com/yzxav738.

Wildau, Gabriel: China Struggling to Quit Its Debt Addiction, in: Financial Times, 25.3.2019, unter: https://tinyurl.com/yuxwhnzd.

Wildcat: Arbeiterinnen im maoistischen Patriarchat, Wildcat-Beilage: Unruhen in China, 80, 2007, S. 43–51, unter: https://tinyurl.com/fmw9hm5d.

— Die unglückliche Arbeitergeneration. Lage und Proteste der städtischen ArbeiterInnen und Arbeitslosen, Wildcat-Beilage: Unruhen in China, 80, 2007, S. 35–42, unter: https://tinyurl.com/fmw9hm5d.

Williams, Philip F./Yenna Wu: The Great Wall of Confinement. The Chinese Prison Camp through Contemporary Fiction and Reportage, Berkeley, CA 2004.

Wilson, Amy/Greenblatt, Sidney/Whittingham, Richard (Hrsg.): Deviance and Social Control in Chinese Society, New York 1977.

Wilson, Jeanne L.: »The Polish Lesson«. China and Poland 1980–1990, in: Studies in Comparative Communism, 3–4/1990, S. 259–279.

Witke, Roxane: Women as Politician in China of the 1920s, in: Marilyn B. Young (Hrsg.): Women in China. Studies in Social Change and Feminism, Ann Arbor, MI 1973, S. 33–45.

Wolf, Martin: The Future Might Not Belong to China, in: Financial Times, 1.1.2019, unter: https://tinyurl.com/2ptzataw.

Worker Study Room: Worker Organising under the Pandemic. Reflections from China, chuangcn.org, 21.7.2020, unter: https://tinyurl.com/yechuehb.

Wright, Teresa: Tenuous Tolerance in China's Countryside, in: Peter Hays Gries/Stanley Rosen (Hrsg.): Chinese Politics. State, Society and the Market, London 2010, S. 109–128.

Wu Fulong: China's Great Transformation. Neoliberalization as Establishing a Market Society, in: Geoforum 3/2008, S. 1093–1096.

Wu Jinglian: Soul Searching on China's 70-Year Economic Evolution, in: Caixin, 14.10.2019, unter: https://tinyurl.com/y6hx8ou3.

Wu Xiao, Angela/Dong Yige: What Is Made-in-China Feminism(s)? Gender Discontent and Class Friction in Post-Socialist China, in: Critical Asian Studies 4/2019, S. 1–22, unter: https://tinyurl.com/yy5p6pw6.

Wu Yiching: Die andere Kulturrevolution 1966–1969: Der Anfang vom Ende des chinesischen Sozialismus, übersetzt und herausgegeben von Ralf Ruckus, Wien/Berlin 2019.

— The Strange Case of China. History, Class, and Chinese Postsocialism, in: boundary 2 2/2019, S. 139–162.

Xi Jinping: Speech at the Reception in Celebration of the 70th Anniversary of the Founding of the People's Republic of China, in: China Daily, 30. September 2019, unter: https://tinyurl.com/yemxt7y8.

Xu Bin: The Politics of Compassion. The Sichuan Earthquake and Civic Engagement in China, Stanford, CA 2017.

Xu Zhun: From Commune to Capitalism. How China's Peasants Lost Collective Farming and Gained Urban Poverty, New York 2018.

Yan, Alice: Young Employees Rebel against Chinese Work Ethic by Being Lazy, Refusing Overtime, and Hiding in the Toilets. They Call It »Touching Fish«, in: South China Morning Post, 3.1.2021, unter: https://tinyurl.com/599zk6fa.

Yan Hairong: New Masters, New Servants. Migration, Development, and Women Workers in China, Durham, NC 2008.

Yan Hairong/Chen Yiyuan: Agrarian Capitalization without Capitalism? Capitalist Dynamics from Above and Below in China, in: Journal of Agrarian Change 3/2015, S. 366–391.

Yang Guobin: The Red Guard Generation and Political Activism in China, New York 2016.

Yang Wenqi/Yan Fei: The Annihilation of Femininity in Mao's China. Gender Inequality of Sent-Down Youth during the Cultural Revolution, in: China Information 1/2017, S. 63–83, unter: https://tinyurl.com/w4y9xnny.

Yao Ming-Le: The Conspiracy and Murder of Mao's Heir, London 1983.

Ye Jingzhong: Land Transfer and the Pursuit of Agricultural Modernization in China, in: Journal of Agrarian Change 3/2015, S. 314–337.

Yeh, Emily T./O'Brien, Kevin/Ye Jingzhong: Rural Politics in Contemporary China, in: Journal of Peasant Studies 6/2013, S. 915–928, unter: https://tinyurl.com/4kw4k2xb.

Yi Xi: New Foundations for Struggle and Solidarity. The Culmination of Development and Privatization on a Guangzhou Island, libcom.org, 7.10.2014, unter: https://tinyurl.com/437ptbx4.

Yu Luojin: A Chinese Winter's Tale, Hongkong 1986.

Yusuf, Shahid/Saich, Tony (Hrsg.): China Urbanizes. Consequences, Strategies, and Policies, Washington, DC 2008.

Zarrow, Peter: He Zhen and Anarcho-Feminism in China, in: Journal of Asian Studies 4/1988, S. 796–813.

Zhang Lu: Arbeitskämpfe in Chinas Autofabriken, übersetzt und herausgegeben von Ralf Ruckus, Wien/Berlin 2018.

Zhang Mei: China's Poor Regions. Rural-Urban Migration, Poverty, Economic Reform, and Urbanization, London 2003.

Zhang Qian, Forrest: The Political Economy of Contract Farming in China's Agrarian Transition, in: Journal of Agrarian Change 4/2012, S. 460–83, unter: https://tinyurl.com/4c53vx8w.

Zhang Qian, Forrest/Donaldson, John A.: The Rise of Agrarian Capitalism with Chinese Characteristics. Agricultural Modernization, Agribusiness and Collective Land Rights, in: China Journal 60, 2008, S. 25–47, unter: https://tinyurl.com/mr3h8vf8.

Zhang Yueran: The Forgotten Socialists of Tiananmen Square, Jacobin, 4.6.2019, unter: https://tinyurl.com/y4yhkkqx.

Zhao Dingxin: The Power of Tiananmen. State-Society Relations and the 1989 Beijing Student Movement, Chicago, IL 2001.

Zheng Shiping: Party vs. State in Post-1949 China. The Institutional Dilemma, Cambridge 1997.

Zheng Tiantian: Red Lights. The Lives of Sex Workers in Postsocialist China, Minneapolis, MN 2009.

Zhou, Cissy: Coronavirus: China's Migrant Workers Determined to Stay in Cities as Most See 'No hope' in Rural Hometowns, in: South China Morning Post, 1.9.2020, unter: https://tinyurl.com/y6cptph6.

Zhu Yu: China's Floating Population and Their Settlement Intention in the Cities. Beyond the Hukou Reform, in: Habitat International 1/2007, S. 65–76.

Zhu Yu/Chen Wenzhe: The Settlement Intention of China's Floating Population in the Cities. Recent Changes and Multifaceted Individual-Level Determinants, in: Population, Space and Place 4/2010, S. 253–267.

Zweig, David: Freeing China's Farmers. Rural Restructuring in the Reform Era, Armonk, NY 1997.

Abkürzungen

ACGB	All-Chinesischer Gewerkschaftsbund
ACFV	All-Chinesische Frauenvereinigung
AIIB	Asian Infrastructure Investment Bank
BIP	Bruttoinlandsprodukt
BRI	Belt-and-Road-Initiative
BRICS	Staatenbund von Brasilien, Russland, Indien, China und Südafrika
EU	Europäische Union
FDI	ausländische Direktinvestitionen (*foreign direct investment*)
FOCAC	Forum on China-Africa Cooperation
ILO	International Labour Organization
IWF	Internationaler Währungsfonds
KPCh	Kommunistische Partei Chinas
LGBTIQ+	lesbisch, gay (schwul), bisexuell, transgender/transsexuell, intersexuell und queer/questioning (infrage stellend)
NGO	Nichtregierungsorganisation (*non-governmental organization*)
SASAC	State-owned Assets Supervision and Administration Commissions
SCO	Shanghai Cooperation Organization
TVE	Kleinstadt- und Dorfunternehmen (*town and village enterprises*)
USA	Vereinigte Staaten von America (*United States of America*)
VR China	Volksrepublik China
WTO	Welthandelsorganisation (*World Trade Organization*)

Zeittafel zur Geschichte der VR China von 1949 bis 2023

Die Zeittafel veranschaulicht wichtige Ereignisse, Änderungen in der KPCh, Gesetze und Kampagnen, soziale Proteste sowie wirtschaftliche Entwicklungen und Reformen seit 1949. Der abwechselnd weiße und graue Hintergrund der Tabellenelemente veranschaulicht die aufeinanderfolgenden Perioden: Übergang zum Sozialismus in der ersten Hälfte der 1950er-Jahre, Sozialismus von Mitte der 1950er- bis Mitte der 1970er-Jahre, Übergang zum Kapitalismus von Mitte der 1970er- bis Mitte der 1990er-Jahre und Kapitalismus seit Mitte der 1990er-Jahre.

Jahr	Wichtige Ereignisse	KPCh, Gesetze, Kampagnen	Soziale Proteste	Wirtschaft und Reformen
1949	Gründung der VR China; Guomindang flieht nach Taiwan	Mao Zedong, Vorsitzender der KPCh (1943–1976)		
1950	Koreakrieg (bis 1953)	Gesetz zu Ehe und Scheidung		Landreform (bis 1953)
1952				Staatliche Planungskommission
1953	Josef Stalin stirbt; Entstalinisierung in der Sowjetunion (offiziell 1955)			Erster Fünfjahresplan (bis 1957)
1954		erste Verfassung; erste Sitzung des Nationalen Volkskongresses		
1955	Bandung-Konferenz; US-Krieg gegen Vietnam (bis 1975)			Kollektivierung der Landwirtschaft und Verstaatlichung der Industrie (bis 1956)

Jahr	Wichtige Ereignisse	KPCh, Gesetze, Kampagnen	Soziale Proteste	Wirtschaft und Reformen
1956	Aufstände in Ungarn und Polen	Hundert-Blumen-Bewegung (bis 1957); Bewegung der fünf Guten (bis 1959)	Streikwelle und Kritik am Regime	
1957		Anti-Rechts-Kampagne (bis 1958)		
1958		Einführung der *hukou*-Bestimmungen		Großer Sprung nach vorn (bis 1961)
1959	Aufstand in Tibet			
1960	Bruch zwischen der VR China und der Sowjetunion			
1962	Grenzkonflikt mit Indien; Kubakrise	Sozialistische Erziehungsbewegung (bis 1966)		
1964	erste Atombombe der VR China			Industrialisierung der Dritten Front (bis 1980)
1966		Kulturrevolution (bis 1969)	»Ökonomistischer Wind«, Rebellenbewegung (bis 1968)	
1967		Revolutionsausschüsse, »große Allianzen«		
1968		»Kampagne zur Säuberung der Klassenränge« (bis 1971)		
1969	Grenzkonflikt mit der Sowjetunion			
1971	Beitritt der VR China zu den Vereinten Nationen	Lin-Biao-Affäre		

Jahr	Wichtige Ereignisse	KPCh, Gesetze, Kampagnen	Soziale Proteste	Wirtschaft und Reformen
1972	China Besuch von US-Präsident Nixon			
1973		Kampagne »Kritisiert Lin Biao und Konfuzius« (bis 1976)	Kritik der Li-Yi-Zhe-Gruppe	
1974			Vorfall auf dem Baiyun-Berg	
1975				»Vier Modernisierungen« von Zhou Enlai
1976	Absetzung der »Viererbande«	Tod von Zhou Enlai und Mao Zedong; Hua Guofeng, Vorsitzender der KPCh (bis 1981)	5.-April-Bewegung	
1978		Deng Xiaoping, de facto Führer (bis in die 1990er-Jahre)	Demokratiemauer-Bewegung (bis 1980)	»Reform und Öffnung«
1979	Krieg gegen Vietnam	Ein-Kind-Politik (bis in die 2010er-Jahre)		System der Haushaltsverantwortung (offiziell 1982); die VR China erlaubt ausländische Investitionen
1980	Streikbewegung in Polen			erste Sonderwirtschaftszonen
1981		Hu Yaobang, KPCh-Vorsitzender/Generalsekretär (bis 1987)		
1982		Streikrecht wird aus der Verfassung gestrichen		
1984				System der Verantwortlichkeit von Fabrikdirektoren

Jahr	Wichtige Ereignisse	KPCh, Gesetze, Kampagnen	Soziale Proteste	Wirtschaft und Reformen
1986			Demonstrationen von Student:innen	
1987		Zhao Ziyang KPCh-Generalsekretär (bis 1989)		
1989		Jiang Zemin, KPCh-Generalsekretär (bis 2002); Konsolidierung nach Tian'anmen-Platz-Bewegung (bis 1991)	Tian'anmen-Platz-Bewegung	
1992		Deng Xiaopings »Reise in den Süden«; Gewerkschaftsgesetz	Kampfwellen von Bäuerinnen und Bauern (bis Mitte der 2000er-Jahre)	
1993				steigende ausländische Investitionen; die VR China wird zur »Fabrik der Welt«
1994		Unternehmensgesetz		
1995		Arbeitsgesetz, Schlichtungsgesetz		
1996				Umstrukturierung der staatlichen Unternehmen
1997	Rückgabe von Hongkong			Finanzkrise in Asien (bis 1999)
1998			Kampfzyklus der Arbeiter:innen in Staatsunternehmen (bis 2002)	

Jahr	Wichtige Ereignisse	KPCh, Gesetze, Kampagnen	Soziale Proteste	Wirtschaft und Reformen
1999	Rückgabe von Macau			
2001		Kapitalist:innen dürfen offiziell Mitglied der KPCh werden		VR China tritt der WTO bei
2002		Hu Jintao, KPCh-Generalsekretär (bis 2012)		
2003			Zunahme der Kämpfe von Wanderarbeiter:innen (bis in die frühen 2010er-Jahre)	
2005		»harmonische sozialistische Gesellschaft«		
2006				Aufbau des neuen sozialistischen ländlichen Raums
2007				globale Finanzkrise (bis 2009)
2008		Arbeitsvertragsgesetz		
2009				massives Konjunkturprogramm gegen die Krise
2010			Streikwelle von Wanderarbeiter:innen	
2011				
2012		Xi Jinping, KPCh-Generalsekretär (bis 2023 und andauernd); Antikorruptionskampagne		
2013				Belt-and-Road-Initiative (BRI)

Jahr	Wichtige Ereignisse	KPCh, Gesetze, Kampagnen	Soziale Proteste	Wirtschaft und Reformen
2014		Xi Jinping spricht von der »neuen Normalität« in der VR China		
2015		zunehmende Unterdrückung von sozialen Aktivist:innen und Feministinnen; Nationales Sicherheitsgesetz		»Made-in-China-2025«
2016		Gesetz gegen häusliche Gewalt; Zwei-Kind-Politik		
2017				
2018	»Handelskrieg« mit den USA			
2019	70. Jahrestag der Gründung der VR China		Protestbewegung in Hongkong	
2020	Covid-19-Pandemie (bis 2023 und andauernd)	Null-Covid-Politik; Nationales Sicherheitsgesetz in Hongkong		Krise im Zusammenhang mit der Covid-19-Pandemie
2021		100-Jahres-Feier der KPCh		
2022	Zuspitzung der Taiwan-Krise; Ende der Pandemiemaßnahmen		Proteste von Arbeiter:innen gegen Null-Covid-Politik; Weißes-Papier-Bewegung	
2023		dritte Amtszeit Xi Jinpings als KPCh-Generalsekretär und Staatspräsident		Zuspitzung der Immobilienkrise; geringe Wachstumsrate des BIP

Landkarte von China

Volksrepublik China

Von der VR China verwaltet, von Indien beansprucht

Von Indien verwaltet, von der VR China beansprucht

Verwaltet von der Republik China/Taiwan, beansprucht von der VR China

Heilongjiang
Harbin
Changchun
Jilin
Shenyang
Liaoning
Innere Mongolei
(Nei Menggu)
Hohhot
Beijing
Tianjin
Hebei
Yinchuan
Taiyuan
Shijiazhuang
Ningxia
Shanxi
Jinan
Lanzhou
Shandong
Gansu
Xi'an
Zhengzhou
Shaanxi
Henan
Jiangsu
Nanjing
Hefei
Shanghai
Chengdu
Hubei
Anhui
Hangzhou
Sichuan
Wuhan
Chongqing
Zhejiang
Nanchang
Changsha
Hunan
Jiangxi
Guizhou
Fuzhou
Guiyang
Fujian
Taipei
Taiwan
Guangxi
Guangdong
Nanning
Guangzhou
Hongkong
Macau
Haikou
Hainan

Index